湖南策要

区域协调发展战略建构

童中贤 ⊙ 主编

九州出版社
JIUZHOUPRESS

图书在版编目（CIP）数据

湖南策要：区域协调发展战略建构 / 童中贤主编
. -- 北京：九州出版社，2023.5
ISBN 978-7-5225-1823-7

Ⅰ. ①湖… Ⅱ. ①童… Ⅲ. ①区域经济发展－协调发展－研究－湖南 Ⅳ. ① F127.64

中国国家版本馆 CIP 数据核字（2023）第 089398 号

湖南策要：区域协调发展战略建构

作　　者	童中贤　主编
责任编辑	王文湛
出版发行	九州出版社
地　　址	北京市西城区阜外大街甲 35 号（100037）
发行电话	（010）68992190/3/5/6
网　　址	www. jiuzhoupress. com
印　　刷	廊坊市海涛印刷有限公司
开　　本	710 毫米 ×1000 毫米　　16 开
印　　张	28.5
字　　数	418 千字
版　　次	2023 年 5 月第 1 版
印　　次	2023 年 5 月第 1 次印刷
书　　号	ISBN 978-7-5225-1823-7
定　　价	128.00 元

为行动而思想

——《湖南策要：区域协调发展战略建构》序

十余年前，我出版过一部名叫《为行动而思想，为思想而行动》的著作，并以《关于行动的思想和关于思想的行动》一文作为后记收录其中，具体记述了“为行动而思想”和“为思想而行动”这一“思想”的形成过程。

所谓“为行动而思想”，从字面上讲，就是为了“行动”而“思”，为了“行动”而“想”。在“行动”是“言论”的对立范畴的视域内，可以说是为“行动”而“言”，为“行动”而“论”！因此，这是一个富有哲学思辨意味的命题，既可作形而上的理论，也可作形而下的解读。当然，针对社会科学研究的实际和特色，这里讲的“思想”专指“研究”，也就是专指“思”“想”，即为了“行动”而“研”，为了“行动”而“究”，即上面说的为了指向“行动”而“思”，为了改变“行动”而“想”。

显然，在这里，“行动”是名词，指的是社会活动、社会实际和社会问题等；“思想”是动词，是“研究”的同义词。正因为如是，作为社科研究工作者，我们的一个重要职责就是针对人们的社会活动，围绕经济社会发展的“实际”，围绕社会现实中的“问题”，去思考、去探索、去研究。

至于“为思想而行动”，这一“思想”的“专利”，则是属于童中贤同志，最初在我讲了“为行动而思想”后，他随口讲出的，后来，我将其整理成“为行动而思想，为思想而行动”的湖南省社科院的“院训”。对此，我曾有详细记录，这里不予赘述。

日前，童中贤同志送给我一部《湖南策要：区域协调发展战略建构》书稿，并请我为之作序，我觉得此成果就是“为行动而思想”这一“思想”的产物。这部书稿中的一系列课题，都是来自实际、来自实践，从立题到破题，从解题到答题都是根据“行动”的需要，针对“行动”的问题，依据“行动”的规律，指向“行动”的发展。再具体点说，他和他的课题组成员的“研”和“究”“思”和“想”，都是根据国家和湖南行动的现实需要，针对区域发展行动的实际问题，依据区域发展行动的客观规律，指向区域发展行动的科学谋划。这些成果或进入了决策，或为决策提供了重要参考和依据，或直接成为决策的重要内容，有的变成了领导的思想，有的变成了党委、政府的文件，有的变成了实际工作者的做法。如“长江中游城市群（湖南）高质量发展研究”，其中期成果为国家制定《长江中游城市群发展“十四五”实施方案》提供了决策参考，最终成果报省政府同意，转化为《湖南省推进长江中游城市群发展“十四五”实施方案》文件；如“武陵山经济协作区发展规划建议”，其前期成果上报国家发展和改革委员会，后形成《武陵山经济协作区湖南片区规划》上报国务院扶贫开发办公室和国家发改委，并得到国家《武陵山片区区域发展与扶贫攻坚实施规划》采纳，最终成果转化为《湖南省武陵山片区区域发展与扶贫攻坚实施规划（2011—2020年）》被省政府批复实施；如“湖南对接粤港澳大湾区实施方案研究”，最终成果经省政府同意，转化为《湖南省对接粤港澳大湾区实施方案（2020—2025年）》文件；如“长株潭都市圈发展规划研究”，其成果为湖南省发改委编制和完善《长株潭都市圈发展规划》并获国家批复同意提供了重要参考；如“湘南承接产业转移示范区规划研究”，成果为湘南地区获批国家级承接产业转移示范区提供了重要依据和参考，并被湖南省委省政府文件采纳；等等。这些都发挥了社会科学研究成果的经济效用和社会效用，也与我2016年在全国社科院院长联席会上讲的，社会科学工作者的功能和任务是“让我们的说法变成别人的做法、让我们的思考变成领导的思想、让我们的文章变成上级的文件、让我们的谋划变成社会的规划、让我们的发言促进社会的发展”的“说法”天然耦合。

童中贤同志在进湖南省社科院之前，一直在基层、机关从事行政工作，他熟悉实际、了解情况，进入社科院后，他便将自己的实际工作经验和社科院的理论研究优势结合起来，立足湖南、思考湖南、献策湖南，出了许多富有全局性、战略性、前瞻性的研究成果，从长株潭“3+5”城市群的构想到武陵山片区发展的把脉，从湘西地区的开发到湘南承接产业转移示范区的擘划，从湘粤湘赣湘黔的合作到长江中游城市群的整合，从国家生态文明先行示范区的设计到粤港澳大湾区战略的对接，等等，无不倾注了他和他的课题组成员的所“思”所“想”，所“研”所“究”，这从某种意义上说不也是对马克思“哲学家们只是用不同的方式解释世界，而问题在于改变世界”这一伟大思想在社会科学领域中的精彩诠释么！

是为序。

朱有志

2022年11月19日

于湘江之滨、浏阳河畔、

跃进湖边、德雅村里

（朱有志：原湖南省社会科学院院长，教授，博士生导师，中国工业经济学会副理事长，湖南省长株潭城市群研究会会长。享受国务院政府特殊津贴专家。）

目　录

协同打造全国重要增长极

——长江中游城市群（湖南）高质量发展研究[①]

国家“十四五”规划明确提出，推动长江中游城市群协同发展，加快武汉、长株潭都市圈建设，打造全国重要增长极，这是国家推进长江经济带建设、实施区域重大战略、区域协调发展战略、主体功能区战略以及中部崛起战略的重大决策部署和战略举措。湖南作为长江中游城市群重要组成部分，主要包括以长沙、株洲、湘潭三市为核心，辐射衡阳、岳阳、常德、益阳、娄底五市的空间区域，应充分利用推进长江中游城市群协同发展、打造全国重要增长极的重要机遇，主动作为，积极担当，协同推进长江中游城市群高质量发展。

一、湖南推进长江中游城市群发展现状分析

（一）主要成效

1. 城市群规模明显扩大

环长株潭城市群在建成区、人口、经济发展等方面取得较好成效，建成区面积由2015年的1050平方公里扩大到2019年的1222平方公里，增加了172平方公里。常住人口占全省总人口比重由2015年的60.96%增长到2020年的62.2%，提高了1.24个百分点，长沙市常住人口突破1000万大关，达1004.79万人，占全省总人口比重为15.12%，长沙市人口增量明显，较2010年增加300.38万人，[②]人口增量进入全国前8。

---

① 湖南省决策咨询项目，中期成果为国家制定《长江中游城市群发展“十四五”实施方案》提供了决策参考，最终成果报省政府同意，转化为《湖南省推进长江中游城市群发展“十四五”实施方案》文件，2021年6月完成。

② 数据来源：湖南省和相关市第六次人口普查和第七次人口普查数据。

表1 2010—2020年全国常住人口增量超300万的城市

序号	城市	2010年（万人）	2020年（万人）	增量（万人）
1	深圳	1042.35	1756.01	713.65
2	广州	1270.08	1867.66	597.58
3	成都	1511.86	2093.78	581.92
4	西安	846.78	1295.29	448.51
5	郑州	862.65	1260.06	397.41
6	杭州	870.04	1193.6	323.56
7	重庆	2884.62	3205.42	320.8
8	长沙	704.41	1004.79	300.38

数据来源：相关市第六次和第七次人口普查数据。

2. 经济实力明显提升

“十三五”时期，长株潭地区GDP年均增速为7.5%，高出全省0.5个百分点，比全国平均水平快1.8个百分点，2020年GDP达17591.47亿元。2020年环长株潭城市群实现地区生产总值32384.04亿元，较2016年增长27.12%，2020年环长株潭城市群地区GDP占全省比重77.5%，对全省经济增长的贡献率达80%左右，社会消费品零售总额12296.92亿元，占全省的75.6%。

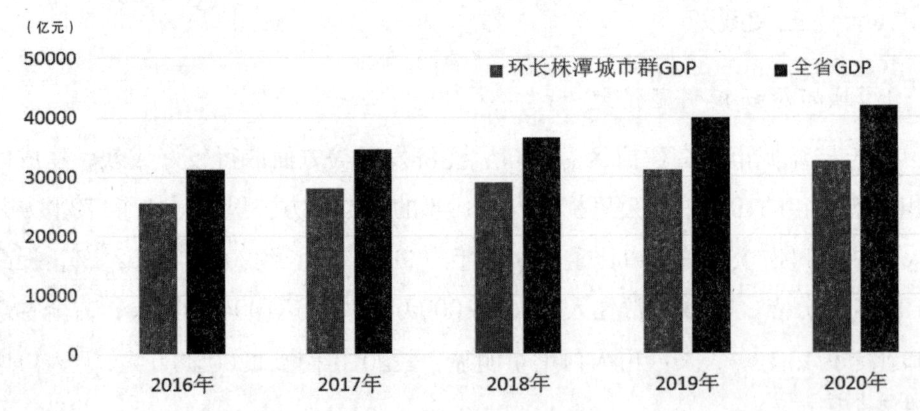

数据来源：湖南省各年度统计年鉴。

图1 2016年至2020年环长株潭城市群与全省GDP增长情况

3. 产业转型升级加快

随着加快制造强省战略的实施，构建了环长株潭城市群产业分工新体系。

围绕城市群产业分工合作，打造了3个万亿产业集群、11个千亿产业、8个千亿产业园区，形成了加快长沙“创新谷”、株洲“动力谷”、湘潭“智造谷”协同发展的格局，轨道交通、航空航天、电子信息、生物医药、节能环保、新材料、人工智能、大数据等战略新兴产业蓬勃发展。先进装备制造业和高新技术产业发展壮大，涌现出中联重科、南车集团、山河智能、泰富重工、蓝思科技、特变电工等一批领军企业，超级计算机、超级杂交稻、高铁动力与控制系统、中低速磁浮等科技成果达到世界先进水平。目前，环长株潭城市群布局了国家级经开区8家、国家级高新区6家、综合保税区4家，共占全省21个国家级开发区的85.7%。

4. 生态建设成效明显

长株潭“两型”试验区改革建设启动了10大专项改革，实施了8大建设工程，研究制定了16个“两型”标准，培育了9个综合示范片区，探索实现了“三个率先”“四个定位”，被国家发改委称为“长株潭城市群绿色发展模式”。阶梯电价、水价、气价、排污权交易等改革初见成效。湘江保护和治理“一号重点工程”顺利实施，水土流失、石漠化综合治理以及退耕还林、重要水源地保护等生态修复工程进展顺利。岳阳、常德、益阳协同推进了《洞庭湖生态经济区建设规划》的落地，常德在全国64个国际重要湿地中率先出台地方性法规《常德市西洞庭湖国际重要湿地保护条例》。长沙市强力推进湘江保护与治理，全市断面水质优良率达100%，成为全国第一批黑臭水体消除城市。常德市国家海绵城市试点和株洲市清水塘老工业区搬迁改造取得重大进展。

5. 各项改革深入推进

财税、金融、投融资等要素市场改革持续深化，医药、文化、教育等社会领域改革迈出实质步伐，国资、国企、商事制度改革取得重大进展，行政管理体制改革积极推进，取消、下放了一大批行政审批事项，非经营性政府投资项目代建制全面推进。长沙初步建立了人社一体化制度，实现工伤保险互认，退休人员实现异地年审互认，就业创业实行统一互惠政策。岳阳市创新性推出一件事一次办“跨省通办”服务新模式。娄底大力推进“一件事一次办”和“五办五公开”改革。湘潭、衡阳、岳阳综合保税区以及长沙市跨境电子商务服务试点、岳阳城陵矶港启运港退税政策试点等相继获批，内陆开放格局初步形成。益阳现代农业改革试验取得阶段性成果。

6. 长株潭核心作用增强

长株潭全面实施“通信同号、金融同城、交通同网、能源同体、环境通治”，成为全国“三网”融合试点、“宽带中国”创建示范城市群。以占全省1/7的面积、22%的人口，集聚了全省80%以上的科研机构、60%以上的创新创业平台、70%以上的高新技术企业，创造了全省85%以上的科技成果，实现了全省60%以上的高新技术产业增加值，是全省改革创新发展的重要引擎。长沙市经济总量突破万亿元，人口突破1000万人，城市首位度进一步提升。

（二）面临问题

1. 发展实力不强

长江中游城市群与长三角、珠三角及环渤海城市群相比还有较大的差距，地区生产总值等主要经济指标明显低于人口比重。2020年，长株潭GDP为1.76万亿元，在经济规模上不及一个成都市，与北京、上海、广州、杭州、南京、深圳等东部都市圈相差甚远，经济总量仅为上海都市圈（3.87万亿）的45.5%，北京都市圈（3.6万亿）的48.9%，广州都市圈（4.23万亿）的41.6%，深圳都市圈（4.38万亿）的40.2%，杭州都市圈（3.33万亿）的52.9%，南京都市圈（4.18万亿）的42.1%，也低于中西部地区的武汉（2.42万亿）、郑州（2.29万亿）、成都（2.24万亿）、重庆（2.13万亿）等都市圈，长株潭的影响力和辐射力较弱。

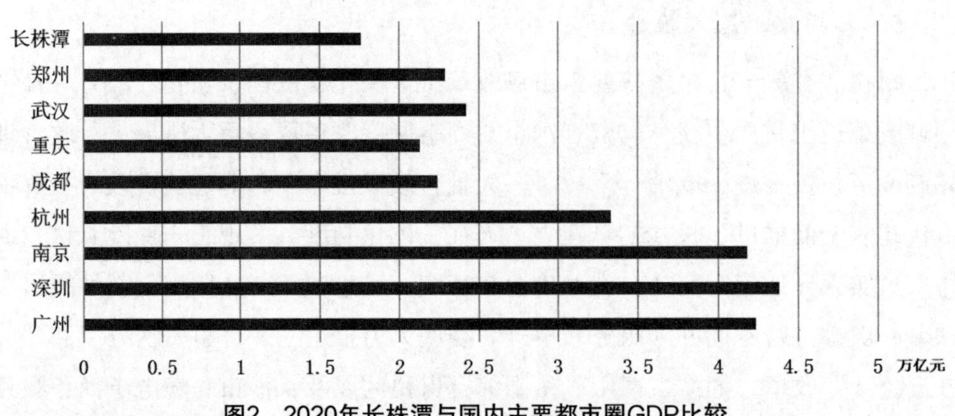

图2　2020年长株潭与国内主要都市圈GDP比较

2. 区域协同不够

城市群尚未形成合理的分工协作和互补关系，城市间一体化协调发展体制机制不健全。8个城市尚无协同发展规划与工作部署，发展战略不明晰，产业融合共生、生态环境保护、公共服务共享等方面统筹协调乏力，区域协同发展目标模糊，区域市场一体化水平以及资金、技术、人才等资源要素配置效率低下。城市群企业信用信息缺乏互通共享机制，协同创新能力较弱。城区人口百万以上的大城市数量不多，对核心城市职能分担不够，对中小城市和小城镇带动辐射不足。

3. 产业关联度低

各城市产业内在关联不紧密，产业分工协作不够充分，经济尚未形成紧密的有机联系。产业结构趋同、分工不明晰、转型升级动力不足、城际联系松散、协作意识不强、合作机制不健全、对接形式偏少、低水平重复建设等同质化、松散化、低效化现象突出，上下游产业的配套产品价值链横向延伸少，长沙、武汉、南昌在机械制造、汽车制造、化工等方面重合度高，在港口货物出口方面，岳阳与武汉、九江竞争激烈，大部分县域经济不发达，城镇化率偏低，缺少特色产业支撑。

4. 对外开放不够

湖南长江中游城市群属内陆地区，既不沿边也不沿海，交通方面与湖北、江西陆路交通设施存在局部不对接、边界“断头路”和“瓶颈路”、功能不完善等现象，与长江中游城市群其他省市之间联系不畅，开放程度普遍偏低，长沙市2020年出口占地区生产总值的12.76%，低于全国平均水平4.89个百分点，其他城市低于全国平均水平都超过10个以上百分点。各地市场准入标准不一致，存在着一定行政壁垒，阻碍着域外正常贸易往来，国际化程度偏低，国际门户枢纽功能和高端要素服务功能明显不足。地方保护和市场分割现象严重，要素流动不畅，区域内统一市场和信用体系建设滞后，城市群一体化发展成本共担和利益共享机制尚未破题。

（三）机遇挑战

随着国家“一带一路”、长江经济带建设以及长江中游城市群规划、中部崛起规划的深入实施，为环长株潭城市群强化城际合作、实现协同发展、提升整体实力和综合竞争力创造了最佳历史契机。国家确定城市群为推进新型城镇化的主体形态，为创新环长株潭城市群空间管理模式和提升城镇化质量指明了战略方向。我国在新常态背景下，要求经济增长更多依靠科技进步、劳动者素质提升和管理创新，为环长株潭城市群更好发挥科教创新优势，推动创新发展、转型升级催生了新动能。深入实施“一带一部”战略，推进中国（湖南）自由贸易试验区建设，加大门户城市开放力度，为环长株潭城市群提升开放发展水平、建设内陆开放新高地营造了新空间。践行生态文明理念、促推城镇绿色发展，为环长株潭城市群生态环境保育实现良性循环昭示了新路径。

目前，湖南环长株潭城市群融入长江中游城市群发展的主要挑战是省际周边城市发展提速，区域竞争日益激烈。湖北武汉市作为国家中心城市的载体功能明显升级，在长江中游城市群的主导地位与高强竞争力日益巩固；江西环鄱阳湖城市群面向粤港澳与海西城市群发展的近粤邻闽优势逐步增大，跨域横溢资源定向偏转趋多；粤港澳大湾区国家超级城市群虹吸效应更加强劲，国际大都市成长性资源辐射选择优化度攀高；成渝双城经济圈与桂、黔、滇西南城市群借助“一带一路”独特区位及其政策赋能，发展活力倍增，区域板块扩张加快。世界经济拉开了百年未有大变局序幕，国内城市化发展正步入中后阶段的终极机遇期，湖南人口老年化程度普遍加深，人力、人才资源积淀的基础支撑力削弱，环长株潭城市群已面临群雄环伺、小进亦退的竞略困境。

二、推进长江中游城市群发展的总体要求

（一）基本思路

全面贯彻落实党中央、国务院关于依托黄金水道推动长江经济带发展的决策部署，坚持高位统筹、相向发力、区域协同、政策耦合、互利共赢，加快推动环长株潭城市群规划同图、设施同网、市场同构、产业同兴、生态同建、创新同为、开放同步、服务同享，在打造“三个高地”上率先突破，在推动高

质量发展上走在前列，在增强辐射带动功能上聚焦发力，在推动城乡协调发展上创造经验，在促进共同富裕上引领示范，成为“三高四新”战略实施的主阵地、现代化新湖南建设的主力军、中三角协同发展的主引擎、强劲活力的全国重要增长极。

（二）基本原则

坚持主动担当。抢抓国家推进长江中游城市群一体化发展的重大战略机遇，精准厘清湖南跨越发展的历史方位与时代重任，勇为人先，不负韶华，不辱使命，锐意改革，集成创新，奋力实现环长株潭城市群一体化高质量发展。

坚持等高对接。借助长江中游城市群一体化发展政策，在思想观念、体制机制、政策措施、重大平台、重点项目等方面，全面对接武汉城市圈和环鄱阳湖城市群，发挥比较优势，补齐弱项短板，全面提升城市综合竞争力。

坚持协同创新。树立全球视野和国际眼光，坚持科技创新和制度创新并进，整合科技创新资源，强化科技成果转化，共建技术创新链和区域协同创新体系，大胆先行先试，积极接轨国际经贸规则，创建一体化体制机制，争当融合创新先行者。

坚持整体推进。充分发挥各地积极性、创造性，主动对接武汉城市圈和环鄱阳湖城市群，以重点领域和关键环节为突破口，统筹推进科技创新、基础设施、主导产业、社会治理、公共服务和生态文明建设等方面合作，形成核心引领、板块联动、多点支撑、特色鲜明的区域发展新格局。

坚持互利共赢。科学利用各方比较优势，积极探索重大项目平台共建和利益共享机制，促进三省要素自由流动、资源高效配置和市场深度融合，建设统一开放、竞争有序的现代市场体系，提升发展内生动力。

（三）发展目标

到2025年，主要发展指标增幅保持前列，人均水平相对差距进一步缩小，城市群一体化发展取得实质性进展，基本建成经济实力强大、空间布局合理、基础设施联网、产业高效联动、社会事业繁荣、城乡环境优美、人民生活幸福、充满活力和开放包容的现代化城市群。

到2035年，在区域更高质量一体化发展新征程中走在前列，率先在中部地区基本实现社会主义现代化，经济、科技实力大幅跃升，现代化经济体系基本建成，城乡区域深度融合发展，公共服务实现优质化并趋于均衡，成为全国最具影响力和带动力的重要增长极。

区域协同发展格局基本形成。区域联动发展、城乡融合发展、优势充分发挥的发展态势初步形成。环长株潭城市群能级显著提高，开发园区加快转型升级，县域经济实现跨越发展，城乡融合、乡村振兴取得显著成效。到2025年，环长株潭城市群地区生产总值达到4.5万亿元以上，城乡居民收入差距控制在1.8：1以内，常住人口城镇化率达到70%。

产业分工协作体系基本建立。协同创新体系更加完善，创新创业生态水平不断提升，创新链与产业链深度融合，环长株潭城市群具有全球影响力的全球先进制造业集聚区初步形成。服务经济为主导、智能制造为支撑的现代产业体系更加健全，优势制造领域竞争力进一步增强，形成一批具有较强国际竞争力的跨国公司和产业集群。到2025年，环长株潭城市群研发经费投入增长达到13%左右，数字经济核心产业增加值占GDP比重达到15%。

现代基础设施网络更加完善。多层次轨道交通体系基本建成，市际公路运输能力进一步提升，环长株潭城市群区域港航协同发展水平不断提高，世界级机场群体系初步形成，绿色低碳、安全高效的跨区域能源体系基本建成，新一代信息技术功能水平持续拓展。到2025年，铁路网密度达到500公里/万平方公里，5G网络覆盖率达到95%以上。

生态环境共保联治更加有效。绿色发展生态基础进一步夯实，环境治理联防联控体系更加健全，区域突出环境问题得到有效治理。生态环境协同监管预警体系基本建立，跨区域环境应急联动机制基本形成，一体化、多层次、功能复合的区域生态网络基本形成，江河湖海、丘陵山地等多元化生态要素得到有效保护，生态环境治理总体改善。到2025年，细颗粒物（PM2.5）平均浓度达到省考核要求，地级及以上城市空气质量优良天数比例达到88%以上，单位GDP能耗下降完成省控目标。

服务便利共享水平明显提高。基本公共服务标准体系建立形成，基本公共服务保障水平、便利共享水平逐步提升，在环长株潭城市群区域率先实现基本公共服务均等化，人民群众幸福感、获得感显著提升。到2025年，人均公共财政支出达到1.8万元以上，劳动年龄人口平均受教育年限达到12年，人均期望寿命达到78.5岁以上。

三、推进长江中游城市群发展的主要任务

（一）构建高质量协同发展新格局

坚持整体推进、重点突破、优势优先、协同发展，加强与长江中游城市群对标对接、合作共进，打造都市圈鼎托型城市群，形成圈域鼎托、圈群联动、多点支撑、特色鲜明的城市群高质量发展新格局。

1. 高质量构建长株潭都市圈

加快编制长株潭都市圈空间协同规划，共同构建三市开放协调的空间格局，发挥空间规划引领作用，加强在城市功能、基础设施、公共服务资源以及城镇发展空间布局等方面的有序衔接，实现功能布局融合、基础设施统筹、公共服务资源共建共享。以长株潭三市主城区为核心、一小时通勤距离为半径，提升长株潭产业集聚和人口集聚能力。加强城际产业分工协作，促进资源要素优化配置，扩大区域网络联动效应。建设轨道上的长株潭，加快外环网和连线工程建设，推动基础设施互联互通和内外循环，形成一小时通勤圈。

2. 建设长株潭国家中心城市

提升长沙省会城市的政治经济文化功能，加快实现长株潭由“群”向“市”转变，增强长株潭中心区能级，大力发展开放型经济、推动贸易发展、服务业提升、产业集聚、国际文化合作交流，打造国家重要先进制造业中心、国际文化创意中心、区域性国际消费中心、国家综合交通物流枢纽，积极创建国家科技创新中心，高水平建设自贸试验区长沙片区、临空经济示范区等开放平台，对外提高集聚力和影响力。以长沙、株潭、湘潭三市主城区为核心，严格保护长株潭生态绿心，优化长株潭三市核心功能和主导产业，大力加速产业竞争政策、人才吸聚政策和公共服务政策的全面创新，增强国家级湘江新区、自贸试验区、产业园区的承载、辐射、带动效能，对内增强辐射能力和引领力。

3. 推进中心城市组团发展

以岳阳、常德、益阳、娄底、衡阳中心城区为核心，以半小时通勤距离为半径，形成区域发展的集群规模效应。推进岳阳城镇组团协同发展，立足洞庭湖，面向长江，做大做强航运物流，加快沿江铁路、高速公路和集疏运体系建设，合理推进港口建设，构建内通外联的综合运输体系，分层推进，多层次开发，构建现代化立体口岸开放体系，打造长江经济带绿色发展示范区和通江达海的开放引领区、现代化省域副中心城市。推进衡阳城镇组团协同发展，依托区位和交通枢纽优势，积极承接产业转移，推进传统产业链和新兴产业链建链补链延链强链。全面提升衡阳西南云大城镇群集聚承载能力，布局建设区域性基础设施节点，完善综合物流、生产组织、现代商贸等区域性枢纽功能，建设为省域副中心城市，打造区域性经济中心和现代消费中心。推进常德城镇组团协同发展，加快建设现代化区域中心城市，着力完善市中心城区功能，推动常桃汉临城镇群一体化发展，重点打造区域综合交通枢纽和现代化物流枢纽，建设全省重要先进制造业基地和全国生态农产品基地。推进益阳城镇组团协同发展，提升城市公共设施和服务能力，推进益阳东部新区的产城融合及产业协作，构建湖乡特色城镇体系，推动益沅桃城镇群全面对接长株潭，打造全国大湖流域生态文明建设试验区，建设数字产业集聚区。推进娄底城镇带建设，拓展中心城区承载力，构建娄底市域一小时经济圈，娄—涟、娄—双半小时经济圈，冷—新十分钟经济圈，加速城际生产要素规模流动，促进资金、技术、人才、信息等生产要素结构的优化，提升生产效率与质量效益。强化沪昆高铁辐射带动能力，建设成为长株潭都市圈的辐射区，形成经济上紧密联系、功能上分工合作的城市聚合体，重点建设先进制造配套区和长株潭现代物流服务区。

4. 深化省际城镇联动发展

打破行政壁垒，支持长江中游城市群湖南省内城市与湖北、江西若干基础条件好、联系比较紧密的毗邻城市合作发展，重点加强在功能、产业、交通、环境等合作，促进跨域协同发展。支持长株潭—新余、宜春、萍乡重点建设湘赣边区域合作试验区、全面脱贫与乡村振兴有效衔接示范区；咸宁—岳阳—九江组团共同加强幕阜山生态保护，建设通城、平江、修水次区域合作示范区；

荆州—岳阳—常德—益阳组团积极推进洞庭湖生态经济区建设，打造秀美富饶的大湖经济区。支持湘赣边、湘鄂渝黔、湘鄂西革命老区红色文旅融合创新发展，加强规划统筹和产业协作，促进基础设施共网、公共服务对接、跨界流域治理等方面的合作。

5. 加速区域城乡融合进程

统筹推进区域规划融合、基础设施融合、社会事业融合、产业发展融合、公共服务融合、生态体系融合，促进公共资源在城乡之间均衡配置、生产要素在城乡之间自由流动。创新城乡一体化空间整合机制、利益共享机制、农业转移人口市民化推进机制，不断深化长沙、株洲、津市—澧县等国家新型城镇化试点和株洲、益阳等全国统筹城乡一体化试点，促进中心城区基础设施和公共服务向周边城镇和农村延伸。统筹县域产业、基础设施、公共服务、基本农田、生态保护、城镇开发、村落分布等空间布局，以特色小镇、田园综合体、农业公园为城乡融合发展重点和推进节点，以多样化、专业化和特色化为方向，提升城镇综合承载能力和治理水平，把乡镇建设成为服务现代村民的区域中心，实现县乡村功能衔接互补。推进产城、园城融合发展，落实支持政策，择优开展扩权强镇示范。

（二）推进基础设施互联互通

以整体优化、协同融合为导向，打造互联互通、集约高效、智慧绿色、安全可靠的现代化基础设施体系，不断提升“一带一部”区位优势和综合枢纽作用，支撑中三角地区更高质量一体化发展。

1. 共同建设现代综合交通体系

积极与湖北、江西省协调高铁/城际、高速和水运航线的跨省布局，构建长株潭城市群1小时内部交通圈和长江中游城市群2小时互达经济圈。共建铁路交通网，持续推动长沙至赣州铁路、呼南高铁襄阳至常德段、安康至张家界铁路、荆州至岳阳至九江（南昌）铁路、兴义经永州郴州至赣州铁路、仙桃至益阳铁路等已纳入上一轮国家中长期铁路网规划的项目尽快建成，深化长沙至九江铁路、G240公铁两用过江通道研究，争取纳入新一轮国家铁路建设规划项目。加强与江西、湖北衔接，推动G60沪昆高速金鱼石（湘赣界）至醴陵段扩容工程、G4京港澳高速羊楼司（湘鄂界）至岳阳龙湾段扩容工程等已纳入湖南省“十四五”规划的项目同步开工、同步建成。加强城际、城市轨道建设，改革长株潭都市圈地铁审批模式，推动长株潭地铁互联互通，加快建设城市群城际轨道交通建设，推动城市群城际轨道成环成网，无缝衔接。优化省际公路布局，加强对桂东至新田（湘赣界至桂东段）、监利至华容、石首至南县、当阳至石门、巴东至张家界等高速公路项目的衔接协调，保障项目顺利实施。支持恩施至桑植、枝江至桃源漆河、公安至汉寿、上栗至醴陵、吉安至衡山、长株潭高速公路大环线等省际、城际高速公路纳入国家高速公路网规划。加快国省干线对接路段提质改造，重点支持湖南省至汝城至集益、G241石门壶瓶山—磨市等11个省际通道项目提质标准，升级改造，加强与鄂、赣衔接，争取三省“十四五”同步规划、同步实施，畅通干线公路牟接通道。协同推进水运航道建设，推动港航资源整合，打造区域性组合港，提升港口集疏运能力。加快长高等级航道网建设，积极与国家相关部委衔接，提高城陵矶至武汉段航道水深。加强省际对接，成立项目联合工作小组，推进松虎航道工程、渌水航道工程的启动建设。

2. 协同打造数字城市群

围绕网络、算力、数据、应用一体化，协同建设新一代信息基础设施。完善优化区域信息设施协同布局，提升城市群信息基础设施能级水平，超前部署下一代互联网，高水平建设5G和固网“双千兆”宽带网络，扩大5G建站规模，实现城市群范围内5G连续覆盖，千兆高速光纤网络深度覆盖。建设全域智慧感知网络综合服务平台，升级国家超级计算长沙中心，争取国家级数据服务区域中心、云计算区域中心、未来城际公共服务区块链主网等功能性平台落户城市群。共同推动重点领域智慧应用。推动互联网新理念、新技术、新产品、新业态、新模式与经济社会发展深度融合，发展“互联网＋”工业、农业、商贸、金融、文化等。推动智慧医疗、智慧政府、智慧教育、智慧社区、智慧零售等公共服务项目，统筹推动数据信息共享，重点完善省市两级全民健康信息平台、提升各级“互联网＋政务服务”平台功能水平和互联互通能力、建设互联网智慧教育标杆学校等项目。

3．构建畅流安澜水利设施网

以洞庭湖为中心，湘、资、沅、澧四水为纽带，城市群内水库为关键节点，改善江湖关系，完善区域水利发展布局。围绕洞庭湖水系防洪安澜，以四水流域为重点单元，区域内县级以上城市为重点对象，完善防洪格局，提升防洪能力。加强河道整治与堤防等建设，提高四水流域蓄洪、泄洪和除涝能力。完善饮水格局，增加区域水资源调控能力，启动实施一批跨流域跨区调水工程，提高城乡供水保障能力和应急保障能力。改善区域水环境和水生态，支持洞庭湖四口水系综合整治工程。

4．构建峰谷智控能源保障网

切实加大能源供应能力。大力引入区外优质能源，同时多渠道全面提升供应能力，构建保障有力、清洁低碳、适度超前的能源供应体系。协同推动新能源设施建设，深度挖潜水电、规模化布局风电、坚持集中式和分布式并重发展光伏发电，有序促进太阳能、风能、生物质能等综合开发利用。加快电网改造升级、配电自动化和智能化应用，推进跨区域重点电力项目建设，加强应急储备调峰设施建设。创新能源管理模式，建设湖南能源大数据智慧平台，统筹煤、电、油、气各品种，协调源、网、荷、储各环节，促进能源错峰补谷灵活高效利用，建设国家智慧能源（储能）中心。加快充电基础设施建设，实现区域内充电设施互联互通，在长株潭三市率先形成城市内充电服务半径小于2.5千米、城市间小于50千米的充电网络。

5．建设国家综合物流枢纽

以交通网络为依托，构建区域物流通道。依托长沙、岳阳、衡阳等国家物流枢纽或承载城市，加快融入国家物流枢纽联盟。依托港口、铁路货场、公路枢纽及干线机场，健全和完善物流设施网、冷链物流网、城乡配送网、信息平台网等四张网络。加强区域内城市规划协同，创新培育枢纽运营主体，强化枢纽间功能和业务衔接，以长沙金霞物流园、湖南一力物流园、岳阳城陵矶物流园、湘潭荷塘现代综合物流园、常德德山物流园、衡阳白沙洲物流园等国家、省级示范物流园为基础，打造互联互通物流平台，形成“通道＋枢纽＋网络＋平台”综合物流网。大力发展铁水、公铁、公水、空陆等多式联运，推动多式联运服务和设施设备等标准衔接，实现各企业间业务“一单制”和电子化。统筹规划、科学布局配送三级网络建设，共建城市共同配送共享信息系统。畅通城乡物流循环，完善县乡村三级物流配送体系，提升快递配送网点覆盖率。

（三）促进产业创新协同升级

主动对接和服务“全国重要增长极”建设，积极担当国家战略使命，整体融入“中三角”产业分工协作，奋力打造世界级先进装备制造业基地、国家重要先进制造高地和具有核心竞争力的科技创新高地，加快构建现代产业体系。

1. 联手打造先进制造产业集群

打造三大世界级产业集群。围绕工程机械、轨道交通、航空动力三大产业，不断推动技术和产品迭代创新，着力推动长株潭三地产业园区深度合作，强化常德、娄底工程机械的产业配套，探索建立区域产业转移、园区合作共建、利益共享机制。加强环长株潭产业链供应链一体化布局，提升重点产业链供应链衔接和配套能力。推动环长株潭城市群共建以工程机械、轨道交通、航空动力为主的世界级高端装备智能制造产业集群。

培育壮大一批优势产业集群。提升长沙先进储能材料和碳基材料、株洲硬质材料和高性能复合材料、湘潭精品钢材结构性材料和先进储能功能型材料、岳阳精细化工材料、衡阳有色金属材料、娄底薄板新材料、益阳碳基材料发展水平，建设世界领先的高科技新材料产业集群。依托湘电集团等企业，构建舰船综合电力系统、电力驱动等全球创新领先优势，培育世界一流的电机电磁驱动产业集群。以国家级车联网先导区为引领，推动传统燃油产能电动化、智能化升级，加快高性能动力电池、车载操作系统、智能网联车、核心零部件规模化、本地化生产，打造国内重要的新能源及智能网联汽车产业基地。依托洞庭湖生态经济区、岳阳长江经济带绿色发展示范区，不断提升农副产品加工的智能化、绿色化水平，培育一批全国一流的食品加工龙头企业，树立绿色安全优质的“湘食”品牌形象。依托长沙高新区、湘潭经开区、浏阳经开区，打造国内重要的创新药品和特色医疗器械生产基地。聚焦5G应用、人工智能、新型生物传感器等前沿产业，以及集成电路、机器人、大数据、云计算等优势产业，打造全国一流的数字产业集群。

着力构建差异化产业布局。以打造国家重要先进制造业高地为引领，坚持产业发展差异化、资源利用最优化、整体功能最大化，编制环长株潭产业发展指导目录，统筹区域重大产业项目布局，构建错位发展、特色明显、相互配套的产业发展格局。长沙以装备制造、新材料、电子信息、生物医药为主导，建设国家重要先进制造业中心。株洲以轨道交通、航空航天、新能源汽车为主导，建设“株洲·中国动力谷”。湘潭以智能装备制造、汽车及零部件、精品钢材及深加工为主导，建设智造谷。岳阳市依托自贸试验区岳阳片区等开放平台，以石油化工、先进装备、电子信息为主导，加强产业链建设，提升产业层级，构建长江百里绿色经济发展走廊。衡阳市发挥老工业基地和交通枢纽优势，当好承接产业转移领头雁，加快形成工业品“大湾区研发、衡阳生产分拨”和农产品“衡阳加工集散、大湾区消费”的产业协同格局，做大做强先进装备、特色材料、轻工消费品、数字经济等主导产业。娄底以钢铁新材、工程机械、现代物流为主导，建设先进制造配套区和长株潭现代物流服务区。常德布局发展工程机械、生物医药、大健康等主导产业，建设全省重要先进制造业基地和全国生态农产品基地。益阳重点发展电子信息、食品轻纺、特色装备、碳基材料等主导产业，建设数字产业集聚区。

2. 共同打造强劲科技创新共同体

把创新摆在核心地位，实施创新同为行动。加强环长株潭城市群创新政策体系、成果转化服务体系、科技金融机制、科技合作模式等方面的协同，以打造具有核心竞争力的科技创新高地为引领，以“两区两山三谷”为载体，建设国家区域科技创新中心，推进长株潭科技创新共同体建设，加快形成全域创新体系。

高水平建设长株潭国家自主创新示范区，打造国内先进、具有国际影响力的长株潭科技创新中心和自主创新策源地、科技成果转化地、高端人才集聚地。依托岳麓山国家大学科技城创建国家实验室，培育一批国家级及企业技术创新平台，推动重点实验室、工程技术研究中心建设和共享。在杂交水稻、新一代轨道交通、超级计算等领域推进一批国家重大专项工程。构建新型攻关机制，大力推进协同攻关。加快建设岳麓山工业创新中心、岳麓山种业创新中心，支持长株潭创建人工智能计算中心，长沙创建国家高端装备制造、文创产业创新中心，株洲创建功率半导体国家级产业创新中心，湘潭创建机器人产业创新中心。

建立长株潭主特产业科技创新联盟，支持长沙牵头组建工程机械和汽车制造产业联盟，株洲牵头组建轨道交通和航空产业联盟，湘潭牵头组建新能源、钢铁及深加工和电机电磁驱动智能制造装备产业联盟，加快产业链创新链深度融合。强化产学研用协同创新，探索实施长株潭地区“全球顶尖科学探索计划”。长株潭三市共同创建国家知识产权运营服务体系重点城市，建立以市场为导向、以企业为主体的产学研用协同创新体系。实施更加开放的科技创新领军人才引进政策，搭建海外高层次人才引进的综合平台，实施院士引领创新产业计划，筹建湘籍院士产学研园区，支持联合建设院士专家工作站。

落实《长江中游鄂湘赣三省区域协同创新合作框架协议》，共同推进“三区”（长株潭国家自主创新示范区、东湖国家自主创新示范区、鄱阳湖国家自主创新示范区）“三走廊”（长株潭科技创新走廊、光谷科技创新大走廊、赣江两岸科创大走廊）合作对接；共同申报国家重大科技专项，共同组织参与“揭榜挂帅”科技项目，开展“卡脖子”关键核心技术攻关；共同建设一批重大科技创新平台，推进重大科技基础设施、重点实验室等研发服务平台和大型科学仪器设备实现开放共享。

3. 共建高质量发展产业体系

主动对接融入国家长江中游城市群发展战略，加强顶层设计，高标准、高水平做好推进产业协作总体规划，从更高层面科学布局产业项目，理顺产业发展链条，促进区域内、区域间产业合理分布和上下游联动，形成分工合理、特色鲜明、产业聚集的发展新路子，共建高质量发展产业体系。

打造区域性现代服务业中心，推动生产性服务业向专业化、高端化拓展，生活性服务业向精细化、高品质提升。推进互联网+广泛融入服务业各领域，培育发展新兴业态，着力打造全产业链和集聚区。将长株潭城市群建设为高端服务功能集聚、辐射带动作用明显的区域性现代服务业中心。推进现代服务业与制造业深度融合，不断提升制造业的智能化、数字化、网络化、服务化、精细化水平，实现由低附加值的单纯代工向深度加工、研发设计和自主品牌等高附加值环节转变。发展现代物流业，提高供应链管理水平，提升霞凝港、长沙港、机场等口岸枢纽货运服务功能，建立现代立体口岸开放体系。壮大现代金融业，发展普惠金融、绿色金融、科技金融等，加快湘江新区金融中心和湘江基金小镇建设，打造湖南区域金融中心。

构建融合发展的现代农业产业体系。将提高农业质量效益和竞争力摆在更加突出位置，加快构建现代农业产业体系、生产体系、经营体系，全面提升农业规模化、科技化、市场化、国际化、信息化、标准化水平，大力发展精细农业。建设绿色高质的都市农业。强化互联网、物联网、大数据等信息技术的运用，加快发展智慧农业、精细农业，提高都市现代化农业发展水平。推进绿色农产品加工业集群化发展。强化绿色优质农产品品牌建设。

打造世界知名文化旅游目的地。建设韶山至井冈山红色旅游（铁路）专线，串联湘赣边红色文旅资源，共同打造“革命摇篮、伟人故里”红色旅游品牌。发挥长沙世界媒体艺术之都优势，建设马栏山视频文创产业园，打造具有国际影响力的“科技＋文化”新地标。推进公共文化服务数字化建设，开展文创版权保护领域区块链技术应用。推动文化、体育场馆共建共享，建设环湘江马拉松、自行车赛道、省图书馆新馆等文体场馆设施，共同申办国家重大赛事，打造“湘江马拉松赛”区域体育品牌，创建国家体育消费试点城市。全力推进文旅结合，打造一批文化特色鲜明的国家级旅游休闲城市和街区，统筹旅游产品开发、线路设计和设施建设，共建旅游服务监管服务平台，打造富有文化底蕴的世界级旅游目的地。

4. 促进产业与创新深度融合

把发展基点放在创新上，围绕产业链部署创新链，围绕创新链布局产业链，不断推进科技创新、制度创新、文化创新，激发各类创新主体活力，加快形成以创新为主要引领和支撑的经济体系和发展模式，加快实现发展动力转换。

加快科技成果转化应用，实施应用场景示范行动，搭建实验空间和场景条件，加强新技术新成果集中应用示范。联合建立产业技术创新战略联盟、技术创新中心、联合实验室，面向产业创新发展需求开放仪器设备、共享车间、大型软件等资源。加强产权交易服务平台、转移转化信息平台、技术转移中心等科技成果转化平台体系建设。培育一批以市场为导向的技术创新中心、产业研究开发院、行业技术中心等新型研发机构。支持骨干企业与科研机构、高等院校合作创办新型研发机构。支持高校和科研院所进入高新区设立新型研发机构，开展技术研发、企业孵化等活动。

加大科研资源的财政投入和统筹，创新科研资源配置模式，推动重点领域项目、基地、人才、资金一体化配置。完善科技创新奖补机制。优先重大科研基地设施、省级实验室和新型研发机构及科技创新项目的要素保障。加强科技创新资源统筹，建立健全跨部门跨行业跨区域实施重大科技攻关的机制。改进科技项目组织管理方式，实行“揭榜挂帅”等制度。推进科技评价制度改革，建立以质量、贡献、绩效为导向的分类评价体系。

（四）推动统一开放大市场建设

激发市场主体活力，完善要素市场化配置体制机制，发挥市场在资源配置中的决定性作用，着力优化营商环境，把环长株潭城市群打造成国内大循环的战略节点、国内国际双循环的战略链接。

1. 提升区域市场一体化能效

创新市场一体化发展体制机制，推动有效市场和有为政府更好结合，建立统一规范的制度体系，形成标准规则统一、要素自由流动、高效有序运转的开放市场。完善土地管理制度，建立健全城乡统一的建设用地市场，推进产业用地市场化配置改革。适时推广浏阳“三块地”改革试点经验，建立健全统一的农村集体经营性建设用地入市和公共利益征地相关制度规定。

健全长株潭一体化引才引智机制，探索优秀人才跨区域跨所有制流动渠道，推进高层次人才在长株潭三市自由落户。加强数据资源整合和安全保护，推进政府数据开放共享，提升社会数据资源价值，加快培育数据要素市场。深化公共资源交易市场化改革，打造规范统一的共享共用公共资源交易平台。健全科技成果转化、知识产权交易等公共服务平台，打造中国V链数字资产交易中心。

2. 推进双循环型城市群建设

以扩大内需为战略基点，充分利用国内国际两个市场、两种资源，贯通生产、分配、流通、消费各个环节，更多依靠国内市场实现畅顺循环，构建畅通高效的市场体系、流通体系，推动双循环城市群建设，打造国内大循环和国内国际双循环重要节点。

激发消费潜力，营造放心消费环境，助力形成强大国内市场。提质文化体育旅游休闲消费，升级家政服务消费，完善健康养老消费，促进吃穿用住行等传统实物消费提档升级，促进消费向智能、绿色、健康、安全方向转变。发展新型消费，推动线上线下消费有机融合，加快传统线下业态数字化改造和转型升级，支持实体企业开发数字化产品和服务。探索发展智慧超市、智慧商店、智慧餐厅等新零售业态，支持生鲜、医药品及其他零售品融合电商发展。

培育建设区域性国际消费中心城市，营造国际化消费环境，推动消费升级，将“五一商圈”改造成为具有国际影响力的核心商业聚焦中心，创建国家级夜间文化和旅游消费集聚区，支持长沙创建国际消费中心城市。建设辐射带动能力强、资源整合有优势的若干区域消费中心和文化旅游消费试点、示范城市，同步加强中小型消费城市梯队建设，建设新型消费商圈，创建新型消费示范城市，支持做强“首店经济”“首发经济”。

提高环长株潭城市群对外开放程度，积极开拓海外市场和跨境合作，提升湘企湘品在两个市场的占有率。深化国内区域合作，积极参与国内市场建设，主动服务国家开放战略，深度融入共建“一带一路”。

3. 建设统一开放通道和平台

有效破除地域分割、市场壁垒和行业垄断，建设环长株潭城市群统一开放通道和平台，在更高层次、更宽领域构建开放型经济新体制，不断扩大环长株潭城市群国际影响力，增强国际竞争合作新优势。

高水平办好中非经贸博览会，加快中非经贸先行区建设，搭建中非易货贸易平台。高标准建设中国（湖南）自贸试验区长沙片区、岳阳片区，支持与长沙临空经济示范区、环长株潭国家级经开区、高新区及海关特殊监管区域联动发展。建设长株潭跨境电子商务综合试验区，鼓励跨境电商企业建立国际配送平台，打造中西部跨境电商产业集聚中心。

推动环长株潭城市群8市共同参与港洽周、沪洽周、中部农博会、进博会等重大招商活动，开展联合推介、专题招商。协同加强与粤港澳大湾区在创业孵化、科技金融、科技成果转化等方面合作，加快推进粤港澳科创园建设。聚焦“一带一路”沿线、东盟、非洲等重点国家和地区，建立“走出去”协作机制，共同支持上下游企业“抱团出海”、配套企业“借船出海”。

4. 打造具有竞争力营商环境

实施“放管服”改革行动，最大限度减少政府对市场的直接干预。深化行政审批制度、投资项目审批制度和招投标体制改革。持续推进“一件事一次办”和商事制度改革，推进政务服务标准化、规范化、便利化建设，深化政务公开。深入开展“互联网＋政务服务”，加快数字政府和服务型政府建设。推广“异地受理、内部流转、属地办理、限时反馈”的办理模式和“零收费、零接触、零跑路”的服务模式，打造极简审批、极优服务的长株潭样板。提升政务服务能力和水平，切实降低制度性交易成本，合力打造中部标杆、全国领先、国际一流的营商环境。

加快推动环长株潭市场信息互通、标准体系互认、市场发展互融，实现统一市场规则、统一市场监管。全面落实市场准入负面清单制度，在企业登记、土地管理、招商引资、投融资、人才招引、环境保护等领域探索制定统一协同的市场准入规则。完善与市场准入负面清单紧密衔接的行政审批体制和事中事后监管体系，清理擅自违规设立或保留的市场准入隐性门槛。探索以服务业为重点进一步放宽市场准入限制。

严格市场监管、质量监管、安全监管，加强事中事后监管，落实监管责任，健全监管规则，创新监管方式。加强社会信用体系建设，全面推行信用告知承诺制，健全公共信用综合评价体系，实施信用分类分级监管，健全守信激励和失信惩戒机制，完善信用修复机制，保护信用主体合法权益，构建以信用为基础的新型监管机制，对新产业新业态实行包容审慎监管。建立健全环长株潭八市跨地区、跨部门、跨领域的信用体系建设合作机制，加强信用信息共享和信用评价结果互认。完善营商环境评价，加快打造市场化、法治化、国际化营商环境。

（五）强化公共服务便利共享

坚持以人民为中心，加快推进公共服务共建共享、制度接轨，扩大优质公共服务资源供给，促进社会治理共建共治，提升全省人民在一体化发展中的获得感、幸福感和安全感。

1. 推动公共服务互认共享

实行基本公共服务标准化管理。完善环长株潭城市群统一、有效衔接的基本公共服务制度。以标准化促进基本公共服务均等化、普惠化、便捷化。统筹考虑经济社会发展水平、城乡居民收入增长等因素，逐步提升基本公共服务保障水平，增加保障项目，提高保障标准。开展基本公共服务保障区域协作联动，均等享有。

提升公共服务一体化水平。创新跨区域服务机制，推动基本公共服务互认共享。推进教育、医疗、社保、养老、就业、户籍等公共服务一体化，实施公交、健康、社保、图书馆等“一卡通”。统筹学区资源，完善跨区域就业人员随迁子女入学政策，逐步实现教育均等化。加强基本公共卫生服务合作，建立异地就医直接结算信息沟通和应急联动机制，推动重大传染病联防联控、社会保险异地办理、养老保险信息互通，开展养老服务补贴异地结算试点，鼓励著名品牌养老服务机构跨域布局设点或托管经营，促进异地养老。实施统一的基本医疗保险政策，推行住房公积金转移接续和异地贷款。推进政府数据、公共数据开放共享，建立互认互通的专题数据标准体系。探索构建环长株潭城市群基本公共服务平台，促进居民异地享受基本公共服务并便捷结算，推动实现资源均衡分布、合理配置。

2. 深化教育医疗合作交流

加强教育合作交流。促进优质基础教育资源共享，以长株潭三市优质教育资源为依托，支持环长株潭城市群建立中小学教育教学资源共享和师资力量交流机制，共建共享名师在线课堂、研学实践基地，合力打造教育特色品牌和智慧教育示范区；创新发展职业教育，协同开展订单培养、员工培训、教师进修，共同开展教育师资培训，支持跨域建设国家产教融合实训基地和校企共建大型职教集团；大力提质高等教育，加强与湖北、江西高校开展联合办学、课程互选、学分互认、教师互聘、学生访学、学科共建、教学资源、实验设备设施开放共用等多种形式的校际交流与合作，完善长江中游城市群教育科研协作机制，建立教育资源公共服务平台、创新创业教育实践基地、中三角高水平大学联盟、硕博研究生联合培养基地，共同打造中部地区教育高地。

打造医疗合作共同体。依托湘雅系医院和省属医院等优势医学医疗资源，采取合作办院、设立分院、组建医联体等形式，扩大优质医疗资源覆盖范围。建设环长株潭城市群国家医学中心、中西医区域医疗中心、医养中心和健康产业园，加快推动高端优质医疗卫生资源统筹布局。推动建设医学科研平台，共建医学人才培养基地，在医学高科技领域开展联合攻关。加强远程医疗系统建设，共建健康信息平台和数字化医疗协作系统，推进医疗资源共享、检验结果互认、疑难杂症远程会诊、医保异地即时结算。推进传染病疫情联防联控，统一制定联防工作制度，推进互联互通的突发公共卫生事件信息决策指挥平台和信息监测系统，建设公共卫生协作中心、紧急医学救援基地、医疗卫生应急专家库，实现公共卫生、医疗服务保障、基本药物制度和综合管理等方面信息互通共享。

3. 推进文体旅游融合发展

深化环长株潭城市群文体旅游合作。加强历史文化街区、历史文化保护区、历史文化地段、历史建筑及非物质文化遗产保护合作与创新发展，推进红色旅游文化、民族特色文化的传承与交流，提升红色旅游走廊、湖湘文化旅游走廊、湘江旅游走廊、高铁旅游走廊品质，共同打造极富特色、享誉全球的国际知名旅游目的地。促进休闲旅游、红色旅游、研学旅行、乡村旅游融合发展，推进湘江游艇游轮旅游码头和自驾车房车营地建设。推进公共文化服务数字化建设，开展文创版权保护领域区块链技术应用。推动文化、体育场馆共建共享，规划建设环湘江马拉松、自行车赛道、省图书馆新馆等文体场馆设施，共同申办国家重大赛事，打造“湘江马拉松赛”区域体育品牌，创建国家体育消费试点城市。实行环长株潭城市群旅游“一票通”，统筹环长株潭八市旅游产品开发、线路设计和设施建设，联合开展主题旅游推广活动，共建旅游服务监管平台。

协同推进湘鄂赣文旅融合发展。依托湘赣边丰富的红色文旅资源，着力打造以“一节一会一论坛”为标志的湘赣边红色文化品牌，以长征国家文化公园（湖南段）建设为引领，加强湘赣边革命文物保护利用和红色基因传承，建设涵盖“一库一源一广场”的湘赣边红色文化旅游融合发展创新区。以文旅为媒，加强湘鄂赣红色文化资源传承发展，在文物保护、非遗传承、红色旅游等方面拓展交流合作空间，发行湘鄂赣文旅一卡通，建设红色体验之旅、文化传承之旅、康养休闲之旅、美食购物之旅等湘鄂赣精品旅游线路，形成多样化、特色化、差异化的旅游产品体系。

4. 共同打造社会治理共同体

建立社会治理大数据平台，推动社会治理数据互联互通，建立健全基层社会治理网络，推广网格化服务管理。建立人社一体化制度，实行工伤保险互认，退休人员异地年审互认，就业创业统一互惠政策，进一步扩大公积金跨区域互认互贷范围。探索以社会保障卡为载体建立居民服务一卡通，在交通出行、旅游观光、文化体验等方面实现“同城待遇”。积极开展跨区域警务合作，从情报交流、惩治犯罪、协作防控等多层面协作互动，打造警务共同体。完善突发公共事件、自然灾害事件预防处置机制，探索建立健全跨区域、跨部门应急协调联动机制，优化整合应急资源、形成防灾减灾合力，提升应急效率。联合建设区域性食品药品检验检测中心，推进检验检测资源共用共享，加强食品药品安全信息交流，协同保障食品药品安全，联合开展长江中游城市群公共服务质量评估。深化文明创建活动，倡导文明礼仪新风，共同提升区域文明程度。

（六）促进生态共建环境共治

聚焦“一心一江一湖四水”重点区域，实施生态同建行动。完善生态环境共保联治机制，协同解决水污染、大气污染、土壤污染等环境问题，共同维护天蓝、地绿、水清、土净、境美，打造具有重要影响力的绿色发展样板区，共建绿色美丽中三角。

1. 着力共筑生态安全屏障

贯彻落实长江经济带“共抓大保护、不搞大开发”总基调，加强生态功能重要区域保护，统筹实施山水林田湖草沙的自然生态系统保护和修复。严格保护跨区域重要生态空间，共筑湘资沅澧四水及支流生态廊道、洞庭湖生态保护圈，以幕阜山、衡山、罗霄山等为主的湘东南山生态屏障和以壶瓶山、雪峰山等为主的湘西北生态屏障。充分维持和发挥长江岸线、洞庭湖区域洪水调蓄、水源涵养、气候调节和生物多样性保护等生态功能，推行草原、森林、河流、湖泊休养生息，推动长江及其岸线生态恢复、洞庭湖及内湖湿地生态系统修复，重点建设绿色湘江、资江、沅江、澧水等水生态廊道，加强两岸天然林保护、公益林建设和造林绿化，构建以河流、道路交通线为联系的生态绿道健康网络。

2. 共保天然生态物产资源

夯实生物多样性保护基础，推动修订生物多样性保护战略与行动计划及规划，实施生物多样性保护工程。完善生物多样性监管体系，推进洞庭湖生物多样性保护优先区域的生物多样性调查、观测和评估，建立生物多样性基础数据库，加强生物多样性基础数据集成分析、信息共享和综合应用。加强对特有濒危物种、极小种群、重要野生动植物及栖息地保护与修复，加强珍贵物种遗传资源保护和培育，严格外来物种引入管理，适当探索开展"生态+"保护性开发模式，打造具有全国影响力的长江经济带绿色生态品牌。开展种质资源普查，对珍稀、濒危、特有、特色农作物种质资源和地方品种资源开展系统调查，抢救性收集古老地方品种、年代久远的育成品种以及其他珍稀、濒危等物种资源。

3. 共治功能脆弱生态环境

全面推进空气污染防治行动计划。推进PM2.5与臭氧的协同治理，实施重点行业NOx等污染物深度治理，大力推进重点行业VOCs治理，以空气污染联防联控为突破口，加强长株潭及传输通道城市多领域、深层次的环境保护合作与交流，建立区域大气环境信息共享与发布常态制度。深入实施水污染防治行动计划。统筹水环境、水生态、水资源、水安全、水文化，强化流域系统治理。持续推动"一心一江一湖四水"生态环境治理，完善湿地保护、水污染防治等地方立法，建立长江等重要水源地保护突发水污染事件应急通报制度，严格落实河湖长制，狠抓饮用水水源保护、城乡污水处理设施建设和黑臭水体治理。推进环境监测网络相互开放和共建共享，建立健全跨区域排污权交易平台，探索建立环境资源交易中心。全面落实土壤和固废污染防治行动计划。实施土壤环境精细化管理，加强农用地土壤污染管控和受污染地块安全利用，建立受污染地块和高风险地块数据库及信息平台，严格污染地块准入管理，巩固提升耕地土壤安全。强化协同控制实施源头预防，开展涉镉等重金属重点行业监管企业名录并适时动态更新，开展涉重金属企业环境风险隐患排查和治理制度。加强白色污染治理固体废物处理处置以及磷污染和重金属污染治理，加强危险废物医疗废物收集处理。

4. 建设生态绿色一体化示范区

在严格保护生态环境的前提下，聚焦示范区的建设，为长江中游城市群绿色发展探索路径、提供示范。打造“绿心”生态友好型一体化发展样板。以长株潭三市结合部为“绿心”，优化绿心地区项目准入与审批流程，加快解决绿心地区工业项目退出、绿心范围划定与调整等产生的遗留问题。实施绿心农村环境整治工程，引导部分禁开区居民外迁和限开区居民适度集中居住。实施绿心生态修复工程、林业生态工程，创新生态产品价值市场化实现机制。持续推进洞庭湖生态经济区建设。搭建由国家部委牵头，岳阳、常德、益阳、荆州和长沙望城区政府共同组建城际合作平台，建立四市一区市长联席会议制度，对洞庭湖生态经济区的生态保护和治理问题进行协商。研究制定毗邻地区新增产业禁止和限制目录，共同划定生态红线和开发边界。编制洞庭湖经济区生态治理规划及实施方案，促成各市政府签署行政协议，实现洞庭湖区生态治理综合立法、合作立法。构建洞庭区生态信息数据平台，实现洞庭湖生态经济区四市一区政府生态环境信息实时公开、共享。实行生态补偿和横向财政转移支付制度，严格监督、考评和问责机制。

四、创新长江中游城市群一体化发展体制机制

用改革思维、改革方式推动环长株潭城市群发展，协同鄂赣全面推进更高起点的深化改革，加快破除制约一体化发展的行政壁垒和体制机制障碍，为更高质量一体化发展提供强劲内生动力，为全国改革提供新经验。

1. 创建协同高效合作体系

健全政策制定协同机制。突破传统体制机制制约，协调各城市的发展规划与政策法规，建立统一编制、联合报批、共同实施的一体化规划管理制度。建立统一的市场准入条件与质量技术标准，在企业登记、土地管理、环境保护、

投融资、财税分享、人力资源管理、公共服务等政策领域建立健全政府间协商机制，形成协同方案，制定协同措施。强化环境联防联控、食品安全监管、知识产权保护等领域执法联动，提高区域执行协同性。根据区域城镇化进程和发展需要，适时进行撤县设区、县市合并等区划调整，理顺城镇行政管理体制。

建立一体化发展评估体系。建立环长株潭城市群一体化发展评估指标体系，研究发布区域一体化发展指数，科学客观评价一体化发展进程，为区域政策制定和调整提供参考。探索实施引入第三方力量的政策评估监督模式。

深化省会城市合作体系。进一步探索建立中心城市引领城市群发展机制，以长江中游城市群省会城市合作行动计划为指导，充分发挥省会城市作为中心城市的辐射带动作用，促进工业互联网互联互通、政务服务优化、教育科研协作、科技资源共享、公共资源交易合作、法律服务协作、知识产权保护和运用、金融科创要素对接、科技成果转化模式创新、金融＋科技协同创新平台建设、数字身份认证标准对接、文化文旅互动、医保合作深化、市场监管一体化、跨区域警情调度指挥协作等的对接合作。

2. 完善重点领域共治制度

统筹土地管理。探索建立跨区域统筹用地指标、盘活空间资源的土地管理机制。建立统一的建设用地指标管理机制。建立建设用地收储和出让统一管理机制，统筹平衡年度土地收储和出让计划。依法推进农村集体经营性建设用地使用权出让、租赁、入股，实行与国有土地同等入市、同权同价，盘活区内土地存量。

建立要素自由流动制度。统一企业登记标准，实行企业登记无差别办理，为跨区企业提供全生命周期服务，允许企业跨区自由选择注册地名称，建立企业自由迁移服务机制。加强企业诚信管理，建立公共信用联合奖惩机制。打破户籍、身份、人事关系等限制，实行专业技术任职资格、继续教育证书、工作证等互认互准制度。建立技术创新成果市场交易平台，制定统一的成果转移转化支持政策，实现跨区技术创新成果转化的市场化配置。

完善跨区域产权交易市场。加强公共资源交易平台互联共享，建立统一信息发布和披露制度，推动建设跨区域交易共同市场。培育完善各类产权交易平台，落实国家水权、排污权、知识产权、用能权、碳排放权等初始分配与跨省交易制度。参与建立统一的技术市场，实行高技术企业与成果资质互认制度。

创新财税分享机制。理顺利益分配关系，探索建立跨区域产业转移、重大基础设施建设、园区合作的成本分担和利益共享、税收征管协调机制、利益争端处理机制，完善重大经济指标协调划分的政府内部考核制度。推进税收征管一体化，实现地方办税服务平台数据交互，探索异地办税、区域通办。研究对新设企业形成的税收增量属地方收入部分实行跨地区分享，分享比例按确定期限根据因素变化进行调整。

3. 推进各项改革集成创新

成立高层级决策协调机制、高效率的开发建设管理机构、市场化运作的开发建设平台公司，负责环长株潭城市群改革创新和开放建设的统筹协调。在政府债务风险可控前提下，争取国家对地方政府债券发行的支持力度，中央分配新增地方政府债券额度向环长株潭城市群倾斜。支持开展土地综合整治，在基本农田总量不减、质量不降、结构优化的前提下完善空间布局。

建立地方立法和执法工作协同常态化机制，推动重点区域、重点领域跨区域立法研究，共同制定行为准则。共同推进数字政府建设，强化公共数据交换共享，构建跨区域政务服务网，加快实现民生保障和企业登记等事项“一地受理、一次办理”。推动建立健全高质量一体化发展的指标体系、政策体系、标准体系、评价体系、统计体系和绩效考核体系。

制定实施统一开放的人才政策，按照党中央、国务院统一部署探索统筹使用各类编制资源的有效途径，加强面向高层次人才的协同管理，推动人才资源引进互通、人才培养共育、人才评价互认、人才待遇同享，完善户口不迁、关系不转、身份不变、双向选择、能出能进的人才柔性流动机制，促进人力资源优化配置。

深化国资国企改革，积极稳妥推进国有企业混合所有制改革，加强国资运营平台跨区域合作。优化民营经济发展环境，鼓励支持民营经济跨区域并购重组和参与重大基础设施、民生工程建设。鼓励行业组织、商会、产学研联盟、行业领军企业等开展多领域跨区域合作，形成协同推进一体化发展合力。

4. 完善环长株潭一体化机制

加快复制推广长株潭一体化发展制度经验，按照长株潭中心城市、环长株潭城市群、长江中游城市群推广层次，定期形成推广清单并按程序报批。充分发挥长株潭引领带动作用、提升服务功能，引领环长株潭城市群一体化发展，促进与长江中游城市群的武汉城市圈、环鄱阳湖城市群联动发展，构建更大范围区域一体的创新链和产业链。充分发挥长株潭人才高地的溢出效应，实现各类高端人才与周边区域的流动共享。依托长株潭高品质的生态和人居环境，为周边区域集聚企业、加快经济发展提供有力支撑。

迈进区域共生互赢新时代

——武陵山经济协作区发展规划建议[①]

探索西部大开发新阶段的新情况、新思路和新任务，构建老少边穷地区合作发展新模式，促进区域经济协调发展，依据国家西部大开发战略部署、《国务院关于推进重庆市统筹城乡改革和发展的若干意见》，开展本规划建议研究。本研究重在贯彻落实国家区域发展战略，明确政府工作重点，引导市场主体行为；确定武陵山地区合作发展的总体思路、主要目标和重点任务；统筹协调区域重要资源配置、基础设施建设、产业结构调整、城镇体系布局；强化经济协作和功能互补，增强区域整体优势和综合实力，促进武陵山地区又好又快发展。

一、武陵山地区的基础条件

武陵山地区处于西部大开发和中部崛起两大战略的交汇地带，本研究区域范围重点为湖南武陵山地区，包括湖南湘西州、怀化市、张家界市、邵阳市、石门县、桃源县，总面积8.18万平方公里，总人口1881.44万人。重大问题涵盖整个武陵山地区。

（一）发展基础

1. 经济稳步增长

2005年至2009年，四市州地区生产总值年均增长10.45%，2009年，达到1631.91亿元，占湖南省的12.62%，地方财政收入达到123.72亿元，占湖南省的

① 国家发展和改革委员会、湖南省决策咨询项目，前期成果上报国家发展和改革委员会，后形成《武陵山经济协作区湖南片区规划》上报国务院扶贫开发办公室和国家发改委，并得到国家《武陵山片区区域发展与扶贫攻坚实施规划》采纳，最终成果转化为《湖南省武陵山片区区域发展与扶贫攻坚实施规划（2011—2020年）》被省政府批复（湘政函［2012］233号）。2010年7月完成。

8.22%。经济增长速度不断加快，2009年四市州地区生产总值（GDP）同比增长10.57%，略低于西部地区增长速度。运行质量明显提升，发展实力显著增强。人均地区生产总值达到10367元，工业化、城镇化加速推进。

2. 地理区位显要

武陵山经济协作区是我国内陆中西结合部最大的少数民族聚居区，是西部大开发和中部崛起的交汇地带。既可承接东西部地区双向交流，又能吸纳沿海沿江地区的双重辐射，可起到东西逢源、南北策应的纽带作用。而经济协作区内湖南的总面积和人口分别达到55.8%和65.8%，其中怀化市就是我国西南重要铁路枢纽，是湘黔桂鄂渝边境最大的交通中心，战略地位极其重要。

3. 资源禀赋独特

武陵山经济协作区内大面积的山地，形成了较为丰富的土地、森林、水能、矿产等自然资源。在张家界、怀化、湘西、邵阳四市州就已探明矿藏50多种，其中锰矿石储量居我国第2位，汞金属储量占全国第4位，石膏矿储量居全国之首。特别是自然旅游资源和文物古迹、少数民族风情、民俗等人文旅游资源品位高、组合性好，是我国最具开发潜力的旅游基地。

4. 产业特色鲜明

武陵山区在旅游业、特色农牧业、林业、特色药业等若干具有地区特色优势的产业方面有着较为独特的和巨大的发展潜力，能够形成我国重要的特色经济区域。特色旅游可以实现跨越式发展，成为我国重要的黄金旅游走廊，特色农、林、牧业发展潜力大，能成为我国重要的特色农牧业出口基地，建成我国重要的中医药产业基地。特别是随着交通设施的进一步完善和人们消费结构的变化，区内旅游业更是有着巨大的发展空间。

5. 合作起步较好

武陵地区在历史上就有长期合作的优良传统，1985年就成立的“湘鄂川黔四省边区县（市）政府经济协会”，到1990年发展成为“湘鄂川黔武陵山区县（市）区政府经济技术协作会”，该协会在经济技术协作、共筑交通网络、旅游资源整合开发、文化产业开发、信息资源开发、矿产资源开发、企业合作等方面开展合作，取得了一定成效。

（二）发展机遇

1. 国家细化区域发展规划的战略新机遇

在金融危机的背景下，区域经济区正以前所未有的密集度，跃升至国家战略层面，仅2009年，国家就批准了11个区域发展规划。出现如此多的区域规划正是国家区域战略规划在思路上的调整：即出台“细分式”的区域经济发展规划，缩小地域之间的差别，在每个地方突出经济发展亮点，以点带面，盘活全国经济版图。这种新一轮的区域改革试验也给武陵山经济协作区的构建提供了良好的战略机遇。

2. 深入实施西部大开发的政策新机遇

国家已把深入实施西部大开发战略作为具有全局意义的重大方针、作为“十二五”时期经济社会发展的重大任务，将进一步完善扶持政策，进一步加大资金投入，进一步体现项目倾斜，以更大的决心、更强的力度，更有效的举措深入推进，努力推动西部地区经济社会又好又快发展，为我国发展开拓新的广阔空间。国家坚定不移地继续深入推进西部大开发，必将为武陵山经济协作区跨越式发展带来更多新的政策机遇。

3. “统筹城乡”和“两型社会”试验的新机遇

为了探索统筹城乡发展的新路径和经济社会发展与人口、资源、环境相协调的新模式，国家相继批准重庆市和成都市为“统筹城乡综合配套改革试验区”，武汉城市圈和长株潭城市群为“全国资源节约型和环境友好型社会建设综合配套改革试验区”。这是国家促进东中西互动和中部地区崛起的重大战略布局，也是合作发展的先行区和科学发展的实验区，其“先行先试”的政策支持为武陵山经济协作区开拓新思路，提供了全新的发展机遇。

（三）主要挑战

1. 经济发展水平低

改革开放30年来，武陵山经济协作区经济建设尽管取得了巨大成就，但与同行政区内的其他地市和全国其他地区相比，仍相当贫困。总体而言，经济总规模小，人均拥有量低。武陵山区域的湖南四市州经济发展总体水平与湖南东中部地区有较大差距，且有不断拉大的趋势。2009年四市州GDP仅为长株潭地区的29.63%，四市州占湖南省GDP的比由2005年的16.94%下降到2009年的12.62%。

2. 城市带动功能弱

武陵山经济协作区地跨渝、鄂、湘、黔4省市，由于受到行政区划的约束，城市空间相对独立且结合不紧，城镇化水平较低，区域内缺少能带动全局的大型中心城市。而且城市的功能比较弱，对地区经济和社会发展的带动作用不强。区域内还没有建立起统一、开放、畅通的市场体系，更没能形成真正意义上的物流、人流、资金流的优势互补，实现区域间资源的合理配置，直接影响和制约着本区域工业化、城镇化、信息化、市场化的进程。

3. 基础设施条件差

基础设施落后状况没有从根本上解决。由于历史欠账过多，公共投入供给与投入需求之间严重不平衡，加之投入成本高，比较效益低，制约社会资本投入的增长，使得武陵山地区交通通信、农田水利、城乡电网等基础设施发展滞后。以交通为例，湘鄂渝黔边界县级以上衔接公路中，路线未联通、等级不配套或等级偏低（四级及以下），形成的“断头”路就有20余条。整体交通运输网络布局也不尽合理，成为制约经济发展的瓶颈。

4. 生态环境压力大

由于自然地貌复杂、地形陡峭、能源缺乏、长期沿袭的粗放型经济增长方式和资源不合理开发利用以及一些地方的环境和资源保护监管薄弱，重开发轻保护、重建设轻管护，使得武陵山经济协作区生态状况呈现脆弱化趋势。长期积累的环境矛盾尚未解决，新的环境问题又陆续出现。随着经济总量不断扩大和人口继续增加，污染物产生量还会增多，而保护环境的压力将进一步加大。

5. 公共服务能力低

武陵山区集“老、少、边、山、穷”于一体，交通、信息闭塞，经济、文化落后，农村贫困现象十分突出。由于受自然地理条件、历史等诸多因素制约，该地区的公共基础设施仍十分薄弱。教育、卫生、文化等社会事业发展缓慢，社会保障体系不健全，保障标准和覆盖率仍然较低。

（四）重大意义

加快武陵山经济协作区发展步伐，既关系到武陵山区自身发展，也关系到国家整体发展，具有重要的战略意义。武陵山区在我国东部发达地区与西部欠发达地区之间的经济扩散、吸纳、传递等活动过程中起着承东启西、沟通南北的作用，在全国经济大布局中具有协调和通道的功能；武陵山区在旅游业、特色农牧业、药业、林业等产业发展上有市场优势和比较优势，可以建设成为经济基地，成为我国区域经济新的增长极；武陵山区是我国少数民族人口集中的地区之一，它的发展有利于实现民族大团结和社会稳定；武陵山是我国亚热带森林生态系统的核心区域，有利于洞庭湖及长沙中下游地区生态环境的保障；作为三线建设及国防工业布局的重要地区之一，对国家国防经济的发展具有重要意义。

二、武陵山地区发展总体思路

（一）基本要求

围绕增强生态保护和水源涵养功能，突出绿色、生态、低碳三大主题，以中心城市为核心，以旅游产业为先导，以富民强区为目标，以科教创新和体制创新为动力，大力推进基础设施、生态环境、特色经济、公共服务等领域的协作共建，有重点、分阶段、跨越式地推进经济繁荣武陵山、便捷畅达武陵山、安全和谐武陵山、秀美生态武陵山的建设，努力把武陵山经济协作区建设成为跨省合作扶贫开发示范区、民族地区和谐发展示范区、内陆山区生态文明示范区、国家生态安全保护示范区、国际生态旅游发展示范区，为集中连片贫困地区加快发展探索新路子，促进武陵山实现跨越式发展，与全国基本同步实现全面建设小康社会的目标。

（二）战略定位

（1）国际旅游胜地

旅游发展方式得到显著转变，旅游产业转型升级和提质增效取得突破性进展，形成旅游产品特色化、旅游服务国际化、旅客进出便利化、生态环境优质化的国际旅游胜地。

（2）中国生态绿心

武陵山地处中国地理版图的心脏位置，也是中国亚热带森林生态系统的核心区域，根据其良好的自然绿色植被资源，充分发挥水源涵养功能，培育生态中国“绿心”。

（3）都市圈后花园

融入、依托、服务成渝都市圈、长株潭都市圈、武汉都市圈和珠三角都市圈。紧扣自然景观和人文风情的有利条件，显“山”露“水”，建成周边大都市圈的“后花园”。

（4）西部新增长极

实施点轴开发，发挥比较优势，以线串点，以点带面，区域联动，资源共享，市场互动，共同支撑，在西部大开发中构建具有全局和战略意义的新的增长极。

（5）碳汇储备基地

探索大空间、多层面、跨行业的生态补偿与碳汇交易，与其他区域进行生态资源互换机制，成为国家低碳发展、生态建设、循环经济重点区域。

（三）发展目标

经过10年努力，基本建立一体化经济协作区的体制机制，基础设施加快发展，生态环境全面改善，公共服务能力显著加强，经济又好又快发展，人民生活水平明显提高，从整体上改变贫困落后的面貌，成为集中连片贫困地区合作开发、民族地区和谐发展、内陆山区生态文明建设的示范区域，与全国基本同步实现全面建设小康社会的目标。

三、武陵山地区空间布局

以中心城市为依托，以交通干线为骨架，以资源环境承载能力好的地区为开发重点，沿路兴城、以点带线、以城带乡、城乡互动，加快形成以“一纵三横”“丰”字型经济带为骨架，以怀化、吉首、张家界、黔江、恩施、铜仁、邵阳、凯里等中心城市为支撑，以县（市）城为基本单元的空间发展格局。

表1 武陵山区“丰”字型经济带结构

名 称	范 围
“丰”字中的“一纵”	即枝柳铁路、包茂高速、209国道，沿线分布有恩施市、张家界市、吉首市、怀化市、洪江市等5个城市以及巴东、建始、宣恩、来凤、龙山、永顺、古丈、慈利、石门、保靖、花垣、凤凰、麻阳、中方、会同、靖州、通道、绥宁等18个县城。
“丰”字中的“三横”	即长渝高速、黔张常铁路，沿线分布有武隆、彭水、黔江、咸丰、来凤、龙山、桑植、张家界、慈利等市、区、县；杭瑞高速、319—326国道，沿线分布有、桃源、沅陵、泸溪、吉首、花垣、秀山、沿河、德江等市、县；沪昆铁路、沪昆高速，320国道，沿线分布有怀化、中方、芷江、新晃、洞口、隆回、邵阳、玉屏、岑巩、三穗、剑河、台江、凯里、麻江等市、县。

（一）中心城市

中心城市是带动区域大发展的重要“引擎”。根据武陵山经济协作区的实际情况，按照土地集约、产业集合、人口集中的原则，夯实基础设施，改善投资环境，优化工业布局，提升产业层次，形成较大规模的产业集聚和较高水平的工业园区。适当扩大城市空间，提升城市服务功能，有序承接人口转移。加快建设怀化、吉首、张家界、黔江、恩施、铜仁、邵阳、凯里等综合服务和集聚辐射功能强大的区域经济增长极，以此带动地区工业化、城镇化进程。

1. 怀化市

素有“黔滇门户”“齐楚咽喉”之称。应着力发挥区位交通通讯和国际和平文化优势，加快打造国际和平文化旅游中心、区域性商贸物流基地和综合服务中心。按照“一体两翼”格局，以鸭嘴岩物流区的建设对接中方，以湘西文化城的建设对接芷江，加快中方、芷江融入中心城市步伐。利用怀化大交通优势，加强与区域其他结点城市的联结和合作，打造武陵山地区人口过百万级的综合中心城市。

2. 张家界市

着力突显旅游城市功能，发挥国际机场优势，使其成为带动整个区域旅游发展的龙头。中心城区按照“调整老城区、建设新城区、发展城郊区”的原则，实施“东建（西溪坪）西扩（且住岗）”。武陵源城区要做精、做细、做特，重点进行索溪河以北主城区建设群的提质升级和岩门片区建设。努力将张家界建设成为国际风景度假旅游目的地城市、国家生态旅游循环经济示范城市、大武陵旅游经济圈中心城市

3. 吉首市

地处枝柳铁路、209国道、319国道、1828省道的交汇点上，交通条件便利，在发展民族贸易、民族用品工业方面具有独到的优势，是发展中部工业品引东拓西、农副土特产品引西拓东的重要驻点。城市发展应向南拓展，与凤凰古城对接，打造区域物资集散中心、边贸中心和古城古寨古蛮风情度假旅游中心，增强对武陵山少数民族地区的吸引力。

4. 邵阳市

是武陵山地区东连的重要节点城市，以邵阳市区为主体，以邵东县城、新邵县城为两翼打造邵阳大都市区。在功能上定位为重点发展地区，主导产业区，也是邵阳人流、物流、资金流和信息流的主要聚合、扩散中心。产业以新型工业、现代物流、休闲旅游为主。加快新邵、邵东融入中心城市的步伐，建成人与自然相和谐，现代文明与历史文化相辉映的支点城市。

（二）城乡统筹

统筹城乡经济社会发展，加强对区域协调发展和城乡协调发展的宏观管理和协调，进一步加大工业反哺农业，城市支持农村的力度。在全面建设小康社会的进程中，县域经济要在努力优化结构和转变经济增长方式的基础上，提高经济效益，实现较快发展，使传统农业生产方式向现代农业生产方式转变，使相对粗放的工业生产品向新型工业化转变，使相对分散的乡村布局向相对集中的城镇化布局转变，使人民生活由基本实现小康向全面实现小康转变。

1. 提升县城功能

县城是武陵山经济协作区全面发展的重要结点，根据县域的区位条件、产业特点以及生态环境承载能力，因地制宜，有针对性地分类指导和支持不同类

型、不同发展水平县域的经济社会发展。支持中心城市近郊县、产业强势县、资源优势县、粮食主产县、自然风景区及民族旅游区壮大特色主导产业，形成优势品牌和产品。加快人口聚集、产业聚集，主动承接区域中心城市的辐射带动，增强承上启下的联结纽带作用。加快完善与周边城镇连接的道路网络，提高城市公共服务能力，适度引导人口向其转移集聚，逐步扩大县城规模。

2. 加强小城镇建设

以县城和周边中心镇为重点，加快小城镇建设步伐。以商贸、农产品加工和旅游服务为主体，加速农村二、三产业特别是个体私营经济迅速发展和非农产业的城镇集聚，逐步形成以特色产业型、加工转化型、资源开发型，综合服务型等各具特色的小城镇。以小城镇为依托，繁荣农村市场。推进农村产业发展，为农村富余劳动力向非农产业转移提供更多的就业空间，为农民致富奔小康创造有利条件。

3. 加强新农村建设

强化规划的导向作用，合理确定村庄、社区的布局和数量，促进农民集中居住。结合项目建设、扶贫开发和生态保护，规划建设新的农村居民点。加强村庄形态设计，突出村庄地方特色，重视生态环境和历史文化遗存的保护。加强公共设施，提高行政村客运班车通达率，积极做好区域供水，保障农村饮用水安全。改善农村文化体育设施条件，推进农村清洁工程建设，全面改善农村生活条件和人居环境。

（三）生态区域

树立生态先导观，优化水源涵养和生态保持功能。根据区域自然与经济发展特点，合理划分生态功能区域，做好本区生态建设规划方案，重点是小流域规划、生态林基地规划、生态景观规划、生态县规划。有计划有步骤地实施生态建设方案，按照地理条件的客观实际和自然规律集中成片建设武陵山地区生态基地，建设中国亚热带和温带物种基因库，建成中国绿心。加大武陵山环境保护力度。

武陵山岩溶山地生态区要有计划地退耕还林，在退耕还林地发展水源涵养林、风景林、特种经济林、优良牧草和药材，建设观光果园。保护生物多样性和风景区，重点是保护八大公山、小溪、天平山等天然林，武陵源砂岩峰林地貌，凤凰苗疆长城。发展生态公益林和经济林，经济林以油桐为主，辅以杜仲、厚朴、生漆。

武陵山红岩盆地生态区要以水土保持为主，实行林农间作、林草间作、农（牧）草间作，改坡耕为水平梯田，改顺坡直耕为等高横耕，控制水土流失；发展节水型和水保型农业，发展经济林果，建立椪柑、甜橙、长枣、义乌枣、油桐和良种板栗基地。

新晃、通道、绥宁、城步等中低山生态区要充分发挥本区“林木生长黄金带”的优势，大力发展和巩固速生丰产用材林基地；保护天然林、水源涵养林、风景林，扩大水土保持林。

（四）产业布局

武陵山区资源丰富，立体气候明显，名优特产众多，落实国家主体功能区划，发挥比较优势，坚持产业布局与区域功能相结合、产业发展与城镇建设相协调，积极探索产业分工协作和加强产业集聚的有效途径，重点培育和发展山地型生态农业、特色资源加工业、民俗风情旅游业和区域商贸物流业等特色产业，重点建设一批特色产业基地和产业园区，形成对区域经济具有主导性、支撑性和基础性影响的产业集群，提高区域核心竞争力。

怀化市及周边地区。围绕构筑湖南省最大的水电开发基地、竹木加工基地、湖南西部中药谷，着力抓好电力、林产、医药、食品四大支柱产业，改造提升矿产、建材、纺织三个传统产业。积极培育生物工程、新材料、电子信息等高新技术产业，充分用交通、商贸、科技文化、金融信息等功能，加快建设区域商贸物流中心。

吉首市及周边地区。重点突出食品、矿产、医药、畜产、建材、旅游等产业发展。大力发展以酒及绿色食品生产为特色的轻工业、以历史文化名城游、民俗游和红色旅游为主的旅游业，以烟叶、特色水果、中药材、草食畜牧、蔬菜、林纸为主的农林产品开发产业，合理开发锰、铝、锌、铝土及磷、汞等矿产资源。加快发展民贸和边贸等商贸流通业。

张家界市及周边地区。强化旅游城市功能，着力建设世界级旅游精品区的核心区，带动区域“大旅游”发展。围绕旅游精心培育具有浓郁地方特色的文化产业。壮大以电力资源综合开发利用为主的绿色清洁能源工业，以植物活性提取为主的绿色生物医药工业，以农林牧副产品精深加工为主的绿色旅游食品三大支柱产业。

邵阳市及周边地区。从现有资源优势、区位特点和产业基础出发，立足于经济发展新阶段的需要，以资源节约和环境保护为前提，以绿色发展为突破口，以增强自主创新能力和培育壮大战略性新兴产业为重点，搞好发展方式转变和产业结构调整，合理进行产业布局，加快特色优势产业发展，形成特色农业、生物产业、新型工业和旅游产业等重要产业的发展机制。

四、武陵山地区发展重点

（一）基础设施

科学规划、合理配置区域边际基础设施与城市公共服务设施，加速项目论证与建设进程，形成适度超前、功能完善、互联互通、高效运行的基础设施体系。

1. 交通

以资源开发为主旨，以中心城市为枢纽，以跨域连接为取向，加快公路、铁路、航空、城市交通等大空间、多层次的综合运输网络建设，不断改善乡、村出入通行条件，扩大覆盖范围，提高交通设施水平，全面实现区域交通主骨架内的干线互通，构建畅达省会城市、区域中心城市的大通道，形成连接重点景区、景点的旅游环线和方便快捷的现代化运力体系，缔造连接长沙、武汉、重庆、贵阳、南宁等周边特大城市的3小时旅游经济圈，培育吸纳京津冀、长三角、珠三角三大城市群核心城市及哈尔滨、呼和浩特、乌鲁木齐、拉萨、昆明等重要城市的旅游热线，开辟直达欧、美、日、韩、俄、澳及东南亚各国游客来往的航空大通道。

（1）公路建设

加大高速公路建设力度，构建区域内城际连接的快速通道；加快农村公路建设步伐，连通跨省界、市界的“断头路”，重点建设区域内渝湘、渝宜、黔张、恩张高速公路，兴建区域间边际对接互通的高速公路，如重庆秀山至铜仁市、张家界市至吉首市、慈利至澧县的高速公路。规划建设宜昌—张家界—沅陵—新宁—桂林的高速公路和张家界—花垣—酉阳—黔江—利川—恩施—宣恩—来凤—龙山—桑植—张家界、凤凰—怀化—中方—芷江—新晃—万山—铜仁—凤凰高速公路的“一纵两环”公路干线网络。支持重庆黔江—张家界高速公路以及张家界绕城公路、武陵源环景区公路建设。加快包茂高速怀化段、娄怀高速怀化段、松从高速新晃段建设，立项规划建设永州至贵州黎坪高速公路。加快建设恩施—黔江高速、黔江—张家界高速、张家界—恩施高速、张家界—怀化高速公路，改造209、320、326、329国道为高等级公路。完善高速公路、干线公路与景区景点的连接，高标准建设核心景区疏散游客的主通道。

（2）铁路建设

加快渝怀铁路复线、渝沪高速铁路重庆至湖北利川段及以黔江—张家界—常德铁路的项目进程，规划建设恩施—黔江铁路、怀化—常德—岳阳铁路、遵义—凤冈—秀山—吉首铁路和安张常长福、安常娄衡厦铁路、重庆—张家界—长沙客运专线。修建万宜铁路，实现万宜铁路与渝怀铁路、渝沪高速铁路的接轨。加快长昆铁路客运专线、怀邵衡铁路及渝怀铁路增线建设进程，将石门—怀化复线列入国家铁路网建设立项规划，常德—邵阳—桂林铁路新通道建设纳入国家中长期规划。延伸长沙—常德的城际轨道交通至张家界，实施长沙—张家界铁路提速改造，开通长沙—张家界动车组与假日旅游专列。远景规划张家界—恩施—利川—石柱—铜仁—怀化—张家界的环形铁路。

（3）机场航空建设

提升张家界荷花机场的等级标准与航空运能，全面完成芷江机场由4C级支线机场向4D级机场的升级改扩建工程，将邵东军用机场改扩为军民合用机场，近期按4C等级建设，远期扩建成4D级支线机场，建设张家界荷花机场、怀化芷江机场、常德桃花源机场、黔江舟白机场、恩施钱家坪机场与铜仁大兴机场的支线航空网络。加快张家界荷花机场的航空口岸建设，增开国际航线，对来往游客实行落地签证，提高国际旅游胜地的空中运力及其可进入性。

此外，提高乌江、沅江、澧水航道航运能力，适度发展支流水路交通，实现本土大吨位货物经水路进出长江。

2. 水利

统筹居民生活用水、工农业生产用水，实施跨区域的流域综合整治与水体环境保育工程，进一步强化水源地保护与水污染治理，严格限制水能资源的不适当开发，推进农村中小型水库特别是病险水库的整修扩容，加大农村人畜饮水工程建设，全面提高水资源综合利用效益与防洪避灾功能。

（1）合理开发利用水资源建立政府调控、市场调节和公众参与的管水、用水、节水机制，推进水资源有偿使用和水价综合改革，大力发展低耗水、高产出的节水型农业与清洁型、循环型工业以及利用非常规水资源的服务业。加大对城市集中式饮用水源的保护力度，科学调整并划定城市饮用水源保护区与农村集中式饮用水源保护区。

（2）加强水利工程设施建设。坚持兴利除害结合、防洪抗旱并举，开展主要干支流河道的流域化整治与山丘区水库的除险保安，组织大中型灌区续建、城市应急供水与节水工程改造。加快缺水少水山丘区的水库水源建设，推进农村中小型农田水利工程建设，完善灌区供水、灌溉、排涝等水利设施，不断增强抵御洪涝灾害的能力。健全城市防洪体系，确保城市防洪安全。增加城镇特别是中心城市供水能力与污水处理能力，推进城市水利设施项目配套改革，提高城市防洪与流域性山洪灾害的抵抗能力。

（3）建立水环境安全监测网络。建立防汛抗洪预警预报系统和山洪灾害监测系统，完善水资源公共管理机制，科学调控，严格监察监管，确保经济建设与生态环境安全，确保城乡居民饮用水源安全。

3. 能源

（1）完善能源供应体系。调整优化能源生产和消费结构，科学开发利用水能、风能、太阳能、生物质能等清洁能源与可再生新能源，加快新兴能源的源点基地工程建设。全面推广大型服务设施装备中地热与太阳能的综合利用，提高农村沼气技术的应用普及率，探索适宜性景区风能资源开发的建设试点。推进连接川渝气田的天然气管道工程建设与区域用气管网建设，规划开发张家界桑植页岩气资源与桑植南滩、慈利五雷山、城步南山、隆回白马山、绥宁宝顶山等风力发电资源。建设辰溪煤矿储备战略基地。扩大工业生产用气和居民生活用气规模，逐步改变并调优能源利用结构。

（2）优化电网结构。加快变电站和输电线路的升级改造，开展智能电网的建设试点，逐步扩大技术应用的覆盖层面。加强城乡一体化的电网建设，全面提高电网通达水平、输送能力、电量储备与供电质量，保障景区和城乡安全高效用电。

（3）开展能源节约。充分发挥价格调节机制的市场驱导作用，优化能源消耗主体的用能结构与消费行为，大力倡导以节能减排为重点的低碳生产与低碳生活。加快能源消费的信息化控制技术应用网络工程建设，促进并提高能源节约的现代化管理水平。大力推进低碳设施、低碳住宅与低碳社区的建设改造，积极创建以资源节约与生境优美为主要标志的国际低碳文明示范区。

4. 通信

按一体化规划、网络化敷设、数字化管理、最优化服务原则，扩大现代通信覆盖地域，引导并促进公共服务模式与本土产业结构的转型升级。

（1）加快现代通信网络建设。多层面推进城市光纤接入网与新一代移动通信网络布局，实现光纤接口到社区、达乡镇，建设光缆为主、微波为辅的智能化电话传输网和宽带多媒体通信网，加速实现区域内无线通信信号全覆盖，消除自然村、交通沿线和各类景区的通信盲区。积极推进三网融合的技术改造，形成集光纤通信、移动通信、微波通信、卫星通信为一体的现代化通信体系，全面提升通信质量与时效功能。

（2）构建一体化管理信息平台。支持以信息网络为核心的“数字城市”空间地理基础信息平台、公共管理平台和以“信息乡村”“星火科技”12396（全国统一科技公益服务热线）为主的惠农服务平台建设，加快包括政务、商务、服务等电子化、数字化、集成化的经济社会管理信息平台建设进程，实现区域内信息资源平台的共建共享。重点建设中心城市公共服务、主要景区专业服务的一体化信息平台和连接区、县与各部门的电子政务外网平台，建立政府信息交换系统，建设公共信息网络资源服务网，健全信息安全保障体系。

（3）提高信息化服务水平。以政务信息化、企业信息化、旅游信息化、农业信息化、社会公共服务信息化及网络信息安全为重点，不断延展对经济社会公共管理与各界专业资讯的服务领域，大力开展并支持远程教学、远程医疗、移动办公、电子商务、场景监控与公共信息传播等新兴通讯服务，全面提供综合数据库目录、索引系统和链接服务，提高城市的现代化管理能力、旅游景区的服务水平以及本土信息资源开发的公众应用绩效，增强应对区域性突发性事件或社会公共危害的应急处置能力与综合防控能力。

5. 市政

加强城市公共基础设施建设，不断改善人居环境，建设生态型、精美型与民族化的宜居城市。

（1）加强基础设施建设。加快城市旧城区道路交通的提质改造，完善路网结构，不断改善城市交通环境。加大国家对主要城镇供水、污水处理和垃圾处理为重点的配套设施建设支持力度，提升城市服务承载能力，至2015年，区域内城镇污水集中处理率与垃圾无害化处理率均达90%以上。建设一批主题文化广场、城市公园、火车站中心广场、博物馆、文化体育场所、商务中心、民族文化步行街等公共服务设施。健全城市消防与人防设施，完善组织指挥及通信警报系统。

（2）提升特色城市形象。按“山水旅游城市”要求，大力推进城市绿化、美化、亮化工程，加快城市生态绿化风貌体系、城市人文景观体系和城市色彩形象系统建设，不断提高中心城市的综合质量，彰显民族地域特色。重点推进并支持以张家界市为区域旅游中心，包括吉首、恩施、黔江、怀化、铜仁在内的民族特色性生态旅游城市建设，按照著名国际旅游目的地要求，前瞻设计，顶级规划，逐步实施。2020年前，把张家界中心城区建设成为具有国际竞争力的旅游目的地与区域性游客聚散地。

（3）强化环境综合治理。开展县级以上中心城区环境综合整治，完善城市噪控区、烟控区等区划功能。强化城市环境噪声、餐饮油烟、汽车尾气、三产业废气控制，推进景区景点旅游专用车辆升级。启动张家界澧水河城区段风光带、怀化潕水河城区段风光带项目建设。加强城镇污水处理厂、垃圾处理场、医疗废物处理中心等集中治污设施的运行监管与安全处置。

（二）生态环境

武陵山区生态环境要坚持保护、开发和建设并重的原则，接轨国家生态功能区建设。在共同构建武陵山国家生态安全保护区的总体目标指导下，以张家界世界与国家地质公园、凤凰国家地质公园、古丈红石林国家地质公园、龙山、乌龙山地质公园、通道万佛山地质公园、吉首德夯地质公园、崀山国家地质公园等为主体，根据不同区域的生态功能承载能力，确定各类重点生态保护区，实施严格的保护政策和措施，加快安全生态屏障建设。

1. 重点生态保护区

（1）生态安全保护区。建立以世界自然遗产武陵源、世界地质公园和国家森林公园张家界、世界生物多样观察点八大公山和天门山、天子山、五雷山、壶瓶山为依托的“国家生态安全保护示范区”，建立“张家界国家生态安全观测与研究基地”；加强国家地质公园崀山、国家森林公园云山、黄桑、龙山、隆回虎形山、城步南山草原的保护开发；加强康龙自然保护区和排牙山、洪江区森林公园、沅陵五强溪湿地等自然保护区的生态建设。

（2）地貌多样性保护区。张家界独特的石英砂岩峰林是世界极具代表性的自然遗存地，武陵源石英砂岩峰林地貌为张家界所独有，建议以“张家界地貌”来命名，以进一步提高张家界的国际知名度。崀山天下第一巷、揽月梯、辣椒峰、骆驼峰等是世界极具代表性的自然遗存地，可建立地貌多样性保护区。

（3）动植物物种保护区。境内生物资源十分丰富，各自动植物相互渗透，是全国生物多样性保护关键区域。加大生物多样性保护与可持续利用的研究投入，加强对水杉、红豆杉、长苞铁杉、白稠、银杏树、大鲵、金钱豹、水鹿等珍稀濒危野生动植物就地保护，完善武陵山区生物多样性保护体系。

2. 重点生态建设工程

坚持绿色发展，在事先保护和自然恢复的基础上，加强以森林生态功能保护为重点的生态建设工程，开展生态文明示范工程建设，进一步巩固退耕还林成果，落实基本口粮田、农村能源、生态移民解决好农民当前困难和长远生计。

（1）生态林业建设工程。继续抓好退耕还林、流域防护林、石漠化治理等林业重点工程，推进植树造林。大力实施“绿色行动”拓展工程，加速推进公路沿线、旅游风景区、城镇周边和澧水、沅水等一级支流两岸、大型水库周边绿化造林，实施以“沿路”“沿河”和“城区”为重点的绿化工程。要在巩固现有退耕还林成果的基础上，新增退耕还林工程造林面积，加强对生态公益林的管护。积极发展油茶产业，扩大速生丰产林和林果、林药基地规模。加强森林公园和自然保护区建设，抓好封山育林、森林防火和森林病虫害防治。全面完成集体林权制度改革。

（2）岩溶及矿区生态工程。加强对张家界岩溶地区石漠化生态环境监控，启动实施岩溶地区石漠化综合防治工作，通过封山管护、封山育林、人工造林等治理措施，恢复和增加林草植被，遏制石漠化面积扩大。加强对矿山开采的生态监控，抓好矿山生态环境治理工程，加快矿区损毁土地复垦、恢复利用和绿化进程，以及矿区废水、废物的综合治理。严格执行矿山环境治理和生态恢复保证金制度，限制在地质灾害易发区采矿，禁止在地质灾害危险区、自然保护区开采矿产资源。

（3）“生态移民”工程。充分利用扶贫开发、退耕还林和自然保护区等项目建设的契机，把生活在自然条件恶劣、自然灾害频繁村寨的贫困人口和自然保护区核心区内人口，实行整体搬迁移民，逐步搬迁到城镇和生产生活条件较好的地方，统一安置，实现异地脱贫，确保生态安全。

3. 环境保护和地质灾害防治

（1）加强水环境保护。全面控制澧水、沅水流域及溆水、沱江等的工业排放性污染与矿业采掘性污染，加强对新项目的能源消耗审核和环境影响评价，严控环境污染源。集中治理沅水、澧水等主要干支流沿线部分重点小城镇生活污水与垃圾的倾泻性排放，加强山丘区大径流量溪涧的水体保护与农作区重大抗旱蓄洪型湖、库的堤岸维护，确保江河湖库水质优良。

（2）加强大气环境保护。建立政府碳排放绩效考核体系，推广采用可再生性新兴低碳能源与智能电网、节能储能、碳捕获、新材料等低碳技术，大力促进以矿业资源精深开发为主的循环经济发展，探索跨域性生态补偿机制。扶持低碳产业，鼓励低碳交通，开发低碳建筑，倡导低碳消费，加强大气环境保护。

（3）加强耕地环境保护。切实保护耕地，严格控制非农业建设用地，加强土地整理，促进土地集约利用，提高土地利用效率。确保耕地占补平衡，加大基本农田保护和土地开发整理复垦力度，加大对中低产田耕地质量的改造，切实减缓并最终制止耕地下降的趋势。建立“整体、协调、循环、再生”的生态农业模式，加快无公害食品、绿色食品和有机食品基地建设，引导农民科学施肥用药，禁止剧毒高残留农药的销售和使用，保障农产品安全，健全耕地资源高效利用与生态保护型农业生产综合体系。

（4）加强地质灾害防治。继续加强重要地质灾害预警预报系统建设，增强防灾减灾服务功能。完成区域内市县地质灾害防治规划编制，掌握地质灾害的发育、分布规律，划定地质灾害易发区、地质灾害危险区，确定重点防范区域。做好地质灾害预防工作，编制地质灾害年度防灾预案，加强地质灾害预测预报，主动避让地质灾害，强化地质灾害危险性评估。加大地质灾害治理力度，抓好工程和矿山地质灾害防治，结合土地开发整理治理地质灾害，结合生态环境建设和农业生产结构调整治理地质灾害。

（三）特色产业

从现有资源优势、区位特点和产业基础出发，立足于经济发展新阶段的新需要，以资源节约和环境保护为前提，强调绿色发展理念，以增强自主创新能力和培育壮大战略性新兴产业为重点，搞好发展方式转变和产业结构调整，合理进行产业布局，加快特色优势产业发展，形成布局优化、结构合理、互利共赢的产业发展机制。

1. 旅游产业

武陵山经济协作区有着丰富而独特的旅游资源，旅游产业发展基础较好，以旅游产业为先导产业，统筹协调区域内重大基础设施建设、生态环境建设、社会事业发展、特色产业布局，充分发挥旅游产业的带动作用，依托优势资源加快构建旅游产业集群。经过5—10年的发展，将武陵山地区建设成为世界驰名的国际低碳文明示范区、中国第一绿境游憩区、亚热带地质生态景观游赏区、世界和平纪念胜地、中国古城古寨游览胜地、中国休闲养生胜地以及土家族、苗族、侗族等民俗文化风情游历胜地，使其成为区域经济协作的先锋产业、经济结构转型升级的高端产业、现代服务业的支柱产业和生态文明建设的主导产业。

（1）旅游资源

武陵山地区的旅游资源，涵盖独立型与集合型单体约8主类、27亚类和近百种基本类型，自然风光瑰丽神奇，历史文化遗存丰厚，民族风情独特神秘，有

"中华旅游第一走廊"之称。

原生态自然山水。武陵山区是中国第二阶梯向第三阶梯、西部向中部过渡的亚热带湿润气候区，境内喀斯特岩溶地形十分典型，森林覆盖率达45%以上，生长着各类气候带动、植物数千种，其中国家一、二级珍稀保护动植物百余种，许多成片的原始森林，生态保存良好，空气洁净，是庞大而奇异的古生物基因库、天然植物园、动物园及药材宝库，奇山秀水绚丽多姿，自然景观引人入胜，被誉为大陆的天然氧吧、生态休闲天堂。已被联合国教科文组织列入《世界自然文化遗产名录》的张家界国家级风景名胜区、黄龙洞、黔江小南海地震遗址、湘西永顺猛洞河、奇梁洞、五雷山、乌龙山、怀化沅陵无缘洞、二酉洞、利川腾龙洞、巴东格子河石林、铜仁梵净山、新宁崀山、绥宁黄桑、隆回虎形山、溆浦思蒙、石门壶瓶山、蒙泉湖等地质生态景观得天独厚。

原创性地方文化。武陵山地区是以土家族、苗族、侗族等为主的少数民族聚居区，独特的地理气候环境孕育了一体多元、古朴神秘、灿烂优美的地方文化，是楚文化、蜀文化、陕晋文化、徽商文化与黔贵文化厚重的历史"沉积带"。至今保留完好的恩施唐岩土司皇城遗址、龙山里耶秦简出土地、黔江巴人悬棺及新修复的凤凰南长城遗址、麻阳盘瓠庙、龙兴讲寺、石门夹山寺等众多人文古迹，是这一地域宝贵的物质文化遗产与不可再生的文化资源；桑植民歌、土家摆手舞和茅古斯、土家织锦入选全国首批非物质文化遗产，桑植县被中国文联民间艺术家协会授予了"中国民歌之乡"称号，龙潭河镇、瑞塔铺镇、王家坪乡、罗水乡分别被国家有关部门授予"板板龙灯之乡""花灯艺术之乡""诗歌艺术之乡""茅古斯艺术之乡"称号；现代革命史上的湘鄂川黔边区苏维埃政府旧址永顺塔卧镇、红二方面军长征出发地张家界桑植县刘家坪乡及其他大量红二、六方面军革命战争年代的老区遗迹和向警予、赵世炎、贺龙、粟裕、滕代远等革命先辈诞生地及民国总理熊希龄、湖南巡抚陈宝箴、清朝天津总兵罗荣光、著名作家沈从文故里，当代世界杂交水稻之父袁隆平杂交水稻的发源地等多处纪念地，是极其重要的地方文化资源。

原本性古城古寨。怀化秦黔中郡故城遗址、建于唐贞观二年的龙兴讲寺、匿藏千年中华文萃经典的二酉洞、被誉为明清资本主义萌芽"活化石"的洪江古商城、留下了"洛阳亲友如相问、一片冰心在玉壶"千古绝唱的"楚南上游第一胜迹”黔城芙蓉楼、乾州古城、中方荆坪古村、会同高椅古村、通道芋头侗寨以及中国抗战胜利纪念地芷江受降坊是“五溪文化”的历史经典，湘西土司朝廷故址老司城、永顺王村、德夯苗寨、凤凰古城、江垭九溪古城及建于唐垂拱二年的黄丝桥古镇、酉阳龚滩古镇、黔江苗家水寨、秀山边城洪安以及众多古民居建筑群落，底蕴深厚，独树一帜。

原真性民族风情。张家界“赶尸、苗女放蛊、辰州符”三大古谜、鬼谷神功、白族仗鼓舞、土家族梯玛神歌以及被誉为“地方民族戏剧活化石”的傩戏、土家族阳戏，黔江南溪号子、秀山花灯、土家山歌、恩施跳丧舞和撒尔嗬、土家族和侗族拦门酒、苗族三月三、赶边边场等少数民族传统节庆习俗，古老而神秘。

（2）旅游线路

按有利于整合区域大资源、构建旅游大网络、培育同业大市场的主导原则，设计多单体对接的经典型、精品型与特色型旅游线路。

地质生态游览线：以张家界（索溪峪、猛洞河、天子山、天门山、八大公山等）为主体，由包括黔江小南海、石柱黄水国家森林公园、武隆喀斯特世界自然遗产、乌江画廊，鄂西林海、大峡谷、腾龙洞，铜仁梵净山，石门壶瓶山、桃源黄石湖，新宁崀山、绥宁黄桑、城步两江峡谷等组成；

古城古寨观光线：以湘西凤凰古城为主体，包括乾州古城、黄丝桥古城、芙蓉镇、黔阳古城、洪江古商城、德夯苗寨、老司城、苗王城、怀化荆坪古村、高椅古村、通道侗寨、松桃新寨苗王古城、寨英古镇、酉阳后溪古镇、石堤古镇、黔江草圭堂、濯水老街、古枫寨等组成；

文化民俗观赏线：芷江和平城、新晃夜郎文化园、靖州侗苗祖地、沅陵二酉山、龙兴讲寺、凤凰山、绥宁（神坡山、马王桥梯田）、隆回花瑶、铜仁（天庆寺、太平寺、团龙村、云舍土家族村等）、湘西（永顺塔卧镇、里耶等）、张家界（洪家关、刘家坪等）、来凤（仙佛寺石窟等）、石柱（秦良玉陵园）、桃源（桃花源）、石门（夹山寺）；

休闲养生游憩线：张家界（索溪峪、黄龙洞、天子山、天门山、江垭温泉、万福温泉等）、湘西（凤凰古城等）、恩施（齐岳山、清江闯滩、神农溪、利川佛宝山等）、黔江（小南海等）、铜仁（石阡温泉、梵净山等）、怀化（辰溪沅水景观带、溆浦思蒙山水、山背梯田等）、石门（壶瓶山、皂市湖）、绥宁（黄桑等）、城步（南山等）。

（3）旅游开发

科学编制武陵山地区旅游资源开发的各项专项规划，强化统筹协调，注重战略引领，坚持生境保育与适宜开发并重、文化演绎与产业跟进共举、自域建设与市场配置融合，加快一体化旅游网络的发展进程，实现区域旅游资源品效益的共创共享。

深度开发精品资源。充分营造重点景区景点的视觉观赏力与游客吸引力，不断延伸服务功能，多层面开发文化旅游、生态旅游、节庆旅游、温泉旅游、乡村旅游、科考旅游、红色旅游、宗教旅游、医疗养生旅游、城市休闲旅游、自驾车旅游、背包徒步游、自行车旅游等多类系新兴旅游产品，全面提高综合服务效益与整体规模效益。支持高星级酒店服务行业、现代电子商务中心、移动办公中心、文化艺术交流中心、健身美体中心、体育集训中心、医疗养生中心快速发展。

构建经典旅游圈线。积极促进跨域旅游资源的多元融通，强化优势互补与联网运营，重点构建张家界—桃花源—吉首—凤凰—洪江—靖州—新晃—新宁—洞口—芷江—铜仁—梵净山—乌江画廊—小南海—三峡—清江画廊—恩施—永顺—张家界，全长约3000公里的“大武陵旅游圈”，形成居于长株潭城市群、武汉城市圈、成渝城市群和珠三角都市圈、北部湾经济区、云贵经济区之间的巨型原生态景观、原真性民俗、原创性文化、原本性建筑游憩公园。

大力拓展共同市场。强化政府主导、业界作为，全方位发挥区域旅游资源的整体优势，推介和提升“中国绿心”的品牌魅力，注重观光旅游产品控制性开发，加速休闲度假旅游产品规模性开发，推进商务文体旅游产品高规格开发，鼓励节庆疗养旅游产品创新开发，引导其他旅游产品体系辅助性开发，择机适时推出并上市旅游资源品、通量品与权益品期货。

（4）旅游管理

统筹区域旅游资源，加强旅游规划、开发建设、市场管理的府际协作，创建一体化的旅游管理体制机制，优化旅游发展环境，全面提升区域旅游公共服务的整体效能与综合运营效益。

整合区域旅游资源。划定武陵山生态保育联盟区，制定城际政府旅游经济协作章程，充分发挥城市主导资源统筹的聚集辐射作用。组建旅游产业发展联合会与专业董事会，强化府际合作的决策协调与行业指导，科学谋划区域资源与设施配置，引导投资者独资或联合开发旅游资源，规范业界行为，促进旅游服务主体自强自律。

共建共享旅游市场。按整体规划、要素互补、单体联动、规范有序的基本原则，消除行政壁垒与人为障碍，鼓励并支持异地旅行社按有关规定在当地开办分支机构，积极培育核心旅游企业，加快推进区域旅游产业集群化进程。兴建区域旅游电子商务平台，全面开放并对接旅游市场与服务，集中发布和推介旅游产品。健全各主要旅游景区景点的旅游专业气象、地质灾害等监测预警预报系统和紧急救援体系，推进旅行社责任险和游客意外险改革。开展旅游行业服务与管理标准化体系建设，加强区域旅游市场的统一监管与联动执法，维护旅游消费者和旅游经营者的合法权益。

强化旅游生境保育。组建武陵山地区地质生态保育监察委员会，全面开展边际水体的流域化治理，建立区域动植物保育目录和旅游产品保护目录，实行常年保育与动态监控。设立张家界国际生态旅游循环经济试验区，探索生态补偿与碳汇交易。建设永久性禁止开发的国家地质生态公园和亚热带物种基因保育特区，对脆弱性、稀缺性旅游资源实行立法保护。加强可开发资源地居民的生态文明教育，严格开发性项目的环境评估与市场准入管制，确保旅游生态景观持续优美、旅游发展环境更加和美、旅游服务产品日趋绝美。

2. 特色农业

发挥农业资源和立体气候优势，依托科技支撑，在加强粮食生产的同时，大力调整农业结构，发展优质低耗、生态安全的现代农业。积极发展果蔬、花卉、中药材等特色农业，推进高效立体农业、设施农业、节水农业建设，大力发展特色农牧产品精深加工，共同建设全国绿色特色农业产业基地。

（1）建设生产基地。农产品生产基地：完善支持保护农业发展的投入补贴长效机制，推进特色农产品规模化、集约化、标准化种植，建设杂交稻制种基地，优质烟草、茶叶、油茶基地，反季节蔬菜、山野菜等蔬菜基地，以及中药材生产基地。肉制品生产基地：发展特色畜牧业和加工产业，抓好优质瘦弱型猪、优质肉牛、优质肉羊、优质肉兔、大鲵等养殖基地建设，配套发展综合加工。林果品生产基地：积极发展猕猴桃、板栗、核桃、柑橘等特色林果生产基地，形成鲜果、干果、果饮等系列产品。

（2）推进品牌建设。继续打好武陵山特色农业生态牌，培育深加工与市场营销龙头企业，鼓励支持企业进行农产品商标注册、有机食品、绿色食品和无公害食品的产地认证和产品认证，形成一批龙头企业和名牌产品，展示武陵山农业生态、绿色、有机特色。加强湘西“酒鬼酒”、老爹农科、石门银峰、湘西“金叶”烟草等；张家界茅岩莓茶、杜仲、大鲵、葛根，怀化汇源果汁、嘉信食品、金珠粮食加工、茶油等生产企业和品牌建设，将农业资源转变成经济效益，以强化农业的基础支撑作用。

3. *矿产资源加工业*

（1）有序推动矿产开发。充分发挥区域内矿产资源相对富集的比较优势，资源开发与区域合作并举，综合考虑矿产资源承载能力、市场需求、环境容量、能源保障、运输条件等安排资源开发速度，以相对较小的资源消耗换取最大的经济价值，科学、有序、合理发展矿业开采及深加工，促进资源优势向经济优势转化。按照保护性开发、循环发展原则，整合资源，全力推进项目建设。提高准入门槛，引导矿产开发向优势大企业集中，引导矿产加工企业向工业园区集中。改造提升传统资源加工业，提升加工利用水平，形成有资源优势、有市场前景、有研发能力的矿业经济区。

（2）延伸加工产业链。扶持培育骨干企业发展壮大，在资源勘探、精深加工、绿色矿业、综合利用等关键环节实现突破，形成勘、采、选、冶、深度加工一体化，拉长产业链条，发展矿产资源精深加工。做大锰矿基地，依托怀化、湘西花垣等地锰矿资源，联合开发综合调控，鼓励和引导优势企业整合现有锰业，提高加工深度，延长锰加工产业链条。依托湘西的铝资源，引导优势企业配套发展“铝土矿—氧化铝—电解铝—铝材及深加工”产业链。充分利用湘西优质硅及金钨资源，引导发展电子用、建筑用、陶瓷用、化工用等高附加值硅加工产品及金钨产品。推进湘西、怀化锌矿、矾矿、石门石灰岩、矽砂、磷矿等其他矿物原材料的开发利用。

4. 先进制造产业

（1）生物医药产业。依托武陵山的黄柏、党参、灵芝、当归、天麻及富有开发前景的青蒿、黄连、金银花、姜黄等中药材资源优势，围绕药材深度开发，整合现有企业，着力引进战略投资者，重点抓好中药材加工及配套市场、生物医药技术服务中心、中药材种植基地建设。在做大做强贸源化工、正清集团、正好、正驰、湘中制药、长城生物、松龄堂等医药企业的同时，建设大型中药提取厂、中药饮片厂、中药制剂厂，打造武陵山区域医药中心。

（2）电子制造产业。加快电子信息产业发展，充分挖掘资源和区位的比较优势，整合现有低端企业，发展提升多晶硅产业，研发太阳能光伏材料，加大开发光电子通信材料、光伏电池以及新型显示器件，培育扶持企业做强做大，着力引进战略投资者，形成电子电器、通信材料、太阳能光伏材料产业。

（3）机械装备产业。依托水电基地、铁路枢纽和物流集散的优势，以怀化华亚数控、中科恒源等及湘西、邵阳现有企业为重点，加快发展与电力、铁路、交通、农机、纺织、汽车等有关的数控机床、机电、铸造、液压产业，着力打造武陵山周边地区机械装备产业。

5. 特色工艺产业

利用湘西州、张家界、怀化、铜仁、黔江、恩施等丰富的旅游资源和民族文化，大力支持民族旅游工艺产业，开发具有民族特色、地域特点的文化旅游商品，开发少数民族牛羊皮手工制品、首饰挂饰、布艺、木雕等工艺品。

6. 能源产业

湘西地区水能资源丰富，水能理论蕴藏量占全省的44%，湘西是全国十大水电基地之一。以水电为基础，抓紧建设完成托口、铜湾等沅水流域梯级开发在建电站，抓好张家界茶林河水电站等的建设装机工作，继续推进沅水流域梯级开发电站项目建设。大力发展雪峰山风能发电，开发生物能源。在石门等地火力发电的基础上，积极创造条件大力发展石煤发电，形成能源产业集群，把湘西、怀化、石门、桑植打造成武陵山区域的能源基地。

7. 现代服务业

（1）现代商务物流业。立足武陵山区域的区位、交通、资源优势和现有基础，以综合物流和专项物流为重点，以怀化区域商贸为中心，形成以专业批发为主、特色零售为辅，辐射功能强、业态完整、服务配套、规范有序、活跃繁荣的商贸物流格局，努力将其建成湘、渝、鄂、黔边境区域性现代商贸物流中心。以怀化经开区物流中心建设为重点，以张家界、湘西、石门物流业为补充，建设规模较大的物流中心、配送中心，完善与物流相配套的运输场站、仓储、商品配送、信息网络服务等综合服务平台。建设现代商贸物流园，建设医药物流园、粮食物流中心、烟草物流中心、钢材物流中心、物流配送中心等一批枢纽性物流园区和区域性物流基地，以扩大区域集聚辐射能力。

（2）金融服务业。依据新型产业体系的要求对融资系统实行全面改造，提高融资系统的资金供给能力，加强金融对产业发展服务。尽快完善政府融资平台建设，以区域经建投自身建设为切入点，建立健全长效合作机制，启动金融机构与市县金融工作的中长期规划编制。加快推进中小企业贷款担保体系建设。大力推进资本创新，积极拓展资本市场，引导BT、BOT风险投资。加快建立农村信用担保体系，积极探索农村金融体系建设新路子。

（3）信息科技服务业。构建信息共享平台，进一步完善张家界国际旅游和怀化区域物流急需的电子商务交换平台建设，构筑良好互动的信息发布和信息共享平台。通过科技创新与传统产业的嫁接，积极推进科技成果的转化力度，努力构建科技风险投资、科技担保服务等新型科技服务体系；全力打造企业科技创新体系，给予民营企业在科技创新方面同等的待遇；建立企业科技孵化平台，促进新兴产业诞生。

（四）公共服务

按照均衡配置、资源共享的原则，积极推进基本公共服务均等化，努力建设公共资源共享的体制机制；切实加大政府对公共产品和服务的投入，进一步加大对区域内国民教育、医疗卫生等社会事业的支持力度，统筹教育、卫生、文化、社会保障等公共资源在城乡之间的均衡配置；切实落实少数民族区县教育补助、卫生补助、少数民族发展资金、经济社会发展资金等财政性资金扶持政策。

1. 教育

以推进素质教育为核心，以农村教育和职教发展为重点，加大教育投入和加强师资队伍建设，均衡配置教育资源。巩固、提升基础教育，加强高中教育，大力发展职业教育，办好特色高校，开展教育移民示范区建设。进一步深化改革创新，努力形成基础教育、高中教育、职业教育、成人教育、高等教育等各类城乡教育协调均衡发展的教育体系。

（1）全面提高基础教育水平。加强中小学基础教育，积极推进高水平、高质量普及九年义务教育，保障武陵山区小学适龄儿童入学率达到99.9%，初中适龄人口入学率达到99%以上。推进中小学标准化建设，进一步做好农村中小学布局结构调整，加快农村寄宿制学校建设步伐。做好普通高中建设规划，优化高中学科结构，切实加强教育教学过程管理，逐步扩大优质高中教育，提升教学质量。加大民族地区教师素质提升工程实施力度，全面实施教师资格制度，建立教师执业准入机制。妥善安排进城务工人员子女和农村留守儿童接受义务教育。

（2）加快发展职业教育。大力发展职业技术教育，根据区域内各地市州区县发展需要，规划职业教育发展，重点支持建设集约化职业教育培训基础。加快建设具有民族特色的高等职业技术学院，鼓励发展民办技工学校。促进区域之间职业教育互动，大力引进区外教育培训资源，积极推进校企合作。

（3）整合发展高等教育。重点推动区域高等教育事业发展，鼓励和支持区域内高等院校与东中部地区院校之间开展教育对口支援和联合办学、联合研究等交流与合作。加大吉首大学、怀化学院、邵阳学院等高等院校建设力度，提高办学规模和办学质量，积极支持新建张家界国际旅游大学。国家教育行政主管部门降低对武陵山区考生的大学准入门槛。

（4）建立统一教育体系。削除行政壁垒的障碍，建立统一的教育资源配置机制、教育规划和教育调整机制、合理的教育投资机制及区域协作机制，为区域发展积累人力资本。完善师资培训、交流机制，调整教育结构实现普通教育与职业教育的结合。

2. 卫生

坚持政府主导和引入市场机制相结合，以农村和城镇社区为重点，完善公共卫生和基本医疗服务体系；加快完善农村三级卫生网络，实现城乡居民普遍享有安全、便捷、经济的公共卫生和基本医疗服务；改革卫生体制，增强公共安全，提高突发公共卫生事件应急处置能力；加强计划生育，不断提高人口素质。

（1）健全基层医疗卫生机构。使每个县（市、区）至少有1所县级医院基本达到标准化水平；加大乡镇中心卫生院和社区卫生服务中心和社区卫生服务站建设力度，基本实现区域内每个行政村都有村卫生室。

（2）加快发展农村卫生事业。建立健全农村三级卫生服务网络，重点支持贫困县、民族自治县、边境县的县医院、县中医（民族）医院和县级妇幼保健机构建设。加快推进合格卫生院乡镇全覆盖、合格卫生室村村全覆盖。加快基本医疗保障、国家基本药物制度建设，推进公立医院改革试点，健全基层医疗卫生服务体系，促进基本公共卫生服务逐步均等化，努力满足城乡居民多层次的医疗卫生需求。全面推行新型农村合作医疗制度，加强农村合作医疗大病统筹，着力提高参合农民受益水平。

（3）完善公共卫生服务体系。逐步建立投资主体多元化、投资方式多样化的办医体制和投入机制。建立健全突发公共卫生事件应急机制。加快构建网络化、全覆盖的社区卫生服务平台。遵循市场机制，推动有条件的医院创办“三甲”医院，增强其区域服务功能。整合城市公共医疗资源，启动门急诊病历“一本通”和医疗机构医学检验、医学影像检查结果互认。重点扶持武陵山区中草药产业发展和中医药发展，大力发展生物制药，建成一批中医特色医院。

3. 文化体育

改善公共文化体育设施条件，加强民族文化保护，加大对武陵山区少数民族文化的抢救、发掘、研究与保护的力度；发掘和保护武陵山地区特色民族文化、老区红色文化和民间非物质文化遗产，促进区域文化交流；大力发展特色文化产业，提高武陵山文化的吸引力和凝聚力。

（1）加强民族文化资源保护开发。推动文化资源的开发与整合，充分挖掘和利用武陵山地区特有的文化资源，切实加强文物和非物质文化遗产的抢救和保护，实施文化精品工程，加快培育地域主题文化精品，着力打造凤凰古城、龙山里耶秦简、傩戏、土家摆手舞、黔江南溪号子、秀山花灯、恩施撒尔嗬、苗族“四月八”等民族文化名片。大力开发西兰卡普、油纸伞、傩戏面具及张家界特色书画等具有浓郁民族风情的手工艺品。

（2）建设一批特色文化设施。精心规划和建设一批标志性的基础文化设施，加强基础文化阵地建设，着力将武陵山区打造成中华民俗文化研究基地。按照高起点规划、高水平设计、多渠道投入、产业化运作、分阶段实施的原则，建设武陵山综合图书馆、武陵山大剧院等一批特色鲜明、品味高雅的文化基础设施，建立武陵山多民族博物馆，吸纳武陵山地区民族民俗文物，充实馆藏，着力抓好濯水古镇、龙潭古镇、洪江古商城、芙蓉楼、贺龙故居、通道芋头侗寨古民居建筑群、芷江受降坊等标志性人文景区建设。

（3）加大文化体育设施的投入。加快构建以中心城市为主干、覆盖城乡、功能完善的文化设施网络，完善县市、社区和乡镇村文化设施体系。突出抓好基层文化馆（站）、图书馆、广播电视等公益性文化设施建设。中心城市要留足空间，规划建设好能满足居民休闲、健身的城市中心公园、公共图书馆、文化博物馆、城市体育馆。建设万村文化阵地和农村体育设施，倡导健康文明的生活方式，广泛开展农民喜闻乐见的文体活动。不断改善公共文化体育设施条件，不断满足居民的公共文化体育需求，以提高和促进公民综合素质和身心健康的总体水平。

（4）加强区域文化产业协作。加强区域内文化产业协作，培育一批有规模、有实力的文化企业，创作一批有深度、有影响的精品力作，培养一批敢于创新、善于创造的文化领军人物，把武陵山区打造成全国以生态、人文为重点的文化产业核心增长极，把大湘西打造成文化与旅游紧密融合的文化产业新的增长极。

4. 就业和社会保障

实施积极的就业政策，推进建立城乡一体、区域一体的公共就业服务体系，促进城乡劳动者平等就业和充分就业。积极扩大就业，提高群众收入水平。大力推进城乡社会保障一体化，完善社会救助体制。

（1）健全促进就业的公共服务体系。增加武陵山区农村劳动力转移开发培训投入，开展符合武陵山地区人力资源特点的多层次、多类型就业培训。进一步消除农村劳动力进城和跨地区就业的制度性障碍，切实增强武陵山地区劳动力开发培训能力。逐步将被征地农民纳入就业培训服务体系。推进跨地区的劳务协作和对外劳务输出，加强劳务输出建设，引导农村富余劳动力合理有序转移。

（2）完善促进就业创业的机制。坚持把加快经济发展作为促进就业和创业的根本途径。加速商贸、旅游、餐饮、卫生保健、金融保险、中介服务、社区服务、家政服务等第三产业和服务业的发展，增加就业岗位。优化创业环境，培养创业精神，推动自谋职业、自主创业和灵活创业，多层面推动创业，以创业促进就业。

（3）构建科学的社会保障制度。促进社会保险、社会救助、社会福利和慈善事业相互衔接，建立健全社会基本保险、单位补充保险和家庭保障、个人保障等相互支撑的社会保障体系，提高城乡居民社会保障水平。完善城镇职工基本医疗保险制度，推进城镇居民基本医疗保险制度试点和新型农村合作医疗制度建设。完善失业保险制度，扩大工伤和生育保险覆盖面。建立完善征地农转非人员社会保险制度，积极推进农村社会养老保险试点并逐步推行扩大覆盖面。加快推进最低生活保障城乡全覆盖，鼓励发展补充性保险。探索建立区域内医保互通、社保互通模式。建立健全医疗、教育、住房、灾害、司法、就业、流浪乞讨等专项救助制度。加强社会弱势群体法律援助。发展适度普惠型社会福利事业，扩大社会福利覆盖范围。开展社会互助，鼓励慈善机构、企业、非政府组织、个人等社会力量参与社会救助。

五、武陵山地区发展举措

国家要明确相应的政策措施，加大对武陵山区的扶持力度。加大中央财政转移支付力度，取消地方财政对实施项目的资金配套要求，为区域经济发展提供政策支持、智力支持、产业支持和民生保障；加强区域合作，提升区域整体竞争力；加快城市化进程，实现加快发展、跨越发展；全面加快扶贫开发步伐，提高武陵山区自我发展能力，促进区域经济社会全面、协调和可持续发展。

（一）深化体制改革

1. 着力抓好农村综合改革

继续推进集体林权制度和土地流转制度为主要内容的农村综合改革，进一步解放农村生产力。加大农村金融改革，积极发展村镇银行、小额贷款公司和农村资金互助社等新型农村金融机构，加快农村信用建设，改善农村金融服务环境。

2. 切实推进发展方式变革

建立生态环境保护目标管理责任制，实行环保决策专家审查和社会听证制度，在确保国有资产保值增值的基础上，推动企业建立现代企业制度，不断优化产业结构。加大国有资产盘活力度，建立完善城市、交通等投融资平台，优化投资结构，使更多的社会资本参与城乡基础设施和现代产业建设。

3. 创新土地管理制度

实行城市土地投资强度分级分类控制，建立节约集约用地税费奖惩机制和考核机制，实施差别化的土地税费政策；建立集体建设用地交易许可制度，推进农村集体建设用地使用权流转，引导和规范农村集体建设用地进入市场，促进农村集体建设用地集中和规模化；提高土地节约集约程度。实施林地分类保护和耕地有偿保育，在确保全市耕地总量动态平衡的前提下，放宽以区县为范围的占补平衡限制。

4. 推进文化教育卫生体制改革

创新公共文化服务运行机制，推进经营性文化事业单位转企改制，大力发展新兴文化产业，加快建立健全现代文化市场体系。深化教育管理和投入体制、教学方式、用人制度等方面的改革，建立完善教师聘用、评价、考核、激励和退出机制，增强教育发展动力。

5. 积极推进行政管理体制

改革，建立健全决策权、执行权、监督权相互制约协调的运行机制，对全域调控、重大决策、政策制定等重大问题建立协商沟通机制，加强对区域统筹、社会管理、市场监管、公务服务信息共享；加强区域行政职能的对接，切实转变政府职能，坚持依法行政，努力打造法治政府、服务型政府和廉洁政府。加快财政、税收等其他方面的改革，着力消除制约生产发展的体制性障碍，不断激发发展活力。

（二）强化政策支持

1. 加大财政税收支持

调整财政支出结构，各级财政应将社会公共服务体系建设作为重点，逐年提高社会事业支出比重。加大财政转移力度，保证对武陵山地区的一般性财政转移支付每年保持一定比例增长；增设新的扶贫致富专项资金，补助区域内贫困农户发展农业生产，培训劳动技能，提高自我发展能力；增加国税的地方留成，对武陵山经济协作区的企业营业税、个人所得税可由地方参与分享，加大矿产、水电、油气等资源的地方分享比例；减少或取消武陵山经济协作区项目配套资金，由于本地区绝大多数县是国家扶贫重点县，地方财政十分紧张，难以落实配套资金，导致很多扶持项目难以落实，建议中央对武陵山经济协作区安排建设项目时，要降低或免除地方财政的配套资金。建立健全激励约束机制，支持武陵山地区逐年化解乡镇政府性债务。

2. 加强金融协作与政策支持

鼓励和支持国家政策性银行对武陵山经济协作区进行专项建设和发展贷款，对贷款额度和利息均实行最优惠政策；支持在武陵山地区设立地方性银行，探索设立产业投资基金和创业投资企业，扩大企业债券发行规模，支持符合条件的企业发行企业债券；放宽中小金融机构准入门槛，大力发展农村村镇银行，加大农村小额贷款力度，扩大区域内投融资平台；支持地方金融保险机构引进境外战略投资者和民营资本参股，大力发展地方金融保险业，鼓励大型金融保险机构在武陵山区设立分支机构；整合金融资源，以黔江、怀化、恩施、铜仁等区域中心城市为依托，建立区域性的融资中心、债券中心发行中心、交易中心，建立协作区域重大项目融资协作机制；打破行政区界限，建立区域性国家开发银行和国家进出口银行。

3. 建立生态补偿机制

争取将武陵山区打造成国际顶级的生态旅游经济区和国家生态补偿示范区，建立武陵山区长期发展的财政援助机制。武陵山区是我国重要的生态功能区，承担了国家重要的生态和环境保护义务，相对其他经济协作区而言，武陵山区承担了更多的生态保护功能，与生态相矛盾的经济开发受到限制。为此，国家应对武陵山区进行生态补偿。对实施天然林禁伐等生态保护和重建经济协作区，要加大财政税收返还数额，用以支持和保障当地群众尽快转产和致富。

（三）创新合作机制

加强区域联动，促进区际协作，强化渝、鄂、湘、黔大武陵跨区域联合；建立资源互补、产业互联、市场互通、经济互惠的发展机制、协调机制，实现利益共享、资源共享、设施共享；推动区域生产要素合理流动，保证各种生产要素通过市场体系合理流动，优化区域资源配置。

1. 成立武陵山区经济协作领导机构

成立由国家发改委和国家民委牵头，其他有关部委参加，湘鄂黔渝四省市党委政府、武陵山经济协作区各市、州、县（市、区）级党委政府参加的“武陵山经济协作区建设协调领导小组”，负责经济协作区建设的规划、实施和协调工作，建立包括区域经济合作的信息交互机制、利益补偿机制、利益分享机制、评价激励机制、行为约束机制的区域合作机制，实现武陵山经济协作区经济社会的统筹发展。定期召开协作区工作会议和武陵山区行政首长联席会议，解决区域内各县（市、区）间的协调发展问题，制定区域内产业结构、基础设施、资源开发、环境保护、社会事业等方面的总体发展规划和区域性政策。

2. 建立区域合作协调工作机制

在武陵山区经济协作领导机构下，建立武陵山经济协作区联席会议制度，负责统筹研究、协商处理重点领域、薄弱环节和关系全局的重大的问题，协调区域内需要共同推进的重大合作事项。联席会议下设专门委员会，负责组织推进区域合作，提出阶段性目标、重点任务和具体实施方案，及时解决合作专项规划实施中存在的重大问题。建立武陵山经济协作秘书处，联络、筹备和组织联席会议，负责日常具体工作。

3. 构建利益分享机制

整合区域资源，突出整体优势，坚持市场主导与政府推动相结合，在规划、项目、资源、技术、人才等领域开展紧密合作，联合策划，共同开发。建立重点项目统筹协调机制，统一规划、布局和建设重大基础设施、矿产资源勘探及开、特色产业发展等重点项目。探索毗邻区县成立合作开发公司、共建工业园区等。研究武陵山区域合作在国内外区域竞争中的地位，研究制定经济区发展的具体政策和行动计划，协商、研处事关武陵山地区发展的重大问题。鼓励武陵山区内部地方政府之间开展各种交流与合作，引导企业的联合与重组、重大基础设施建设及发展规划的有效衔接，切实推进区域一体化进程。

4. 构建区域行业协作组织

通过联合区域现有的行业组织，“借手”推进区域经济的整合，调节区内行业的同质竞争，在武陵山建立一个宽阔、有序、有活力的共同市场。各地政府要达成共识，积极营造建立区域行业组织的宽松环境，鼓励行业组织的联合。要根据协作区市场自身的发展状况，优先促成一些重点区域行业组织的整合与发展。构建经济协作区，建立共同市场，需要从一些重点、关键部门寻求突破，由点及面、滚动发展。由此，在一些例如旅游、农产品等部门，要制定一些鼓励措施，优先鼓励其区域行业组织的发展。一方面，能率先实现旅游、农产品等重要的共同市场的建立与规范；另一方面，为其他行业组织的整合提供可参照的模式。以多样活动为纽带，为跨区域多边协作搭建平台。

5. 建立协作共享信息平台

加快整合各经济协作区网络和信息资源，集成电子税务、电子工商行政管理系统、电子外贸管理、电子医疗服务、电子就业服务、电子教育与培训服务等，实现“一站式服务”，保证公民在协作区内能够享受“异地无区别服务”，推进发展政策一体化。联合研究协商交通、信息、市场、工商监管、信用体系、法制、人力资源流动、金融、企业互动方面的一体化问题，在投资准入、市场秩序、信用信息等推进一体化。共同争取国家政策扶持，在土地政策、税收政策、产业政策等政策优惠的获取上采取协调一致步骤，降低对内对外协调沟通成本。

（四）促进开发开放

强化合作共赢的开放理念，加快推进产品、产业和市场的国际化，充分发挥外经贸对产业结构调整的促进作用，实现对外开放的新突破，提高统筹利用国际国内两个市场、两种资源的能力，加大产业承接力度，调整外经贸结构，优化投资环境，构建开放型经济体系。

1. 提升自然资源开发能力

自然资源的开发应该站在全国的角度通盘考虑、合力开发，国家和各级政府应对武陵山民族经济协作区自然资源开发过程中的基础设施建设实施倾斜政策，采取多种方式融通大开发所需要的巨额资金，并在财政税收、金融各方面给予武陵山民族经济协作区更多优惠，同时还可以实施更为宽松的对外开放政策，积极组织国内经济协作区和国际区域的合作，鼓励外资和外来技术参与。

2. 构建产业承接平台

借鉴长株潭经济区、成渝经济区、南贵昆经济区、中国—东盟自由贸易区合作发展经验，大力发展多种形式的区域经济分工协作和对外经济贸易关系。加大引进国际产业资本和金融资本力度，引导外资投向主导产业、高新技术产业、现代服务业、新能源、节能环保等领域。

3. 强化区域合作交流

积极推动武陵山经济协作区与成渝经济区、长株潭经济区等周边大经济区及东部地区的交流与合作，鼓励和引导东中部地区在武陵山区内共建产业园，吸引技术、资金、品牌和优势企业入驻发展。

4. 创新招商引资方式

力争在引进世界500强、国内500强企业上取得重大进展。推行上门招商、以商招商、亲情招商、会展招商、网络招商等多种招商方式，搞好招商项目策划、储备，建立“武陵山招商网”，提高招商引资实效。

5. 转变外贸增长方式

进一步优化进出口结构，鼓励高技术含量高附加值产品、服务产品和农产品出口，大力支持自主知识产权、自主品牌产品出口。鼓励经济发展急需的先进技术、关键设备和重要资源进口。加快加工贸易转型升级，引导加工贸易向产业链高端发展。鼓励优势企业参与海外资源开发。联合开展境外工程承包、劳务合作。

6. 优化投资环境

扎实地整治发展环境，着力优化政务、法制、人文、市场、诚信等发展环境，进一步优化投资政策和落实优惠政策。探索建立投资项目网上审批平台，推进多种形式引资合作。

（五）加强科技支撑

1. 着力引进和培养高层次实用人才

制定人才优惠政策，以多种形式吸引国内外优秀人才参与武陵山地区建设和发展，取消任何限制人才引进的各种规范，敞开高新技术、民营企业和股份制企业人才引进的绿色通道，为高端人才成长创造宽松的环境；重点加强具有科技创新素质和技术经营能力的复合型人才的引进和培养，积极为科技人才提供创业平台，建立健全鼓励创新创业的分配制度和激励机制；建立武陵山区人才互动交流机制，定期互派党政干部、专业技术人才和经营管理人才挂职或任职，定期组织开展武陵山区人才培训，加强区域内人才市场建设。

2. 建立健全促进科技成果转化的体制机制

扶持建立一批科技成果转化基地（如绥宁的杂交水稻育种基地、吉首市的猕猴桃加工基地等）；建立区域联合开发、利益分享的新机制，促进技术创新、产业培育和产业基地协调发展；促进科技中介机构专业化、规模化和规范化发展，建立和完善武陵山区技术交易市场，促进科技成果流动和转移，推动其产业化。建立武陵山区科技创新创业专项基金，建立高新技术企业股权交易市场，完善科技投融资体系，引导多元资本进入科技创新领域，促进科技成果商品化。

3. 统筹协调和整合科技开发资源

通过政府带动企业和社会资源参与自主创新，集中力量在重点领域支持一批具有较好基础和发展潜力的科技攻关项目，如杂交水稻攻关、油茶改良等。充分发挥企业的主体作用，鼓励和引导企业加强与高校、科研院所的科技合作，共建研发平台。进一步加强技术市场建设，促进技术产权交易，使科技成果资源通过市场手段得到合理配置，加大科技普及工作力度，通过送科技下乡入户，选派科技特派员和“点对点”项目对接等有效方式，提高产业领域科技水平。

4. 建立健全科技创新政策体系

通过财税、税收、规划、信贷、土地、人才、法规等多种政策手段，鼓励和保护科技创新。加大财政对科技创新的支持力度，重点对经国家和省级认定的高新技术企业、高新技术产品和高新技术成果转化项目进行扶持。动态跟踪国内外高新技术产业化的发展趋势，编制高新技术产业化重点领域产业发展规划布局，制定和完善适应重点领域产业特点，有针对性的支持政策。制定优惠政策，吸引、鼓励外地科研人员到武陵山兴事创业。

（六）加强扶贫开发

支持武陵山地区建立集中连片特困民族地区示范区，将武陵山协作区纳入国家集中连片特困民族地区发展示范区建设。坚持开发式扶贫、开放式扶贫和救济式扶贫有机结合，创新扶贫开发模式，促进特色产业发展，加快武陵山区各族人民脱贫致富步伐，努力建设跨省合作扶贫开发示范区。重点提高农村贫困人口自我发展能力。

1. 加大扶贫资金投入

将扶贫开发专项投入列入各级财政年度预算，保证财政扶贫资金投入；以市场为导向，调整经济结构，增加扶贫开发投入，开发特色资源，改善生产条件；探索建立农村最低生活保障制度和扶贫开发政策有效衔接的社会保障体系；积极推动发达地区向贫困地区实施产业转移，鼓励各种所有制企业和民间资本到山区和贫困地区投资；大力培育和扶持发展能带动贫困农户脱贫致富的各种农业产业化经营组织，重点扶持农业龙头企业和农民专业合作经济组织，带动贫困农户发展特色产业，增加贫困农户经济收入。

2. 积极稳妥推进移民扶贫

采取分散安置、集中安置和梯级移民安置等多种形式，对居住在生存条件恶劣地区的贫困人口，实施异地扶贫搬迁工程，从根本上改变农村贫困人口的生产生活条件。积极开展异地扶贫试点，探索武陵山区跨县跨省域易地扶贫安置试点，大力引导贫困山区人口向武陵山区区域中心城市转移。

3. 大力实施劳务输出

以发展劳务经济为重点，以人口转移为突破，加快农村富余劳动力向非农产业和城镇转移，切实减轻贫困地区人口压力，全面提升贫困地区经济实力。采取政府引导、中介介绍、职校推荐、企业带动等多种形式，有组织地开展劳动力输出转移，引导人口向小城镇、中小城市、大城市梯次转移。

开辟后发共同发展新路径

——罗霄山片区（湖南）区域发展与扶贫攻坚研究①

按照中央把集中连片特殊困难地区作为新阶段扶贫攻坚主战场的战略部署和国家区域发展的总体要求，加快罗霄山片区区域发展与扶贫攻坚实施步伐。湖南省罗霄山片区是整个罗霄山片区的重要组成部分，包括郴州市的宜章县、汝城县、桂东县和安仁县，以及株洲市的茶陵县和炎陵县，共计6个县。按照“区域发展带动扶贫开发，扶贫开发促进区域发展”基本思路，把集中连片扶贫攻坚和跨省合作协同发展有机结合起来，充分利用其经济基础、历史文化、旅游特色、自然资源和生态环境等促进区域发展与扶贫开发具有十分重要的意义。

一、罗霄山片区发展基本情况

（一）自然条件

湖南省罗霄山片区位于湖南东南部地区，属于亚热带季风湿润气候。境内河流众多，主要有沤江、永乐江、武水、洣水、茶水等河流，是湘江、赣江、珠江和东江湖的上游。水能、风能、太阳能、生物质能蕴藏量大。地形以山地、丘陵为主，山地总面积为8290.58平方公里，占总面积的69.2%。区内群峰高耸、层峦叠嶂，有海拔2115米的酃峰，桂东县城海拔高达824米。矿产资源品种多样，目前已发现的矿种多达36种，是著名的“有色金属之乡”。其中钽铌锡矿、红柱石、稀土等储量位居全国前列，是全国最大的钨矿集散地。拥有独特

① 湖南省决策咨询项目，中期成果上报国务院扶贫开发办公室和国家发改委，被国务院批复实施的《罗霄山片区区域发展与扶贫攻坚实施规划（2011—2020年）》采纳并成为其重要内容，最终成果转化为《湖南省罗霄山片区区域发展与扶贫攻坚实施规划（2011—2020年）》被省政府批复（湘政函［2013］36号）。2012年7月完成。

的地热资源，汝城温泉是我国中南六省最大的热田，是湖南省流量最大、水温最高、开发利用前景最好的天然热泉。区内森林覆盖率达69%，是我国南方重点林区，莽山有我国南方面积最大的原始次森林。野生动植物繁多，中草药资源极为丰富，拥有植物物种2000多种，中药材资源1800多种，素有中华“动植物基因库”和“中药材宝库”之美誉。片区旅游资源丰富，自然景观独特，组合优良，极具开发潜力。

（二）经济社会发展

（1）经济发展。2010年，湖南省罗霄山片区地区生产总值253.31亿元，占全省的1.6%，人均地区生产总值11440元，地方财政收入30.68亿元，三次产业结构比例为25.1∶41.5∶33.4，城镇化率35.2%。基础设施建设取得明显进展。武广高铁、京广等铁路，衡炎、宜凤等高速公路，以及建设中的厦蓉高速、湘深高速、炎井高速和衡茶吉铁路等跨区域重大交通项目，初步构筑起湖南省罗霄山片区对外立体交通大通道，具备了一定发展基础和条件。

（2）社会事业。教、科、文、卫等社会事业得到长足发展。全面实现“普九”，2010年，片区共有普通中学129所，普通小学767所，高中毛入学率达80.6%。科技攻关、科技成果转化率不断提高。卫生医疗条件逐步改善，“十一五”期间，改建县级医院6所，乡镇卫生院124所，2010年，每万人拥有医疗技术人员26人，拥有床位21张。新型农村合作医疗参合率超过90%，农村低保覆盖面逐步扩大。

（3）民族文化。片区内民族融合和文化开放程度高。在长期的历史发展过程中，形成了以瑶族、畲族等民族特色的地域文化，民俗风情较为浓郁，民间工艺和非物质文化遗产比较丰富。各民族团结和睦，社会和谐稳定。

（三）贫困状况与特殊困难

（1）贫困发生率高、程度深。湖南省罗霄山片区6个县全部是革命老区县，其中有2个国家扶贫开发工作重点县和4个省扶贫开发工作重点县。2010年，片区农民人均纯收入2549元，仅相当于全省和全国平均水平的45.3%和43.1%；按照2300元的新扶贫标准，贫困发生率比全国高7个百分点；部分群众还存在就医难、上学难、行路难、饮用水不安全、社会保障水平低等困难。

（2）经济发展水平低，城乡差距大。2010年，湖南省罗霄山片区人均GDP分别为全省和全国平均水平的42.2%和34.1%，人均地方财政收入分别为全省和全国平均水平的46.7%和20.1%，城镇化率比全国平均水平低13个百分点，城乡收入比为5.05：1，明显高于全国平均水平3.22：1。片区GDP占全省的比重由2005年的2.3%下降到2010年的1.6%，且未形成具有核心竞争力的产业或产业集群，对区域发展与扶贫攻坚的拉动力不足。

（3）基础设施条件差。片区内主干道路网络尚未形成，有3个县未通高速公路，占片区县总数的一半；有4个县没有铁路，占片区县总数的三分之二。436个行政村不通沥青（水泥）路，占行政村总数的26.7%；电力和通信设施落后，有358个村没有完成农网改造任务，占行政村总数的22.1%。水利设施薄弱，病险塘库总计达21076座，有24.8万户饮水不安全。区域内仓储、包装、运输等基础条件差，金融、信息等现代基础设施严重滞后，物流成本高。

（4）基本公共服务不足。基本公共服务能力低，社会保障体系不健全，保障标准和覆盖率较低。2010年，片区平均每万中小学生拥有教师数比全省和全国平均水平少13.8人和15.6人，每万人拥有的医院病床数比全省和全国平均水平少8.7张和11.5张，每万人拥有的卫生技术人员数比全省和全国平均水平少10.7人和17.6人，人均教育、卫生支出低于全省平均水平。中高级专业技术人员严重缺乏，科技对经济增长的贡献率低。

（5）生态环境承载能力弱。片区地质结构复杂，旱涝灾害频发，是泥石流、雨雪冰冻等自然灾害多发区，部分地区水土流失、石漠化现象严重，土地贫瘠，人均有效耕地只有0.61亩。生态状况脆弱化趋势没有得到根本好转，承载力不强，经济发展与生态建设、环境保护的矛盾突出，产业结构调整受生态环境制约大。

（四）发展机遇

湖南省罗霄山片区发展尽管存在不少困难，但也存在一些难得的机遇：一是国家高度重视区域协调发展，就西部大开发、中部崛起、连片特困地区扶贫攻坚做出了一系列战略部署，明确了加快集中连片特困地区发展的总体思想、基本思路和目标任务，极大地激发了片区各族群众脱贫致富的积极性、创造性。二是国家明确提出了以科学发展为主题，以加快转变经济发展方式为主线，大力推进区域生产力布局调整和产业结构优化升级，为片区承接沿海地区和中心城市产业转移、促进特色优势产业发展提供了机遇。三是国家相继批准长株潭城市群为“两型”社会建设综合配套改革试验区、环鄱阳湖生态经济区和湘南地区为“湘南承接产业转移示范区”，为湖南省罗霄山片区发展开拓了新思路，提供了新的发展机遇。四是片区内各级政府和群众形成了区域协作发展的共同意愿，开展了相关探索，积累了一定经验，为加快片区发展奠定了基础。

（五）重大意义

加快湖南省罗霄山片区区域发展，加大扶贫攻坚力度，是湖南贯彻落实科学发展观，推进“四化两型”，加快富民强省的迫切需要，是探索革命老区、苏区区域发展和扶贫攻坚新机制、新体制、新模式的必然要求，是统筹贫困山区发展、保障和改善民生，促进共建共享发展成果的重大举措；有利于贫困人口整体脱贫致富，有利于缩小地区发展差距，有利于洞庭湖、鄱阳湖和湘江、赣江及珠江流域生态环境的保障，有利于推动各民族共同繁荣发展和社会和谐，对促进全省全面小康社会建设，率先在中部崛起中实现新跨越具有重要的意义。

二、片区发展与扶贫攻坚总体要求

（一）基本思路

按照国家促进中部崛起和国家把扶贫攻坚主战场放在集中连片特困地区的战略要求，以转变经济发展方式为主线，按照“区域发展带动扶贫开发，扶贫开发促进区域发展”的基本思路，突出扶贫攻坚、绿色发展、民生保障三大重点，更加注重强化基础设施，更加注重生态环境保护，更加注重培育特色产业，更加注重社会事业建设，更加注重区域合作协调发展，更加注重增强贫困地区自我发展能力，努力形成全社会扶贫和全方位协作新格局，促进湖南省罗霄山片区经济社会又好又快发展，率先在全国革命老区、苏区走出一条跨越发展与扶贫开发的新路子，率先在全国连片特困地区实现整体脱贫致富目标。

坚持科学发展，推进扶贫攻坚。把保障和改善民生作为发展的出发点和落脚点，坚持以稳定解决贫困人口温饱和提高贫困地区群众生活质量为核心，着力解决区域发展瓶颈制约和突出问题，为扶贫攻坚创造更好的基础条件，有力推动和加快片区发展。

坚持基础先行，夯实发展基础。立足当前，着眼长远，加强交通、水利、电力等基础设施建设，突破瓶颈制约难点，为片区长远发展打下坚实基础。大力推进农业现代化、新型工业化和新型城镇化进程，转变经济发展方式，为区域发展与扶贫攻坚提供强有力的产业支撑。

坚持绿色发展，优化生态环境。把资源承载能力、生态环境容量作为经济发展的重要依据，以两型产业园区为重要载体，以低碳环保健康为主旨，优化产业结构和生产力布局，集约节约利用资源，发展生态特色经济，建设绿色和谐家园。

坚持政府引导，注重市场调节。发挥政府在引导空间开发格局、规范开发秩序、保护生态环境等方面的主导作用，同时注重发挥社会力量和市场配置资源的基础性作用。大力促进各种资源向最困难的地区、最贫困的人口倾斜，确保贫困群体优先受益。

坚持自力更生，强化政策支持。广大干部群众是促进区域发展和扶贫攻坚的主体，要继续发扬不等不靠、自强不息和艰苦奋斗的精神，不断增强自我发展能力，加强规划引导和政策指导，进一步加大投入力度，广泛动员社会各界参与扶贫开发，解决片区发展的特殊困难。

（二）战略定位

红色文化传承创新示范区。依托罗霄山片区特别是井冈山革命根据地为中华人民共和国成立做出的特殊贡献和在中国革命史上的特殊地位。发挥罗霄山片区“红色文化”资源优势，充分利用湘南年关暴动指挥部旧址、中国第一个苏维埃政权、中国第一个农村革命根据地、中国人民解放军第一军规颁布地、中国共产党军旗最早升起地等建政、建军革命旧址、红色文化遗迹和井冈山红色文化资源，建设红色文化教育传承传新区和廉政教育中心。

苏区、老区扶贫攻坚示范区。创新扶贫开发机制，探索湘赣苏区、老区发展和扶贫开发统筹推进的新路子，开展多种形式对口支援，探索专项扶贫、行业扶贫和社会扶贫合力攻坚新格局，探索连片开发与扶贫到户相结合新途径，为湘赣苏区、老区发展振兴探索新思路和新模式。

承接产业转移示范区。以湘南国家级承接产业转移示范区为平台，发挥区位、交通、资源和劳动力资源优势，依托经济开发（园）区，大力承接珠三角、长三角、闽三角等发达地区的产业转移，培育罗霄山片区重要的经济增长极，着力打造成为罗霄山片区承接产业转移示范区。

中国炎帝文化和濂溪文化传承区。以炎帝文化和濂溪文化为重点，以炎帝陵、濂溪书院等为载体，以炎帝文化在湖南省罗霄山片区长期沉淀形成的农耕文化为表现形式，以祭祖寻根和廉政教育为两大主要活动内容，不断加大对炎帝文化和濂溪文化的传承保护开发力度。结合自然资源优势，充分挖掘历史人文元素，促进文化与旅游深度融合，推动区域发展。

“三江”流域重要生态屏障。湖南省罗霄山片区处于湘江、赣江、珠江上游。统筹片区经济社会发展与生态环境保护，推进生态文明建设。通过有效维护优良绿色植被资源的完整性，充分发挥生态安全屏障、水源涵养与水土保持功能，保障湘江、赣江、珠江三大河流水系生态防护林带和水资源环境安全，创建生态补偿的资源互换机制，探索跨区域间的碳汇交易，构建“三江”流域重要生态环境安全屏障。

（三）发展目标

经济发展大跨越。经济增速高于全省平均水平，特色产业体系初步形成，整体经济实力大幅上升，城乡居民收入水平大幅提高，资源利用效率显著提高，城乡差距进一步缩小。城镇化增长率高于全省平均水平，县城辐射和带动作用显著增强。

扶贫攻坚大突破。农民人均纯收入增幅高于全省平均水平，贫困地区基本生产生活条件明显改善，产业化扶贫格局初步形成，自我发展能力明显增强，扶贫对象稳定解决温饱，逐步实现脱贫致富，扶贫开发合力攻坚机制基本形成。

社会事业大进步。城乡基本公共服务水平明显提高，教育、卫生、科技、文化、体育等社会事业加快发展。城乡居民的基本养老、住房、医疗、生育等各类社会保障体系建成，公共服务实现全覆盖与均等化。人民生活水平和生活质量普遍提高。

生态建设大提升。森林覆盖率保持在70%以上，资源消耗和环境污染显著降低，主要河流保持Ⅰ类水质，中心城区环境空气质量符合国家二级标准，城镇污水、生活垃圾、工业固体废物基本实现无害化处理。防灾减灾能力显著增强，建成比较完善的预警、监测系统，救援处置能力极大提高。

到2020年，稳定实现扶贫对象不愁吃、不愁穿，保障其义务教育、基本医疗和住房，城乡居民就业充分，城镇居民人均可支配收入大幅提高，农民人均纯收入增长幅度接近全国平均水平，城乡基本公共服务主要领域指标接近全国平均水平。生态系统良性循环，结构优化、密切协作的产业发展格局形成。城乡居民收入和经济发展实现同步增长。区域协作体制机制全面建立、高效运转，区域发展步入一体化协调发展轨道。民族团结稳定、社会和谐繁荣，与全国基本同步实现全面建设小康社会目标。

三、优化罗霄山片区空间布局

（一）功能分区

按照国家和省主体功能区规划，湖南省罗霄山片区属于限制进行大规模高强度工业化、城镇化开发的重点生态功能区，其基本功能为维护生物多样性、涵养水源和保持水土。依据优化空间、保护自然、集约开发、协调发展的原则，将湖南片区划分为三个区。

（1）重点发展区。主要指县城和开发强度相对较高、工业化和城镇化较发达的建制镇，以及重点产业园区和基地，约占区域总面积的5%。按照集中开发与均衡布局相结合的空间开发模式，加强产业和要素集聚能力建设，加大交通、能源等基础设施建设力度，优先布局新兴产业和先进制造业项目，统筹工业和城镇发展布局，在确保人均耕地和生态空间基础上适度扩大建设用地规模，促进经济集聚与人口集聚协调发展。

（2）特色农业区。主要指以农业种植、经济林种植、畜牧养殖和村寨居住区为主，需要限制大规模高强度工业化、城镇化开发的农业地区，约占区域总面积的15%。以提供农产品为主体功能，保障农产品安全。重点加强耕地保护，加大农业综合生产能力建设投入，培育集中连片农业主产区，引导农产品加工、流通、储运企业聚集，积极发展特色农业和现代农业。

（3）生态保护区。主要包括森林、高山草场及各级各类自然保护区、风景名胜区、森林公园、地质公园、重要湿地、历史文化自然遗产和重要水源地等，约占区域总面积的80%。以生态环境保护为主，除适当发展生态旅游、林下经济和必要的科学试验外，严格控制与主体功能不符的开发活动，减少人为因素对自然生态和文化自然遗产原真性、完整性的负面影响。结合生态建设和扶贫开发，科学进行生态移民安置。

（二）空间结构

（1）主体空间结构。以中心城市为依托，以交通干线为骨架，以资源环境承载能力好的地区为开发重点，沿路兴城、以点带线、以城带乡、城乡互动，加快形成“一核三纵二横”的罗霄山片区总体发展骨架，湖南省罗霄山片区以株洲、郴州等中心城市为支撑，以县城为基本单元，形成“一带两区”的空间发展格局。加强片区与广州市、长沙市、南昌市、厦门市、衡阳市、韶关市等周边重要城市的经济联系，促进人口向县城适度集聚，形成具有较强辐射带动作用的重要增长极。

表1　罗霄山片区总体空间结构（“一核三纵二横”）

名　称	范　围
“一核”	井冈山红色文化生态旅游核心区，包括井冈山市、永新县、茶陵县、炎陵县、桂东县和遂川县。
“三纵”	包括东线、中线和西线三条纵向发展轴。 东纵：即济广高速沿线，包括宁都、石城、瑞金、会昌、安远、寻乌等县市。 中纵：即大广高速沿线，包括吉安、万安、遂川、赣州、南康等市县。 西纵：即国道106，湘深高速沿线，包括茶陵、安仁、炎陵、桂东、汝城、宜章等县。
“二横”	泰井、泉南高速沿线，包括安仁、茶陵、炎陵、井冈山、莲花、永新、兴国、宁都、石城等县市。 厦蓉高速沿线，包括汝城、上犹、南康、赣州、赣县、于都、瑞金等市县。

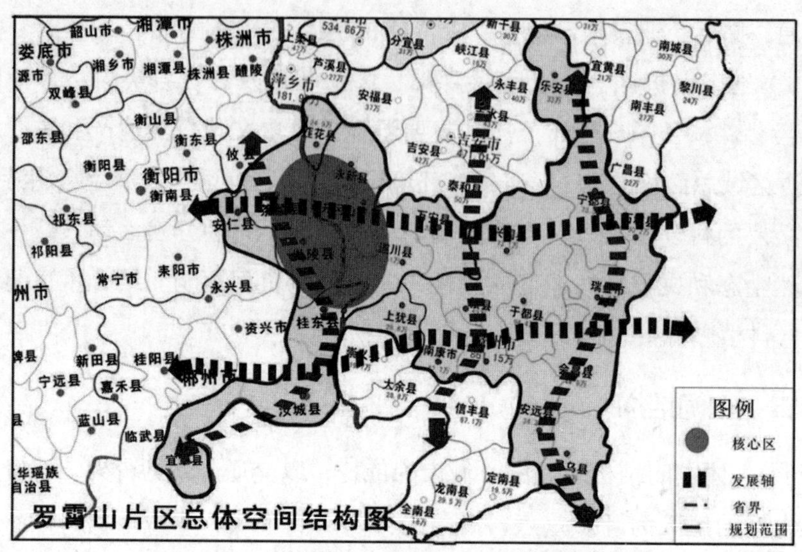

图1　罗霄山片区总体空间结构图

表2　罗霄山湖南片区空间结构（“一带两区”）

名　称	范　围
“一带”	即国道106，湘深高速沿线经济带，包括茶陵、安仁、炎陵、桂东、汝城、宜章等县。
“二区”	茶炎桂“两型”经济示范区，包括茶陵、炎陵、桂东。 宜汝安承接产业转移示范区，包括宜章、汝城、安仁。

图2　罗霄山湖南片区空间结构图

（2）经济协作示范区。设立“湘赣井冈山红色文化生态旅游经济协作示范区”。按照“资源同享、优势互补、产业协作、示范带动”的总体思路，全面推进湘赣边界的井冈山市、永新县、茶陵县、炎陵县、桂东县和遂川县六市县跨区域红色文化生态旅游经济协作示范区建设，重点在基础设施、红色旅游、公共服务、生态建设与环境保护等领域内加强协作共建，大力推进行政管理、要素市场、投融资体制等领域的改革，打造国际知名的井冈山文化生态旅游经济圈，为实现老区、苏区经济协作发挥示范带动作用。

（三）城镇布局

中心城市。加快片区内茶陵、炎陵、安仁、桂东、汝城、宜章等中心城市发展，优化城市形态，完善提升城市功能，促进人口与产业集聚，发展特色优势产业，发挥辐射带动作用。

重点城镇。着力构建位于铁路、高速公路和国省交通干道沿线的乡镇。发展一批基础条件好、发展潜力大、人口集聚强、辐射带动广、具有湘东南特色的中心镇和重点镇。重点建设30个城镇人口在2万人左右的中心镇，引导生产要素向其聚集，完善公共服务设施，提升综合服务能力，增强农村人口吸纳能力和自身产业发展能力。

（四）扶贫开发重点区域

根据中央和省部署安排，桂东县、汝城县享受国家扶贫开发工作重点县政策。积极争取重大项目在重点区域布局建设，大力支持特色优势产业发展。加大对片区内589个贫困村的政策和资金扶持力度。加大对片区海拔800米以上的少数民族地区、高寒山区扶贫开发力度，加快改善其生存发展条件。

四、罗霄山片区发展主要任务

（一）加快推进基础设施建设

坚持基础设施先行，以加快改善片区交通条件为重点，集中实施一批基础设施建设工程。统筹规划、科学配置、协调推进协作区交通、水利、能源、通信等基础设施与城市公共服务设施建设。加快构建功能配套、互联互通、安全高效、适度超前的现代化基础设施体系。

1. 交通

（1）交通主通道。加快“一环四横一纵”交通基础设施，构建公路、铁路、航空、城市交通等大空间、多层次的现代化运力体系与交通网络体系，培育茶陵、炎陵、汝城、宜章等区域性综合交通枢纽，提高公路等级，形成连接广州、长沙、南昌、株洲、衡阳、郴州、吉安、赣州、韶关等周边大中型城市的综合运输通道，开辟直达长沙、武汉、南昌、广州、厦门等各地游客来往的航空大通道。

表3 “一环四横一纵”交通主通道

名 称	范 围
“一环”	以茶陵、炎陵、安仁、桂东、汝城、宜章等片区中心城市为支点，构建以铁路、高速公路为主、国省干道为辅的交通环线。
“四横”	衡阳至吉安通道。在建的泉南高速，途经安仁—茶陵—莲花—永新—吉安；在建的衡茶吉铁路，途经衡阳—安仁—茶陵—炎陵—井冈山—吉安。 郴州至遂川通道。规划建设郴州—资兴—桂东—遂川高速公路。 郴州至赣州通道。在建的厦蓉高速，规划建设的桂永郴赣铁路，途经郴州—汝城—崇义—赣州。 炎陵至泰和通道。加快炎陵—井冈山高速公路建设。
“一纵”	醴陵至深圳通道。加快途经茶陵—炎陵—桂东—汝城—韶关的湘深高速公路建设。

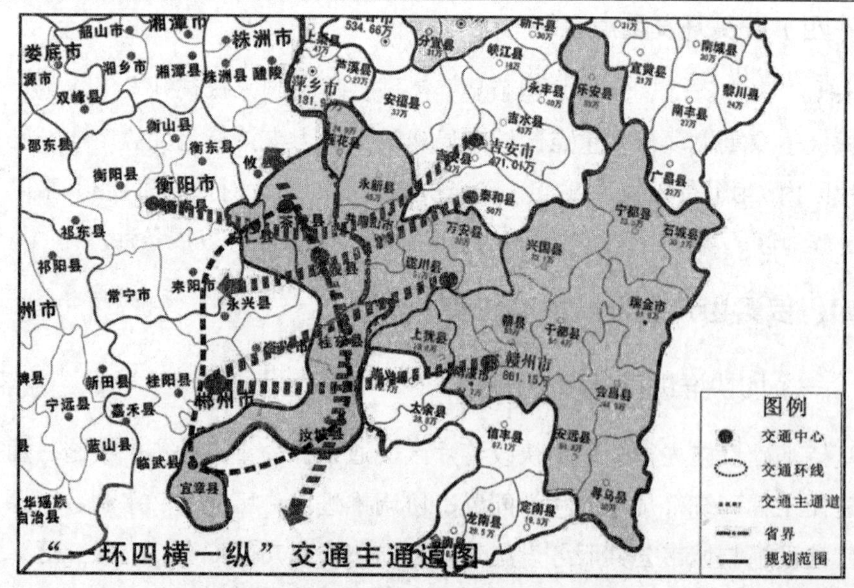

图3 “一环四横一纵”交通主通道图

（2）区域内交通网络。重点推进交通主要通道联络线、县际断头公路建设，完善路网结构，建设农村公路，提高普通公路技术等级和农村公路通达深度，扩大路网覆盖面，实现区域内所有县通高等级公路，所有乡镇和有条件的行政村通沥青（水泥）路。加快区域内通用机场建设。积极推进跨区域运输合作和交通协同管理，促进各种运输方式无缝衔接，逐步实现交通一体化。

2. 水利

实施流域综合整治与水体环境保护工程，进一步强化水源地保护与水污染治理，严格限制水能资源的不适当开发，推进农村中小型水库特别是病险水库的整修扩容，加大农村饮水安全工程建设，突出湘江、赣江、珠江、东江湖等源头治理，全面提高水资源综合利用效益与防洪避灾功能。

（1）合理开发利用和保护水资源。建立政府调控、市场调节和公众参与的管水、用水、节水机制，推进水资源有偿使用和水价综合改革，大力发展低耗水、高产出的节水型农业与清洁型、循环型工业以及利用非常规水资源的服务业。加大对城市集中式饮用水源的保护力度，科学调整并划定城市饮用水源保护区与农村集中式饮用水源保护区，建立东江湖城乡饮用水源保护区。

（2）加强水利工程建设。开展主要干支流河道的流域化整治与山丘区水库的除险保安，组织大中型灌区续建与改造维修，提高流域性山洪灾害的抵抗能力和灌溉能力。实施洣水、永乐江、沤水、武水、乐水及中小支流治理工程，加快缺水少水山丘区的水库水源建设，推进农村小型农田水利工程建设，完善灌区供水、灌溉、排涝等水利设施。提升茶陵、炎陵、安仁、桂东、汝城、宜章等城市供水能力。建设抗旱应急水源工程，新建骨干综合枢纽工程。

（3）加强水环境安全监测。建立防汛抗洪预警预报系统和山洪泥石流灾害监测系统，完善水资源公共管理机制与群测群防体系，科学调控，严格监察监管，确保经济建设与生态环境安全，确保城乡居民饮用水水源安全。

3. 能源

（1）完善能源供应体系。调整优化能源生产和消费结构，科学开发利用水能、风能、太阳能、生物质能等清洁能源与可再生新能源，加快新兴能源的源点基地工程建设。全面推广大型服务设施装备地热与太阳能的综合利用，提高农村沼气技术的应用普及率，探索适宜性景区风能资源开发的建设试点。推进连接西气东输的天然气管道工程建设与区域用气管网建设，扩大工业生产用气和居民生活用气规模，争取管道天然气的区域全覆盖。推进区域清洁发电示范工程。逐步改变并调优能源利用结构。

（2）优化电网结构。加快输变电设施的建设与改造升级，加快开展智能电网的建设试点，逐步扩大新技术应用的覆盖面。推进城乡一体化的电网建设，全面提高电网通达水平、输送能力、电能储备与供电可靠性，保障景区和城乡安全高效用电。继续推进农村电网改造升级，实现片区“户户通电”，提高农村居民用电保障水平。

（3）开展能源节约。优化能源消耗主体的用能结构与消费行为，大力倡导以节能减排为重点的低碳生产与低碳生活。加快能源消费的信息化控制技术应用网络工程建设，促进并提高能源节约的现代化管理水平。大力推进低碳设施、低碳住宅与低碳社区的建设改造，积极创建以资源节约与环境优美为主要标志的国家低碳文明示范区。

（4）加强农村能源建设。大力推进绿色能源县建设，进一步加强农村沼气建设，提高沼气普及率和利用率，加强沼气技术服务。加快开发农村太阳能、生物质能等可再生清洁能源，加大宣传力度，提高农户节能意识。实施小水电代燃料工程，推广生物质气化炉等节能灶具，开展水电新农村气化县建设。

4. 通信和信息化

按一体化规划、网络化敷设、数字化管理、最优化服务原则，扩大现代通信覆盖地域，引导并促进公共服务模式与本土产业结构的转型升级。

（1）加快现代通信网络建设。多层面推进城市光纤接入网与新一代移动通信网络布局，实现光纤接口到社区、达乡镇，建设光缆为主、微波为辅的智能化电话传输网和宽带多媒体通信网，加速实现区域内无线通信信号全覆盖，消除自然村、交通沿线和各类景区的通信盲区。积极推进三网融合的技术改造，形成集光纤通信、移动通信、微波通信、卫星通信为一体的现代化通信体系，全面提升通信质量与时效功能。

（2）提高信息化服务水平。以政务信息化、企业信息化、旅游信息化、农业信息化、社会公共服务信息化及网络信息安全为重点，不断延展对经济社会公共管理与各界专业资讯的服务领域，大力开展并支持远程教学、远程医疗、移动办公、电子商务、场景监控与公共信息传播等新兴通讯服务，全面提供综合数据库目录、索引系统和链接服务，提高城市的现代化管理能力、旅游景区的服务水平以及本土信息资源开发的公众应用绩效，增强应对区域性突发性事件或社会公共危害的应急处置能力与综合防控能力。推进国家农村农业信息化示范省建设，实施农村民生服务信息化示范工程，构建快速便捷的农村信息服务通道。

5. 城市基础设施

（1）城区道路交通改造。加快城市旧城区道路交通的提质改造，优化路网结构，不断改善城市交通环境。重点建设茶陵、炎陵、安仁、桂东、汝城、宜章等县城重点干道及配套设施建设，构筑对外大联通、对内大循环的城市交通格局，拉开县城发展的框架。大力支持片区县城公共交通发展。

（2）城镇环境设施建设。加大国家对片区县城供水、污水处理和垃圾处理为重点的环境配套设施建设支持力度，加快建设县城园林绿地基础设施，完善县城周边垃圾处理设施，提升城镇环境承载能力。推动片区内县城供水安全改造，三年内全面达到国家新标准。建设县城、县工业园污水处理厂，提高县城污水处理设施能力，加强重点镇和农村集中居住区污水处理设施建设。选择30个重点镇，实施规模化集中供水、污水垃圾无害化处理示范建设。

（3）城区公共服务设施建设。加强城市公共基础设施建设，不断改善人居环境，建设生态型、精美型与个性化的宜居城市。建设一批主题文化广场、城市公园、火车站中心广场、博物馆、文化体育场所、商务中心、民族文化步行街等公共服务设施。健全城市消防与人防设施，完善组织指挥及通信警报系统。

（二）推进产业发展

从资源优势、产业基础和区位特点出发，以市场为导向，以资源节约和环境保护为前提，以强化自主创新、加快技术改造、突出节能降耗、推进两化融合为重点，改造提升传统优势产业和培育发展战略性新兴产业，加快发展现代服务业，形成具有区域特色、结构合理、附加值高的现代产业体系，为提高自我发展能力奠定基础。

1. 旅游业

充分发挥旅游业绿色、低碳、环保、永续利用的具有旺盛生命力的产业特点，深度挖掘、整合旅游资源，促进旅游业与工业、农业、交通、文化、水利、林业等产业的融合发展，以自然生态、特色文化、温泉度假为核心，以“红色、生态、休闲、祭祖”为主题，将旅游业培育成为带动罗霄山片区脱贫致富和社会经济增长的主导产业。支持汝城建设湘粤赣省际旅游集散中心，形成“一带（以井冈山为中心的红色文化旅游带）、二组团（宜汝桂生态休闲组团、炎茶安炎帝文化组团）、四线（红色文化体验线、生态养生游憩线、古村古镇观赏线、祭祖寻根度假线）”的总体格局。

（1）重点景区和线路

重点发展红色文化旅游、生态绿色旅游和民族风情旅游，打造“红色、文化”“祭祖、祈福”和“生态、休闲”旅游品牌。支持莽山国家森林公园、汝城温泉、炎帝陵旅游区、茶陵云阳山国家森林公园等创建国家5A级旅游景区，支持莽山国家森林公园、湘南年关暴动指挥部旧址、白石渡丹霞地貌、邓中夏公园、湘粤古道、用口温泉、瑶岗仙钨矿、九龙江国家森林公园、濂溪书院、汝城温泉、岭秀瑶族村寨、热水畲族村寨、熊峰山国家森林公园、神农殿景区、大石风景区、九龙庵、香火堂、药湖寺、茶陵云阳山国家森林公园、工农兵政府、南宋古城、南浦铁犀、茶祖文化园、桃源洞国家森林公园、炎帝陵、神农谷、红色军规颁布地、八面山国家级自然保护区、八面山国家地质公园、三台山国家地质公园、东台山自然保护区、万洋山相思牧场等重点景区（点）建设。

红色文化体验线。主要包括宜章湘南年关暴动指挥部旧址、汝城津江红色古村、桂东《三大纪律六项注意》颁布地、毛泽东迎还红军大队纪念地、红六军团誓师西征纪念地、炎陵朱毛首次会面旧址、茶陵工农兵政府、茶陵县红军村、井冈山等旅游景区（点）。

生态养生游憩线。主要包括宜章（莽山刘家度假村、莽山钟家度假村、莽山珠江源漂流），汝城（九龙江国家森林公园、汝城温泉、热水河漂流、飞水寨南国天山景区），桂东（八面山、齐云山、四都溶洞公园、玲珑王茶叶观光园、梦花园花卉苗木观光园），安仁（渡口丹霞风景区、龙脊山风光、猴昙仙风光、赤滩小桂林），炎陵（神农谷景区、大院旅游景区、梨树洲风景区、金紫仙），茶陵（严塘、舲舫、浣溪丹霞地貌）等。

古村古镇观赏线。主要包括濂溪书院、白云书院、洣江书院、太极予乐、岭秀瑶寨、鱼王畲寨、朱氏总祠、马桥乡上古寨、白沙圩腊园古民居、桂东贝溪聚龙居、扶氏宗祠、安仁石冲村古民居村落、欧阳厚均故居等。

祭祖寻根度假线。主要包括炎帝陵、神农谷、神农殿景区、九龙庵、香火堂、药湖寺、青娥仙、高龙仙、云阳山等。

（2）旅游设施建设

改善旅游交通条件。建设一批组团内便捷旅游环线，积极推进12条精品旅游线路交通建设，形成以国干线、客运专线和高速公路为主体的快速旅游通道，加强城镇与景区之间的道路建设，完善道路的旅游标识系统，适度建设汽车营地。

加快景区设施建设。建设和完善景区道路、通讯、供水供电等基础设施和垃圾、污水收集处理设施。加强安全防护设施，提高应急救援能力。加强宜章、汝城、桂东、炎陵、茶陵游客接待中心建设，完善配套交通、信息服务、旅游厕所、停车场、汽车营地、餐饮等游客服务设施和功能，提升整体服务能力和水平，提升景区的信息化技术应用，完善景区引导标志系统建设。

提升城镇旅游服务功能。把宜章、汝城和炎陵建设成为片区旅游综合服务中心和对外形象窗口。完善和提升宜章、汝城、桂东、安仁、炎陵、茶陵城镇旅游服务功能。支持具有地方民族文化特色的中小旅游企业发展，繁荣旅游市场。

（3）旅游商品开发

根据罗霄山片区的生态文化特色，扶持开发、生产、销售宜章脐橙、宜章蕨根粉、莽山蜂蜜、莽山绿茶、瑶山红茶、莽山香菇、金四季苦笋等；汝城旱塘硒山茶、白银针、苦丁茶、汝城香菇等，桂东玲珑茶、哈哈牛、石耳、花豆、苡米、青花石等，安仁元宵米塑、陶艺制品等，茶陵“三宝”等旅游商品。

2. 特色农业

（1）发展特色高效农业。加快推进特色农林产品基地建设，实施一批重大特色农林项目，加强特色农产品基因保护，建设一批特色农林产品标准化良种繁育基地，抓好茶叶、优质蔬菜、优质水果等基地建设。大力发展中药材种植，建设一批符合中药材生产质量管理规范（GAP）的生产基地。按照现代农业产业体系的要求，以县为单位重点培育1—3个区域特色鲜明的支柱产业。重点扶持宜章脐橙、福鹅，桂东药材、花卉苗木、高山哈哈牛，炎陵白鹅，汝城油茶、高山蔬菜。支持“玲珑王”“莽山银翠”等茶叶品牌建设。

（2）完善农业技术支撑体系。提高农业科技服务能力，促进农业生物育种创新和推广应用、珍稀植物资源研究与开发。支持特色农产品产地认证，扶持培育绿色名、优、特农产品品牌，强化农产品注册商标和地理标志保护。推进农业技术集成化，扶持农机合作组织，促进农机农艺融合。加强公益性推广、社会化创业及多元化科技服务“三位一体”农村科技服务体系建设，完善产前、产中、产后服务。

（3）加强市场体系建设。完善农产品市场、生产资料市场和农村消费品市场建设。大力扶持发展各类农民专业合作社、行业协会、流通企业、农村流通大户和农民经纪人。积极推进物流配送，建设一批农产品加工配送中心，积极开展多种形式的“农超对接”，鼓励农民专业合作社在城市社区设立直销店、连锁店，积极推进农产品网上推介、洽谈和交易，加大对特色农产品的营销力度。深入推进“万村千乡市场工程”建设，提高农村商品流通连锁率、配送率。

3. 加工制造业

（1）农林产品加工业。重点发展茶叶、油茶、水果、蔬菜、食用菌、楠竹和畜禽水产品加工。塑造罗霄山独特的“绿色、生态、有机”农产品品牌，培育深加工与市场营销龙头企业，支持企业进行农产品商标注册，支持有机食品、绿色食品和无公害食品的产地认证和产品认证，形成一批龙头企业和名牌产品。重点扶持茶叶、脐橙、黄桃、福鹅、白鹅、东江鱼、肉牛等精深加工。依托农产品龙头企业、农产品集聚区，大力培育国际知名品牌，建设农产品出口基地。

（2）生物医药产业。依托片区枳壳、仙茅、茯苓、山苍子、丹参、白芷及富有开发前景的金银花、红豆杉等中药材资源优势，围绕中药材深度开发，延伸中药材加工产业链。整合现有企业，着力引进战略投资者，重点抓好中药材加工及配套中药材市场、中药材种植基地建设。发挥龙头医药企业的带动作用，建设中药提取厂、中药饮片厂、中药制剂厂，积极推进特色民族药品生产，大力发展医药保健品，促进生物医药技术升级，扶持骨干企业做大做强。

（3）矿产资源加工业。引导矿产开发向优势大企业集中，引导矿产加工企业向工业园区集中，拉长产业链条，发展矿产资源精深加工。加快建设钨矿精深加工高新技术产业化基地，把汝城打造国家级的钨产品集散中心。充分发挥宜章煤矿资源优势，延伸煤炭产业链条，推进煤电煤化工一体化和资源加工循环综合利用，支持建立宜章梅田煤电煤化工循环加工园区，促进资源枯竭乡镇的经济转型。加强汝城铁矿、萤石、钾长石，安仁铅、金、银、铋，茶陵钨、钽铌、铁、铅、锡、铜等其他矿物原材料的开发利用。引导开发宜章、汝城、桂东等丰富的稀土资源。

（4）水产业。依托片区内湘江、赣江和珠江上游及东江湖的稀缺优质水源，在强化水资源保护的基础上，加快水资源开发利用，发展水经济。以发展直饮水、水饮用品、水上体育项目、水生态休闲旅游、水具水器、水上运动用品、水环保、水科研等相关水产业为重点。通过水经济的发展，优化水资源，使水经济成为罗霄山片区发展新的增长点。

（5）机械装备制造业。依托宜章、汝城、安仁等地的产业基础和劳动力资源优势，积极承接产业转移，以现有骨干企业为重点，加快发展电梯、挂车、数控机床、新能源汽车零部件、混凝土机械、泵车机械配件等产业，培育一批主业突出、创新力强、技术领先、管理先进的龙头企业。

（6）新材料产业。依托片区高岭土、石灰石、花岗岩等资源优势，以硬质合金、超硬材料、精细化工、复合材料、建筑陶瓷等为重点突破口，支持炎陵有色材料产业、宜章氟化工、桂东高岭土、茶陵建筑陶瓷、安仁精细化工园、汝城新型金属材料研发生产基地建设。

4. 现代服务业

（1）现代物流业。充分发挥地处武广高铁、京广铁路、京港澳高速、厦蓉高速、湘深高速、106国道、107国道等交通干线结点的交通优势和集散能力，建设区域综合性物流中心，完善与物流相配套的运输场站、仓储、商品配送、信息网络服务等综合服务平台，积极发展第三方物流。以综合物流和专项物流为重点，将宜章建成湘粤边境区域性现代商贸物流中心。以炎陵、汝城、茶陵物流园区为支点，建设规模较大的物流中心。规划建设现代商贸物流园、矿产品物流中心、粮食物流中心、烟草物流中心、物流配送中心等一批枢纽性物流园区和区域性物流基地，扩大区域集聚辐射能力。支持大型龙头企业在重点城镇建设物流节点。

（2）商贸服务业。培育宜章、汝城、炎陵为区域性商贸服务中心。加强城乡商业网点和农产品批发市场建设，形成以专业批发为主、特色零售为辅，辐射功能强、业态完整、服务配套、规范有序、活跃繁荣的商贸服务格局。

（3）金融、科技和信息服务业。完善城乡金融服务体系，提升县域金融综合服务能力，加快推进中小企业贷款担保体系建设。加强科技信息服务的区域合作，提升科技服务水平，不断完善面向农业生产和特色产业发展的科技信息服务业。构筑良好互动的信息发布和信息共享平台。

（4）社区服务业。不断满足人民群众多层次多样化的生活消费需求，积极引导推进公共服务、便民利民服务、志愿服务有效衔接的社区服务体系建设。大力发展家庭服务、社区照料服务、养老服务和病患陪护等为重点的家政服务，促进兴业就业，强化行业监管，规范市场秩序，提高服务水平。

5. 文化产业

（1）红色文化设施建设和保护。依托片区众多毛泽东、朱德、陈毅等老一辈革命家、军事家遗迹和红色遗产地等国家重大革命文化，规划建设宜章井冈山早期革命历史纪念馆。加强宜章湘南年关暴动指挥部旧址、桂东《三大纪律六项注意》颁布纪念地、炎陵红军标语博物馆等红色遗产地保护。

（2）特色民族文化品牌传承与保护。加强对片区六县少数民族文化遗产的挖掘和保护，重点抢救、整理片区瑶族、畲族等民族文化遗产，推动文化资源的开发与整合。加强宜章、汝城瑶族非物质文化遗产生态保护。打造汝城香火龙、宜章夜故事等民族文化名片。

（3）文化精品工程。扶持重大民族文化产业项目，建设具有浓郁民族特色的少数民族文化产业园区和民族传统体育基地。加快培育地域主题文化精品，着力打造汝城濂溪文化生态保护示范区、宜章莽山瑶族文化产业园、桂东茶文化产业园、茶陵中华茶祖文化园、汝城九龙江瑶族风情园、炎陵寻根祭祖文化节、安仁神农春分药王节。

（4）发展民族工艺品。大力支持具有浓郁民族风情和地方民俗文化特色手工艺品、特色旅游纪念品发展，重点支持具有非物质文化遗产认证的手工艺发展，推进民族手工艺传承与创新，对非物质文化遗产传承人发展工艺品业给予优惠政策和优先支持。鼓励扶贫对象参与民族传统手工艺品生产。

6. 产业结构调整与产业协作发展

（1）推进节能减排和发展循环经济。全面落实环境影响评价制度和节能评估审查制度，完善节能减排指标、监测和考核体系，严格执行污染物排放总量控制制度。积极推广低碳技术，重点支持茶陵、炎陵、安仁节能减排与清洁生产，鼓励发展循环经济，加大工业、建筑、交通运输、公共机构及城乡建设和消费等领域节能力度。支持宜章、汝城尾矿矿渣、工业废弃物及其他可再生资源的综合循环利用。严格控制高耗能、高排放行业低水平重复建设，加快淘汰浪费资源、污染环境和不具备安全生产条件的落后产能，促进产业结构优化升级。

（2）因地制宜承接产业转移。依托当地产业基础、人力资源与自然物产优势，依托湘南国家承接产业转移示范区，大力实施开放带动战略，以市场为导向，积极支持宜章、汝城、安仁承接粤港澳、东南部地区和省会城市产业转移，促进产业结构调整，构建现代产业体系，增强市场竞争能力。合理确定承接重点，引进市场前景广阔的劳动密集型、资源精深加工型、新兴服务业等适宜性产业和技术装备先进的低碳型企业，杜绝落后产能向园区转移。创新产业承接模式，探索建立链式开发、服务配套、互利共赢机制，推动区域合作深度发展。

（3）促进产业园区集约发展。统筹规划产业园区建设，合理确定产业定位和发展方向，提高产业集聚效益。重点建设一批较高水平的现代产业园区、较大规模的主导产业分布带和较强带动力的特色产业基地，形成对片区经济具有引领性、支撑性和高成长性的产业集群。建设一批工业集中区，重点支持宜章、汝城、安仁承接产业转移示范区建设。

（4）建立产业协作发展机制。积极探索产业协作发展利益共享机制，促进产业优化布局，重点建设宜章、汝城、茶陵、炎陵、桂东、安仁等地的特色工业集中区，引导企业集聚发展，形成优势资源共同开发、产业园区共同建设、发展利益共同享有的产业协作发展格局。

7. 产业化扶贫

（1）扶持产业基地建设。围绕区域产业布局，按照因地制宜、突出特色的要求，扶持贫困地区重点建设以茶叶、高山蔬菜、特色水果、烤烟、油茶、楠竹、中药材、花卉苗木、生猪、肉牛等特色农产品生产基地。重点围绕乡村山水风情、生态休闲、民族文化等旅游组团和精品旅游路线的开发，建设一批旅游产品基地。每个扶贫开发重点县有2—3个主导产业，每个贫困村有1—2个产业基地，每个扶贫对象户有1个增收项目，初步构建特色产业体系。支持宜章、桂东、汝城建设现代农业产业扶贫开发园。

（2）发挥龙头企业带动作用。支持每个县重点培育和发展3—5家扶贫龙头企业，给予政策和资金支持，促进企业做大做强，建品牌、创名牌。建立健全带动贫困户增收的利益联结机制，大力推行“企业＋中介组织＋基地＋农户”等模式，明确企业扶贫责任，引导企业在贫困村建产业基地，为贫困农民提供技术、市场、信息等服务，优先吸纳安置贫困户劳动力就业，优先收购贫困户农副产品。

（3）搞活农产品市场流通。扶持县乡农产品专业交易市场建设。支持新建宜章大型脐橙仓储物流中心、汝城高山无公害蔬菜物流中心、桂东茶叶物流中心、安仁粮食物流中心、炎陵县农产品冷链物流中心。支持扶贫重点县和龙头企业到大中城市开办农产品销售窗口。加强农产品信息网络建设，大力发展电子商务。积极推行订单农业，促进农超对接。加强农产品营销队伍建设，大力培养乡土经纪人。

（4）提高农民组织化程度。大力发展农村经济合作组织和专业技术协会，对贫困村建立和贫困农户加入农村合作组织给予特殊扶持。发挥各种合作组织、农村致富带头人、经纪人等在带动贫困农户和协调企业方面的纽带聚合作用，结成利益共同体，实现共同发展。健全和完善贫困村生产发展互助资金组织，帮助扶贫对象参与产业开发。

（三）改善农村基本生产生活条件

以新型城镇化为依托，以新农村建设为切入点，以城乡一体化为原则，通过推进中心村镇建设、异地扶贫搬迁、贫困村整村推进工程，加快改善农业生产条件，改善农村人居环境。

1. 小城镇与村庄建设

（1）小城镇建设。加快小城镇基础设施建设，引导人口和生产要素向小城镇集聚，提高综合实力，提升城镇形象。加快岭秀、盈洞、龙渣、水口、秩堂等特色文化型，莽山、三江口、热水、鹿原、豪山、羊脑、关王、龙海、四都、清泉、沤江、桃坑、八团等旅游度假型，玉溪、白石渡、桥头、沔渡、宁官、东风、严塘、高垅、安平等商贸流通型，沙田、大塘、普乐、梅田、大坪、泉水等加工制造型小城镇建设。加强小城镇的道路、电力、供水、供气、污水和垃圾处理等城镇基础设施建设，形成各具特色的小城镇。

（2）中心村建设。以增强农村基本公共服务能力为重点，科学编制中心村建设规划，合理布局农村村落；突出村庄地方特色，重视生态环境和历史文化遗产的保护。整合各类资金，加快中心村基础设施建设，增强公共服务能力，鼓励农民向中心村集聚。依据“一村一项目”的农业产业化扶贫思路，发展中心村特色产业，提高中心村经济发展能力和带动能力。

（3）易地扶贫搬迁。结合新农村建设与扶贫攻坚，采取分散安置、集中安置和梯级移民安置等多种形式，对居住条件恶劣、基础设施很差、自然灾害频发的贫困人口和村庄实施异地扶贫搬迁工程，从根本上改变农村贫困人口的生产生活条件。把特色产业发展与移民搬迁有机结合起来，有条件的地方引导贫困人口向中小城镇移民，创造就业机会，提高就业能力，切实解决贫困移民在生产生活方面的困难和问题，确保贫困移民“搬得出、稳得住、能发展、可致富”。规划期间，在扶贫开发工作重点县搬迁贫困农户6000户2.5万人。

（4）贫困村整村推进。以发展特色支柱产业、改善生产生活条件、增加集体经济收入、提高自我发展能力为重点，坚持政府统筹、资源整合、综合开发、持续发展，分期完成国家和省对片区贫困村的整村推进扶贫工程，全面提升贫困村整体承载功能和持续发展能力，实施贫困村水、电、路、气、房和环境改善“六到农家”工程，达到“五通”（通班车、通邮、通广播电视、通电话、通网络宽带）、“六有”（有幼儿园班、有卫生室、有图书室、有文化活动广场、有商业服务网点、有垃圾收集站），实现整村推进村贫困人口“两不愁、三保障”。

2. 改善农业生产条件

（1）乡村道路建设。完善乡村路网体系，县城至所有乡镇公路100%达到三级标准，修通村际断头路，提高自然村公路通达度，扩大公路覆盖面。加大农村客运站点建设，提高农村班车通达率。加大农村公路危桥改造和安保工程项目力度，保障农村公路行车安全，全面提高农村公路服务水平和防灾抗灾能力。到2015年，行政村100%通公路，95%以上的行政村通沥青（水泥）路，人口相对集中的自然寨（组）通公路。

（2）小型农田水利建设。加强水库渠系配套建设与节水改造，加快推进新建水库、小型水库（闸）除险加固建设、灌区配套工程建设及灌溉排水泵站更新改造、山塘清淤扩容、防洪工程建设；加强田间排灌渠道建设。实施小水窖、小水池、小塘坝、小水渠、小泵站“五小水利”工程，改善农田灌溉面积50万亩，力争人均有效灌溉面积达到0.5亩。改善农村生产用电设施，加强农村生产用电保障。

（3）土地整治与农田改造。开发利用低效园地、山坡地，补充耕地和城乡建设用地，引导、聚合各类涉农资金，推动“田、水、路、林、村”综合整治。加快中低产田改造，加快农田成片整理，荒山荒地等土地开发、灾毁农田整理、空心村复垦等进程，提高耕地质量，建设高标准基本农田。实施“测土配方施肥”和“耕地质量保护”项目。

（4）小流域治理和水土保持。加强对湘江、赣江、珠江等上游和东江湖的生态保护，开展坡改梯及坡面水系工程建设；加强中小河流治理、流域防洪堤除险加固，实施河床疏滩清淤、河堤护岸工程、山洪地质灾害防治以及水土流失综合治理。加快小流域自然资源综合开发利用，合理规划安排小流域内的农林牧业生产用地，加强统一管理，提高水土资源利用效率，优化农业生产环境，降低农业灾害发生率。

3. 改善人居环境

坚持以人为本，突出民生关怀，积极组织引导群众参与村庄建设，实施水、电、路、气、房和环境改善“六到农家”工程，推进村庄绿化和环境整治。

（1）切实保障饮水安全。鼓励有条件的城市供水管网向农村延伸，吸引社会资金和农民投资参与农村饮水工程建设和管理，提高农村饮水水质和保障水平，实现村民生活用水便捷、人畜饮水安全。到2020年，乡镇自来水供水率达到100%，农村行政村自来水通水率达到90%，供水保证率达到95%以上，水质达到国家生活饮用水卫生标准。

（2）切实保障用电可靠。全面实施“新农村、新电力、新服务”的农电发展战略，扩大农村电网改造面和供电覆盖面，推动农村电网整体水平的技术升级。力争到2015年，农网供电可靠率达到99%，综合电压合格率达到98%。提高供电质量，保障农村生产生活用电，彻底消除不通电的自然村，加快推进农村电气化工程。

（3）切实保障出行便捷。加速推进村级公路、村小组人行便道和巷道的硬化建设，完善村组道路管养机制，加宽水泥硬化道路路面；加大对农村机耕道路的投入，大力改善田间耕作便道。到2015年，村到组道路硬化达60%以上。

（4）切实推广清洁能源。推广沼气、节能灶、固体成型燃料、秸秆气化等生态能源建设项目，适当发展太阳能、风能等可再生能源。实施小水电代燃料工程，促进清洁能源广泛使用。到2020年末，推广使用清洁能源率达到80%以上。

（5）切实推进安居工程。优化居民点布局，提高国家对农村贫困户危房改造补助标准，加快农村危房改造进程，彻底解决农村困难群众最基本的住房问题，改善旧房外观，妥善处理“空心房”，解决所有无房、危房、缺房户住房困难。实施农村偏远山区住房搬迁补贴工程，完善农村基本住房保障政策。

（6）切实改善农村环境。全面推进农村环境综合整治，重点实施农村污水、生活垃圾处理、畜禽养殖污染防治项目，改善农村脏、乱、差的状况。实现“三清”（清垃圾、清路障、清淤泥）到组率达100%；“四改工程”（改水、改厨、改厕、改圈）到户率达到80%以上；“四旁”（村旁、宅旁、路旁、水旁）绿化美化率到达95%以上，实现农村社区“卫生洁化、沟渠净化、生态绿化、环境美化、街道亮化”的目标。

（四）就业与农村人力资源开发

把提高劳动者综合素质和培养自我发展能力作为促进就业与农村人力资源开发的着力点，加大智力扶贫力度，积极推进农村劳动力转移和农村人力资源开发。

1. 就业促进与农村劳动力转移

（1）优化就业结构。调整三次产业结构，逐步增加第三产业从业人员比重；立足本地开发就业岗位，充分利用县经济开发区、县扶贫产业园和乡镇工业集聚区等平台；优先安排贫困乡（镇）村农业龙头企业和贫困农户农业产业化项目，改造提升商贸流通、批发零售、餐饮住宿、货运快递、轻工业加工、建筑装修等传统劳动密集型产业，形成产业带动就业、增加工资性收入、增强脱贫致富能力的长效机制；构建农村、小城镇、城市三级城乡就业平台，将小城镇作为农村就业转移的主阵地。

（2）拓宽就业渠道。有效扩大就业渠道，着力打造创业孵化基地。大力发展文化休闲、家政服务、旅游业、民间工艺、园艺、农艺等新型服务业，增加就业岗位。积极支持农村劳动力和下岗职工自主创业，鼓励返乡农民工回乡自主创业，兴办劳动密集型企业、服务业和小微型企业，在土地使用、资金信贷、税费减免、证照办理等方面给予倾斜扶持。开辟公益性岗位，积极拓宽片区外异地就业渠道。

（3）完善就业服务。加强就业服务基础设施与信息网络建设，构建以县人力资源市场（县级就业服务平台）为中心，乡镇劳动保障服务所、村（社区）就业服务站为支撑的就业服务网络体系，逐步完善人才市场的社会化服务体系。规范人力资源市场，发展人事代理、人才推荐、人员培训、劳务派遣等人力资源服务，全面落实对劳动者的免费就业服务、对就业困难人员的就业援助和对特定群体的专项就业服务。保障劳动者合法权益，提供法律援助；构建覆盖城乡的劳动力市场信息服务网络，形成“就业、培训、保障、维权”一站式服务。

（4）促进转移就业的城市融入。建立城乡一体化就业机制，开展农村转移就业劳动者的继续教育、职业培训和心理辅导，提高转移就业者的城市适应能力；鼓励有转移就业意向的劳动力参加职业技能培训、职业技能鉴定和创业培训，并提供一次免费创业培训机会。对农民进行分类引导、差别培训，推动兼业型农民转变为职业化、专业化农民。缩小农村转移就业劳动者与城镇居民在享受子女入学、就医、住房和社会保障等城市公共服务方面的差距，促进转移就业劳动者融入城市。

2. 提高农村劳动力素质

（1）加大农村劳动力转移就业培训。继续抓好“阳光工程”，大力发展农村劳动力职业技术培训，加快农村技能型人才队伍建设的步伐。积极推动企校人才培训合作，成立县域职业技术培训中心，各乡镇办好一所农民文化技术培训学校，加快高技能人才培养。整合培训资源，大力开展订单培训、定向培训、轮岗培训。加强片区内职业院校与发达地区职业院校培训合作。鼓励农村劳动者参加职业技能鉴定，对取得职业资格证书的按规定给予补贴。

（2）贫困家庭职业技术培训。实施贫困户家庭中专生和中高级技工扶贫援助工程，对农村贫困家庭中职在校学生和一年以上技能培训的贫困家庭学员，在继续享受国家助学金政策的基础上，免除学费并给予生活费、交通费补助。鼓励本地企业以“工读结合、半工半读”等形式对企业吸纳的劳动者进行岗前培训。整合扶贫“雨露计划”、和“金蓝领工程”等政策，鼓励农村贫困家庭未继续升学的应届初、高中毕业生参加劳动预备制培训并给予一定的生活补贴。

（3）乡土人才培养。通过项目、资金、培训等方式扶持致富带头人，支持他们就地创业兴业，成为种养业大户、小老板、农民企业家。建立村干部轮训机制和后备村干部管理库，实施“大学生村官”和“三支一扶”大学生培训计划，鼓励支持优秀大学生村官扎根农村，成长为农村致富带头人。有针对性地开展农村经纪人培训。构建覆盖农业和农村经济各个领域的科技推广型、经营管理型、生产开发型、信息传递型的复合型农村乡土人才队伍。

（4）农村实用技术培训。建立完善以县农业技术推广中心为龙头、乡镇农技推广服务站为骨干、村级服务组织和科技示范户为基础的县域农业技术推广体系。支持科研机构和企业深入农村，围绕产业发展开展技术推广和技能培训。鼓励科技人员现场示范、指导农业科技应用，与农户建立互利共赢的合作关系。大力发挥远程信息网等现代化手段在技能培训中的作用。

3. 完善促进就业创业机制

加强就业教育，培育创业意识，构建政府支持、企业参与、农民主导的农民创业促进机制。加快经济发展，夯实创业基础。加速商贸、旅游、餐饮、卫生保健、金融保险、中介服务、社区服务、家政服务等第三产业和服务业的快速发展，增加就业岗位。优化创业环境，培养创业精神，推动自谋职业、自主创业和灵活创业，多层面推动创业，以创业促进就业。完善就业援助制度，实施农民创业促进工程试点。建设一批创业孵化基地，实施“创业扶持计划”，以创业带动就业。

（五）社会事业发展与公共服务

优化教育、医疗卫生、科技文化、社会保障、公共服务等资源配置，统筹各类公共服务资源在城乡之间、区域之间的优化配置，集中实施一批民生工程，提高政府服务和保障能力，推进基本公共服务均等化。

1. 教育事业

（1）统筹发展各类教育。按照“政府主导，社会参与，公办民办并举”的学前教育发展理念，进一步完善幼儿园布局规划，抓好乡镇中心幼儿园和村级校点幼儿园建设。严格执行幼儿教师资格准入制度，优化配备专业幼儿教师。调整优化中小学布局，合理配置教育资源，不断增加城区和中心乡镇学位，推进义务教育均衡发展；完善教师交流机制，加大对边远地区的支教力度。加快普及高中阶段教育，推动普通高中多样化发展。统筹各类职业培训资源，以县职业中专为主体，每个县新创建一个省示范性县级职教中心。推进郴州职业技术学院、株洲职业技术学院等高等职业院校向片区县定向招收学生，对贫困家庭并毕业后定向在片区工作的高职院学生进行学费减免。每个县办好一所中等职业学校，重点支持旅游、民族文化和现代农业等专业。鼓励发展民办职业学校。

（2）大力改善办学条件。改善城镇幼儿园办学条件，支持利用农村闲置校舍改建幼儿园。实施农村义务教育薄弱学校改造计划，加大寄宿制学校建设力度，改善偏远村落学生住宿和食堂条件，推动农村中小学生营养改善工作，开展学校信息化建设，重点建设60个中小学信息化项目，90个教育教学装备项目，城乡学校“校校通”“班班通”全覆盖，完善计算机教室、多媒体教室、电子阅览室、数字化校园系统。提高普通高中学校的设施设备水平，支持职业教育改善学校设施，完善实训基地建设。支持区域性特殊教育学校发展。加强学前和义务教育学校师资力量的配备。

（3）健全教育资助制度。把教育资助所需经费纳入公共财政体系予以保障。按照“应贷尽贷”原则，开展大学生生源地信用助学贷款，解决高校困难家庭学生学费、住宿费问题；实行以国家助学金和免学费为主，以顶岗实习、奖学金、学校减免学费、社会资助等为辅的资助体系，全面推进中职国家助学金、免学费政策。落实好九年义务教育免费政策和高中阶段国家助学政策。逐步提高义务教育阶段家庭经济困难寄宿生生活费补助标准。鼓励大中城市以及市、县寄宿制高中接受贫困偏远地区学生转移就学。支持片区外重点院校和职业学校定向招收贫困偏远地区学生，扩大对贫困地区免费师范生定向招生规模，并优先推荐就业。

2. 医疗卫生

（1）健全公共卫生服务体系。逐步提高人均基本公共卫生投入标准，完善重大疾病防控等专业公共服务网络，建好县突发公共卫生事件应急指挥中心，提高处置突发公共卫生事件能力，控制重大传染病、地方病、职业病和人畜共患疾病的蔓延和传播。支持县级卫生监督机构、妇幼保健机构和急救机构建设，完善农村急救体系。

（2）完善医疗服务体系。加强以县人民医院为龙头、乡镇卫生院和村卫生室为基础的三级医疗卫生服务网络建设。加快建设县中医院，农村社区卫生服务中心，实现合格乡镇卫生院、村卫生室、社区卫生服务中心全覆盖。放宽社会资本举办医疗机构的准入范围，鼓励和引导社会资本举办医疗机构，形成多元办医格局。支持片区县创建三甲医院，全面完成乡镇医院房屋和设备配套建设，实现每个行政村有1所村卫生室。

（3）加强医疗保障和救助体系建设。进一步完善城镇职工基本医疗保险、城镇居民基本医疗保险、新型农村合作医疗三项基本医疗保障制度，提高参保（合）率、筹资和保障能力。通过城乡医疗救助制度资助城乡低保户、农村贫困户和其他经济困难家庭人员参加城镇居民基本医疗保险或新型农村合作医疗。对困难家庭人员难以负担的基本医疗自付费用给予补助。提高重大传染病、地方病、职业病补助标准。加大大病医疗救助力度，深化医药救助体制改革。

（4）改善计划生育服务水平。加强县、乡、村计生服务网络建设，改善计生服务机构设施，配置和更新计划生育、优生优育、生殖保健等设备，提升计生流动服务能力。大力推进“生育关怀”“幸福工程”，开展关爱农村留守儿童、留守老人的活动。加大对计划生育扶贫对象的扶持力度。建立完善农村计划生育家庭奖励扶助、“少生快富”工程、计划生育家庭特别扶助制度。进一步做好人口计生与扶贫开发相结合工作，完善相关政策措施，健全相关工作机制，全力推动人口计生与扶贫开发事业共同进步。

（5）提高医疗卫生服务能力。加强以全科医生为重点的基层医疗卫生队伍建设，支持和鼓励市、县级医院通过结对子、对口帮扶等形式，帮助基层卫生院（村卫生室）提高卫生服务能力。深入推进县人民医院与省、市人民医院、医学院联合办院模式，大力提高县、乡、村三级医卫人员业务水平和综合素质。推进基层医疗卫生信息化，围绕公共卫生、医疗服务、医疗保障、药品供应保障、卫生综合管理等五大领域，建设县级电子病历和健康档案两大数据资源库与信息平台网络。积极发展面向农村、边远地区的远程医疗，解决边远山区群众的急诊需求。

3. 文化体育

（1）公共文化服务体系建设。继续实施重点文化惠民工程，精心规划和建设一批标志性的基础文化设施。加强文物、历史文化名城名镇名村、非物质文化遗产和自然遗产保护。重点配套建设县图书馆、县文化馆、县文体中心、县影视娱乐中心，加快乡镇综合文化站、社区活动室、农家书屋等文化场馆建设。实施文化信息资源共享工程。加强基础文化阵地建设，建设特色文化博物馆，着力打造中国红色文化、炎帝文化、生态文化、濂溪文化基地，积极举办各种文化节会。

（2）发展民族特色体育。加快建设好各县体育活动中心、乡镇社区健身中心、村级农民体育健身工程。鼓励开发汝城蹴球、炎陵瑶拳等具有地方特色的体育健身项目，选拔、培养体育人才，提高竞技水平。加强群众性体育活动，定期开展县、乡镇综合性体育运动会。创办体育节会，举办群众性体育活动，倡导民族的、健康的、文明的生活方式。大力发展体育产业，不断满足人民群众的体育需要。

4. 科技服务

加大政府科技投入力度，培育技术创新主体，支持企业技术中心发展，重点对高新技术企业、高新技术产品和高新技术成果转化项目进行扶持，加快科技成果向现实生产力转化。引导和支持企业加大资金投入，根据产业优势进行重点研发。重点抓好农业科技示范基地建设工程、科技服务体系建设工程、科技富民强县工程等“三项重大科技工程”。加大科技扶贫力度，针对贫困地区产业发展的要求，在现代农业技术、资源利用加工技术、农产品加工及贮运技术、林产化工技术等领域，加大技术培训与示范推广，广泛开展科技培训普及工作，普及科学技术知识，培训先进适用技术，提高科技创新能力和农业生产的科技含量。健全科技信息服务网络，支持科技咨询业发展。构建合理有效的技术评估、技术服务、管理咨询、技术认证、专利代理为一体的科技服务体系。优先安排科技场馆建设项目，加大科普设施、科普仪器、科普图书、科技大篷车的配置力度。实施科技支撑县域经济社会发展专项行动，重点支持特色产业发展的瓶颈技术研发与应用，国家、省、市科技部门从项目、基地、资金、人才、信息等方面切实加强对片区的技术创新支持力度。加强国家级和省级可持续发展实验区、特色产业基地、成果转化基地、科普示范基地建设，推动科技成果加速向片区转化、推广。到2020年，科技对经济增长的贡献率达到60%以上，农业科技贡献率达到55%。

5. 社会保障

（1）完善社会保险制度。坚持广覆盖、保基本、多层次、可持续的方针，加快完善社会保障体系。继续扩大社会保障覆盖范围。健全城镇职工和城乡居民养老保险制度，实现新型农村和城镇居民社会养老保险全覆盖，逐步提高保障标准和国家补助水平。开展基本医疗城乡统筹试点，推进城镇居民基本医疗保险与新农合、城镇职工基本养老保险与城乡居民养老保险制度之间的衔接。到2015年，新型农村合作医疗参合率稳定在95%以上，门诊统筹全覆盖基本实现。完善失业保险制度，扩大工伤和生育保险覆盖面，失业保险参保率达到80%，生育保险参保率达到90%。鼓励发展补充性保险。

（2）扩大社会救助覆盖面。建立健全低保标准动态调整机制，不断提高低保标准和补助水平。完善城乡医疗救助制度，缓解城乡困难群众看病难，实施医保互通、社保互通。建立健全医疗、教育、住房、灾害、司法、就业、流浪乞讨等专项救助制度。加强社会弱势群体法律援助。完善农村最低生活保障制度，逐步提高国家补助标准，扩大保障面。提高“五保”集中供养率，不断提高供养水平。建设救灾物资储备中心，加强救灾物资储备、救灾装备设置、灾害信息评估、应急救援、灾情预警、救助捐赠等工作体系建设，构建县、乡（镇）、村（居）三级救灾体系。完善社区防灾减灾救助体系，提高社区灾害救助能力。

（3）发展社会福利和慈善事业。建立以居家为主体、社区为依托、机构为补充，以扶老、助残、救孤、济困为重点的社会福利体系，逐步拓展社会福利的保障范围，推动社会福利由补缺型向适度普惠型转变。加强残疾人、孤儿的福利服务，开展优抚安置项目。建设县老年社会福利服务中心、县中心敬老院，扩建乡镇敬老院，加大养老福利力度，完善农村养老体系，提高社区养老服务水平。积极开展多种形式的慈善捐赠和慈善救助活动，完善福利事业的筹资渠道，积极引导和鼓励民间资本兴办参与福利事业。

6. 社会管理

（1）创新社会管理体制。健全党委领导、政府负责、社会协同、公众参与的社会管理格局，促进社会管理机制创新。以依法执政为核心，推进公正司法，构建法治政府。坚持多方参与、共同治理，统筹兼顾、动态协调的原则，形成社会管理和服务合力。完善社会监督机制，加大法律援助、司法救助事业支持力度，切实保护弱势群体合法权益。探索新时期社区组织建设管理的有效模式。积极培育行业协会、农村专业经济协会、公益慈善和基层服务性民间组织，逐步承担政府转移出来的部分社会管理和公共服务职能。

（2）加快和谐社区构建。明确社区组织职能职责，坚持“权随责走，责随事转”的原则，加强社区基础设施建设，着力提高社区自治能力，增强社区和谐基础。加快构建源头治理、动态管理和应急处置相结合的社区管理机制，防止和减少社会问题的发生，及时化解社会矛盾。大力发展社区服务业，强化社区对辖区内物业、安保、卫生、文化、医疗、公益事业等社会化管理。加强乡镇社区居委会，城乡社区居委会服务站建设，使社区真正成为管理有序、治安良好、环境优美、人群和谐的新型社区。

（3）完善农村基层自治机制。全面落实以民主选举、民主决策、民主管理、民主监督制度为核心的村民自治制度，进一步规范村级事务的民主决策、管理和监督程序，全面推行村务公开，保障村民的知情权、参与权、决策权、监督权，促进基层民主政治建设。

7. 公共服务一体化建设

建立和完善公共服务一体化机制，打破行政区界限，统筹教育、卫生、就业、社保等公共服务领域的规划建设，方便群众跨行政区就近就学、就医和就业，实现资源共享。加强区域救灾应急保障体系建设，建立和完善重大传染性疾病、突发公共卫生事件联防联控机制和相互支援机制。实现城乡公共服务统筹发展，实现县域基本公共服务均等化。

（六）生态建设和环境保护

构建以重要生态功能区为重点，以重点生态工程为抓手，根据不同区域的生态功能承载能力，确定各类重点生态保护区，实施严格的保护政策和措施，建设好湘江流域、赣江流域、珠江流域和东江湖流域重要生态安全屏障。

1. 重要生态功能区

生态安全保护区。以国家级自然保护区、国家森林公园、地质公园为核心，构建国家生态安全保护示范区，建立“莽山国家生态安全观测与研究基地”。实行严格的保护政策，重点加强天然林保护，推进公益生态林建设，严格控制采矿、采伐等破坏生态安全的活动。加强国家森林公园、国家自然保护区、地质公园的保护性开发。加强宜章东北部岩溶地区、茶陵湖里湿地、炎陵桃源洞高山湿地和桂东高山草甸等自然保护区的生态建设。

地貌多样性保护区。以宜章和安仁丹霞地貌、莽山、九龙江、八面山、熊峰山、云阳山、神农谷等国家森林公园为核心，设立地貌多样性保护区，建立严格的保护机制，防止各类经济活动对自然遗存地的影响和破坏。

动植物保护区。以珍稀动植物物种为重点，设立动植物物种保护区，加大生物多样性保护与可持续利用的研究投入，加强对水杉、银杉、南方红豆杉、银杏、伯乐树、福建柏、莼菜、莽山烙铁头蛇、云豹、黑鹿、水鹿、金猫、大鲵、小鲵、穿山甲、獐、水獭、金丝猴、石蛙、红嘴相思鸟、黄腹角雉等珍稀濒危野生动植物就地保护，建立物种迁徙走廊，完善生物多样性保护体系。

水涵养保护区。以武水、淇江、泉江、沤江、永乐江、洣水等河流流域，莽山、九龙江、八面山、齐云山、熊峰山、云阳山、神农谷等山地及丘陵为重点，加大水土保持综合治理力度，减少水土流失面积。加大污染治理力度，防止湘江、赣江、珠江和东江湖上游水域污染。

2. 生态建设

生态林保护与建设。大力实施“绿色行动”拓展工程，加速推进公路沿线、旅游风景区、自然保护区、城镇周边和沤江、永乐江、武水、洣水、茶水等一级支流两岸、大型水库周边绿化造林，实施“三江”源头防护林建设，莽山、八面山、九龙江森林经营工程，退耕还林工程，原始次森林保护工程等重点项目，进一步提高森林覆盖率。在巩固现有退耕还林成果基础上，新增退耕还林工程造林面积，加强对生态公益林的管护。

石漠化治理。加强片区6个县78307.8公顷的石漠化地区综合治理工程。突出解决宜章、茶陵、汝城、安仁等重点县的石漠化治理。恢复和增加林草植被，有效遏制石漠化面积扩大，逐步恢复石漠化地区生态功能。

生态文明示范工程。积极推动汝城、宜章、茶陵、安仁开展全国生态文明示范工程试点县建设工作。推进桂东、炎陵等地低碳县试点示范建设。开展碳汇交易与扶贫开发相结合试点。

3. 环境保护

城乡环境保护。加快推进汝城、炎陵、安仁等县创建国家级卫生县城，完善中心城市污水和垃圾处理系统，加快推进县城和重点城镇的污水处理、污水管网、垃圾处理设施建设和扩能改造升级。县级医院集中建设医疗垃圾集中处理设施，乡镇卫生院配置医疗垃圾储存运输装置。启动农村清洁工程，减少农业面源污染，加快推进农村村庄环境综合整治。

水环境保护。实行严格的饮用水水源地保护，着力保护湘江、赣江、珠江源头水资源，保证源头水质达Ⅰ、Ⅱ类地表水水质标准。加强水环境综合治理，建立水环境监测联动机制，确定水功能区限制纳污红线。从严核定水域纳污容量，严格控制排污总量，重点推进东江湖流域及洣水、茶水、武水、永乐江工业排放性污染与矿业采掘性污染综合治理。建立健全水污染防治责任追究制度，增强突发性水污染事故的应急处置能力。

工业污染治理。加大重点污染行业治理整顿力度，关闭限期排污不达标企业。强化环境监管，严格执行建设项目环境影响评价制度。积极推进企业间排污权有偿使用和市场交易试点。继续实施尾矿库、矿渣库除险加固工程。加强矿山生态恢复治理，规范危险废物管理。加强重金属、大气污染防治。加大重金属污染防治力度，突出解决宜章、汝城、茶陵等重点区域污染问题。

4. 防灾减灾

防灾减灾体系建设。完善各类灾害监测网站，划定灾害重点防范区，增强灾害预警评估和风险防范管理能力。加强防灾减灾骨干工程建设和基础设施、城（村）镇等规划过程中的工程地质勘查，提高重特大灾害的工程防御能力。加强防灾减灾科技支撑能力建设。突出宜章、汝城、桂东、炎陵等地的山洪地质灾害防治。

应对气候变化措施。综合运用调整产业结构和能源结构、节约能源和提高能效、增加森林碳汇等多种手段，大幅降低能源消耗强度，有效控制温室气体排放。生产力布局、基础设施、重大项目规划设计和建设要充分考虑气候变化因素。加强适应气候变化特别是应对极端气候事件能力建设，提高农业、林业、自然生态、水资源等重点领域适应气候变化水平。

五、推进体制机制改革创新

进一步解放思想，实施积极的开放战略，把深化改革、机制创新作为片区加快发展和扶贫攻坚的强大动力，建构有利于经济发展和扶贫攻坚的体制机制。

（一）深化体制改革

1. 行政体制改革

推进政府职能转变，强化社会管理和公共服务职能，减少行政审批事项，规范行政审批程序，完善信息公开制度，加快推进政企、政资、政事分开和政府与市场中介组织分开，形成权责一致、分工合理、决策科学、执行到位、监督有力的行政管理体制。建立健全公众参与、专家咨询、风险评估、合法性审查和集体讨论决定的决策程序。推进事业单位分类改革。全面推进城乡户籍制度改革。加快片区公共资源交易管理服务平台建设。推行行政问责制，建立科学合理的政府绩效考评制度。

2. 经济体制改革

全面落实促进非公有制经济发展的政策措施，构建各种所有制经济依法平等使用生产要素、公共资源的法律环境和制度环境。深化投融资体制改革，拓宽民间投资的领域和范围，积极支持民间资本进入资源开发、基础设施、公用事业和金融服务等领域。健全有利于推进基本公共服务均等化和主体功能区建设的公共财政体系，强化县级政府提供基本公共服务的财力保障，适当增加片区县税收分成比例，完善地方预算制度。深化资源性产品价格和环保收费改革。加大国有资产盘活力度。落实差别电价政策，积极实施生态补偿政策，逐步提高生态补偿标准。

3. 土地管理体制改革

稳定和完善农村基本土地制度，强化保护耕地资源，严格基本农田保护。在宅基地、承包地和林地确权登记颁证的基础上，加强土地承包经营权和林权的流转管理和服务，开展宅基地、承包地和林地的抵押融资试点，完善配套政策。稳步开展农村集体经济组织产权制度改革和集体建设用地流转试点，探索通过市场机制保障自愿退地农民得到公平合理补偿的具体途径，保护农村集体经济组织及其成员合法权益，完善和保障农民对土地的使用权益。加强和创新土地征收管理，完善征地补偿安置办法，保障农民土地的用益物权。

（二）扶贫机制创新

1. 扶贫投入增长机制

逐年增加各级财政资金的扶贫力度，努力形成中央与省、市、县扶贫资金共增机制，建立财政资金、信贷资金、社会帮扶资金对片区投入的稳定增长机制，增加中央财政扶贫投入，不断加大扶贫统筹力度，调动地方政府和农户的投入积极性。结合土地利用制度创新、林权制度改革和旅游业等产业发展，探索通过市场机制和财政政策将片区资源环境优势转变为扶贫投入稳定来源的具体办法。

2. 扶贫攻坚瞄准机制

实行扶贫开发和农村低保两项制度衔接，加强贫困识别工作，建立贫困户档案和贫困人口的进出动态管理机制。突出重点，差别对待，强化扶贫的针对性，创新扶贫到户机制，做到脱贫计划到户、项目规划到户、资金落实到户。强化扶贫目的性，建立健全产业扶贫项目带动贫困户脱贫增收的利益联结机制，保障扶贫资金和扶贫项目优先惠及扶贫对象，确保最困难的地区和人群得到及时有效扶持。

3. 合力扶贫工作机制

以规划为平台，各尽其责、整合资源、集中投入，建立“政府主导、部门分工、各方参与、合力攻坚”工作机制。按照“统筹安排、性质不变、渠道不乱、各记其功、各负其责”的原则，省统筹，县实施，整合资源，集中投入。通过以奖代补、财政贴息、信贷担保等形式，积极鼓励工商企业和其他社会资金参与到扶贫开发中来，形成多渠道、多元化的扶贫投入格局。

4. 扶贫攻坚与跨省合作的协同机制

打破行政分割，突出跨省治理合作、产业合作、项目合作及规划对接。发挥湘赣两省旅游资源、生态资源优势，实现资源共享。建立重大项目和优势产业跨省协同机制，促进区域一体化发展，加快片区扶贫开发进程。

5. 扶贫攻坚与生态建设的共赢机制

建立健全生态补偿机制，探索生态环境服务转化为市场价值的有效途径。大力实施生态、低碳扶贫，着力发展生态旅游业、生态农业和林下经济，促进农民增收致富。实现扶贫攻坚与生态建设共赢发展。

（三）区域协作机制创新

1. 区域内协作机制

建立罗霄山片区经济协作机制，统一制定规划，统筹建立政务、商务和公共服务信息资源共享平台，统筹人力资源开发和社会管理。设立专门协调委员会，负责特色产业、基础设施、公共服务、交通运输等领域协作的协调工作。在罗霄山片区区域发展与扶贫攻坚中发挥比较优势，突出跨省合作，实现资源共享。

2. 与片区外的合作机制

积极吸收片区外资金、技术和人才，开展与片区外的投资贸易合作，支持有条件的企业走出去。推动与省会城市及有关经济区之间的经济贸易往来和人才文化交流，依托跨区域交通网络，加强与珠三角、长三角、长株潭、环鄱阳湖经济区的互动合作，通过基础设施对接、产业优势互补、旅游景点互连、生态环境共建，逐步实现与周边区域的错位发展、协调发展。

创建跨域合作共赢共同体

——湖南对接粤港澳大湾区实施方案研究[①]

粤港澳大湾区是我国改革开放的前沿和中国经济增长的重要引擎，在国家发展大局中具有重要战略地位，承担着驱导现代化升级与创新引领的重大国家使命。为充分利用湖南内陆经济腹地资源，积极融入粤港澳大湾区发展，加速提升湖南对外开放水平与经济社会高质量发展能级，全面推进现代化建设，根据湖南省委、省政府决策部署，结合湖南经济战略取向与区域位能，研究制定对接粤港澳大湾区实施方案，为加快湖南发展崛起提供重要理论依据和决策参考。

一、大湾区缔造时代的新形势

（一）时代背景

湾区经济是全球发达经济体和大国竞争实力的重要标志及其主要战略，具有开放性、创新性、宜居性和国际化等重要特征，拥有开放的经济结构、高效的资源配置能力、强大的集聚外溢功能和发达的国际交往网络，发挥着引领创新、聚集辐射的核心功能，已成为带动全球经济发展的重要增长极和引领技术变革的创新先锋。粤港澳大湾区包括香港特别行政区、澳门特别行政区和广东省广州市、深圳市、珠海市、佛山市、惠州市、东莞市、中山市、江门市、肇庆市（以下称珠三角九市），总面积5.6万平方公里，是中国改革开放的前沿和中国经济增长的重要引擎，更是我国开放程度最高、国际化水平最高、经济活力最强的区域，在国家发展大局中具有重要战略地位，承担着驱导现代化升级与创新引领的重大国家使命。

---

① 湖南省决策咨询项目，最终成果经省政府同意，转化为《湖南省对接粤港澳大湾区实施方案（2020—2025年）》文件。2019年7月完成。

粤港澳大湾区建设是中央谋划、部署、推动的重大国家战略，是新时代推动形成我国全面开放新格局的重大举措。中共中央、国务院印发的《粤港澳大湾区发展规划纲要》提出要构建以粤港澳大湾区为龙头，以珠江—西江经济带为腹地，带动中南、西南地区发展，辐射东南亚、南亚的重要经济支撑带，深化内地与香港、澳门互利合作。国家发改委根据《粤港澳大湾区发展规划纲要》牵头制定深化中南地区与长江中游地区合作交流实施方案，出台推动周边省区在交通互联互通、产业合作、金融贸易融合、科技教育医疗合作、旅游发展、人才交流等方面对接融入大湾区的具体实施方案，促进东中部地区合作，加速长江开放经济带和沿海开放经济带的深度融合。

湖南作为粤港澳大湾区的北大门，又是中部地区产业承接转移的重要通道，是大湾区经济辐射的前沿梯层和主要地域。全面深化湘粤开放合作是内陆经济高质量发展的前瞻抉择，也是提升粤港澳大湾区国际竞争力必由之路。近年来，通过泛珠三角区域合作平台，湖南与粤港澳等泛珠省区均建立了部门合作机制，定期协商沟通，加强合作交流。目前，香港已成为湖南第一大外资来源地、第一大出口市场和“走出去”湘企聚集度最高的地区之一，澳门已成为湖南重要的劳务输出和农产品出口目的地，广东已成为境内在湘投资项目最多、投资额度最大的省份，同时，湖南也是粤港澳地区重要劳务输出基地、休闲旅游基地、农副产品供应地和承接产业转移地，湖南对接粤港澳大湾区已经具备良好的基础。开启湖南省全面对接粤港澳大湾区的新进程，既是新时代湖南改革开放的新任务，也是全面提升“一带一部”战略动能的新实践。

表1　近两年广东省在湖南投资的主要制造业项目表

项目名称	公司名称	省外投资方单位名称	所在市州	所在县区（园区）
终端智能制造总部基地项目	长沙中兴智能技术有限公司	中兴通讯股份有限公司	长沙市	长沙高新技术产业开发区
10万吨废旧动力电池循环利用产业化扩建项目	湖南邦普循环科技有限公司	广东邦普循环科技有限公司	长沙市	宁乡高新技术产业开发区
新能源汽车动力电池生产基地项目	湖南新能源科技有限公司	深圳三迅电子有限公司	娄底市	湖南娄底经济技术开发区
智能储能电源产业基地建设项目	湖南电将军新能源有限公司	东莞市巨星电池有限公司	娄底市	湖南娄底经济技术开发区
非标自动化设备项目	湖南腾达工业自动化设备有限公司	深圳市腾达工业自动化设备有限公司	常德市	常德经济技术开发区
比亚迪智能制造产业园项目	衡阳比亚迪实业有限公司	比亚迪股份有限公司	衡阳市	湖南衡阳松木经济技术开发区
3D玻璃及IMT复合材料项目	湖南信瑞光学科技有限公司	深圳信瑞光学科技有限公司	衡阳市	衡山高新技术产业开发区
数博环球电子信息产品生产	岳阳市数博环球实业有限公司	深圳数博环球实业有限公司	岳阳市	岳阳经济技术开发区
高速永磁电机项目	湘潭华联电机有限公司	深圳市贯丰鑫火伍号投资企业	湘潭市	湘潭高新技术产业开发区
江华锂电池产业园项目	湖南盛华达电池科技有限责任公司	东莞市盛利能源科技有限公司	永州市	江华高新技术产业开发区
拓野机器人项目	湖南拓野机器人	深圳拓野机器人自动化有限公司	长沙市	长沙雨花经济技术开发区
锂电池隔膜生产线项目	湖南润沅新材料有限公司	广东玖美新材料有限公司	怀化市	辰溪工业集中区
奇力新电子元器件建设项目	沅陵奇力新电子科技有限公司	东莞市向华电子有限公司	怀化市	沅陵工业集中区

表2 香港2018年在湘新设境外投资细分行业分布

行业	企业数量（个）	企业数量占比（%）	投资总额（万美元）	投资额占比（%）
总 计	129	100	1691067	100
制造业	48	37.2	1202610	71.12
批发和零售业	12	9.3	8857.59	0.52
房地产业	10	7.8	197987.2	11.71
交通运输、仓储和邮政业	9	7.0	16482.99	0.97
信息传输、软件和信息技术服务业	8	6.2	20119.1	1.19
租赁和商务服务业	8	6.2	27599.09	1.63
科学研究和技术服务业	7	5.4	7289.09	0.43
住宿和餐饮业	7	5.4	24615.35	1.46
农、林、牧、渔业	6	4.7	66327.36	3.92
电力、热力、燃气及水生产和供应业	4	3.1	27543.47	1.63
金融业	4	3.1	9736.3	0.58
居民服务、修理和其他服务业	2	1.6	42086.51	2.49
建筑业	1	0.8	287.17	0.02
教育	1	0.8	10133.44	0.60
水利、环境和公共设施管理业	1	0.8	29305.8	1.73
文化、体育和娱乐业	1	0.8	86.15	0.01

资料来源：根据湖南省商务厅相关资料整理。

（二）发展机遇

1. 粤港澳合作发展平台将促进跨域资源的优化配置

《粤港澳大湾区发展规划纲要》提出，构建极点带动、轴带支撑、辐射周边的网络化空间格局，通过推进大湾区建设，将逐步破除行政区域规划与管理体制的藩篱，为湾区城市搭建合作平台，充分发挥区域内部各地区的比较优势，更深广地促进人才、资本、商品、服务、信息等要素的自由流动，提高资源配置效率，形成合理的分工合作体系，探索出更多区域合作的新制度、新模式、新机制、新路径，为新一轮经济发展注入活力，示范并引领区域周边城市协同成长，实现互利共赢和可持续发展。

2. 现代产业集成发展将引领关联地域产业结构优化升级

《粤港澳大湾区发展规划纲要》提出，大湾区将构建具有国际竞争力的现代产业体系。通过深化供给侧结构性改革，着力培育发展新产业、新业态、新模式，支持传统产业改造升级，加快发展先进制造业和现代服务业，瞄准国际先进标准提高产业发展水平，促进产业优势互补、紧密协作、联动发展，培育若干世界级产业集群，形成具有更强竞争力的产业分工和产业结构体系，对湖南省域将产生巨大的虹吸效应，通过资源溢出的梯度转移与深度对接，有利于推动湖南优势地域的产业结构优化、经济转型升级，助推高质量发展。

3. 世界级城市群能量辐射将加快城际公共服务现代化

世界级城市群是区域性经济、社会发展的高度文明综合体。《粤港澳大湾区发展规划纲要》明确，要积极拓展湾区在教育、旅游、社会保障等领域的合作，共同打造公共服务普惠便利、宜居宜业宜游的优质生活圈。实现跨域城际公共服务一体化、便利化，将突破各种行政阻隔边界，在促进湾区域内互联互通的同时，也将辐射湖南等近缘关联地域加快构建跨部门、跨行业、跨地区的社会公共服务网络体系，全面共享大数据公共服务平台，切实化解制度差异、区划壁垒、服务短板等非均衡质效问题，有利于大幅提升湖南城际公共服务现代化水平。

4. 高水平科技创新平台共享将激发创新驱动新活力

《粤港澳大湾区发展规划纲要》（以下简称“《规划》”）提出，湾区要建设具有全球影响力的国际科技创新中心，要瞄准世界科技和产业发展前沿，推进“广州—深圳—香港—澳门”科技创新走廊建设，探索有利于人才、资本、信息、技术等创新要素跨境流动和区域融通的政策举措，共建粤港澳大湾区大数据中心和国际化创新平台。通过核心极创新动能向区域衍射的传导，不仅推动大湾区内部尤其是粤港澳三地之间的科技创新协同和产业共建，还将沿着科技创新走廊溢出延长，全方位、多领域的激发湖南及其邻近地域产业转移通道、承接对接平台的创新驱动能量。

5. 开放型经济新体制将促进湖南开放新格局的形成

粤港澳大湾区在“一个国家、两种制度、三个关税区、四个核心城市”场景下深化合作，既对湾区内部，也对湾区外部在产业布局、土地利用、信息互通、资源共享和交通能源支持等基础功能构建上产生深远影响。湖南作为粤港澳大湾区边际辐射的前沿地域，在呼应对接过程中，将进一步促进外向开放，多层面优化跨区域、跨领域、跨部门的合作机制，更加密切省域城市、城市群以及区域间的经济联系，形成“有质量走出去，高水平引进来”的对外开放新格局。

（三）面临挑战

1. 外省区竞争对接态势需要有新的担当作为抢占发展先机

粤港澳大湾区建设正实质性全面推进，泛珠省份也在积极融入湾区发展。当前，江西、广西、湖北、贵州等湖南周边省区都在积极谋划、部署对接融入粤港澳大湾区发展战略举措，渴望能把握千载难逢的历史良机，获得大湾区先进产业、创新资源、高端市场等强大势能的辐射带动。湖南在融入湾区发展新作为中，只有抢抓机遇、高远谋划、精准定位，进一步改善环境条件，主动构筑承接平台，才能优先吸纳湾区溢出的资本、技术、人才要素，让对接融入行动成为引领全省高质量发展的重要动能。

2. 现代经济网络体系构建需要公共服务能效的创新升级

粤港澳大湾区建设既是内部经济体系构建的优化配置过程，也是辐射延伸区域的协同共创共享行为。全面对接大湾区先进生产力，必须在产业构造、功能升级以及体制机制创新等公共资源上构建与大湾区现代产业发展相适应的公共服务供给体系。各级各部门在积极主动作为，切实优化营商环境，改进行政服务行为，不断提升行政服务效率、降低市场主体创设的制度性交易成本、激发市场活力和社会创新力，为湾区产业转移产业提供与国际接轨、和大湾区同步的发展环境上将面临新的挑战。

3. 省域资源外向融通需要综合服务市场的精准对接延伸

拥抱粤港澳大湾区发展，不仅要“引进来”，更要注重“走出去”，通过省域资源的外向融通扩展市场、延伸产业链、带动资源集聚、产业集群发展。能否在湾区溢出资源争夺的多边竞合中赢获更多先进生产要素，更多地取决于受惠省域经济发展政策、基础设施、社会环境等方面的相向融合程度。必须深入分析粤港澳大湾区的利益诉求和自身优势，切实加强政策法规、金融服务、信息网络、人力资源、物流服务、贸易服务、口岸服务、产权交易、技术标准和社会保障等综合服务能力建设，才能深入拓展并畅通精准对接渠道，实现共赢多赢。

4. 城际合作纵横拓展需要社会组织响应机制重构与再造

推进与粤港澳大湾区的城际多元交流合作，从制造业延伸至服务业、由单一性经济主体扩散到多层面社会组织，将导致区域间大规模的跨境人口流动以及日益普遍的就业、求学、就医、养老等社会大众服务需求的急速增长，需要通过社会治理机制的深化改革和不断完善，进一步补短板、强弱项。港澳的社会治理服务体系，尤其是社会福利制度涉及政府、社会组织和居民个人三个向度，国内现行社会保障制度则只有政府和个人两个向度，必须大力改革社会组织响应机制，深广激发社会组织活力，才能加强社会组织层面的交流合作，实现社会资源的相互流动和共享。

5. 融入粤港澳大湾区建设需要全面增进省域上下南接共识

融入粤港澳大湾区，湖南具有得天独厚的交通优势和区位优势，在日趋激烈的多边对接竞争中，实现湖南开放崛起，既需要务实承接湾区产业转移，更需要凝聚全省各级领导、党政各部门与社会各阶层人士的思想共识，根据各自发展基础和资源优势，因势利导，因地制宜，破解跨区域、跨领域、跨部门的现实壁垒，实现高位协调、有机衔接、互动合作、创新发展。

（四）重大意义

湖南对接粤港澳大湾区发展，是贯彻中央全面深化改革重大部署、融入国家“一带一路”重大战略和习总书记关于湖南“一带一部”战略新定位重要指示的具体举措，对扩大湖南开放具有重大战略意义。

一是有利于深入对接“一带一路”国家战略。融入粤港澳大湾区发展，不仅能充分发挥湖南的近邻区位比较优势，拓展粤港澳产业转移空间，而且将引导、带动湖南深度融入“一带一路”建设，促进湖南本土资源要素的优化配置，推动形成东中西优势互补、协同发展的新格局，进一步密切长江经济带和粤港澳大湾区发展的经济联系。

二是有利于探索新时代区域合作发展新途径。通过深化粤港澳大湾区经济合作，拓展湖南内陆腹地发展新视野，创新统筹区域发展新机制，构筑高端人才、高新技术、高强产业、高级项目跨域引进合作新高地，打造东中部区域合作新典范，为国家实施区域发展总体战略打造“湖南样板”、提供“湖南经验”。

三是有利于优化湘粤地区资源配置和产业布局。充分发挥自身的科技优势和产业特色，在跨域融合发展中，能更好地科学统筹配置空间资源与生产要素，促进产业科学布局、集约发展，加速融入全球产业分工体系。湘粤边界地域是国家和湘南重要的生态安全防护屏障，发展绿色生态经济，维持跨省域生态平衡协调，实现经济效益、社会效益与生态效益的最大化。

二、对接大湾区战略的新要求

（一）总体思路

把握粤港澳大湾区建设世界级城市群和国际一流湾区的战略机遇与溢出效应，通过创构交通通道、开放平台、行动机制和重大项目建设，全方位深广融入大湾区交通网络，多空间承接现代产业转移，高能效组配科技创新资源，强力度优化国际营商环境，奋力把湖南建成粤港澳大湾区产业融合升级联动区、跨域合作经验复制样板区、内陆高质量发展先行区、人民群众美好生活共享区。

（二）基本原则

1. 创新驱动，开放引领

坚持科技创新和制度创新并重，多边集聚人才资源，优化政策配置，促进跨越创新合作，强化科技成果转化，共建技术创新链和协同创新体系。以长株潭城市群为引擎，构建开放型经济新体制，打造高水平开放平台，加速全省经济转型升级，提升全方位、深层次开放水平。

2. 交通互联，产业互补

全面立体拓展湖南外向通道，无缝对接粤港澳大湾区的铁路、公路、航空、水运、港口等建设，构建全省高效、便捷、安全的现代综合交通运输体系。对接大湾区世界级制造业产业集群、战略性新兴产业集群和国际金融枢纽中心，积极布局承接产业转移示范基地和配套体系建设，促进产业互补联动发展。

3. 绿色生态，共治共建

笃行绿色发展理念，大力推进生态文明建设，实行最严格的生态环境保护制度，加强水、大气、土壤等污染联防联控，开展边际生态保护与修复，探索建立多元化生态补偿机制，推动形成绿色低碳的生产生活方式，构筑资源节约、环境友好型社会。

4. 政府引导，市场主导

更好地发挥政府宏观引导作用，推动多地府际在空间开发管制、基础设施布局、公共服务供给、体制机制创新等方面的横向协同行动。充分发挥市场主体作用，遵循区域发展和城市演进规律，推动各种生产和生活要素在区域内更加便捷流动和优化配置，促进经济转型升级。

5. 主动融合，共享发展

加强开放政策和发展规划的统筹协调，全面深化经济社会各主体、各领域、各层次合作，积极对接粤港澳优质生活圈、国际科技创新中心和世界级交通枢纽等公共基础设施建设，促进全省区域协调发展、协同发展、高质量发展。

（三）战略布局

1. 构建疏密有致的跨域发展融合新格局

高远谋划跨省区域合作重要政策，推进重点项目、重大平台建设，架构粤港澳大湾区出省交通通道与信息共享体系，积极创建跨域合作示范区，逐步完善与大湾区在口岸通关、信息融合、科技创新、产业合作、市场体系、社会事业、生态文明等领域的合作机制，在基础设施、创新发展、产业协作、劳务协作、社会治理、环境保护等方面先行引领，促进区域发展融合度不断提高。

2. 开拓互利共赢的产业协同发展新局面

深化供给侧结构性改革，着力培育发展新产业、新业态、新模式，支持传统产业改造升级，加快发展先进制造业和现代服务业，支持企业开展跨省区异地技术升级和产业配套协作，帮助企业瞄准国际先进标准提高产业发展水平，促进产业优势互补、紧密协作、联动发展，打造区域核心产业集群，着力促进传统产业加快转型升级，新兴产业和制造业核心竞争力不断提升，数字经济迅速增长，金融及其他现代服务业全面发展。

3. 优化省域内对接大湾区发展的新空间

强化顶层设计，明晰主体功能定位与城市发展战略定位，坚持扩大开放与区域协调发展相结合，协同推动各区域板块错位发展。以长株潭城市群为核心引擎，营造更具竞争力的“一带一部”都市圈。以湘粤开放合作试验区为重点，建设东中部地区省际合作示范区。以湘南湘西产业承接能力建设为主导，构造中西部承接产业转移示范区。以洞庭湖区生态经济圈建设为支撑，促进长江经济带与沿海开放经济带的有机结合。

表3 香港2018年在湘新设境外投资区域分布

区域	企业数量（个）	企业数量占比（%）	投资总额（万美元）	投资额占比（%）
总 计	129	100	1691067	100
长株潭地区	65	50.4	1356937	80.2
环洞庭湖地区	16	12.4	34001.8	2.0
湘南地区	23	17.8	87339.05	5.2
大湘西地区	25	19.4	212789.3	12.6

资料来源：根据湖南省商务厅相关资料整理。

（四）行动目标

按照“三步走”的安排，全面对接粤港澳大湾区建设。

第一步，到2020年，夯实对接基础，初步形成疏密有致的跨域发展融合格局。完善精准对接机制，立体化互联互通主骨架基本形成，经贸往来更加高效便捷。在规则衔接、便捷通关、产业合作、信息融合、科技创新、平台建设、生态环保等方面取得较大进展。产业承接能力提升。

第二步，到2022年，协同创新环境、营商环境更加优化，产业联动成效明显。区域间科技创新合作进一步加强，新兴产业和制造业核心竞争力不断提升，区域核心产业集群基本形成。区域板块错位发展，环长株潭城市群与大湾区联动发展。开放型经济体制机制建设取得重大进展，形成全面开放新格局。

第三步，到2035年，全面建成立体化互联互通体系，形成建成以融合创新为主要支撑的现代产业体系，以“三宜”为重点的公共服务体系，成为跨域开放竞合高地，全面融入粤港澳大湾区产业分工体系、市场共生体系与社会公共服务普惠体系。

三、对接大湾区发展的新任务

（一）构建现代立体对接通道

根据对接目标要求，重点推进交通、信息等基础设施高水平的互联互通，构建现代交通网、物流网、信息网、人才网、公共服务网的综合支撑体系，打通联江通海战略通道，强化各种运输方式的紧密衔接，增强参与粤港澳大湾区建设的战略支撑力。

1．构建综合交通网

加快建设高速铁路大通道。着力打通湖南大部分县市与粤港澳大湾区的快速铁路通道，努力支持永清广铁路纳入粤港澳大湾区综合交通规划。构建以京广、沪昆为支撑的高铁“大十字”网，覆盖大部分县市城市的快速铁路网，争取多开通直达香港、广州、深圳、珠海等地高速列车，打通对接粤港澳大湾区南下铁路主通道，建成湖南至粤港澳大湾区3—5小时的通勤圈。到2025年全省快速铁路运营里程达到3000公里以上，快速铁路覆盖80%以上县（市、区）。

实施高等级公路网全覆盖工程。积极对接广东与湖南交界高速公路网，加快推进临武至广州、江华至连州等高速公路建设，形成便捷高效的高速对接通道，全面打通对接粤港澳大湾区高速通道，到2025年全省高速公路通车里程达到8000公里。加大普通国省道改造力度，消除瓶颈路段制约，提高技术等级和安全水平，到2025年全省普通国道二级及以上比例达到95%以上，普通省道二级及以上比例达到80%以上。

建设更大密度航空网。围绕提升湖南在对接粤港澳大湾区的航空枢纽地位，加快完善机场布局，构建“两干九支”运输机场为主、通用机场为辅的航空运输网络，新增一批至粤港澳大湾区主要城市的航线，加密长沙、张家界及湖南其他机场至广州、深圳等航班，开通张家界、衡阳、常德等地至香港、澳门的航班，到2025年形成覆盖全省95%以上人口、95%以上县城的航空服务能力。重点加快湘西、郴州、娄底等机场建设，适时布局建设一批通用机场。

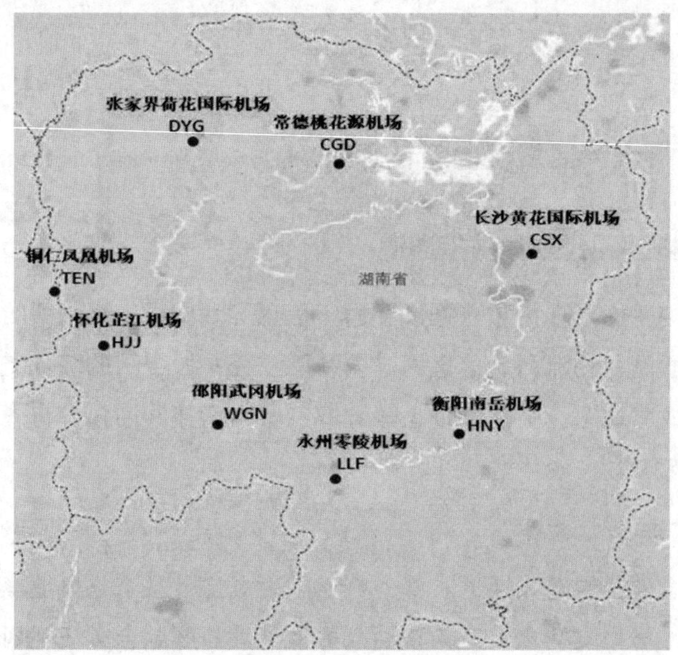

图1 湖南省主要机场分布示意图

打造畅通高效绿色内河航道。抓住国家实施重大航道整治机遇，打通洞庭湖主要支流连通长江的出海通道，加密城陵矶至港澳直达航线，为大宗物资和远洋运输提供基础支撑。积极推进港口集疏运体系建设和港口群建设，推进内陆省（区）“无水港”建设，推进沿海港口同内陆陆港枢纽、陆路口岸合作，提高互联互通水平。大力推进城陵矶港、长沙港两个国家级内河港口建设，建设城陵矶江海直达大湾区，实施高等级航道建设。

2. 建设现代物流网

做大做强交通物流。依托武广、广深港、广清怀等高铁，长株潭、大湘西、湘南等地区对接粤港澳更加方便快捷，提升货物运输服务水平；以长株潭城市群为中心，打造对接粤港澳大湾区物流业核心增长极；争取国家支持，将长沙市纳入国家物流枢纽布局和建设规划，进一步提升长沙物流枢纽功能；继续实施长沙市现代物流业发展规划和现代物流业发展三年行动计划。构建现代货运物流体系，加快发展铁水、公铁、空铁、江河海联运和“一单制”联运服务。加快智能交通系统建设，推进物联网、云计算、大数据等信息技术在交通运输领域的创新集成应用。

完善港口集疏运体系。加快推进城陵矶、长沙重点港区的铁路专用线、公路连接线以及连接后方物流园通道建设，扩大港口运输服务范围，提升货物中转能力和效率。加强港口信息共享平台建设，促进城陵矶、长沙港口一体化发展。

做强临空服务业。重点建设黄花综保区中部海鲜产品集散中心、全省进口药品分拨中心和全省跨国物流中心。利用张家界国际空港优势，结合国际旅游目的地和游客集散中心、区域性国际旅游交通枢纽（中心）建设，培育发展航空运输保障、航空服务、航空物流、电子信息商务等产业。

3. 拓展信息服务网

加快信息化基础建设。全面统筹信息基础设施建设规划，加强通信管线、基站等基础设施共建共享，全面推进城乡光纤网络建设，提升骨干网传输和交换能力。加快构建下一代信息基础设施，扩大无线宽带网络覆盖范围，鼓励粤港澳大数据企业分别在长株潭、洞庭湖区、大湘西、湘南地区建设一个省级大数据中心，加强湖南与粤港澳地区重要信息基础设施的共享。加快基础信息数据库建设，构建区域间信息共享体系，规范信息安全等级保护管理，提高信息安全保障能力。

全面提升信息化应用水平。充分利用信息化手段，提升信息便民利民和公平普惠水平，完善全省电子政务网络平台，建设全省统一的政务信息资源共享交换系统、政府网站和政务热线，实现政务移动办公和远程办公，提高政府公共服务信息化水平。推进全省电子商务平台和公共信息平台建设，搭建湖南特色优势产品网上推介平台。加快建立安全、方便的网上支付体系，健全信息安全保障体系。

推进区域间信息共享。加快与粤港澳地区网络基础设施对接，加强在电子口岸、信用建设、交通信息、空间地理信息、应急指挥联动等领域合作，推进教育、文化、卫生、旅游、商贸物流等领域信息资源的合作开发与共享。

（二）推进现代产业协同发展

围绕《规划》提出的“构建具有国际竞争力的现代产业体系”，结合湖南产业基础，重点推进先进轨道交通装备、工程机械、新材料、新一代信息技术产业、航空航天装备、节能与新能源汽车制造、电力装备、生物医药及高性能医疗器械、节能环保、高档数控机床和机器人、海洋工程装备及高技术船舶、农业机械等产业合作，共建产业链、产业集群、产业园区、产业共同体，融入粤港澳大湾区产业分工体系。

1. 构建配套粤港澳大湾区先进制造业共同体

以“高端化、智能化、绿色化、服务化”为导向，以产业链协作配套为重点，深化供给侧结构性改革，支持传统制造业转型升级，加快发展先进制造业，依托粤港澳大湾区雄厚的科技创新资源，引入粤港澳资本、人才、技术，促进产业优势互补、紧密协作、联动发展，把湖南打造成配套粤港澳大湾区先进制造业共同体。支持粤港澳地区企业在湘建立先进制造业人才进修、培训基地，增强制造业核心竞争力。围绕加快建设制造强省，完善湖南制造业创新发展生态体系。推动互联网、大数据、人工智能和实体经济深度融合，大力推进制造业转型升级和优化发展，加强与大湾区产业分工协作，促进产业链上下游深度合作，在湘建设具有国际竞争力的先进制造业基地。借助香港、广州、深圳创新研发能力强、运营总部密集以及珠海、佛山、惠州、东莞、中山、江门、肇庆等地产业链齐全的竞争优势，加强与大湾区先进制造业对接，在长株潭都市圈、京广高铁沿线、常德、邵阳、娄底等打造先进装备制造业基地和产业带，实现与大湾区先进制造业互动发展。

2. 共建粤港澳大湾区战略性新兴产业集群

依托大湾区的科研资源优势和高新技术产业基础，瞄准全球和国家科技创新趋势，共建一批创新型园区和战略新兴产业基地，带动湖南战略性新兴产业发展，壮大发展新一代信息技术、生物技术、高端装备、新材料，培育新能源、节能环保、新能源汽车等战略新兴产业集群。其中，长株潭大力发展文化创意、智能制造等新兴产业，完善高新技术产业体系建设，把长株潭打造成国家创新中心。依托资源和生态优势，引入大湾区先进生物医药企业，在大湘西、湘南打造生物医药产业集群。依托矿产资源优势，在衡阳、郴州、永州、娄底等地打造新材料、新能源产业集群，培育全国重要的有色金属产业材料基地，与粤港澳大湾区新材料等新兴产业联动发展，支持湖南与粤港澳地区新能源、新材料等龙头企业加强合作与交流，打造新材料、新能源等研发基地，打造世界级石墨电池及组件基地、全国知名的石墨烯新能源基地，把本地资源优势变成新兴产业优势。

3. 推动与粤港澳大湾区现代服务业联动发展

加强金融市场联动发展。深化金融合作，加强在机构互设、金融租赁、融资担保、产业基金、科技金融和金融人才等方面合作，推动金融服务与金融产品创新，建立区域金融对话与交流机制。借助香港、深圳国际国内金融中心地位，加强湖南金融企业以及其他优势企业对接两地金融市场，完善湖南金融服务体系，支持湖南重点企业赴香港、深圳上市，支持湖南企业融资发展。拓展广东、香港、澳门与湖南居民和机构进行跨区域投资的空间，稳步扩大三地居民投资湖南金融产品的渠道。在依法合规前提下，鼓励大湾区内基金、保险等金融产品进入湖南交易，不断丰富湖南投资产品类别和投资渠道，建立资金和产品互通机制。鼓励符合条件的港澳银行、保险机构在湖南设立经营机构。与粤港澳构建反洗钱、反恐怖融资、反逃税监管合作和信息交流机制。与粤港澳构建系统性金融风险预警、防范和化解体系，共同维护金融系统安全。

构建现代服务业体系。聚焦湖南服务业重点领域和发展短板，促进商务服务、流通服务等生产性服务业向专业化和价值链高端延伸发展，养老服务、健康服务、家政服务等生活性服务业向精细和高端转变；以电子商务、商贸物流、旅游服务、文化创意、人力资源服务、会议展览及其他专业服务等为重点，引进粤港澳地区资本和企业来湘发展，培育壮大新兴服务业，逐步完善现代服务业体系。

强化与粤港澳物流合作，大力发展第三方物流和冷链物流，提高供应链管理水平，在长沙、怀化等地建设国际物流枢纽。支持大湘西、湘南、洞庭湖区加快建设农产品直供广州、深圳、香港、澳门的集散中心。深化与粤港澳文化创意产业合作，有序推进市场开放。支持湖南企业使用香港的检验检测认证等技术标准服务。

4. 积极承接大湾区海洋经济配套能力建设

加强与粤港澳合作，拓展蓝色经济空间，打造湖南现代海洋产业体系。优化提升湖南渔业、河湖交通运输等传统水产养殖产业，依托湖南装备制造优势，通过吸引大湾区更多产业、资本、人才等高端要素，培育发展海洋工程装备制造业集群，构建对接大湾区的海洋装备制造产业链、供应链。加快发展港口物流等海洋服务业，加强海洋科技创新平台建设，促进海洋科技创新和成果高效转化，重点提升城陵矶港、长沙港、常德港等航道等级，推动港口扩能升级，探索建立大宗散货港口运输合作机制，有效释放湖南港服务大湾区建设的吞吐潜能。

（三）推动科技创新共同体建设

围绕《规划》提出的建设“具有全球影响力的国际科技创新中心”的目标取向和湖南实施“创新驱动”的发展战略要求，充分发挥长株潭国家自主创新示范区、国家级高新区作用，加强区域间科技创新合作，培育发展战略性新兴产业，共建一批产业技术创新平台，开展重大技术联合攻关，打造科技创新共同体。

1. 共同构建区域协同创新体系

共同构建以企业为主体、市场为导向、产学研相结合的区域协同创新体系。发挥长株潭国家自主创新示范区、国家级高新区“双创”示范基地的辐射带动功能，鼓励各市州高新区对接大湾区科技资源，加强区域间科技创新合作，依托湖南比较深厚的科技基础，选择“长株潭—衡阳”科研基础较好，携手广东、香港和澳门共建综合性国家科学中心，集聚具有国际先进水平的实验室、研发机构、科研院所、研究型大学以及顶尖科学家和高层次人才，重点开展基础研究和应用基础研究。支持湖南科技人才联合粤港澳及国际科技人才组建创新科研团队，开展原创性基础研究和技术研发产业化。建设全球先进动力谷和国内数据经济创新中心。搭建湖南大数据、科技服务、知识产权服务、品牌和质量检测等共享平台。推动区域内科技、人才、资金、设备等创新要素加速流动，服务关键共性技术、前沿引领技术、现代工程技术、颠覆性技术创新，育成新产业、培育新动能。

2. 开展重大技术联合攻关

共建一批产业技术创新平台。支持湘粤两地企业合作兴建技术创新研发平台，鼓励大湾区龙头企业与在湘大学、科研院所共建实验室和博士后流动站，鼓励企业开展自主创新项目，开发拥有自主知识产权的新技术、新产品，打造国际知名品牌。组建泛粤港澳大湾区先进制造技术创新联盟，从协同共享理念、协同共享机制以及协同共享环境营造等方面，促进区域资源共享。鼓励泛大湾区先进制造企业联合科研院所建立产学研创新联盟，在湖南省级以上产业园区规划建设湘粤港产业深度合作园，加强与中山大学、香港科大、澳门大学、湘粤港澳院士专家创新创业联盟，推进泛大湾区科技创新资源的融合对接，围绕重点产业领域和社会公共领域共性关键技术需求，共同组织实施重大科研攻关，联合实施科技成果应用示范和科技惠民工程，加快适用技术的推广应用，借助大湾区先进技术的溢出能量激发周边地区产业发展活力。

3. 全面推动科技创新基础平台共享

推动区域科技资源和创新基础平台开放共享，相互开放国家级和省级重点实验室、中试基地等试验平台，加强与国内外科技合作基地的横向交流。鼓励和支持大湾区社会资本在湘设立创新创业投资基金，推进创新创业平台和区域协同创新公共服务平台建设，建立跨省区知识产权保护联盟，加强科技人才交流与智力智库资源共享，不断优化区域科技创新创业环境。

4. 优化区域科技创新创业环境

依法厉行知识产权保护，针对电子商务、进出口等重点领域和市场交易环节，建立完善知识产权案件跨区域协作机制，强化泛大湾区知识产权行政执法与司法保护。密切泛大湾区在知识产权创造、运用、保护和贸易方面的国际合作。推动通过仲裁、调节等非诉讼争议解决机制处理知识产权纠纷。开展知识产权保护规范化市场培育和“正版正货”承诺活动。发挥泛大湾区区域内知识产权服务业集聚发展区的辐射作用，促进高端知识产权服务于区域产业融合发展。

（四）加快城市群高质量发展

借鉴粤港澳大湾区建设“充满活力的世界级城市群”的发展经验，推动粤港澳大湾区与环长株潭城市群联动发展，奋力促进长株潭一体化深度融合，营造我国内陆腹地充满活力、具有国际影响力和竞争力的现代城市群。

1. 构建区域协调的城际主体功能区网络空间

加强分类指导，合理划定功能分区，完善和优化区域发展格局；以高速铁路、城际铁路和高等级公路为主体，构建快速交通网络，与港口群和机场群共生发展，构建区域经济发展轴，形成主要城市间高效连接、综合立体、开放融合的网络化空间格局。加快黔张常、长益常城际铁路、蒙华铁路岳吉段建设，积极推进兴永郴赣铁路、常岳九铁路、渝长厦快速铁路长赣段、湘桂铁路衡阳至柳州段既有线扩能改造、焦柳线怀化至柳州段电气化改造、洛湛铁路永州至玉林段扩能等重要交通设施建设，提高湘西、湘南地区对外开放水平，促进全省四大区域板块协同发展。

2. 完善城市群城镇共生发展体系

以环长株潭城市群为核心增长极，发挥对接粤港澳大湾区的龙头作用，重点构筑以统筹区域规划制度体系、统筹区域产业布局体系、统筹区域社会建设共享体系为主体的城市群城镇共生发展体系。重点支持长株潭都市圈、衡阳、常德、岳阳、娄底、益阳等城市充分发挥自身优势，深化改革创新、增强城市综合实力，成为特色鲜明、功能互补、具有竞争力的重要节点城市，共同提升环长株潭城市群质量。强化环长株潭城市群城市之间的互动合作，推进城市群各成员城市在区域产业协作、城市群联动发展、基础设施建设、基本公共服务建设、市场一体化建设、新型城镇化建设、乡村振兴战略、生态环境保护等方面的深度合作，共同推动城市群高质量发展。

3. 加快实现长株潭一体化融合发展

打破市际行政性垄断，消除市场壁垒，创新体制机制，提升营商环境、加大政策扶持力度，强化基础设施、政策平台等重大功能布局，以编制实施长株潭一体化规划为引领，将长株潭都市圈着力打造成交通一体化、产业一体化、信息一体化、经济共同发展、社会共同进步的环境友好型、资源节约型现代化都市圈。加快推进长株潭都市圈交通一体化，实现长株潭“一卡通”全覆盖，以长沙、株洲、湘潭城际快速干道、城际铁路、轨道交通建设为重点，促进长株潭城市之间基础设施的互联互通，构建半小时通达的都市圈交通体系。加快推进长株潭都市圈产业一体化，通过三市统一协调，推动区域产业链式融合发展和错位发展，兴建产业城际链接性、区域分工差异性、集群产业互补性的产业园区；进一步优化产业政策体系，构建以绿色产业为核心，以大数据为依托，多点支撑的新型产业体系。加快推进长株潭都市圈信息一体化，着力营造新一代信息技术产业聚集区，构筑多领域融合新动能、中西部信息经济新高地。

（五）促进文化休闲旅游一体化

湖南有良好的生态本底、文化资本、旅游资源，围绕粤港澳大湾区“建设宜居宜业宜游的优质生活圈”的目标要求，共同打造文化休闲旅游品牌，打造精品旅游线路，构建统一有序的文化休闲旅游大市场，共建大湾区休闲后花园。

1. 促进有机绿色产业发展

大力发展绿色有机农产品。推进高标准农田建设，鼓励粤港澳地区资本来湘投资发展绿色休闲观光农业。着力推进“优质水稻+现代种业、草地畜牧业、高效蔬菜、休闲农业”的1+4特色产业做大做强。积极与粤港澳大湾区市场对接，加强大湘西、湘南等蔬菜基地建设，支持粤港澳大湾区的大型企业与批发市场在湖南建立直采基地、加工基地和发展订单农业。通过农产品展示展销、电商平台合作等方式，积极开拓粤港澳大湾区市场，加快建设面向粤港澳大湾区的绿色有机农产品供应基地，积极推广湖南茶叶、水果等农产品，提高湖南农产品在大湾区的市场份额，打造集观光、休闲于一体的现代田园农业。

2. 推动精品旅游线路市场对接

搭建泛大湾区旅游宣传平台，定期轮流举办泛大湾区区域旅游合作峰会、泛大湾区区域旅游推介会，加强湖南旅游精品路线在香港、澳门和广东的推介，共同打造泛大湾区区域21世纪海上丝绸之路之旅、海峡之旅、边境之旅、邮轮之旅、红色之旅、生态之旅、休憩之旅、养生之旅、研学之旅等跨省（区）“一程多站”精品旅游线路。组建泛大湾区旅游发展联盟，实施跨省区国民旅游休闲计划，加强旅游标准、管理和服务对接，全方位开展旅游宣传促销、资讯互通、区域监管、人才培养及保障机制等方面合作，共同打造泛大湾区区域旅游品牌，构建统一有序的旅游大市场。以“世界遗产”为主题，打造湖南张家界、崀山—广东丹霞山的世界遗产旅游精品线路；以大湘西、永州、丹霞山为核心，打造湘粤民俗生态旅游区；以高铁为串联，打造湘粤港澳高铁旅游黄金通道；以红色旅游为主题，打造梅州、韶关—郴州、株洲、湘潭、长沙等红色旅游精品线路；以温泉旅游区为主线，打造珠海—韶关—郴州—长沙—张家界等温泉休闲旅游线路。

3. 建设大湾区休闲后花园

充分挖掘整合湖南自然生态、历史文化和民族风情旅游资源，讲好湖南故事，加快构建“五大旅游板块”的全域旅游新格局，塑树“江山如此多娇，湖南风景独好”的旅游品牌。鼓励大湾区资本来湘打造全域旅游产业链，加大旅游投资开发力度，以高铁、航线为纽带，加强对粤港澳地区重点客源市场的营销。实施休闲农业和乡村旅游精品工程、乡村旅游扶贫富民工程和乡村旅游创客行动计划，推动旅游业与农业、林业、水利融合发展，大力发展农旅融合新业态新产品，培育建成一批休闲农业和乡村旅游村、乡村旅游创客基地、森林康养旅游基地、水利旅游基地和休闲观光农业园区、星级乡村旅游区、田园综合体、湿地公园，打造全国著名乡村休闲目的地。加快形成“红色体验、绿色生态、山地度假、祈福寻根、江湖游览、乡村休闲”六游格局，全面提升旅游景区、旅游乡村、旅游小镇、旅游街区、旅游综合体和旅游城市的休闲度假功能和核心吸引力。

4. 构建城际优质生活服务圈

湖南紧邻广东，区位优越，交通便利，生态优良，发展空间广阔，具备建设宜游宜居城际优质生活圈的良好基础条件。围绕大湾区发展战略定位，构建优质、高效、安全的跨域交通体系，加快旅游资源丰富城市开通至广东的高铁和航班，通过高铁带动湖南与大湾区重要城市节点发展，引导旅游、就业、消费在城际间跨行政界合理流动。优化提升公共服务水平，大力发展健康服务业，积极引进粤港澳优质公共服务资源，大力支持港澳健康服务机构发展中医药、保健、康复、养老等健康服务业，推动湘粤港澳康养休闲走廊建设。重点发挥大湘西、湘南地区生态、区位、交通等优势，引进发展高质量的健康服务业项目，营造优美舒适怡人环境，吸引粤港澳大湾区居民到湖南观光、休憩旅游，打造城际优质康养服务生活圈。

（六）深化公共服务合作交流

坚持以人民为中心的发展思想，不断深化与粤港澳大湾区在教育、医疗、社会保障等领域合作，打造教育和人才高地，加强跨境公共服务和社会保障的衔接，推进医养结合，建设一批区域性健康养老示范基地。

1. 深化教育交流合作

建立常态化的合作机构，促进泛大湾区区域内优质教育资源共建共享，探索区域内教育对外交流合作新模式。继续开展省院省校教育合作，丰富泛大湾区区域内省（区）师生交流互访内容和形式。鼓励高等院校、职教机构通过联合办学、学术交流、学分互认、教师互聘、学科共建等形式，加强师资培训、课程改革、实训基地建设、毕业生就业等方面合作。完善跨区域就业人员随迁子女就学政策，推动实现平等接受学前教育、义务教育和中职教育，确保符合条件的随迁子女顺利在流入地参加高考。深化高层次人才联合培养，提升高校师资队伍建设水平、提升科学研究和决策咨询研究合作效果，鼓励科研院所与企业开展产学研合作，共同加强基础研究、关键技术研发和成果转化合作，共建科技创新和知识产权交易信息平台，联合承担国家重大科技专项。

2. 强化医疗卫生合作

推进建立泛大湾区区域内疾病预防控制、突发公共卫生事件应急处理协调机制和联防联控网络。促进区域公共卫生服务资源合作共享，推动同级医疗机构检查结果互认。建立远程医疗服务体系，依托互联网发展远程医疗，提高边远地区诊疗水平。提升区域食品药品安全保障水平，建立统一的食品药品安全预警和监督网络，加强食品药品监管能力建设，健全食品原产地可追溯制度和质量标识制度，建立健全大案要案查处联动机制和跨区域重大安全事故应急联动机制，提升区域食品药品安全保障水平。

3. 优化社会保障合作

创建区域公共就业人才服务体系和公共就业服务信息平台，促进人力资源合理配置和有序自由流动。创新跨域劳务协作机制，开展湘粤贫困人口劳务输出对接。积极推进职业技能培训基地建设，加强职业技能培训和劳动者权益保护，建立劳动保障维权信息沟通制度、劳动保障违法及争议案件协同处理制度，探索建立技能人才库和技能人才培养引进使用机制。加快推进区域医疗保险异地就医直接结算和养老、失业等社保关系跨省区顺畅转移接续。开展社会福利和慈善事业合作。鼓励粤港澳与湖南社会福利界加强合作，推进社会工作领域职业资格互认，加强湖南与粤港澳社工的专业培训交流。深化养老服务合作，支持粤港澳投资者在湖南按规定以独资、合资或合作等方式兴办养老等社会服务机构。推进医养结合，鼓励粤港澳医疗机构或企业家在湖南建设一批健康养老示范基地，提升湖南养老事业服务水平。

4. 拓展就业创业空间

积极开展湘粤港澳劳务协作，签订劳务合作协议，实现劳务输出信息共享，通过劳务输出、技能培训、联合办学等渠道，开拓社会就业创业空间。利用互联网和大数据等信息技术支撑，积极推动搭建泛粤港澳人才网联盟平台，实现泛大湾区区域内地区人才信息对接、资源共享，为粤港澳企业家来湘创业创造便利，降低人才引进成本；为湖南务工人员更好地了解粤港澳地区就业需求，开展精准培训和从业执业咨询公益服务，降低就业择业成本。粤港澳居民在湘创业，享受创业带动就业补贴、优秀创业项目资助等扶持补贴政策。进一步加强公共就业创业服务体系建设，营造良好的就业创业环境，优化服务流程，积极搭建粤港澳居民就业创业服务平台、资源对接平台、人才供求信息平台等，为在湘就业创业的粤港澳居民免费提供职业介绍、职业指导、政策咨询、创业引导等优质服务。制定湖南《关于加强创新创业基地建设的行动方案》，打造一批创新创业示范基地，鼓励全省各级创业孵化基地积极吸纳粤港澳创业团队入驻孵化。

（七）增创改革开放新优势

按照“紧密合作共同参与‘一带一路’建设”要求，携手扩大开放，推动湖南与广州、深圳等地通关一体化建设，全面推行国际贸易“单一窗口”各项主要业务功能应用，实现口岸信息互联互通。促进“开放崛起”，实现由“内陆大省”向“开放强省”迈进。

1. 积极呼应广东自贸区改革试点

以对接广东自由贸易试验区建设为契机，立足自身优势，加快融入开放窗口，深化与南沙、前海蛇口、横琴自贸区的交流合作，让更多企业抢先获得开放红利；优化湖南对外开放环境，推进企业国际化、城市国际化、人才国际化。从注重规模、速度向讲求质量、效益转型，积极发展自主品牌、服务贸易，着力增强外资对技术进步和产业升级的促进作用，进一步拓展境外投资合作领域和方式。扩大对外开放，积极吸纳境外资源；扩大对内开放，全面营造公平竞争环境。不断从低端要素优势向高端要素优势提升，着力集聚和利用高层次人才、高新技术、知名品牌等稀缺资源，加快向产业链、价值链的高端攀升。以各类开发园区为主要载体，大力发展区域特色产业集群，建设一批集知识创新、技术创新和新兴产业培育为一体的核心区。坚持以改革推开放、以开放促改革，着力破除制约开放的制度性障碍，重点在转变政府职能、转变投资贸易发展方式、转变金融经营监管方式、创新开放型经济体制机制、构建有利于创新驱动战略实施的体制机制等方面推进制度创新。

2. 全面实施“拓口兴岸”工程

加强口岸通关合作，推进国际贸易“单一窗口”建设、“互联网+口岸”建设和“一站式作业”改革，建立跨区域通关协作机制。强化与泛大湾区区域内口岸通关协作，科学规划口岸航线业务发展，优化航线航班布局，积极发展国际航空货运。支持至广东、香港、澳门等地的全货班机和至湖南的国际铁海联运“五定”班列发展，加强粤港澳直通车运营管理。复制推广广东自贸试验区和海关特殊监管区域建设发展的成熟经验，创新监管服务制度和配套政策。

3. 支持企业开拓粤港澳国际市场

积极融入粤港澳大湾区建设和国际产能合作。深入实施对接粤港澳大湾区装备产能出海行动、对外贸易提升行动、引资引技升级行动、基础设施联通行动、合作平台构筑行动，支持湖南优势企业在境外建立生产研发基地、承包国际工程项目、实施跨国兼并收购，开拓新兴市场，拓展合作渠道，完善企业“抱团出海”“借船出海”和风险预警机制，不断深化与粤港澳大湾区、东盟和“一带一路”沿线国家产能合作、经贸往来和文化交流。

四、对接大湾区发展的新路径

充分发挥“一带一部”的区位优势，从平台构建、对接机制、项目建设、人才开发、优化环境等方面，切实提升通道新功能、优化区域新格局、增强发展新动力、强化平台新支撑。

（一）构建战略平台

坚持“政府引导、市场主导”原则，积极推动经贸合作、产业投资、资本融通、人文交流以及特色合作平台建设，加强与粤港澳在产业、金融、投资贸易、人力资源与劳务、旅游、科教文化等领域的紧密合作。

1. 经贸合作平台

共建区域性国际商贸中心。以长株潭为核心，依托衡阳、郴州、岳阳、常德等省域副中心城市的商贸平台，加强与大湾区广州南沙新区、深圳前海蛇口片区、珠海横琴新区的商贸平台合作，共同打造区域性商贸物流中心。

建设大宗商品交易集散中心。依托湖南丰富的矿产、农产品、中草药等物产资源优势，立足大湾区工业品的重要销售市场，以衡阳、郴州、永州、怀化、邵阳等原有商品交易中心为基础，大力加强全省对接大湾区的大宗商品交易集散中心建设。

共同举办大型商品博览会。香港、澳门作为全球高度国际化城市，拥有众多知名的国际商品博览会品牌。积极引导并加强长沙国际会展中心、郴州国际会展中心、怀化国际会展中心等专业特色较强会展中心，组织承办粤港澳大型商品博览会，扩大互利贸易。

兴建现代化物流配送基地。利用区位交通优势，以岳阳、郴州、怀化、常德为中心，以京港澳、常邵永、张吉怀三大物流通道为骨干，以重点物流园区、末端配送节点为载体，加快建设智能高效、便捷畅通、绿色环保的现代物流体系。支持发展跨境电商配送、国际快件分拨业务。推动物流信息化、标准化，建设物流公共信息平台，加强互联互通。

2. 产业投资合作平台

建设粤港澳产业飞地园区。引入大湾区先进的市场观念、管理理念、政策机制与创新文化，按照政府引导、企业参与、优势互补、园区共建、利益共享的原则，鼓励粤港澳大湾区利用湖南地理空间资源，来湘领办、创办、共建产业园区，共同拓展市场和发展空间，实现合作共享共赢。

建设高新技术产业孵化园区。充分发挥湖南国家级高新技术开发区的平台作用，通过建设高新技术产业孵化园，积极对接引进大湾区东莞松山湖高新区的高新技术产业。以长沙高新技术开发区为龙头，以株洲、湘潭、衡阳、益阳等国家级高新技术开发区为重点，大力提升湖南高新技术产业孵化效能。

建设全要素市场供给基地。依托湖南劳动力、有色金属、自然生态、有机绿色食品等优势要素供给，进一步扩大湖南其他要素市场的对接融入，进一步加强全要素市场供给基地建设，实现湖南与大湾区的互利双赢。

3. 资本融通平台

优配粤港澳大湾区金融机构驻湘空间。合理规划金融机构空间布局，积极引进粤港澳金融机构在省域设立分支机构，努力培植一批优秀的国际化、现代型金融企业。

加快建设国际联动的多层次资本市场。依托本省上市公司近100家、新三板200多家、在湖南股交所挂牌企业近3000家的市场资源优势，积极主动融入粤港澳多层次资本市场，推进跨国多层次资本市场建设，提高直接融资比重。大力支持和鼓励相关企业赴新三板挂牌上市，引导并支持企业在对外贸易及相关投融资活动中使用人民币进行计价结算。

支持互联网金融跨域共生、健康发展。大力引进广州、深圳、香港金融机构和各类投资基金，支持省内企业在粤港澳重要金融城市设立投融资平台，支持企业赴深、赴港上市直接融资和发行人民币债券。健全互联网金融监管体系，强化风险防范，促进互联网金融健康发展。

4. 人文交流平台

地域文化交流平台。依托湖南知名博物馆、大剧院、书院等文化交流平台，加强与粤港澳大湾区的文化交流，逐步增强湖南文化软实力，提升居民文化素养与社会文明程度，进一步丰富湖南人文精神内涵。

学术智库研究平台。充分发挥湖南重点大学、省级重点智库及各种学会的智力作用，加强与粤港澳高端学术智库的交流与合作，吸收域外优秀研究成果，助推湖南高质量发展。

文化产业合作平台。依托湖南优势文化产业平台，大力加强与深圳创意文化产业、香港国际影视文化产业、香港书展和设计营商等具有国际影响力的文化产业合作，加强湖南文化产业人才培育，壮大湖南文化产业实力。

5. 发展特色合作平台

现代服务业合作示范区。借助香港作为国际金融中心、航运中心、贸易中心的优势以及澳门作为世界旅游休闲中心、中国与葡语国家商贸合作服务平台的特殊作用，加强湖南与港澳在产业、金融、投资贸易、人力资源与劳务、旅游、科教文化等现代服务业领域的紧密合作。以广交会、深交会等品牌博览会为平台，全面拓展湖南各种大型博览会与粤港澳的合作空间。以香港美食节和湖南省（香港）农产品展示展销中心为平台，促进湖南与香港在农产品销售和精深加工的密切合作。

科技创新合作示范区。充分发挥长株潭国家自主创新示范区、国家级高新区作用，加强湖南与粤港澳的科技创新合作，探索同粤港澳地区建立知识产权保护与运营合作机制。培育发展战略性新兴产业，共建一批产业技术创新平台，联合打造工程设计中心、工程技术研究中心、工程实验室和重点实验室等创新平台，开展重大技术联合攻关。

绿色低碳发展合作示范区。以长株潭两型社会建设试验区、湘南湘西承接产业转移示范区的产业园区为载体，加强与粤港澳大湾区绿色低碳发展合作。鼓励湖南企业引进大湾区节能、节水、节材、环保等先进技术，降低本地区单位产出能源资源消耗和污染物排放水平。建立科学严谨的项目准入机制，严控高污染、高耗能及产能过剩行业新增产能，淘汰落后产能，推动清理取缔园区内不符合产业政策、严重污染环境的生态项目；加大企业清洁生产审核力度，积极支持企业清洁生产改造。

（二）推进项目建设

继续坚持“引进来、走出去”的招商思路，以项目建设为抓手，大力招引项目，规范服务项目，形成项目招商和项目建设的强大合力。

1. 抓好粤港澳在湘投资项目

进一步优化投资环境，用真诚的态度、务实的作风、优惠的政策、高效的服务，把引进来的项目建设好、发展好，让粤港澳投资商在三湘大地再续发展、再增财富、再创辉煌。

2. 促进对粤港澳投资项目

利用湖南在装备制造业、影视文化产业、旅游文化产业、生态农业等优势，鼓励湘企向粤港澳投资兴业。进一步推动湘、港金融合作，积极促成湖南企业在香港联交所挂牌上市，支持湖南企业和金融机构在香港联交所发行债券和资产证券化产品。

3. 加快跨域合作共建项目

借助港洽会、深交会等各类招商签约平台，争取与粤港澳大湾区在绿色产业、金融、生物科技、文化旅游、人才培养等领域签订更多的合作共建项目。

4. 推进产业转移项目建设

抢抓大湾区建设的重大历史机遇，用好湘南湘西承接产业转移示范区重大平台，以更开阔的视野，更包容的心态，更积极的行动，根据各市州产业园区的主导产业定位，主动对接、甄选、承接大湾区产业转移项目，努力缔造一批新兴高端产业。

（三）开发人才资源

以贯彻实施创新引领、开放崛起战略，服务湖南重点产业和新兴优势产业发展为目标，充分利用粤港澳大湾区人才资源优势，多途径、多举措拓展人才流通渠道，构建立足港澳、辐射海外的国际人才交流合作平台。

1. 健全人才双向流动机制

大力实施“芙蓉人才行动计划”，制定人才跨地区、跨行业、跨体制流动的优惠政策，吸引大湾区更多的科技领军人才、创新团队落地三湘大地。实施“湘商回归”“湘才返乡”计划，与承接产业转移相适应，促进大湾区人才与省内各市州的供需对接。破除人才流动的体制机制障碍，促进科研人员在事业单位和企业间合理流动，符合条件的科研院所的科研人员经所在单位批准，可带着科研项目和成果、保留基本待遇到企业开展创新工作或创办企业。允许高校和科研院所设立一定比例流动岗位，吸引大湾区有创新实践经验的企业家和企业科技人才兼职。

2. 实施“人才梯度转移”计划

大力实施“人才梯度转移”计划，建立科学合理的人才任用和人才储备机制，不断为企业选拔合格人才。利用各种洽谈会、交易会、博览会等平台，通过推介省内各市州人才和产业发展政策，举办大型人才引进活动等措施，吸引集聚一批中高端人才和新兴产业紧缺急需人才来湘创新创业展业。

3. 建立跨区域劳务协作机制

进一步加强与大湾区企业合作，鼓励大湾区企业积极与省内劳务基地、培训机构建立长期、稳定的联系，努力形成优势互补、互利双赢的协作机制，促进大湾区与湖南的共同繁荣。举办大湾区国际高端人才专场对接会，吸引粤港澳大湾区更多的科技领军人才、能够带动重大项目的创新团队落地。

（四）营造优良环境

加快推进CEPA（内地与港澳《关于建立更紧密经贸关系的安排》）的先行先试，打造国际化营商环境。优化招商环境，转变政府招商方式。对照粤港澳大湾区中的广东地方政策，以政策同轨为目标，加快推进湖南地方法规和政府规章的废改立工作。

1. 推进统一市场建设

清理省内阻碍要素合理流动的各种规定和做法，推进实施湖南与大湾区统一的市场准入制度和标准，促进两地企业交流合作和商品自由流通。推进建立统一的市场执法标准和监管协调机制，规范行政处罚自由裁量权，为企业跨区域发展营造更好的行政执法环境。加快社会信用体系建设，健全各行业各领域信用记录，建立区域信用联动机制，实现信用信息资源互通、互认和互用。建立完善统一的企业信用分类标准，实现跨地区信用联合惩戒，完善“一处失信、处处受限”的失信惩戒机制。

2. 共同防控应急风险

坚决打好防范化解重大风险攻坚战，重点防控金融风险，做好重点领域风险防范和处置，坚持打击违法违规金融活动，加强薄弱环节监管制度建设，守住不发生系统性金融风险的底线。防范化解地方政府债务风险。严禁各类违法违规举债、担保等行为，严禁以政府投资基金、政府和社会资本合作、政府购买服务等名义变相举债，积极稳妥化解累积的债务风险，坚决遏制各类隐性债务增量。严厉打击非法集资、金融诈骗等违法活动。加快市场化法治化债转股和企业兼并重组。

3. 互保生态环境安全

推进跨省区水污染防治，协同开展跨省区流域水污染防治和水资源保护。强化大气污染综合治理，促进两地环境科技与环保产业合作，加强二氧化硫、氮氧化物、PM2.5（细颗粒物）等主要大气污染物的联防联治。构建区域生态屏障，以南岭山地森林及生物多样性生态功能区跨省流域为重点，协同实施石漠化治理、天然林保护、水土保持、矿区整治、跨界流域污染防治、世界遗产保护等工程，联手打造湖南与粤港澳大湾区重要的生态安全屏障。

五、对接大湾区发展的新举措

（一）将市州对接粤港澳大湾区纳入区域发展战略

各市州要将对接粤港澳大湾区纳入本地区国民经济和社会发展规划，编制实施科技创新、产业发展、基础设施、生态环境保护等领域专项规划，统筹开展对接大湾区建设其他领域专项规划的编制工作。定期向对接粤港澳大湾区湖南省领导小组报送实施进展情况，明确不同阶段的目标和任务，共同推进对接事项取得实效。

（二）强化对接工作机制建设

打破行政和制度壁垒，我们要在行政体系、经济制度和法律体系上进行优化，让各类要素能在区域间自由流动。在《内地与香港关于建立更紧密经贸关系的安排》《内地与澳门关于建立更紧密经贸关系的安排》等政策实施基础上，建立和完善政策法规、金融服务、信息网络、人力资源、物流服务、贸易服务、口岸服务、产权交易、技术标准和社会保障等“十大体系”的体制机制对接。

（三）健全对接机制运转制度

建立湘粤港澳协作联动机制、湘粤港澳部门衔接跟踪制度；行业管理标准和规则相衔接的管理对接机制；跨区域生态建设和环境保护联动机制；相关厅局联席会议机制；产业链和产业联盟工作对接机制；湘粤港澳商会深度对接合作机制；各市州对接粤港澳协调机制；湘粤港澳非官方（包括中介机构、民间组织等）的协调合作机制，粤港澳在货运代理和货物运输等方面的规则和标准对接机制等，推动港澳国际高端产业向湖南延伸和拓展。

（四）创新企业对接机制

充分发挥“湖南—粤港澳大湾区投资贸易洽谈周”、中非经贸博览会、中国进口博览会、亚欧博览会、汉诺威工业展、湘商大会等经贸活动平台作用，为企业深化对接粤港澳大湾区发展提供有力支撑。建立企业承接产业转移奖励机制、知识产权保护与运营合作机制、科技创新成果转化应用机制、高端人才交流机制、龙头骨干企业对接机制、国际化创新平台共建机制、贸易与投资争端调解仲裁对接机制等，加快企业“引进来”与“走出去”。

（五）着力扩大社会参与

建立决策咨询体系，邀请重点智库专业人士为对接大湾区发展提供意见建议。成立对接粤港澳大湾区发展咨询委员会，积极就对接粤港澳大湾区发展问题向省委、省政府建言献策。充分发挥各类市场主体的积极性、主动性和创造性，支持各类市场主体共同参与对接大湾区发展。探索成立对接大湾区发展联合投资开发机构和发展基金，共同参与对接大湾区发展。扩大对接大湾区发展中的公共参与，畅通公众意见反馈渠道。发挥人民团体、协会商会在企业与政府沟通中的桥梁和纽带作用，建立粤港澳三地湖南商会、协会联席会议制度，广泛吸纳行业、社会意见。

拓展湘粤开放发展新空间

——湘粤开放合作试验区发展规划研究①

湖南、广东两省山水相连、人文相亲，友好往来、互利合作的历史源远流长，特别是国家“一带一路”重大战略的深入实施和习近平总书记对湖南“一带一部”战略新定位提出后，促进东中部地区合作，加速长江开放经济带和沿海开放经济带的深入融合，全面深化湘粤开放合作发展是大势所趋。本研究区域范围包括：郴州、永州、韶关、清远四市所辖的乳源、乐昌、仁化、连州、汝城、宜章、临武、江华、蓝山等9县市，国土面积20575.38平方公里，占四地级市国土面积的26%。九县市总人口384.4万人，占四地级市总人口的20.9%。2014年，九县市地区生产总值858.3亿元，占四地级市地区生产总值的15.7%。

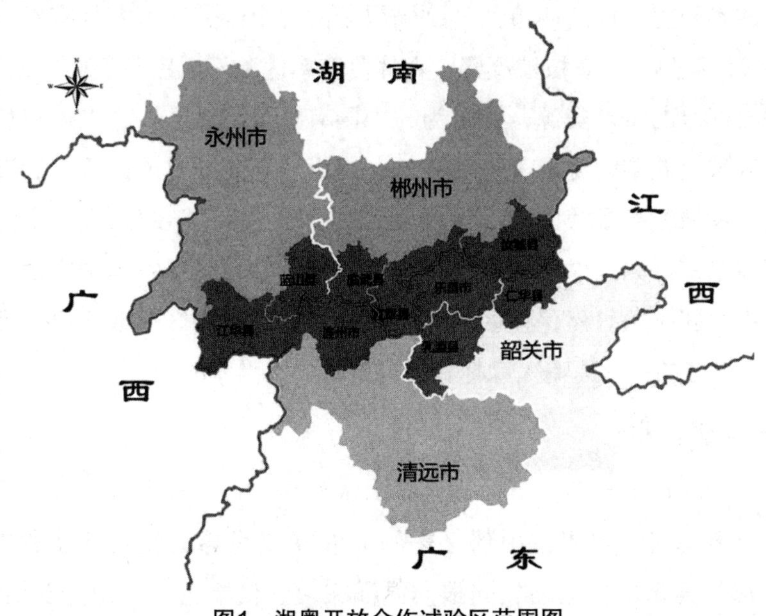

图1　湘粤开放合作试验区范围图

① 湖南省决策咨询项目，为政府决策提供了重要参考，2016年3月完成。

一、湘粤次区域合作背景分析

（一）开放合作基础

1. 交通区位优越

湖南、广东分别属于中部地区崛起战略和沿海开发开放战略的重要区域，湖南是广东企业和产品向中西部拓展的近邻通道和市场，广东是湖南企业和产品走向世界的便利桥梁与纽带。京广铁路、武广高铁，京珠港澳高速、京珠港澳高速G4复线等国内交通大动脉穿越两省。洛湛铁路、厦蓉高速G76、二广高速G55、湘深高速、道贺高速、衡武高速、宜凤高速、106国道、107国道、207国道构成了境内纵横伸展的交通网络。湘南板块与粤北地区不仅接壤毗邻，更是东南沿海与中部内陆紧密连接的边际地带，共建开放合作试验区具备优良的自然区位条件，有利于建设对接中部崛起地区长株潭城市群和沿海开放地区珠三角城市群的新兴战略发展高地，成为城乡统筹和区域统筹的先行典范。

2. 资源禀赋优异

地处湘粤两省边境的四市九县，同属于南岭山区，四市九县有着相似的资源禀赋，气候温热，生态植被茂盛，森林覆盖率达70%以上，蕴藏着充沛的水能风力资源与富厚的矿产资源，被誉为“中国有色金属之乡”“世界有色金属博物馆”。区域内旅游资源丰美，湘南的九嶷山、粤北的丹霞山等是远近闻名的风景名胜，汝城温泉是我国中南六省最大热田和湖南省流量最大、水温最高、开发利用前景最好的天然热泉。九龙江、湘江源、西瑶绿谷等国家森林公园跨界交汇，南岭国家级自然保护区和莽山国家级自然保护区依偎比肩，拥有地球同纬度保护最好的一片原始次森林和南国动植物基因库的美称。

3. 地缘文化相近

郴州市、永州市与韶关市、清远市山水相连、人缘相亲，是中国最大的瑶族聚居区，乳源是“世界过山瑶之乡”，江华更是世界瑶族人口最多的县，有“神州瑶都”美誉。当地瑶族同根同源同文化，信奉盘王，说“勉语”，有过盘王节、唱瑶歌、跳长鼓的传统习俗，有独具特色的瑶族服饰，有盘瓠文化、女书文化、采集文化、酒文化以及婚恋节庆等个性鲜明的本土文化，民族向心力、凝聚力强。此外，作为另一支主要居民的汉族客家人历经世代融合，也已瑶汉一体。不论山南山北，山上瑶人，山下客人，共居南岭，相处和睦，同属“山地民族”，亲如一家，为试验区的设立和推进边际合作奠定了良好的人文基础。

4. 产业互补性强

广东经过几十年的高速发展，在对外开放、金融资本、自主创新、现代管理、先进技术、商贸物流等方面优势明显，但也面临着劳动力成本高、环境压力大等瓶颈因素制约，需要加快经济转型，推动产业升级，促进产业转移，打造广东发展新优势。湖南则在资源要素、劳动力成本、营商成本、旅游文化、产业基础等方面有较好基础和相对优势，通过广东的辐射带动，有利于承接珠三角等发达地区的产业转移。推进两省在以产业为主导的多领域深度合作，有利于充分发挥各自比较优势，构建优势互补、资源共享、互利共赢的产业发展格局，实现互补互利，促进边际地区加速成长崛起。

5. 合作基础扎实

历史上，湘粤经济社会发展渊源深厚，中华人民共和国成立后，两省相互支援、跨域交流和建设合作持续拓展，成果丰硕，特别是自2007年以来，湘粤两省政府先后签署6个合作协议，特别是《珠江三角洲地区改革发展规划纲要（2008—2020）》实施以来，两省在推动产业转移承接、区域市场一体化、基础设施建设、产业园区建设、生态文明等领域广泛合作，初步形成了全方位、多层次、多样化的经济社会发展格局。2009年5月至2014年9月间，两省高层领导先后签订了《湖南省人民政府 广东省人民政府关于进一步加强湘粤合作框架协议》《湖南省人民政府 广东省人民政府关于深化湘粤合作的协议》《湖南省人民政府 广东省人民政府关于进一步加强湘粤合作的协议》，为今后两省进一步深化合作奠定了坚实的政策基础。

（二）面临的机遇和挑战

1. 国内开放型经济体制重构机遇

党的十八大报告和十八届三中全会提出：要构建开放型经济新体制，适应经济全球化新形势，推动对内对外开放相互促进、引进来和走出去更好结合。充分发挥各地区比较优势、着力培育开放型经济发展新优势、培育带动区域发展的开放高地。统筹双边、多边、区域、次区域开放合作，加快实施自由贸易区战略，不断提升开放层次和水平。推动沿海开放经济带和长江开放经济带的深入融合，加快湘粤区域经济互动融合以及与周边省市、国家（地区）互联互通，促进生产要素快速流动、优化配置，将成为我国今后长时间内促进经济开放发展的重要战略举措，更为湘粤开放合作试验区建设提供了前瞻指引。

2. 国家区域战略优化布局机遇

推进“一带一路”建设是党中央提出的重大战略和开放举措。湖南是“东部沿海地区和中西部地区过渡带、长江开放经济带和沿海开放经济带结合部”，也是广东省对接丝绸之路经济带、长江开放经济带的重要通道。广东省是沿海开发开放的先行者和排头兵，也是对接“海上丝绸之路”经济带的战略枢纽和重要引擎。以国家“一带一路”重大区域战略布局为契机，加快东中部地区区域合作步伐，推动广东、湖南两省经济社会深度融合，有利于进一步提升两省经济社会发展的质量和效益，拓展两省合作新空间。

3. 生态文明建设全面推进机遇

“十三五”期间，国家将实施更加严厉的生态环境保护制度，全面维护国土生态资源与人民群众生产生活基本要素安全。随着国家对生态文明建设支持力度的不断加大，跨省区生态建设、资源保护、生态补偿、流域治理、水土保持、国际碳汇交易、上下游生态产品共享机制等将逐步推行。湘粤边际区域作为国家级南岭山地及生物多样性重点生态功能区的组成部分，既是珠三角地区重要水源——珠江源头之一的北江发源地与保护地，更是国家在两省境内的重大生态屏障，共同保育和修复该地域的生态环境资源，合作创建现代新型生态文明，两省责无旁贷，前景广阔，发展空间巨大。

4. 新一轮产业结构升级机遇

随着经济全球化进程的加快、科技创新能力的提升和国际分工体系的逐步调整，新一轮产业转型升级浪潮正在加速酝酿和推进。近年来，广东省许多地区经过改革开放的多年洗礼和强劲成长，相对过剩产能与不适宜产业正面临着诸多要素配置的巨大发展约束，部分劳动密集型、要素投入型产业亟需外向转移。湖南近邻地区具有生产成本、经营成本、劳动力价格等相对低廉优势，积极承接广东外溢资源，大力促进两省边际区域传统产业的优化布局和升级改造，有利于激发当地生产力潜能，实现互惠双赢。

5. 湘粤边际板块融合发展机遇

2012年以来，广东省全面推进实施振兴粤东西北地区战略，颁布了《关于进一步促进粤东西北地区振兴发展的决定》，加大了对粤西北地区基础设施、民生工程、结构转型、“双转移”、基本公共服务提供、城区扩容体制等投入力度，采取有力措施加快促进与湖南邻近的清远、韶关、河源、梅州等地区发展。地处湖南南部的郴州、永州，是湖南四大区域发展战略湘南板块的主体，是对接珠三角和“海上丝绸之路”的“桥头堡”，也是国家级承接产业转移示范区，已经逐步成为湖南新的核心增长极。在“湘南大开发”与“振兴粤东西北”战略实施进程中，全面强化湘粤边际区域的协同发展与深度合作，通过先行先试共同提升改革开放能效，有利于培育湘南和粤西北两大板块互补发展、互利共赢的整体优势。

6. 推进开放合作发展面临的挑战

一是地区封锁和行政壁垒仍然存在，区域深度融合障碍仍未消除。两省在经济社会发展规划编制和衔接，行政管理体制，产业、金融、土地、人才、市场政策等方面仍然存在差异，信息共享方面还不够畅通。二是产业关联度不高，生产要素跨省整合难度较大。两省经济发展总量、对外开放程度、产业结构、发展基础等方面存在较大差异，迅速构建两省优势互补的产业格局存在一定困难。三是省际合作实效性不高，体制机制不够完善。尽管两省明确了加快深入合作的共同目标、重点领域和合作范围，签订了系列合作协议，但是尚未形成协调一致的推进体制机制，部分合作事项没有得到很好的落实。

（三）推进开发合作发展的重大意义

创建湘粤开放合作试验区，是贯彻中央全面深化改革重大部署和习近平总书记关于湖南“一带一部”战略新定位重要指示的实践探索与具体举措，影响深远，意义重大。

有利于进一步深化泛珠区域战略合作，加速促进中部崛起和振兴粤东西北发展的全面小康社会建设。“深化泛珠三角等区域合作”，是中共中央《关于制定国民经济和社会发展第十三个五年规划的建议》中提出的重大战略方针。湘粤开放合作试验区建设是深化泛珠三角区域合作的空间载体，有利于打破因为行政分割而产生的市场分割，促进中部地区与沿海发达地区开放开发的相向对接，组合释放湘粤经济资源要素潜能，引导并助推边际区域共同迈进全面小康社会。

有利于发挥比较优势，推动东中部地区在适宜性地域空间激发开放合作新动力。湘粤边际区域居于环长株潭城市群与珠三角城市群之间的中间地带，是接受这两大城市群经济能量辐射的最佳地域，在推进创新、协调、绿色、开放、共享发展中，可望建成内陆地区开放型经济新高地。

有利于优化湘粤边界地区资源配置和产业布局，实现南方丘陵山地带跨省域生态持续协调发展。兴建湘粤开放合作试验区必将整合区域资源，推动两省产业结构的调整与优化升级，实现跨省域生态产品共育共享，有效保护南岭生态环境资源和湘江、珠江水源地，协力构建现代生态文明示范区。

有利于探索新时期区域合作发展新途径，创新统筹区域发展新体制，打造东中部区域合作新典范。试验区作为湘粤开放合作发展的先行试验区，将为后期更宽领域、更高层次的湘粤合作与东中部合作形成并积累宝贵经验，提供实践示范。

二、推进湘粤次区域合作的总体思路

（一）基本要求

以深化改革、扩大开放为动力，充分发挥湘粤两省各自比较优势，进一步解放思想，先行先试，不断创新体制机制，全面推进设施互联互通、产业转型升级、生态环境同治、公共服务对接、市场共同开拓、园区开发共建等多领域合作，全面提升整体经济实力和协调发展水平，努力打造东中部地区合作、对接国家“一带一路”战略、全方位对内对外开放的示范区域。

1. 改革创新，先行先试

创新跨省区域合作机制，拓展跨省合作领域，进一步解放思想、先行先试，突破行政区划和体制机制限制，积极探索务实高效的管理体制、合作模式和利益分配机制，打破行政垄断和市场壁垒，加快构筑内陆地区全面对内对外开放的新高地。

2. 优势互补，合作共赢

充分发挥湘、粤两省边境市县各自的区位、产业、资源、文化及生态优势，统筹发展规划，优化合作环境，创新合作机制，激发合作活力，探索利益共同分享机制，构建互动、互补、互惠的发展格局，实现互利共赢。

3. 政府引导，市场运作

充分发挥政府的引导作用，建立联动机制，发挥市场在资源配置当中的决定性作用，通过营造良好的经济社会发展环境吸引国内外生产要素集聚，共同营造统一开放、竞争有序的市场环境。

4. 全面推进，重点突破

全面推进两省的政治、经济、文化、生态、投资、贸易等多领域、全方位合作，强化产业发展、互联互通、园区建设等重点领域的共建共享，以点带面，加速生产要素优化配置，推动区域一体化水平向深层次、宽领域、高水平发展。

（二）战略定位

立足湘粤两省，依托珠三角城市群，对接环长株潭城市群，服务东中部，面向世界，把湘粤边际地区建设成为东中部地区省际合作示范区、跨省承接产业转移先导区、南岭文化旅游与生态文明共建区、革命老区扶贫和小康建设试验区。

1. 东中部地区省际合作示范区

通过强化两省全方位合作，积极探索东部地区省份与中部内陆地区产业承接转移、资源要素跨省流动、省际基础设施互联互通、省际合作机制创新等方面的新模式和新路径，为全国提供东部省份与中部内陆地区跨省合作新经验。

2. 跨省承接产业转移先导区

立足国家湘南承接产业转移示范区建设，充分发挥两地比较优势，强化产业发展规划对接，创新产业合作模式，加快产业集聚培育，延伸产业链条，建立健全促进产业承接和创新提升的制度体系，打造成为东部产业转移和中部产业承接的先导区

3. 南岭文化旅游与生态文明共建区

依托湘粤边境各地丰富的历史人文资源，大力发展文化旅游产业；进一步落实国家级南岭山地森林及生物多样性生态功能区布局，加强生态环境建设和保护的综合协调，完善生态文明建设跨省合作机制，构建湘南、粤北文化旅游与生态文明共建共享新格局。

4. 革命老区扶贫和小康建设试验区

力争湘南承接产业转移、罗霄山连片特困地区扶贫开发、原中央苏区联动区、粤东西北加快发展等政策在合作试验区同等落实。加大对重点区域的扶贫开发投入和基础设施建设力度，大胆探索落后地区与全国同步实现全面小康的发展路径，打造成革命老区扶贫和小康建设的试验区。

（三）发展目标

到2020年，湘粤两省经济发展总量、质量和效益进一步提升，经济发展方式进一步转变，对内对外开放层次和水平进一步提高，务实高效的省际区域合作发展体制机制更加健全，分工合理、错位互补的产业体系初步形成，省际互联互通水平明显强化，“湘粤开放合作试验区”建设取得阶段性成果，生态环境明显改善，区域一体化发展格局基本形成，人民生活水平显著提高，提前全面建成小康社会。

到2030年，湘粤两省区域一体化融合发展格局基本形成，“湘粤开放合作试验区”基本建成，两省发展空间格局进一步优化，基础设施互联互通，产业发展优势互补，省际区域合作机制日臻成熟，经济社会发展辐射带动能力明显增强，生态环境更加优美，人民生活更加幸福，建设成为全国省际区域合作中具有突出影响力的现代化新区。

三、湘粤开放合作区域空间布局

根据国家和两省主体功能区规划要求，高效利用国土空间，优化城乡建设布局，促进产业集聚和人口集中，以高铁经济带、旅游经济圈和联结通道为重点，构建"一带三圈三廊道"的空间格局。

（一）共建湘粤高铁经济带

1. 编制湘粤高铁经济带规划

由两省发展改革委牵头共同编制《湘粤高铁经济带发展规划》，科学部署产业布局、重大项目、市场体系、生态保护等，支持沿线城市加快发展高铁经济，共同打造湘粤高铁经济隆起带。加强高铁对经济的辐射带动作用，完善高铁沿线的功能配套设施，优化高铁沿线城镇、区域、产业的发展定位、战略目标和空间布局。

2. 共同推进高铁经济发展

积极推进郴州、韶关等高铁新区建设，以更加灵活、更加开放的政策，支持两省高铁沿线城市之间的产业转移、劳动力流动、资金流和信息流等。对沿线城市完善基础设施发展高铁经济提供项目、资金、政策支持，策划包装、组织实施区域合作重大项目，促进资源共享和优势互补。加快推动高端服务业、文化旅游、总部经济、商务贸易、信息咨询、酒店业等产业向高铁站周边集聚。努力把高铁新区建设成为湘粤赣省际区域最大的商务会展中心。

3. 建立高铁经济带发展机制

郴州、韶关两市及其相关县市设立高铁经济协调推进机构，建立领导人定期会晤机制，定期举办高铁经济论坛和企业家经贸联谊会，促进高铁沿线城市在产业升级、重大投资、旅游合作、物流发展、环境保护、扶贫开发以及互联网+等领域加强交流合作，实现错位融合发展。

（二）协同构建三大合作圈

1. 建设大南岭旅游经济圈

一是统筹旅游设施建设。积极策应"高铁时代"，推进长沙广州高铁沿线湘粤旅游联盟建设，加强旅游景点基础设施建设，提升旅游景点质量和服务水平，建设宜章、汝城、临武、蓝山、江华与仁化、乐昌、乳源、连州等相邻地区生态自然风光旅游景点的快捷通道，建设乳源、连州、临武与江华的瑶族文化旅游快捷通道。构建区域一体化旅游网络营销系统和电子商务服务平台，建立区域一体化旅游信息数据库，实现两省旅游信息共享和互认。在两省交界重点旅游景点建设一批星级宾馆、旅游管理服务中心、旅游商品展销中心、停车场、游客集散中心等基础服务设施。二是打造精品旅游线路。树立大南岭旅游经济圈的观念，充分发挥丹霞山世界自然遗产、连州地下河、涔天河国家湿地公园、莽山国家森林公园与南岭国家森林公园的旅游品牌优势，加大旅游资源产品整合开发力度，打造大南岭旅游经济圈。打造一批涵盖两省重要旅游景点的精品红色旅游、生态旅游、休闲旅游、乡村旅游、商务旅游以及民族文化旅游等精品线路，着力打造“湖南—广东—香港—澳门”高铁旅游等精品旅游路线。加强对湘粤边境区域内的自然保护区、森林公园、江河源头等重要生态功能区和水源涵养区的保护，建设湘江、珠江源头风光带。三是加大旅游营销力度。按照“信息互通、优势互补、资源共享、市场共拓、客源互送、效益双赢”的原则，共同构建旅游产品营销平台，联合开展旅游营销活动，免费在辖区内的主要景区（点）互为对方提供广告宣传位，四市旅游企业联合组团赴主要客源地开展宣传促销活动，联合举办系列节会促销活动，联合加大互联网旅游宣传力度，联合申报打造一批4A和5A级景区，互相推荐旅游景点和产品，深入开展两省旅游资源的探讨和交流，力争建成国际旅游目的地。

2. 建设宜章—乳源—乐昌—仁化—汝城区域合作圈

以交通基础设施互联互通为突破口，促进宜章、乳源、乐昌、仁化、汝城与郴州、韶关等中心城市的对接，充分发挥高铁经济带的辐射带动作用，推动基础设施和产业链条的延伸，逐步融入湘粤高铁经济带产业体系。促进乐昌打造纺织、中医药保健品研发生产和钟表制造基地，仁化打造有色金属循环经济产业基地，乳源打造铝箔产业集群升级示范区和氯碱化工基地，宜章打造机械制造、电子信息、生物医药和氟化工生产基地，汝城打造钨矿精深加工基地。依托丹霞山世界自然遗产、莽山国家森林公园、南岭国家森林公园、汝城温泉等旅游资源优势，大力发展生态休闲旅游业。

3. 建设江华—连州—临武—蓝山区域合作圈

加快推进交通基础设施互联互通，促进江华、连州、临武、蓝山与桂林的对接，利用连州地下河（国家5A级景区）、潇湘源水利风景区、湘江源国家森林公园、西瑶绿谷国家森林公园、临武通天山、临武龙洞、潭岭天湖国家森林公园、涔天河国家湿地公园等资源优势，促进文化生态旅游业发展。临武、蓝山、江华、连州要突出生态化、高端化，大力发展精致农业，加快建设湘粤优质农产品供应基地，共建菜篮子产品生产基地、绿色食品生产加工物流基地，加快构建湘粤3小时鲜活农产品物流圈。四县市要利用其能源资源优势，大力发展新能源产业。

（三）合力打造三条合作廊道

发挥轴带带动作用，培育发展汝城—宜章—临武—连州合作廊道、仁化—乳源—连州—江华—桂林合作廊道、永州—蓝山—连州—清远合作廊道，促进沿线地区基础设施、城乡建设、产业发展、生态保护全方位对接融合。

1. 汝宜临连合作廊道

依托厦蓉高速、岳临高速、宜凤高速等交通通道，强化汝城、宜章、临武、连州等节点城市功能，发挥宜章经开区、汝城经开区、临武工业园区、清远民族工业园等支撑作用，加强产业合作，积极承接和培育特色食品加工、家具生产、新型装备等产业转移，拓展合作空间，共同合作开发宝玉石产业，打造通天宝玉石重点品牌，打造湘粤开放合作新高地。

2. 仁乳连江桂合作廊道

依托丹霞山、桂林两大著名旅游品牌以及江华、乳源瑶族民族特色文化，深化沿线旅游等特色产业合作。推进韶关—连州—江华快速通道建设，发挥江华经开区支撑作用，大力发展新型能源、稀土新材料、电子信息、新型建材、金属采冶、农产品精深加工等优势产业，打造东中西结合部开放合作新的增长极。

3. 永蓝连清合作廊道

依托二广高速—107国道，发挥永州、清远中心城市辐射带动作用，打通连蓝断头路，连接东中部和“一带一路”，促进永州、清远综合服务功能沿此通道相向辐射，推进连州、连南、连山一体化发展，打造粤西北区域中心城市，提升蓝山经济开发区等承载功能，打造承接产业转移新平台。

四、湘粤开放合作试验区建设重点

（一）基础设施互联互通

统筹推进重大基础设施建设，合力构建分工合理、功能完善、保障有力的现代化基础设施体系，提升省际通达水平、增强能源供应能力、强化水利安全保障、健全信息传输网络，强化开放合作试验区基础设施支撑保障能力。

1. 完善综合交通运输网络

充分发挥湘粤省际区域交通干线优势，以构建大路网、大枢纽为目标，以构筑中部内陆地区通粤达海和珠三角辐射引领内陆地区发展的综合交通枢纽为骨架，着力实施湘粤边际畅通工程，促进湘粤边际市、县经济交流与合作。一是同步建设省际通道。加强两省公路、铁路规划信息共享和交流，加快两省普通公路出省通道建设，加强公路技术标准、建设时序等方面的沟通协调。加快武汉至深圳国家高速公路对接路段建设，确保2017年底前建成通车。两省加快共同推进临武至连州、宜章黄沙至乳源高速公路、二广高速与清连高速对接公路连接线项目前期工作，同步实施、同步建成。开展宜章与乐昌对接公路连接线（湘粤大道）的前期研究。二是打通省际“断头路”。加强省际通道建设，加强湘粤省际边界国省干线、乡村公路和旅游公路的衔接，完善铁路、公路运输枢纽建设。打通莽山国家森林公园、南岭国家森林公园、西瑶绿谷国家森林公园等旅游景点对接粤港澳台的边界通道。推进京港澳等高速公路拥挤路段扩容改造，加强G107等国省干道改扩建。加密郴州、永州与韶关、清远等交界县（市）公路网络，打通省际“断头路”。三是共同构建交通网络。根据湘粤开放合作和交通运输往来实际情况，两省适时研究规划新的必要通道。规划建设咸韶铁路汝城到韶关段，开展宜章与乐昌对接公路连接线（湘粤大道）的前期研究，桂永郴赣铁路通道建设争取在宜章县境内布局设点，争取建设京广铁路宜章火车站，争取建设京广高铁客运专线在宜章增设杨梅山站。适时启动“湘桂运河”前期研究工作，推动湘漓复航，沟通长江、珠江航运水系。

2. 共建水利基础设施体系

共同实施流域综合整治与水体环境保护工程，推进中小型水库特别是病险水库的整修扩容，加大城乡饮水安全工程建设，全面提高水资源综合利用效益与防洪避灾功能。一是统筹建设水资源保障体系。加强水资源承载能力评估和科学调度，构建以河道整治、水源工程、再生水利用、灌溉工程为重点的水资源保障体系。按照主体功能区规划要求，严格限定区域内水资源的开发强度，通过区域合作探讨地区之间的横向援助机制，充分利用南岭地区及罗霄山片区地理、气候等优势，启动相关优质水资源的开发利用工程建设，完善流域与区域相结合的水资源监控能力建设，共同提高水资源保障和时空调控能力。依法划定饮用水水源保护区，加强水环境安全检测，提升区域饮用水水源品质，打造湘江、珠江、赣江三江源头的“水”品牌。二是大力实施综合水利工程。全力推进综合水利枢纽工程建设，新建或改扩建一批骨干综合枢纽工程。加快推进大、中河流重要河段综合治理，实施湘江、珠江、武水、乐水及中小河流治理工程，加快缺水少水山区的水库水源建设，完善灌区供水、灌溉、排涝等水利设施。加快实施大中型灌区续建配套与节水改造及灌排泵站更新改造，加强小型农田水利和农村“五小”水利工程建设，加强郴州莽山水库、永州涔天河水库、韶关南水水库、清远潭岭水库等工程建设，积极推进小型水库新（改扩）建等水资源配置工程建设。三是构建防洪减灾联防联治体系。大力开展主干河流重点段防洪工程建设，加强沿江河重点城市防洪工程建设，实施武水、浈水、舜水、北江、连江、保安河、钟水等河道崩岸治理及河势控制工程，推进水土保持及流域面源污染联防联治。共建两省边界地区雨情、汛情、旱情监测预报和发布系统，建立统一的山洪地质灾害信息管理和预警系统，科学调控，严格监察监管，提高防洪减灾应急能力。完善山洪灾害公共管理机制与群测群防体系。加快推进中小河流治理，确保经济建设与生态环境安全。

3. 统筹能源保障体系建设

统筹开发试验区能源资源，加快能源输送网络建设，合理开发水能、风能、光能等能源资源，加快燃气和成品油项目建设，健全能源供应体系。

（1）统筹能源资源开发。调整优化能源生产和消费结构，加强水电开发，优化水电布局，加强中小型水电站建设，推动抽水蓄能电站建设。加大能源资源勘探力度，大力发展风电场等非常规煤油气资源开发技术。鼓励发展太阳能、地温能、生物质能等清洁高效的新能源资源。

（2）加强能源基地建设。加快新兴能源的源点基地工程建设，大力推进风电场建设，全面推广大型服务设施装备地热与太阳能的综合利用，推进区域清洁发电示范工程。重点建设临武、蓝山、江华、连州、乳源等风电场项目；新建广东国粤韶关综合利用发电项目、国粤乐昌低热值煤资源综合利用发电项目；续建乳源县城周边低风速风电场项目；大力推进宜章、汝城、临武、蓝山、江华等光伏发电项目建设。

（3）建设能源输送通道。加快输变电设施建设与改造升级，增强电网优化配置和供电可靠性。推进城乡一体化的电网建设，全面提高电网通达水平、输送能力、电能储备与供电可靠性，保障景区和城乡安全高效用电。加快油气战略通道建设，统筹天然气进口管道、液化天然气接收站建设，完善能源储备体系和输送网络建设。

4. 促进信息基础设施共享

全面改造并提质光网工程、促进光纤通信应用普及，完善第四代移动通信网建设。以物联网、云计算、移动互联网和大数据等新技术为支撑，加快建设智慧城市。一是共建信息基础设施。以建设“智慧型开放合作试验区”为指引，大力推进两省边际四市骨干信息基础网络设施建设，扩展网络覆盖空间，全面提高宽带普及率，加强农村信息网络和社区信息化建设；推动物联网关键技术研发和在重点领域的应用示范，加强三网融合、智慧城市、数字城管、大数据应用等领域合作，推进云计算平台建设工程；建立健全法律法规和标准，促进网络互联互通和业务融合。二是积极推广智能应用。借力湘粤两省科技智力优势，完善信息技术创新及成果转化机制，扎实推进信息技术应用化。通过实施光网城市升级改造、无线城市提升覆盖、光纤网络普及等工程，借助物联网、大数据、云计算、通信网络，搭建数据和信息共享平台，抓好智慧农业、智慧旅游、智慧环保、智慧交通、智慧医疗健康、数字社会治理等网格化管理的重点工程建设，提升开放合作试验区的数字化水平。三是推进信息共享和业务协同。加强湘粤两省的电子政务建设，推动重要政务信息系统互联互通、信息共享和业务协同；推进农产品销售、金融、旅游、就业、社保、卫生等社会管理和公共服务信息化，促进信息服务业与各产业的互动融合，加快构建现代信息服务产业体系及网络安全；积极推进跨部门、跨地区、跨层级的信息共享和业务协同，鼓励开展试点示范。

（二）促进产业协同发展

加强两省交界地区产业发展规划统筹和产业协作，优化产业布局，协同承接跨域产业转移，促进形成优势互补、分工协作、特色鲜明的新型产业体系，推进跨域产业合作示范区建设，增强产业整体竞争力。

1. 共同建设“飞地”园区

推动双方产业园区之间的交流与合作，以园区合作或“飞地”园区建设为重点推动湘粤深度合作，谋划在两省交界城市探索建立共建开发园区，支持一方单独在对方设立专业园区。根据各自的比较优势和功能定位，鼓励并引导双方优质企业优先选择落户对方产业园区，鼓励双方企业就近建立配套关系。推动珠三角企业在郴州、韶关、永州、连州等地以“园中园”的形式规划建设一批专业性强、特色明显的示范园区，最大限度地发挥湘南与广东的优势互补特性，实现互利共赢。按照“政府主导、独立核算、企业化管理、市场化运作”的原则，完善利益共享和分配机制，创新试验区建设、运行、管理体制机制，建立统一规划、统一实施、共同开发、利益共享的园区管理体制。

2. 合力改造提升传统产业

按照稳固传统优势，扩展新优势原则，大力推进技术进步、联合重组和品牌建设，带动存量结构调整，加快形成传统优势产业的规模效益和群体竞争优势。围绕有色金属、食品加工、能源、钢铁、化工等传统优势产业，推动企业新一轮技术改造，充分发挥龙头企业的带动作用，促使其拓展产业链、提升价值链，优化企业组织结构，提高产业集中度和企业配套协作水平。鼓励企业引进先进技术装备，加强消化吸收再创新，形成自主知识产权和拥有核心关键技术，实施工业生产数字化和自动化，提高生产效率。充分发挥产业融合创新的引领作用。

3. 共同培育战略性新兴产业

把培育发展战略性新兴产业作为促进跨省产业协同发展的关键抓手，加快推动产业规模化、集群化发展，切实发挥对试验区开放合作的引领作用。共同实施战略性新兴产业培育计划，加快培育先进装备制造、生物医药、电子信息、新材料、新能源、节能环保等战略性新兴产业，发挥重点产业重点区域的集聚作用，提升战略性新兴产业核心竞争力，抢占经济和科技发展制高点。抓住新一轮产业变革和信息化浪潮，选择基础条件好、技术含量高、发展潜力大、引领带动作用强的新兴产业，加快培育成先导性、支柱性产业。

4. 协同承接跨域产业转移

抢抓新一轮产业转移浪潮的机遇和国家级湘南承接产业转移示范区建设的契机，结合两省边界自身优势、资源禀赋和产业发展水平，制定合理的产业承接政策和承接方案，重点承接优势产业关联度高，有利于解决劳动力就业，有利于发挥资源优势，有利于产业结构转型升级的企业。进一步加强与珠三角地区在政策、机制、产业、人才、项目和其他生产要素上的全方位对接。注重产业链招商、抱团转移，促进上下游关联产业集群推进，积极承接具有成本优势的资源加工型、劳动密集型产业，以及具有市场需求的资本、技术密集型产业落户。强化各类园区基础设施建设，提升园区承接产业转移平台功能。通过园区功能提升，推进珠三角地区产业向两省交界地区产业园转移，实现资源整合、联动发展。

5. 合力促进农业绿色输出

一是共建特色农产品生产加工基地。突出抓好两省交界地区的粮食、蔬菜、茶叶、水果、畜禽、淡水产品、中药材等农业优势特色产业基地建设，突出农业优质、高效，推动农业集聚集约发展，共同加强现代农业基地和高标准农田建设，推动湘粤农业合作以农产品贸易合作为主向农产品生产领域合作发展，共同加强农业科研、农业生产基地、农产品加工园区建设，大力支持农民专业合作组织发展，共同培育汝城、宜章、临武、蓝山、江华、仁化、乐昌、乳源、连州等特色农业品牌。鼓励广东省企业、家庭农场主以投资、入股等方式，在湖南建设一批优质农产品生产基地、加工基地和贸易集散中心。共建农业科技示范基地、水稻农业示范基地、森林食品基地、油茶加工基地、山区无公害蔬菜基地、花卉苗木示范基地；培育优质食用菌基地；发挥野生中药材资源优势，合力打造中药材生产、加工集散地。二是协同完善农业社会化服务体系。积极共建两省共享的农业社会化服务体系，强化两省农业科技创新和交流，促进农资连锁配送，加强农机跨区域协调合作。支持农业龙头企业共同参加或举办农业博览会，建立高效便捷的农产品输送物流通道，以大型流通企业、批发市场、超市等为平台，不断拓宽湖南农产品在广东的销售渠道；加强农业、农产品信息化电商平台建设，探索推进互联网 + 农产品电子商务等产销合作新模式。三是共同推进农产品质量安全合作。共同探索土壤重金属污染防治办法。共建农产品质量安全工作领导机构，联合制定农产品质量安全标准和市场准入条件，加强信用体系建设。全面加强农产品绿色质量体系认证，建立从生产、加工、销售的标准化质量检测体系，打造一批知名的湖南农产品品牌产品和龙头企业。加强两省交界地区联合植保，全面实施绿色防控。共建区域性农产品质量安全检验检测中心，实施农产品安全检验检测信息共享，建立农产品检验检测结果互认制度。

（三）共建统一市场体系

全面深化改革，根据试验区产业特点，建立与之相适应的市场架构，加快消除地区间隐形壁垒，抓紧建立多层次、多功能、统一完善的市场经济体系，充分发挥市场配置资源的决定性作用，为全面推进两省交界地区合作发展奠定坚实制度基础。

1. 共建市场准入负面清单

根据主体功能定位，共同编制市场准入负面清单。对禁止准入事项，市场主体不得进入，行政机关不予审批、核准，不得办理有关手续；对限制准入事项，或由市场主体提出申请，行政机关依法依规做出是否予以准入的决定，或由市场主体依照政府规定的准入条件和准入方式合规进入；对市场准入负面清单以外的行业、领域、业务等，各类市场主体皆可依法平等进入。对市场准入负面清单以外的行业、领域、业务等，各类市场主体皆可依法平等进入，政府不再审批。做到市场准入负面清单以外的事项由市场主体依法自主决定。统筹考虑国家安全、生态环境、群众利益、安全生产等方面的因素，完善综合考量指标体系，落实企业首负责任，依法加强监管，建立安全审查监管追责机制，形成政府监管、企业自治、行业自律、社会监督的新格局。对属于市场准入负面清单的事项，可以区分不同情况探索实行承诺式准入等方式，进一步强化落实告知性备案、准入信息公示等配套措施。

2. 完善区域要素市场体系

一是建立区域人才市场。建立试验区人才和劳动力信息统一平台，联合组建职业培训学校，打造劳动力统一培训市场，在两省交界建立一个大型中心人才市场，充分发挥中心人才市场的效应，实现两省交界各县市人才资源互通共享。加强四市九县之间人才和劳动力流动的组织和服务，构造试验区农村实用人才培训网络。在试验区建立高层次人才特区，共建企业博士后科研工作站和创新平台。二是建立区域资本市场。鼓励四市建立统一的投融资及中介服务机构，共同搭建资金供求平台和监管平台，发展多层次的区域资本市场，拓宽企业和个人融资渠道，打造区域性金融中心。联合建立统一的区域发展银行，为企业创新发展，并购企业，转型升级，提供资金支持。支持四市共同设立区域合作发展基金，发挥财政资金引导、激励和杠杆作用，吸引社会资本参与。探索四市联合发行地方和企业债券。三是建立区域技术市场。加强知识产权协同保护，积极发挥财政资金的杠杆作用，引导社会资本等参与技术产权交易一体化市场建设。加快试验区科技资源公共服务平台建设步伐；规划建设一个互联互通的技术交易平台。促进产学研进一步结合，共同培育技术市场；鼓励两省高等院校、科研院所、研发设计企业、产业技术研究院、工程技术（研究）中心、重点实验室等加强与技术市场合作，充分利用技术市场这个平台，发现创新机遇，对接技术需求、转移技术成果、开展技术集成、承担研发任务、提供技术服务、开放科技资源。

3. 共同推进市场平台建设

一是完善商品流通体系。以建设区域商贸物流中心为发展目标，加快建立各种专业化、规模化、多功能配套、一站式服务的专业市场体系。建立公平开放高地规则，统一工业制品、农产品质量标准、检验检测标准和认证标准，促进商品自由流通。加强省际物流技术、信息、运输、仓储、配送等协作，提升信息化和智能化水平，打造区域性综合物流中心和省际边界贸易中心。二是发挥市场中介作用。制定行业协会、商会等市场中介组织的扶持政策，鼓励和支持支柱行业、新兴行业和开放度较高的领域组建行业协会，重视并发挥其在制定行业标准、坚持行业自律、推动经贸合作等方面的作用。推动行业协会与行政事业单位分离。推进政府购买行业协会服务。三是建立区域信息平台。加快推进区域公共服务平台一体化建设，逐步实现公共服务资源互联互通共享。探索建立区域企业信用信息互通共享机制，实现组织机构代码、企业登记、信贷、纳税、合同履约、产品质量监管等信用信息共享。

（四）推进公共服务共享

加强公共服务交流合作，建立健全资源要素在区域之间、城乡之间的合理配置，推进公共服务资源共建共享和基本公共服务一体化建设，形成优化配置、共建共享、流转顺畅、协作管理的社会公共事务运行机制，提升基本公共服务均等化水平。

1. 深化教育合作发展

开展多种形式的联合办学，推动两省学校共建、师资交流和统一招生。推进区域教育信息化工程建设，建立优质教育资源和成果互联互通、共建共享机制与平台，提高教育资源利用率，扩大优质教育资源覆盖面。推动职业教育机构合作办学，完善招生计划协商机制，深化专业建设、课程开发、资源共享、学校管理等合作，建立健全产教融合、校企合作的现代职业教育体系。支持中等职业学校和实训基地建设，实现初高中未就业毕业生职业技术培训全覆盖。支持有条件的地区加快创建国家级农村职业教育和成人教育示范县。推进义务教育、特殊教育的交流合作。推进建设继续教育、远程教育培训平台，促进优质教育资源共享与交流。

2. 共建科技创新体系

整合区域内各类科技资源，加快形成以企业为主体、市场为导向、产学研相结合的技术创新体系，共建区域创新体系，提升自主创新能力。支持建设科技企业孵化器。建立科技创新战略联盟，共同实施科技创新工程，联合开展重大科技攻关，支持共建国家级和省级研发平台、中试基地、技术标准检测评价机构，促进科技资源共享和平台相互开放。联合建立区域科技信息网络和技术交易网络共同推广和转化科技成果。建立和完善高端创业创新人才引进机制，引进一批高层次人才和团队两省边界地区创业创新。构建创业创新人才培育体系，加强青年科技人才、实用工程人才、科技辅助人才科普人才等紧缺人才培养。完善人才评价激励机制和服务保障体系，营造有利于人人皆可成才和青年人才脱颖而出的社会环境。建立郴州、永州、韶关、清远四市互派公务员挂职交流机制，推动区域政府管理人才交流。为高层次人才提供落户、配偶就业、子女就学等全方位服务。

3. 合作共享医疗卫生资源

整合区域现有医疗卫生资源，推进现有医疗设备、实验室等医疗卫生资源共享，提高医疗卫生资源的利用率。建立区域医疗卫生数据库和信息交换平台，完善门诊通用病历、双向转诊、区域内临床用血应急调配等合作机制，实现区域内同等级医疗机构医学检查结果互认，开展远程医疗合作和跨区域院前急救合作，实现院前急救无缝隙。探索共建共营大型医疗卫生机构、共购大型医疗卫生设备，实现区域公共医疗卫生资源的优化配置。发挥区域市场、技术、资金和药用植物资源优势，共同开展中医药、民族医药科学研究，加强地方高发性重大疾病的研究协作，合作建设医疗卫生优势（重点）学科，打造中医民族医药创新集聚区。合作开展全科医生人才、急需紧缺专科型人才、中医药民族医药传承人等卫生人才培养。探索建立医师多地点执业注册，促进医师合理流动和医疗卫生机构之间人才交流。积极组织开展疑难疾病联合攻关和重大疾病联合会诊。促进区域公共卫生服务资源合作共享，推动流动人口卫生和计划生育基本公共服务均等化，建立突发公共卫生事件和重大传染病信息通报、监测预警、应急控制和技术资源共享机制，加强重大传染性疾病、突发公共卫生事件联防联控和相互支援，联合防治地方病。加强食品安全风险监测体系建设，强化食源性疾病监测与管理工作。

4. 推动文化共同繁荣

一是共同提升区域文化软实力。充分发挥湘南和粤北地域相接、人缘相亲，文化相通、思想相融、渊源深厚的优势，加快文化改革发展和开放合作，推进文化创新、传播和载体建设，实现区域文化资源有效整合、优势互补，共同提升双方的文化软实力和竞争力。建立南岭文化、瑶族文化、客家文化研究基地，深化文化遗产保护合作，联合开展西京古道等大型文化遗址考古，以及瑶族文化等合作研究。支持城市之间开展文化交流合作。二是推进公共文化体系共建共享。推进现代公共文化服务体系建设，扩大公共文化产品和服务供给，促进区域、城乡基层公共文化服务资源共建共享。加强文化惠民工程建设，建设基层综合性文化服务中心，推动公共文化服务社会化发展，逐步实现公共文化场馆向全社会免费开放。协同推进实施广播电视村村通、文化信息资源共享、国家数字图书馆推广、农村数字电影放映等公共文化服务体系建设工程。三是联手推进文化产业发展。依托湖湘文化、岭南文化、禅宗文化、瑶族等少数民族文化特色，以图书馆、文化馆、博物馆、文化创意园等为载体，大力培育特色文化产业，建立跨区域的文化产业园区平台。建立健全现代文化市场体系，建设多层次文化产品和要素市场，推动文化企业跨地区、跨行业、跨所有制兼并重组，共同培育一批拥有自主知识产权和文化创新能力的文化企业集团。整合新闻媒体资源，推动传统媒体和新兴媒体融合发展。

5. 共促社会保障统筹

一是不断健全社会保障体系。加快推进养老、失业、医疗、生育保险政策一体化，建立统一的城乡居民基本养老保险制度，建立健全缴费激励、风险防范机制，完善与城镇职工养老保险衔接办法。整合城乡居民基本医疗保险制度，提高新型农村合作医疗保障水平，缩小医疗保障水平差距。支持保险业经办城乡居民基本养老、医疗保险和大病保险。二是推动社会保险跨区域衔接。健全社会保障信息交流共享平台。在国家统一规划指导下，建立社会保险关系跨统筹区转移制度和信息网络，完善参保人员社会保险关系转移、衔接的政策措施，实现养老保险关系和失业保险关系无障碍转移。加强区域内社会保障政策和管理服务协调，建立跨地区养老金资格认证认可与养老金异地领取制度，探索区域内异地就医转诊和医疗费用即时结算服务，实施住房公积金缴存异地互认互贷和转移接续制度，推进工伤认定和劳动能力鉴定互认制度，建立相关信息共享机制。在条件成熟时，探索建立居民社会保障卡互通互用模式，逐步统一“五险一金”缴费标准、待遇水平、财政补贴。三是共建社会救助体系。共同完善区域居民生活救助制度和农村五保供养制度，健全区域教育救助、医疗救助等专项救助制度，建立抚恤优待、老人优待异地互认机制和孤残儿童、流浪人员共同安置机制，努力建立较为完善的、覆盖城乡的一体化社会救助体系。共建区域社会福利事业财政投入机制，发展适度区域普惠型社会福利事业，扩大社会福利覆盖范围。支持跨地区共建养老基地。大力发展社会工作机构，提高区域社会自助自救能力。

6. 创新区域社会治理

一是推进社会治理区域联动。加强社会治安信息系统整合和资源共享，建立跨区域警务协作机制，在道路交通管理、维护社会稳定、打击违法犯罪、处置突发事件等方面实行区域联动，实现指挥联网、整治同步，构建一体化治安防控体系。加大对严重刑事犯罪、经济犯罪、毒品犯罪、网络犯罪、涉枪涉爆犯罪等跨省严重犯罪的联合打击。全面落实居住证制度，加快流动人口统计信息数据库建设，实现居住地和户籍地网上通报与基本信息共享。二是建立区域应急管理合作机制。健全突发事件应急体系，制定实施区域安全生产、重大事故、卫生应急、社会救助和灾害救助等突发事件应急预案，提升联合处置能力。建立区域防灾减灾联动机制，形成统一应急预案体系，实现救灾应急行动统一协调和指挥，提高灾害应急响应能力和灾害救援专业化水平。共同建设区域救灾物资储备体系，拓展救灾物资储备方式，丰富救灾物资储备种类。完善区域突发事件预警信息发布体系，提高公众自救、互救和应对各类公共事件的能力。三是提升食品药品安全保障能力。完善食品药品监管体制，建立区域内食品药品安全检验检测、信息监控、风险监测、技术标准和认证审评等技术支撑体系。加强食品药品检验检测机构建设，加大食品安全检验检测力度，建立区域食品原产地可追溯制度和质量标识制度、食品安全检验检测结果互认制度，完善食品药品安全信息平台、电子信息追溯和应急指挥平台，推进监管信息共享、互联互通。开展跨区域监管执法和打击食品药品安全违法犯罪合作。

（五）生态环境同建同治

发挥两省交界地区生态资源优势和主体功能区建设试点示范作用，建立跨区域主体功能区建设和环境保护联动机制，协同加强环境治理，强化水资源保护，筑牢生态安全屏障，协调推动发展绿色化，打造试验区绿色发展高地，形成人与自然和谐发展新格局。

1. 共同推进主体功能区建设

一是提升重点开发区域。重点开发区域主要为城镇地区，其功能定位要求优先布局重大制造业项目，统筹工业和城镇发展布局，适度扩大建设用地规模，促进经济集聚与人口集聚同步。争取将两省口子镇列为重点开发区域。在推进郴州、韶关、永州、清远中心城市扩容提质的基础上，加快拓展九县市“中心经济轴”的发展空间，适当提高开发强度，推进重点开发区域更好更快发展。二是调优农产品主产区域。加强两省交界农产品主产区域耕地保护，主要加大农业综合生产能力建设投入，建设集中连片的商品粮基地。推动农业规模化、产业化和现代化，引导农产品加工、流通、储运企业集聚，加强公共服务设施建设。重点推进仁化、乳源、连州、蓝山、江华、临武、汝城等地加强畜禽、特色瓜果、油料、花卉苗木、绿色蔬菜、高山茶叶、中药材生产基地建设。三是保护重点生态功能区。加强重点生态环境保护和修复，增强水源涵养、水土保持和生物多样性功能。以国家级自然保护区、森林公园和地质公园为核心，建立南部莽山原始森林安全保护区和西南部石漠化生态安全保护区。以莽山国家森林公园、八面山国家自然保护区、中北部丹霞地貌、骑田岭自然风光、瑶岗仙狮子口大山为核心，建立地貌多样性保护区。以莽山烙铁头蛇、黄腹角雉、云豹、银杉、南方红豆杉、伯乐树等珍稀濒危动植物物种为重点，建立生物多样性保护区。

2. 切实加强水源地保护

一是提升水源地保护能力。制定饮用水水源保护规划，按照《饮用水水源保护区划分技术规范》等有关规定，对四市九县集中式饮用水水源地保护区划分进行调整，对所有的自来水厂厂址和取水口进行坐标定位，并制定空间分布图，在集中式饮用水水源地设立保护区标志牌和取水口标志牌。共同抓好饮用水源保护和水源涵养，加强跨界河流排污企业监管，重点加强对跨界饮用水源周边的生态保护和污染防治。完善跨界水源地水质联合监测体系，健全饮用水水源安全达标评估，定期开展饮用水源地水质监测和信息通报。二是合力推进水污染治理。建立水资源综合调配机制，推进流域饮用水资源统一配置调度，着力保护江河源头水资源。建立两省交界地区统一的监管执法机构，整合资源和力量，在饮用水水源监测预警、执法监管、应急管理等方面相互支持，提高水源保护和水污染联防联治水平。按照“谁污染、谁治理”“谁受益、谁补偿”的原则，建立健全跨界河流上下游水生态污染防治机制和补偿机制，完善下游地区对上游地区、受益地区和受损地区、重点开发区域对生态保护区域的生态补偿机制，以平衡各方利益，用制度创新实现跨界河流上下游区域的生态价值化平衡和管理。三是加大水体断面监测力度。推动建立两省跨界河流水污染联防联控机制，在产业准入、节能减排、环境监测、环保执法、污水处理、空气污染治理、生态产业发展等方面执行统一标准和开展全面合作。加快完善跨界河流上游地区工业、生活污水处理等环境基础设施，建立完善的污水收集系统、雨污分流系统、集中处理系统等，建立健全跨区污水排放协商制度，减少排放总量，优化排放方案，实施限排指标控制制度。推进两省跨界河流联防联控，完善跨省河流水体断面联合检测和防治预警机制，建立密切协调、运行有效的跨界河流水污染防治联动工作机制和日常沟通协调机制，共同应对和处理跨界突发环境事件，确保水质安全。

3. 筑牢南岭生态安全屏障

一是共同保护“一山三江”生态格局。利用山脉、河流的生态功能，构建以湘江、珠江、赣江水系为脉络，以南岭山脉为自然屏障的生态安全格局。加强南岭山脉生态环境保护，全面落实天然林资源管护责任，推进生态公益林建设和管护，改善林分结构，严格控制林木采伐和采矿破坏植被等行为，保护生物多样性，建设森林防火和管护支撑体系，支持南岭山脉纳入国家重点生态功能区，提高生态价值和生态产品生产能力。加强对湘江、珠江、赣江水系岸线和水资源保护，明确水域岸线用途管制，合理划分岸线保护区、保留区、限制开发区和开发利用区，严格分区管理。二是建设优美生态廊道。以区域内的城市公园绿地、街头绿地、水体为斑块，以区域范围内的自然山（丹霞山、九凝山、莽山、天井山、大东山、五指峰等）水（武水、浈水、北江、连江、舜水等）、农业生产绿色基地为本，以区际铁路（京广高铁）、公路（京广高速、二广高速、厦蓉高速、湘深高速、宜凤高速、广乐高速、韶赣高速等）等重大干线两侧绿化带为生态廊道，形成沿江、沿河、沿路、城市间和城市内部组团间的生态廊道或生态隔离带。共同构筑以湘江、珠江源头水系、湖泊湿地、山体、道路绿化带、城际间生态廊道、农田林网为主要骨架的生态网络，增强区域生态服务功能。全面开展绿色生态新区建设，以韶关芙蓉新区、郴州高铁新区等为示范，深入创建绿色生态新城。三是强化生态屏障保护和修复。加快南岭山地生态屏障建设。共同推进国家级南岭山地森林及生物多样性功能区试点示范工作，做好试点项目和资金争取等重点工作，建立健全两省生态保护和补偿机制，协同推进退耕还林、水土保持、生物多样性保护等重点生态工程，着力构建南岭山地森林及生物多样性生态景观网络体系。加强湘江、珠江上游生态保护，共同推动两江流域水污染防治纳入国家重点流域水污染防治规划，严格限定区域内水资源的开发强度和其他开发活动强度，依法划定饮用水水源保护区，加强水环境安全检测，增强水源涵养功能，提升区域饮用水水源品质。

4. 加大跨界环境治理力度

一是加强大气污染联防联控。联合开展大气污染防治行动，加强有色金属、煤炭、化工、建材等重点行业治理，推行清洁生产，鼓励煤炭清洁利用，推进大气污染物协同减排。加强城市扬尘污染治理，加强道路保洁，实施建筑工地、渣土运输扬尘污染控制标准化管理，落实扬尘网格化管理。加大机动车排气污染防治，加快淘汰黄标车和老旧机动车；严格执行国家车用燃油标准，推行绿色出行。加强秸秆和垃圾禁烧管理，推进农林废弃物综合利用产业体系建设。完善空气重污染应急联动机制。二是推进土壤治理合作。全力推进土壤污染防治行动，优化保护耕地土壤环境，强化工业污染场地治理。重点推进临武、宜章、乐昌、仁化等地区涉重企业搬迁、整改，加快老工矿企业关停或治理，完成遗留矿渣污染治理和土壤修复工程。制定污染场地治理修复管理办法和规范，强化污染场地治理修复责任。强化农业用地污染防治和生态修复，以基本农田、重要农产品产地、“菜篮子”基地为重点，开展耕地重金属污染修复试点示范。联合建立健全土壤污染防治防控协调机制和动态监测制度，提升土壤污染治理能力和监管水平。三是创新环境协同监管机制。健全区域环保联防联控、联合监测、联合执法、联合打击环境犯罪制度，联合制定预防和应对重大污染事件合作机制，协同解决区域性重大环境问题。建立污染物排放总量控制、排污权有偿使用制度。加快推进宜章、乐昌等合同环境服务试点、碳排放交易市场建设。建立流域生态补偿机制、区域落后产能退出机制、污染治理和资源节约激励机制。定期公布区域环境信息，互通企业环境诚信信息，及时向社会公布违法排污企业名单。打破省级行政区划界限，相邻乡镇共建共享给水、排水、污水、污泥、垃圾处理设施，实现给水、污水管网互联互通，垃圾收集、清运、处理一体化。

五、湘粤开放合作试验区实施路径

充分发挥两省的交通、区位优势，实施更加积极主动的开放战略，支持开发开放平台建设，加强两省合作交流，共同构建陆海统筹、两省共赢的对外开放新格局，努力提升湘粤两省国际竞争力，推动形成双向开放新格局。

（一）共建开放型经济支撑平台

1. 推动开放平台发展

支持未设立开发区且具备条件的县市申报设立省级产业园，支持符合条件的省级开发区实施扩区和调整区位，支持具备条件的省级开发区升级为国家级开发区。提高省级经济技术开发区承接先进制造业、现代服务业发展能力，带动四市提高内陆开发开放水平。鼓励创建白石渡、仁化有色金属循环经济等循环经济园并争取上升成为国家循环化改造示范园区。加强园区科技创新服务平台、产品检测服务平台建设。创建临武鸭、宜章脐橙、乐昌香芋、蓝山葡萄等农产品科技服务平台

2. 共同打造大通关环境

加快推进湘粤两省区域通关作业一体化，进一步加强两省海关、检验检疫部门的沟通合作，在服务外贸、信息共享、口岸共建等多个方面加强沟通和相互支持。促成跨关区、跨检区信息互换、监管互认、执法互助，合作开展“一次申报、一次查验、一次放行”，全面提升边检通关效能。加快推进湖南“无水港”“内陆港”、重大物流中心平台等重大项目建设，着力拓展多式联运，适时增开新的“五定班列”。支持粤港直通车的联系和对接，使其成为湖

南融入珠三角快速通关体系的主要运输工具。支持湖南供港澳农产品集中验放场开展业务和规范运作。支持湖南郴州、永州等开展港澳公路跨境快速化通关业务。

3. 加强外贸出口平台建设

建设运营好各类进口口岸、加工贸易平台、跨境电商监管中心。加快特色优势产品出口基地建设，完善提升蓝山、乐昌、仁化出口纺织品企业建设，支持郴州出口加工区、韶关市保税区建设，争创国家级外贸转型示范基地。打造农产品、有色金属、宝玉石、生物医药等一批有影响力的经贸展会，建设资源型工业外贸公共平台。

（二）提升外向型经济水平

1. 推动外贸转型升级

加强企业联合，共同应对外部市场。着力巩固优势农产品和纺织服装等劳动密集型产品出口优势，进一步提升新材料、化工产品、生物医药、电子信息等产品的出口能力，加大对战略性新兴产业出口的奖励支持力度。充分发挥郴州市、韶关市的引领作用，培育跨境电子商务、外贸综合服务企业，完善境外营销网络。推进服务外包示范园区建设。扩大先进技术设备、关键零部件及能源资源的进口。提高引进外资质量，完善重大招商项目推进机制。

2. 联合实施“走出去”战略

协商制定促进贸易、市场流通、通关协作等进一步便利化的政策措施，消除商品流通及市场准入等方面的障碍，为广东的企业和产品通过湖南走向全国和湖南的企业通过广东走向世界提供良好的制度环境。共同建立面向国际市场的商贸物流基地和贸易加工基地，引导企业做大做强，强化政府协调引导，整合对外交往资源，完善境外投资风险预警和信息服务机制，为企业“走出去”创造良好营商环境。鼓励有实力的企业到境外开发资源、承包工程、投资办厂，带动产品出口和劳务输出。引导有条件的企业到境外上市融资。积极参加东盟博览会、南亚博览会、亚欧博览会、中阿博览会、广交会等重点展会，强化品牌建设，提高市场竞争力。

3. 创新开放型经济新体制

大力推进投资、贸易、金融、综合监管等领域制度创新，打造国际化、法治化的营商环境，建立与国际投资、贸易通行规则相衔接的基本制度框架。加快外商投资管理体制改革，大力发展服务贸易，扩大服务业对外开放。整合区域内海关资源，实现口岸管理相关部门信息互换、监管互认、执法互助。支持设立海关特殊监管区，享受出口退税等优惠政策。支持郴州市、韶关市按程序申报设立综合保税区。

（三）推动形成双向开放新格局

1. 加强区域互动合作

积极对接珠三角、北部湾、海峡西岸等地区发展，强化在贸易、金融、产业领域的合作，引导沿海发达地区资金、技术向试验区转移。加强与中西部地区的合作，加快融入长江经济带产业发展链条，积极开展与长江中游城市群其他城市的有序分工与合作。加强与国内其他地区资源枯竭型城市的合作交流，学习资源枯竭型城市振兴经验。

2. 深化与港澳台合作

利用与港澳联系的地缘优势，深化与港澳在投资、金融、贸易、会展、农业、旅游、科技、文教、卫生等领域的合作。加强与两广港口物流合作，打造陆海联运国际物流通道。鼓励企业和产品以港澳为平台“走出去”，拓展国际市场。积极承接港澳产业转移，推进先进制造业、战略性新兴产业和现代服务业合作发展，共同开拓东盟市场。拓展与台湾经贸合作与文化交流。

3. 融入和对接“一带一路”

加强与沿路国家在基础设施建设、能源开发、产业发展等领域的合作。全面深化与东盟的经贸合作关系，加强产业投资和旅游市场开发，不断提高合作层次和水平。开辟国外新兴市场，建立合作交流机制和渠道，积极发展进出口贸易，加大对外工程承包力度，务实推进资源能源和农业开发及产业合作，努力培育新的经贸增长点。拓展欧盟市场，扩大引进先进装备和技术。

（四）创新开放合作体制机制

1. 大力支持先行先试

推进重点领域和关键环节改革创新，开展重大改革发展实验，建立适应跨区域合作的管理体制和合作机制，充分释放改革红利，实现多方利益共惠共享，有效支撑湘粤交界地区的快速发展。继续推进湘南国家级承接产业转移示范区建设，在条件成熟时，推广广东自贸区建设先行先试政策。深化国家生态文明先行示范区建设，推进国家级南岭山地森林及生物多样性功能区试点示范，积极争取革命老区连片扶贫开发试点、深化改革现行示范区建设。

2. 健全市场运作机制

充分发挥市场在资源配置中的决定性作用，推动建设开发的市场化运作，积极创新投融体制机制，吸引银行、券商、信托、保险、股权基金等各类投资主体参与开发建设、招商引资、管理运作，为湘粤开放合作提供多元化融资服务。研究设立湘粤开放合作试验区开发建设公司，作为企业法人实体，具体负责试验区开发建设的相关事宜。

3. 创新利益协调机制

探索建立产业跨区域转移的利益共享机制，跨市布局产业项目的收益由合作各方分享，项目投产后产生的税收地方留成部分可在协商一致的基础上按一定比例分成。探索建立跨行政区水资源和土地资源开发利用、生态环境保护和生态补偿机制。推进区域法治合作平台建设，建立协调处理跨地区利益纠纷制度。

4. 建立生态补偿机制

以南岭地区生态保护合作为平台，加快建立跨省生态补偿机制。按照“谁保护谁受偿、谁受益谁补偿”的原则，以区域补偿为重点，建立跨区域生态建设与环境保护的长效机制，实现生态共建、环境共保、污染同治。

催发湘赣联袂崛起新合力

——湘赣开放合作试验区发展规划研究①

湖南、江西两省突破行政区划限制，于2015年4月共同签署了《共建湘赣开放合作试验区战略合作框架协议》，决定在省际毗邻的边界区域设立“湘赣开放合作试验区”（以下简称试验区），共同探索跨省城市群合作发展新模式与新路径。本试验区范围包括：湖南省长沙市、株洲市、湘潭市，江西省萍乡市、宜春市、新余市，总面积53756平方公里。建设湘赣开放合作试验区是国家探索省际合作、落实长江经济带和长江中游城市群发展战略的重要举措，有利于探索省际交界合作新模式，推动形成良性互动、合作共赢的区域发展新格局；有利于加快中西部承接东部产业转移步伐，推动湘赣两省产业结构的调整与优化升级；有利于加强省际生态共建与环境同治，促进区域经济与生态协调发展；有利于探索发展水平差距较大的城市群之间协同发展的新机制和新模式，更好地实现国家区域政策的精准化。

一、推进湘赣开放合作试验区建设总体思路

（一）基本要求

按照中央关于深化区域合作发展的总体要求，立足发挥优势、合作共赢，以协调区际利益关系、创新区域合作机制、促进资源要素自由流动为核心，解放思想、开拓创新，全面推进基础设施互联互通、城市建设协调推进、产业体系统筹提升、市场要素对接对流、公共服务体系一体化建设、生态环境联防联

① 国家发展和改革委员会、湘赣两省决策咨询项目，国家宏观经济研究院肖金成先生等和江西省社会科学院麻智辉先生等共同参与研究，本人主持湖南方面研究并最后统稿修订，2015年11月完成。

治，努力把湘赣开放合作试验区建设成为长江经济带重要的战略区域和国家省际开放合作的典范区域。

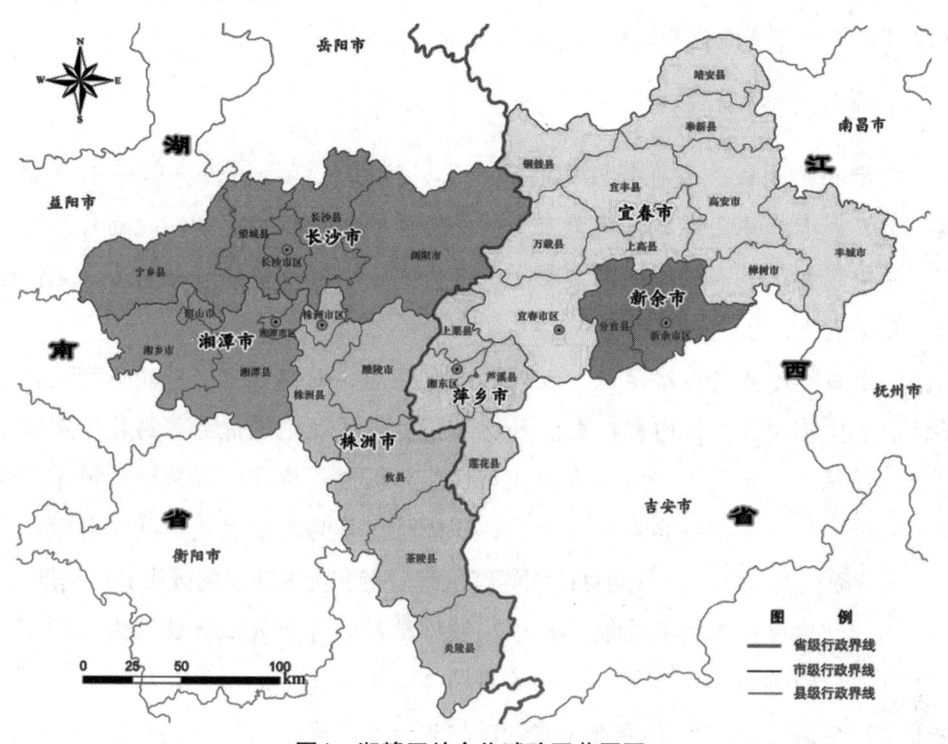

图1　湘赣开放合作试验区范围图

坚持优势互补，合作共赢。贯彻开放、合作、共赢发展的新理念，充分发挥各地比较优势与合作的主动性、创造性，错位发展和互补发展相结合，整合资源，大力加强区域内经济要素的优势互补，合力解决区域发展的共性问题，努力实现区域整体协作效应最大化，全面提升全区域发展质量和竞争力。

坚持统筹推进，重点突破。创新合作机制，因势利导，务实推进，统筹推进基础设施互联互通、生态环境联防联治、产业发展对接协作、发展载体共同打造，全面带动区域合作层次和合作水平的提升。

坚持开放合作，改革创新。主动适应国际国内形势的发展变化，深化改革，大胆实践，科学制定区域合作的基本准则。不断创新合作理念，拓展合作思路，探索利益分享机制，健全合作体制保障，努力开创区域合作的新局面。

坚持市场主导，政府推动。发挥市场在生产要素跨地区流动、资源优化配置中的决定性作用，发挥企业和社会组织在区域合作中的主体作用。积极推动建立区域开放合作发展的协调机制，完善规划衔接，优化政策协调，共同打造开放合作平台，全面提升跨区域开放合作的治理能力和治理水平。

（二）战略定位

立足湘赣两省，依托长江中游城市群，连接长江经济带，服务中西部，面向世界，把湘赣交界地区建设成为国家省际产业合作示范区、内陆开放型经济体制机制创新区、国家生态文明建设先行区、全国重要的装备制造、光伏应用、文化创意、旅游休闲基地。

国家省际产业合作示范区。发挥湘赣交界地区的粮食生产、装备制造、电子信息、生物医药、锂电新能源、环保陶瓷、现代花炮的优势，强化产业分工协作，优化产业布局。协力推进农业现代化；促进长株潭的优势产业链条向新宜萍的全面延伸，引导企业联合重组，积极推进优势传统制造业转型升级，共同培育战略性新兴产业；共同打造湘赣红色旅游带和全国知名的健康养生基地。

内陆开放型经济体制机制创新区。发挥试验区先行先试优势，大胆创新，扩大开放合作领域，构建统一开放的市场体系和高水平的对外开放平台，打造中部地区全方位、多层次跨省开放合作的先行示范区。遵循市场规律，突破行政界限障碍，实施负面清单管理，努力探索精简高效、互惠共赢合作新模式，创新省际要素自由流动的新机制。

国家生态文明建设先行区。树立绿色、低碳发展理念，全面推广长株潭“两型”社会建设经验，完善“城市矿产”发展，建设生态工业园区，大力发展循环经济，严格产业准入，推进国家节能减排财政政策综合示范城市、海绵城市试点实施力度，探索跨区域污染防治联动的新途径，率先建设生态与经济协调发展，人与自然和谐相处的生态文明示范区。

全国重要的装备制造、光伏应用、文化创意、旅游休闲基地。突破关键技术，进一步提升工程机械、轨道交通、汽车及零部件、智能制造、再制造、输变电等装备制造业以及光伏、新能源电池等新能源产业的发展水平。引进创意人才和战略投资者，扶持优秀文化创意企业发展，培育和繁荣文化创意市场，建设中部地区工业创意中心和全国性互联网文化产业基地，打造湘赣地区创新创意产业品牌。共同建设旅游基础设施，合力开拓旅游市场，联手整治旅游市场秩序，建设国内外重要旅游目的地。

（三）发展目标

到2020年。试验区建设全面启动，共建共享的基础设施框架体系初步形成，产业对接合作初见成效，联动发展的体制机制基本建立，协调发展的政策体系初步形成，体制机制创新取得新突破，全方位跨区域合作格局基本形成。中心城市辐射带动作用不断提升，城乡居民收入增长与经济发展同步，实现城乡基本公共服务均等化，与全国同步实现全面建成小康社会目标。

到2030年。形成更加完善的区域协调发展体制机制，率先实现区域一体化，成为各类要素顺畅流动、产业合理分工紧密合作、基础设施互联互通便捷高效、生态良好环境优美、基本公共服务共享、创新驱动发展主导、人民生活幸福安康的全国跨省开放合作的典范地区。

二、共同优化空间开发格局

根据国家和两省主体功能区规划要求，高效利用国土空间，优化城乡建设布局，促进产业集聚和人口集中，以合作廊道、共建区和次区域合作圈为重点，构建开放合作、协同发展的空间格局。

（一）形成“三廊三区四圈”空间结构

共筑三条合作廊道。发挥轴带带动作用，优化提升沪昆（新余—宜春—萍乡—株洲—湘潭）合作廊道，加快建设长浏萍（长沙—浏阳—上栗—萍乡）合作廊道，培育发展长—万—高（长沙—万载—上高—高安）合作廊道，促进沿线地区基础设施、城乡建设、产业发展、生态保护全方位对接融合。沪昆合作廊道。以沪昆综合运输通道为依托，促进长株潭与新宜萍深度融合，合作推进资源型城市转型发展，加快赣西新余、宜春、萍乡中心城区发展，辐射带动沿线中小城市发展。支持沿线产业园区合作与整合，延伸装备制造、光伏新能源、锂基材料、陶瓷、粉末冶金等产业链条，努力构建1小时经济带。长浏萍合作廊道。依托渝长厦快速铁路、长沙至浏阳、上栗至萍乡高速、319国道综合运输通道，强化浏阳、上栗等节点城市功能，促进长沙综合服务功能向萍乡延伸，发挥长沙经开区、浏阳经开区、上栗经开区、萍乡经开区等支撑作用，加强花炮等特色产业合作发展，依托空港优势，合力发展临空经济，积极承接电子信息、现代物流、生物医药、机械制造等产业转移，打造湘赣合作新高地。长—万—高合作廊道。依托长（沙）南（昌）高速公路（长沙至浏阳、南昌至上栗），加快沿线万载、上高、宜丰、高安、奉新等县城及节点城镇的发展，促进长沙综合服务功能沿此合作廊道向东辐射，深化旅游等特色产业合作，引导宜春中心城区与周边县城一体化发展，形成长沙、南昌辐射交汇地，以“宜万都市区”为核心节点的湘赣合作新通道和赣西新的城镇密集带。

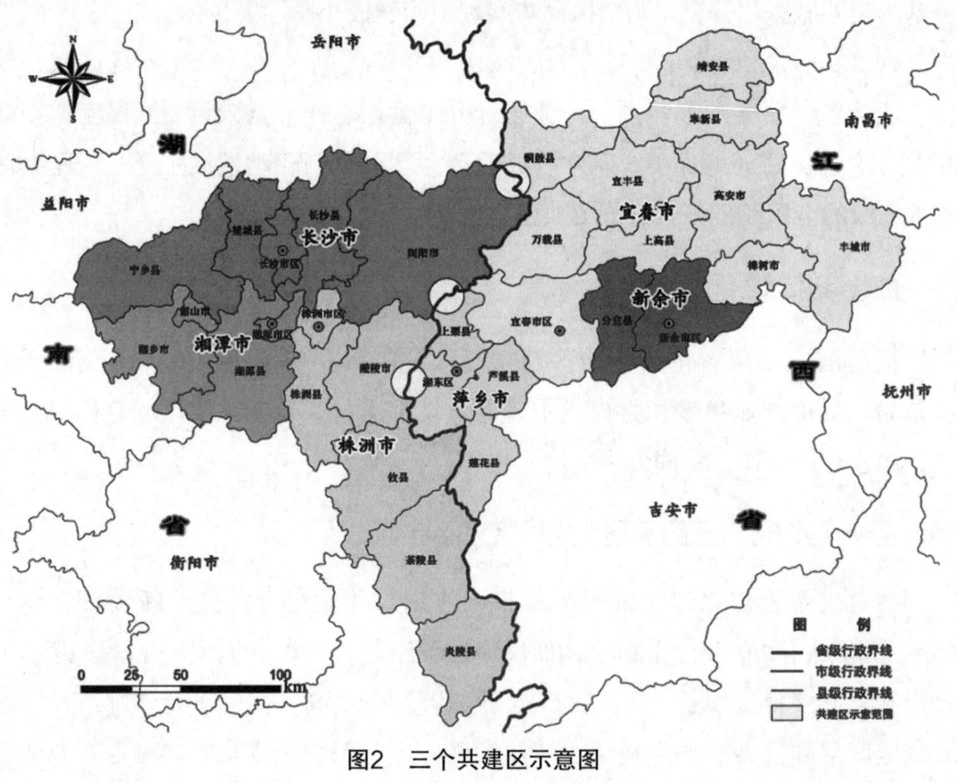

图2 三个共建区示意图

规划建设三个共建区。按照全面对接、重点突破原则，充分发挥湘赣两省和接壤市、县的积极性，规划三个共建区。浏阳—上栗共建区。在大瑶镇、金山镇接壤地区，规划建设面积20平方公里的产业合作园区，依托浏阳、上栗两县及大瑶、金山镇区，共同推进花炮产业转型升级，大力发展花炮总部经济，设立花炮技术研发中心，建设花炮专业物流园区；积极发展装备制造业，承接沿海电子信息、五金家电、服装加工等制造产业转移。醴陵—湘东共建区。在老关镇、东富镇接壤地区，对已有园区进行整合，规划建设面积20平方公里的产业合作园区，重点发展装备制造、物流、陶瓷、玻璃、建材、彩印包装等产业，大力提高循环经济水平，积极发展装备制造产业，共同推进产业转型升级。浏阳大围山—铜鼓大沩山共建区。在两县接壤地区，依托大围山、大沩山风景名胜区，规划建设10平方公里左右的湘赣旅游产业合作园区，重点发展生态观光、旅游休闲、文化创意、健康养生等产业领域合作，广泛引进民营资本参与，按照产城融合理念，建设文化创意园、健康养生社区、休闲度假村、影视城等重点项目，打造长株潭及赣西地区新兴旅游目的地。

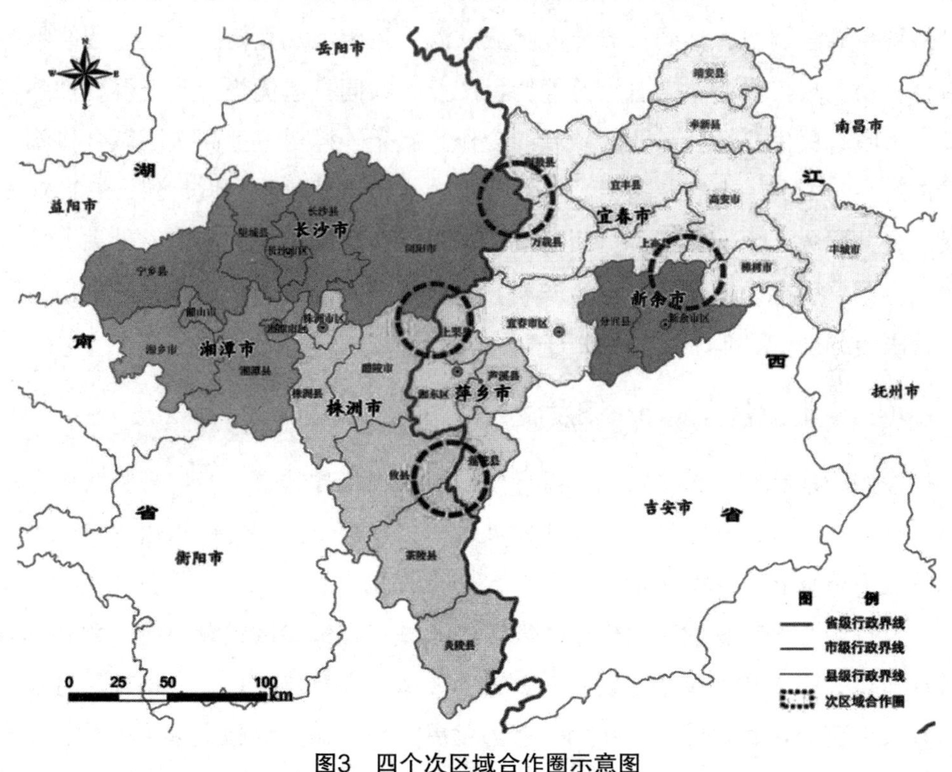

图3　四个次区域合作圈示意图

构建突破省界、市界、县界的四个次区域合作圈。发挥毗邻地区地缘文化相近、经济联系密切的优势，强化市县层面次区域合作，加强规划衔接和基础设施一体化建设，促进基础设施、公共服务、产业布局、生态环境一体化，形成四个次区域合作圈。浏阳—铜鼓—万载次区域合作圈。以交通基础设施互联互通为突破口，促进铜鼓、万载加强与长沙的对接，充分发挥长沙经开区、浏阳经开区的辐射带动作用，推动基础设施和产业链条的延伸，逐步融入长株潭生产分工体系。依托生物医药、绿色农业、生态资源优势，积极发展生态休闲旅游、健康养生等产业，将浏阳、铜鼓、万载建设成为长株潭和赣西地区的健康养生基地。浏阳—上栗—湘东—醴陵次区域合作圈。加快推进大瑶—金山、东富—老关等共建区建设，以此为契机，开展全面合作，共同打造优势产业集群，建设湘赣开放合作核心区、东南沿海产业转移重要承接区和内陆开放新高地。攸县—茶陵—莲花次区域合作圈。加强交通基础设施互联互通，推进界化垄（湖南株洲—江西萍乡）产业合作园区建设。整合圈内红色、古色、绿色、民俗特色旅游资源，共同打造交界区域旅游、休闲、观光精品线路。围绕特种冶金材料、现代农业、生态旅游等特色产业，共同打造优势产业集群，加强城镇、市政、民生、社会事业等领域的合作。新余—樟树—上高次区域合作圈。推进新余与樟树、上高及新干、峡江等周边县市基础设施、城市建设、产业发展、公共服务、生态保护等全面对接，加强新余对周边地区的辐射带动，延伸产业链条，引导次区域经济融合发展，重点加强新能源、新材料、电子信息、生物医药、汽车零部件、食品加工、金属家具等产业的合作。

（二）促进各类城市协调发展

按照因地制宜、彰显特色、差异发展、分类指导的要求，培育壮大中心城市，推进与县级市和县城的一体化发展，积极发展专业特色镇和边界口子镇，实现大中小城市和小城镇协调发展。

发挥中心城市辐射带动作用。发挥中心城市在试验区建设中的引领和辐射带动作用，在人才、技术、创新、金融等领域加强合作。长沙发挥长萍合作廊道和长万高合作廊道的龙头作用，着力发展工程机械、食品烟草、材料、电子信息等四大千亿产业集群，培育提升汽车、生物医药等战略性新兴产业，建设区域创新示范和产业转移辐射中心。株洲打造中国动力谷、世界一流的交通装备创造基地和全国重要的铁路交通枢纽，加强与萍乡的合作与一体化发展，共同构建以高端陶瓷、烟花鞭炮、玻璃加工、装备制造、文化旅游等产业为核心的产业协作发展示范性园区。湘潭要依托园区平台优势，打造产业集群，提高城市品位，打造成为国家中部地区“智造谷”，红色文化旅游目的地，与株洲共同发展成为沪昆合作廊道的龙头。萍乡要全面对接长株潭城市群，打造全国资源型城市转型的示范区、全省重要的新型工业化城市、以旅游商贸文化为重点的现代化城市、赣湘边界重要的经贸合作重要平台。宜春要以湘赣合作为契机，加快产业和人口集聚，做大做强宜春中心城区，建设全省低碳产业示范基地、现代农业示范基地、国家锂电新能源产业基地、中国宜居城市、全国知名养生休闲度假胜地。新余要加快建设全国新能源示范城市，着力打造国家光伏产业、金属材料高新技术特色产业和动力与储能电池产业基地，发挥对周边县市的辐射带动作用，建成中部地区重要的新型工业城、全省改革创新先行先试示范区和城乡统筹区。

推进县级市及县城对接中心城市。以主体功能为导向，实施县级市和县城提质扩容工程，引导交通市政等基础设施、教育医疗等公共服务资源和产业向县城、县级市布局，提高县城吸纳人口、集聚产业的综合承载能力和公共服务水平，培育一批中小型现代城市。积极承接中心城市制造业疏解和转移，因地制宜发展特色产业和劳动密集产业，扩大就业空间，使县城成为湘赣合作的重要支点和吸纳农业转移人口的重要载体。

建设一批专业特色镇和边界口子镇。按照突出重点、彰显特色、引领示范的原则，以多样化、专业化和特色化为方向，发展宜居宜业的现代化小城镇，培育一批工业强镇、贸易重镇、旅游名镇。重点抓好大瑶镇、下埠镇、安源镇、桐木镇、株潭镇等全国重点镇和全省新型城镇化试点镇建设，进一步落实支持政策，择优开展扩权强镇示范试点，创新投融资模式，完善基础设施，提高公共服务水平。大中城市周边有条件的重点镇以发展卫星城为目标，加强与城市的统筹规划与功能配套。支持具有特色产业、生态魅力、历史文化积淀的小城镇，发展成为各具魅力的特色镇。促进老关镇、大瑶镇、东富镇、金山镇、高陇镇、秩堂镇、皇图岭镇、柏市镇、鸾山镇、麻山镇、金刚镇、文家市镇、慈化镇、株潭镇、黄茅镇、排埠镇等省际边界口子集镇的发展，加快打通省际“断头路”、市际“断头路”，特别是加快长浏、大浏、浏醴等高速公路建设，实现各地区之间的高速连接，鼓励建设商贸市场、物资集散中心等符合城镇发展方向的项目，加强特色民居改造，增强竞争力和影响力。

三、湘赣开放合作试验区建设的主要任务

（一）加快基础设施互联互通

按照统筹规划、适度超前、互利共赢的原则，加大投资力度，加快交通、水利、能源和信息基础设施建设，提升综合道路通达水平，增强能源供应能力，强化水利安全保障，健全信息传输网络，强化合作区域基础设施支撑保障能力。

1. 共同完善综合运输体系

（1）铁路

以沪昆铁路和沪昆高铁为依托，积极推进长赣（厦）铁路、常岳九铁路、兴永郴赣铁路建设，规划研究赣西对接长株潭城际铁路、咸宜井铁路、咸韶铁路、衡茶吉铁路扩能改造、分文铁路扩能改造、醴茶铁路提质改造等项目，增加湘赣合作大通道，实现区域内铁路干支线合理布局。

（2）公路

以沪昆高速、昌铜高速、昌栗高速、320国道、319国道、312省道（G319、G320、G322、G356、S326）为依托，加快推动G60醴陵至娄底高速公路扩容工程建设，加快推动试验区高速公路、国省道及县乡道路的连通对接，加快推进长沙—萍乡—井冈山、萍乡—莲花、吉安—邵阳高速公路建设，推动长株攸快速通道建设，提高高速公路覆盖密度，加强湘赣路网对接，推进长沙南、北横线建设，建设湘赣省际无费快速大通道，构建现代综合运输枢纽，提高道路通行效率；强化国省道提质改造，拓展县级公路等级，积极推进农村公路建设。

（3）航空

巩固长沙黄花国际机场航空枢纽地位，适时开展长株潭核心区第二机场的建设，加快推进宜春明月山机场扩建工程，积极推进长沙开慧、浏阳、攸县、炎陵、萍乡、新余、修水、高安等通用民航机场建设，统筹机场与铁路、公路的合理布局，加强黄花机场的集疏能力，为打造临空经济区创造条件；以国家低空空域管理改革为契机，开发商用航空功能，推动新兴产业发展，积极推进城市公共服务航空功能，提升城市应对突发事件处理能力。

（4）水运

推进内河航运扩容提质，加快长沙、湘潭、株洲、樟树港口基础设施规模化、专业化建设，加快启动袁河航道开发规划研究，推进渌江等航道梯级开发与治理工程，积极研究推进新余港建设；拓展港口服务功能，加快多式联运发展，实现水运与公、铁、空等运输方式的有效衔接和配套发展，提升港口竞争力。

2. 增强能源保障能力

统筹能源资源开发。稳定煤炭生产，优化火电结构和布局；稳定石油产量，实现工业园区天然气利用全覆盖；加大能源资源勘探力度，大力发展页岩气等非常规油气资源开发技术；深度开发水电，推动抽水蓄能电站建设；鼓励发展风能、太阳能、地温能、生物质能资源等清洁高效的新能源资源，优化能源消费结构。

加强能源输送通道建设。加快油气战略通道建设，推进新余等煤炭储备基地建设，统筹天然气进口管道、液化天然气接收站，完善能源储备体系和输送网络建设；切实加强城乡电网建设与改造，增强电网优化配置和供电可靠性。

3. 推动水利工程和防灾减灾体系共建

强化水利保障体系。积极推进农村饮水安全、农田水利共建和饮用水水源地安全保障工程建设，加快实施大中型灌区续建配套与节水改造及灌排泵站更新改造，加强小型农田水利和农村“五小”水利工程建设，积极推进小型水库新（改扩）建等水资源配置工程建设，加快应急备用水源工程及配套设施建设，促进城镇供水设施、管网改造和农村污水集中处理，实施流域供水水源地共建和饮用水安全共保工程，保障城乡水资源供给。大力发展农村小水电，全面开展水环境治理，加强水土保持及流域面源污染联防联治，推进河湖水系连通，积极构建市、县、乡、村四级联动的水生态文明建设格局，切实保障水生态安全。

健全防洪减灾体系。大力开展主干河流重点段防洪工程建设，加快实施重点圩堤除险加固工程，加强沿江河重点城市防洪工程建设；积极开展重点城镇、经济发达地区、重点圩垸和粮食主产区等重点涝区的排涝设施改造和建设，全力推进水利枢纽工程建设，加快推进中小河流重要河段综合治理，基本完成小型病险水库和大中型病险水闸除险加固，加快建成山洪灾害频发地区和中小型水库以监测、通信、预报、预警、评价等非工程措施为主，工程措施与非工程措施相结合的防灾减灾防治体系。

4. 统筹信息基础设施建设

共建信息基础设施。以江西萍乡、新余和湖南长沙、株洲的“智慧城市”试点城市建设为契机，推进两地骨干信息基础网络设施建设，扩展网络覆盖空间，全面提高宽带普及率，加强农村信息网络和社区信息化建设；推动物联网关键技术研发和在重点领域的应用示范，加强三网融合、智慧城市、数字城管、大数据应用等领域合作，推进云计算平台建设工程；建立健全法律法规和标准，促进网络互联互通和业务融合。

加快经济社会信息化。充分发挥试验区科技智力优势，完善信息技术创新及成果转化机制，扎实推进产业高端化。积极发展电子商务，推动信用服务、在线支付、物流配送等支撑体系建设；加强湘赣两省的电子政务建设，推动重要政务信息系统互联互通、信息共享和业务协同；推进农产品销售、金融、旅游、就业、社保、卫生等社会管理和公共服务信息化，促进信息服务业与各产业的互动融合，加快构建现代信息服务产业体系及网络安全。

（二）加强产业对接协作

主动适应经济新常态，加强规划统筹和产业协作，延伸产业链条，优化产业布局，促进形成优势互补、分工协作、特色鲜明的现代产业体系，推进跨省产业合作示范区建设，提升产业的整体竞争力。

1. 协力推进农业现代化

共建优势农产品生产加工基地。突出抓好粮食、畜禽、油茶、柑橘、苎麻、竹、苗木花卉、有机农产品等农业优势特色产业，积极发展高产、优质、高效生态农业，促进农产品生产向优势产区集中，实现专业化、规模化和基地化，共同加强现代农业基地和高标准农田建设，做大做强特色农业、设施农业。促进湘赣农业合作，共同培育壮大农产品加工龙头企业，鼓励和支持农民专业合作社发展，共同培育湘潭县、湘乡市、浏阳市、茶陵县、莲花县、宜春市等特色农业品牌，共同支持农业示范园、现代农业园、农产品加工示范园区建设，共同推进粮、果、菜、畜等优势农产品生产加工基地建设。共建农业科技示范基地、水稻农业示范基地、优质制种基地，培育优质食用菌基地，建设中部地区重要的无公害蔬菜生产基地；发挥野生中药材资源优势，发展中药材生产加工业，培育优势品种和知名品牌，合力打造中药材生产集散地。发展生猪、奶牛、肉牛、黑山羊、肉蛋鸡、水产等特色养殖，建设现代畜牧业示范基地。

共同完善农业社会化服务体系。合作构建区域共享的现代农业服务体系，广泛开展湘赣区域农业科技推广和交流，促进农资连锁配送，加强农机跨区作业协调合作。加强联合协作，培育发展壮大农产品加工龙头企业。整合六市农产品交易市场和农产品电子交易中心，完善市场信息咨询、代购代销和储运配送等服务功能。整合区域内各类农业信息资源，建立统一的农业信息交流平台。

加强农产品质量安全合作。共同探索土壤重金属污染防治办法。合作制定实施农产品质量安全技术操作规程，逐步建立区域间食用农产品产地准出和市场准入管理的衔接机制。联合建立农作物生产远程监控与诊断管理中心，形成重大动植物疫病应急防控机制。加强区域农作物病虫害联防联控，全面实施绿色防控。共同建设区域性农产品质量安全检验检测中心，提高食品安全检验检测信息共享水平，建立食品安全检验检测结果互认制度。

2. 联合提升工业发展水平

共同探索绿色低碳发展新模式。优化资源配置，整合生产要素，深化专业分工，实现区域低碳发展。合作推进资源枯竭城市转型、国家节能减排财政政策综合示范城市、国家循环经济试点城市、国家水生态文明城市建设，加强两省能源及技术交流，充分发挥长株潭国家自主创新示范区的优势，加大新宜萍企业与长株潭高等院校和科研机构的合作与交流力度，加快淘汰落后产能步伐，确实降低能源消耗，共同探讨循环经济发展新模式和新机制，促进双方产业结构优化升级。

合力改造提升传统优势产业。推进陶瓷产业转型升级，努力引进艺术陶瓷、环保陶瓷、功能陶瓷的生产企业，实现陶瓷产业发展的多元化；整合上下游资源，进一步延长产业链，推行品牌战略，树立行业标杆，建设国内重要的陶瓷产业基地。加强产业分工与合作，做大做强上栗、万载、浏阳、醴陵烟花鞭炮产业，通过强强联合，实现一体化发展，联合制定严于国家标准的烟花爆竹产品湘赣联盟和国际标准。加快推进萍乡与旗滨玻璃集团的横向对接和市场协作，在原料采购、物流配送、产品展示、深加工等方面优势互补，发挥规模效益，延伸产业链条，发展太阳能玻璃、绿色建材中空玻璃、汽车玻璃等新型特种玻璃制品，推动湘赣交界地区玻璃制造业的改造升级。共同推进钢铁产业转型升级。

推动长株潭装备制造产业链向新宜萍拓展延伸。坚持优势互补，加强分工协作，推动合作实现上下游配套协同发展，延长产业合作链条。引进优质资本和先进技术，加快企业兼并重组和产品更新换代，提高基础零部件和配套产品的技术水平，在湘赣交界广大地区发展轨道交通装备、重型载重汽车、冶金重型装备和专用机械装备等的配套产业。广泛开展上下游合作，构建铁矿和废旧钢材回收—钢铁—精密铸件—重型装备、钢铁—载重汽车和新能源汽车—汽车零部件—电子电气设备、钢铁—轨道交通装备—精密量仪等产业链，建设全国重要的装备制造业基地。

共同培育战略性新兴产业。支持长株潭国家创新示范区的建设，积极发挥长株潭引领作用，共同促进战略性新兴产业发展，推进产学研结合，提升科技创新水平，合作构建产业发展平台，坚持引进和培育相结合，大力发展新能源、新材料、光电信息、生物医药和节能环保等产业。协同开展产业技术创新，加快产业关键共性技术协作攻关创新，实现一批重大关键技术产业化、自主化。加大长株潭科技成果在区内的转化力度，鼓励区内的变流技术国家工程研究中心、机车和动车组牵引与控制国家重点实验室、国家级企业技术中心和国防科技大学磁悬浮研究中心等的科研成果，率先在湘赣交界实现转化和产业化推广。加强企业与高校、科研院所等共建产业技术创新战略联盟等协同创新组织，搭建共性技术创新平台和公共服务平台，为战略性新兴产业发展提供技术支撑，加快长株潭军工企业产品率先在新宜萍的军民融合过程。

3. 合力发展现代服务业

推进现代物流业发展。充分发挥湘赣交界的区位、资源和人文优势，以建设两省边界商贸物流中心为发展目标，科学配置物流资源，打造服务两省、辐射长江中游的现代物流服务平台。依托综合交通运输网络和海关监管查验场，统筹规划物流园区、物流配送中心、特色商业区和专业市场，共同建设区域性物流中心。引导物流资源、物流企业跨区域整合，建立六市物流联盟。充分发挥萍乡、宜春、新余、长沙、株洲、湘潭交通枢纽优势，整合现有资源，完善物流枢纽—物流园区—物流中心—物流配送中心等节点体系，推动企业实施物流外包、供应链管理和集成，重点推动发展第三方、第四方物流。建设一批综合性和专业化物流中心，加快建设茶陵县湘赣商贸物流中心、新余赣西中心物流园区、宜春综合物流中心、浏阳综合物流中心、浏阳花炮特种物流中心、萍乡湘赣物流港、湘潭岳塘长株潭物流园区，做大光伏、钢铁、农产品、烟花鞭炮、陶瓷等专业市场。

共同打造湘赣红色旅游带。整合区域内红色旅游、生态旅游资源等，打造精品线路，联通赣西和湘东地区主要旅游景点，合力打响湘赣边旅游新品牌。共同建设旅游基础设施，合力开拓旅游市场，联手整治旅游市场秩序，共创湘赣红色旅游经济圈。积极策应“高铁时代”，推进杭（州）南（昌）长（沙）高铁沿线湘赣旅游联盟建设，整合沿线旅游资源，打造“红、古、绿”大旅游概念，统筹推进两省旅游资源开发和旅游市场的发展。积极打造无障碍旅游圈，联合编排特色旅游线路，组合优势产品，共同打造旅游经典品牌，支持符合条件景区申报国家5A级景区和国家级风景名胜区，尽快开通井冈山—韶山的旅游客运专列。探索推行旅游“一卡通”，六市景区间开通无障碍旅游直通车，实行景区（点）的门票一体化，实现客源互换，方便异地购票；建立统一的旅游人才培训机制，交互培养各类旅游专业人才。联合开展旅游营销活动，免费在辖区内的主要景区（点）互为对方提供广告宣传位，六市旅游企业联合组团赴主要客源地开展宣传促销活动，联合举办系列节会促销活动。共建旅游信息交流机制，建立统一的旅游信息交换平台，共同发布旅游信息，实现信息共享。引导和鼓励两省相关旅游企业、星级饭店、景区景点缔结友好合作关系。建立两省旅游投诉和应急事件协调处理机制，共同维护游客、旅游企业的合法权益。

协同打造国内文化创意产业高地。充分发挥长沙以影视传媒、动漫游戏、新闻出版、演艺娱乐、文化旅游、民间工艺为主体的文化创意产业优势，着力引进国际著名的文化创意企业，大胆承接欧美日韩等先进国家和地区的文化创意产业服务外包业务，引进国外先进的“文化＋创意＋科技＋产业化”的发展模式，吸引国际优秀文化创意人才；大力发展科技含量高、产业关联系数大、产业成长性好的创意设计业、影视传媒业、动漫游戏业、数字资讯业。促进新闻出版业、文化休闲与文化旅游、咨询策划、广告与会展、出版印刷、彩印包装等传统文化创意产业向新宜萍延伸，通过提质改造，增加其文化创意科技含量，将其进一步做强做大，形成突出竞争优势，打造国内文化创意产业高地。

加快发展金融服务业。加快推进金融改革创新，积极引进国内外商业银行和金融机构，共同探索在区内设立股份制民营银行，发展区域性产权交易市场。依法有序发展农村商业银行、村镇银行等地方金融机构和小额贷款公司，积极探讨六市共同出资设立担保基金，提升对中小微企业和“三农”的服务水平。

合作发展健康服务业。充分发挥赣西生态、地热、中药材等资源优势，促进长沙等地优质医疗资源在新宜萍等地建立分支机构，支持发展医疗、养老、中医养生保健、康复医疗等健康服务业，满足人民群众多元化健康服务需求，共同打造全国知名的健康养生基地。

（三）统筹推进城乡发展一体化

破除城乡二元结构的体制机制障碍，有序推进农业转移人口市民化，合理配置城乡基础设施和公共服务资源，逐步形成以城带乡、城乡互动发展机制。

1. 协同推进农业转移人口市民化

引导农业转移人口落户城镇。以深化户籍制度改革为突破口，全面有序放开中等及以下城市落户限制，合理确定大城市落户条件，放宽长沙、株洲、湘潭三市间的迁移落户条件。逐步消除试验区六市间的户籍差异，在六市中的任意一市市辖区只要有合法稳定就业和合法稳定住所（含租赁）并参加城镇社会保险，可以申请迁入本人及其共同居住生活的配偶、未婚子女、父母的户口。强化各级政府责任，充分调动社会力量，抓紧建立农民工市民化成本分担机制。探索农业转移人口“三权”有效实现与进城落户的联动机制。

推进农业转移人口享有城镇基本公共服务。加强对农业转移人口的公共服务供给，按照先存量、后增量的原则推进农民工子女教育、就业服务、基本养老、基本医疗卫生、保障性住房建设等城镇基本公共服务向全体常住人口延伸。完善试验区公共就业服务体系，促进跨区域劳务协作。促进湘赣战略平台政策叠加，打造农业转移人口创业的政策洼地，增加企业试验区投资创业的虹吸政策效应。

2. 统筹城乡发展一体化

统筹城乡基础设施建设。完善省际乡镇之间道路交通、电力和通信体系和基础设施、公共服务设施空间布局，明确功能分工，优化资源配置，实现共建共享，引导城乡基础设施。统筹规划各类公共基础设施，形成分工明确、功能互补、配套完善、环境优美、协调发展的镇村发展体系。加强乡镇村庄规划和建设管理，尽可能在原有村庄形态上改善居民生活条件，尽可能减少对自然的干扰和损害。

推进城乡基本公共服务均等化。立足于城乡居民共享发展成果，加大对试验区农村教育、医疗、社会保障等最薄弱、最迫切领域的投入力度，加快城乡制度接轨步伐。促进城乡教育均衡发展，促进教育公平，推进城乡医疗卫生事业发展，加快社会保障体系的城乡衔接，繁荣发展农村文化，统筹城乡社会管理。

完善城乡发展一体化的体制机制。建立健全统筹城乡要素的体制机制，打造城乡要素平等交换关系，加快形成城乡统一的要素市场。建立健全统筹城乡规划的体制机制，实现城乡规划一体化，促进城乡经济社会全面协调可持续发展。建立健全统筹城乡基础设施建设的体制机制，推动城乡互动交流。建立健全推进城乡公共服务均等化的体制机制，实现城乡公共服务均等化。支持新余、株洲等开展全国统筹城乡一体化试点。

（四）共同推进生态文明建设

发挥长株潭全国“两型社会”建设综合配套改革试验区和江西省生态文明建设先行区的引领和示范带动作用，建立跨区域生态建设和环境保护联动机制，共同推动产业发展绿色化、生态环境优良化、资源利用集约化、居民生活低碳化，实现生态文明建设与经济发展良性互动。

1. 加强生态共保共建

共同保护“一山两江”生态安全格局。利用河流、湖泊、山脉的生态功能，构建以湘江、赣江水系为脉络，以罗霄山山脉为自然屏障的生态安全格局。加强罗霄山脉生态环境保护，全面落实天然林资源管护责任，推进生态公益林建设和管护，改善林分结构，严格控制林木采伐和采矿破坏植被等行为，保护生物多样性，建设森林防火和管护支撑体系，支持罗霄山脉纳入国家重点生态功能区，提高生态价值和生态产品生产能力。加强对湘江、赣江两大水系岸线和水资源保护，明确水域岸线用途管制，合理划分岸线保护区、保留区、限制开发区和开发利用区，严格分区管理。

建设生态廊道。发挥长沙、新余国家园林城市，株洲、新余国家森林城市的示范作用和长沙、株洲国家水生态文明建设试点城市引领作用，支持有条件的地方创建国家园林城市（镇）、国家森林城市、国家水生态文明城市、国家海绵城市。以区域内的城市公园绿地、街头绿地、水体为斑块，以区域范围内的自然山（罗霄山脉等）水（浏阳河、湘江、赣江等）、农业生产绿色基地为本，以区际铁路、公路等重大基础设施（沪昆高速、昌铜高速等高等级公路等）两侧绿化带为生态廊道，形成沿江、沿河、沿路、城市间和城市内部组团间的生态廊道或生态隔离带。落实《长株潭城市群生态绿心地区总体规划》和《长株潭城市群生态绿心地区保护条例》，切实保护好长株潭城市群生态“绿心”。共同构筑以湘江、赣江水系、湖泊湿地、山体、道路绿化带、城际间生态廊道、农田林网为主要骨架的生态网络，增强区域生态服务功能。全面开展绿色生态新区建设，以长沙梅溪湖核心片区为示范，深入创建绿色生态新城。

强化生态保护和修复。加强各级各类自然保护区、风景名胜区、森林公园、湿地公园和地质公园的保护和建设，划定区域生态保护红线，实行生态功能分区控制，明确禁止开发区和限制开发区，支持省级自然保护区升级。推进矿山地质环境恢复和治理由末端治理向从设计、开采、闭坑全过程预防治理转变，支持解决历史遗留矿山生态修复。严格执行矿山地质环境保护与治理恢复保证金制度，支持建设绿色矿山和生态示范矿山。对城市规划区、旅游风景区和主要交通干线两侧的露天开采矿山，进行复绿、造林及山体景观修复。加强城市内自然山体保护和绿化，对开山采石取土造成的裸露、破坏山体实施生态修复。加大退化、污染、损毁农田的改良和修复力度，加强耕地质量调查监测与评价。共同推进天然林资源保护、防护林体系建设、退耕还林、水土保持等重点生态工程建设。

建设美丽乡村。加强农村污水处理、垃圾回收等环保基础设施建设，鼓励相邻乡镇环保基础设施共建共享，支持开展农村环境集中连片整治，加大农村污水处理和改厕力度。加快转变农业发展方式，积极发展农业循环经济，治理化肥、农药、地膜等农业面源污染，发展绿色农产品生产基地，提升农产品质量安全水平。划定畜禽（水产）养殖禁养区、限养区、适养区，推行清洁养殖、生态养殖。依托农村生态资源，在保护生态环境的前提下，鼓励发展乡村休闲旅游业和健康养老业。加强农村生态文明建设，以农村环境综合整治为重点，结合水生态文明镇（村）建设创建生态文明镇（村）。

2. 共同保护区域环境

协同保护长江流域水环境。落实《水污染防治行动计划》，全面加强水资源和水生态环境治理与保护。开展渌水、浏阳河、袁水等湘江、赣江主要支流水环境整治，加强沿线石化、有色等行业环境安全集中治理，重点防治有机毒物污染，严格控制重金属、持久性有机毒物排入，继续推进湘江流域保护与治理湖南省人民政府一号工程。全面推进湘江、赣江及其主要支流水上运输污染防治，控制船舶油污和生活垃圾污染。加强对跨界河流、湖泊联合防治，定期开展河流交界处断面、水功能区缓冲区、入河排污口水质监测，互通监测信息。结合新城新区建设和老城区改造，加快污水处理设施及其配套管网建设，大力推进老城区雨污分流改造，新建城区严格实施雨污分流。建制镇以上城镇逐步推进污水管网和雨污分流系统建设。支持将湘江、赣江流域纳入国家重点流域治理，共同保护长江流域水生态安全。

切实加强水源地保护。制定饮用水水源保护规划，共同抓好饮用水源保护和水源涵养，加强跨界河流排污企业监管，重点加强对跨界饮用水源周边的生态保护和污染防治。建立水资源综合调配机制，推进流域饮用水资源统一配置调度，着力保护江河源头水资源。完善跨界水源地水质联合监测体系，健全饮用水水源安全达标评估，定期开展饮用水源地水质监测和信息通报。大中城市规划建设备用水源地，提高应急供水能力。

加强大气污染联防联控。统一区域产业和环境准入标准，进一步淘汰有色、钢铁、煤炭、陶瓷等产业的落后产能和过剩产能，加大区域内重点行业和重点企业的污染治理力度，在火电、有色、钢铁、建材等行业推行清洁生产，鼓励煤炭清洁利用，推进大气污染物协同减排。加强大中城市扬尘污染治理，加强道路保洁，实施建筑工地、渣土运输扬尘污染控制标准化管理，落实扬尘网格化管理。加大机动车排气污染防治，加快淘汰黄标车和老旧机动车；严格执行国家车用燃油标准，大城市研究实施机动车增长控制政策，实施公交优先战略，推行绿色出行。加强秸秆和垃圾禁烧管理，推进农林废弃物综合利用产业体系建设。完善空气重污染应急联动机制。

推进土壤治理合作。加大重金属污染治理力度，依法关闭、淘汰不能稳定达标排放的涉重金属污染企业；加快老工矿企业污染治理，完成遗留矿渣污染治理和土壤修复工程；制定污染场地治理修复管理办法和规范，强化污染场地治理修复责任。强化农业用地污染防治和生态修复，以基本农田、重要农产品产地、“菜篮子”基地为重点，开展耕地重金属污染修复试点示范。继续推进株洲清水塘、湘潭竹埠港、萍乡丹江等老工业区企业搬迁改造，启动宜春城南等老工业区企业搬迁改造，将老工业区改造成“两型”社会示范、产业转型示范区。联合建立健全土壤污染防治防控协调机制和动态监测制度，提升土壤污染治理能力和监管水平。

创新区域环境协同监管机制。建立试验区环境保护联席会议制度，分享“两型社会”建设试验区和生态文明先行区建设的经验，协同解决区域性重大环境问题。建立碳排放统计、监测和交易制度，完善污染物排放总量控制、排污权有偿使用制度，建立区域环境信息公开和环境信息共享制度，定期公布区域环境信息。探索建立跨区域节能量、碳排放权、排污权、水权交易制度，加快推进新余等合同环境服务试点、碳排放交易市场建设。建立流域生态补偿机制、区域落后产能退出机制、污染治理和资源节约激励机制。健全县（市）环保联防联控、联合监测、联合执法、联合打击环境犯罪制度，联合制定预防和应对重大污染事件合作机制，互通企业环境诚信信息，定期向社会公布违法排污企业名单。打破省级行政区划界限，相邻乡镇共建共享给水、排水、污水、污泥、垃圾处理设施，实现给水、污水管网互联互通，垃圾收集、清运、处理一体化。

3. 提高资源节约利用水平

集约高效利用土地。实行最严格的耕地保护制度和集约节约用地制度，提高单位土地投资强度和产出效益。盘活存量用地，控制新增建设用地总量，严格执行国家城市用地分类和规划建设用地标准，防止城镇建设用地无序扩张。

鼓励大中城市土地立体开发，合理开发城市地下空间资源，加强三维地籍管理。开展城镇、开发（园）区低效用地再开发、闲置土地清查及整治，积极开展工矿废弃地复垦利用试点和城乡建设用地增减挂钩试点工作，加大闲置土地盘活力度。引导工业项目向园区集中，鼓励企业投资建造多层标准厂房并优先安排新增建设用地计划，提高土地利用效率。

建设节水型社会。坚持节水优先，实行最严格的水资源管理制度，落实用水总量、用水效率、水功能区限制纳污“三条红线”。强化用水定额管理，水资源管理责任和考核制度。对造纸、化工、钢铁、食品等高用水行业，强化节水和水的循环利用，开展节水型企业创建。健全节水激励机制，制定鼓励居民家庭更换使用节水型器具的配套政策，引导居民淘汰不符合节水标准的用水器具，推广“节水型住宅”。优化城市供水系统与配水管网，建立与城市供水相协调的再生水利用管网和集中处理厂出水、单体建筑中水、居民小区中水相结合的再生水利用体系，制定和完善污水再生利用政策。发挥长沙、株洲、萍乡、新余等国家水生态文明建设试点城市和萍乡海绵城市试点市的示范引领作用，支持有条件的城市建设水生态文明试点市、海绵城市建设试点市。鼓励发展节水型节水农业，推广节水灌溉技术。

推进能源节约和清洁能源利用。调整优化能源生产和消费结构，提高太阳能、地热能、生物质能等可再生能源利用比例，合理引导农林废弃物成型燃烧，提高农林废弃物综合利用效益。加快淘汰钢铁、化工等高耗能、高排放落后产能，加大化工、化肥、稀土等行业关停整治力度，加强在共性、关键节能降耗新技术、新工艺的研发与推广应用合作，共同组织实施重点节能技术改造。全面推广节能建筑，支持住宅产业化基地建设，发挥长沙国家住宅产业现代化综合试点城市的引领示范作用，加强住宅产业化基地建设和项目建设推广应用。率先在党政机关办公楼和大型公共建筑开展节能技术改造示范。加快发展城市快速公交、轨道交通，完善公交专用道、公交场站等设施，引导居民绿色出行，支持创建低碳交通试点城市。推进长株潭、新余等国家节能减排财政政策综合示范城市建设。发挥长沙、株洲、湘潭等国家可再生能源建筑应用示范，湘潭、新余等新能源示范市的引领作用，支持株洲、宜春建设新能源示范市。

完善资源循环利用体系。以各级各类开发区和产业园区为载体，打造企业间、园区间资源循环利用产业链，在有条件的地方合作建设循环经济示范园，鼓励发展循环经济联合体。推进攸县网岭循环产业园区等工业园区循环化改造，鼓励国家级开发区和省级开发区创建循环经济示范园、国家生态工业示范园。加强钢铁、化工、有色金属、建材、造纸等行业企业清洁生产审核和监管。推进煤矸石、尾矿等大宗固体废弃物综合利用，共建再生资源回收利用体系，促进城乡生活垃圾和建筑垃圾资源化利用。

（五）推动公共服务一体化

统筹公共服务资源在区域之间、城乡之间的合理配置，推进公共服务资源共建共享和基本公共服务一体化建设，形成流转顺畅、协作管理的社会公共事务运行机制，实现公共服务均等化。

1. 促进教育资源共享

推进义务教育资源共享。推动合作区域内学校共建、师资交流。加快普及高中阶段教育，推动普通高中多样化发展。逐步解决异地进城务工人员随迁子女义务教育问题，确保符合条件的随迁子女在流入地参加中高考。建立学校校长和教师交流合作机制，推进教师跨地区流动和共享优质教育资源。

共建职业教育基地。完善投入机制，着力改善职业院校基本办学条件，根据产业特色，加强装备制造、机械、陶瓷、烟花等重点中等职业学校、技工院校和职业培训机构建设，实现职业教育资源共享。结合试验区产业发展需要，合理设置专业，加强实训基地建设，共同打造具有专业特色优势的职业教育技术技能人才培养培训基地，加强企业跨区域联办学校，实现企业—人才订单培养。

加强高等院校的合作与交流。支持萍乡学院、新余学院、宜春学院与国防科大、中南大学、湖南大学、湘潭大学等高校进行友好合作，推动赣湘两省其他高校开展多种形式的合作与交流。加强优质教育资源和成果共享信息平台建设。协商共建共用高等院校科研实验室、职业技能鉴定中心和实训基地。共同打造产学研创新平台，提高区域内高层次人才自主培养能力、研发能力和科研成果转化辐射能力。

2. 促进文化共同繁荣

加强文化交流与合作。建立健全现代文化市场体系，建设多层次文化产品和要素市场，依托地方特色文化合作开展各类文化展会，建立试验区演艺联盟，推进联合采购，深化试验区公共图书馆联盟合作，推动传统业务与数字业务融合，做大做强文化合作品牌，不断扩大文化交流的影响力和受益面。

共建现代文化服务体系。加强长株潭—新宜萍文化联系交流，深化结对合作，扩大公共文化产品和服务供给，推动区域、城乡基层公共文化服务资源共建共享共繁荣。协同推进实施广播电视村村通、文化信息资源共享、国家数字图书馆推广、农村数字电影放映等公共文化服务体系建设工程。充分弘扬赣西湘东传统生态文化，挖掘民间绘画、铜管乐、花锣鼓、傩文化，共同塑造特色文化品牌。

3. 推动科技资源共享

共同搭建科技创新平台。依托重点产业基地，建立产学研一体化的协调机制，构建多层次多功能的科技创新平台。共同推进国家研发平台、省级研究中心、产业研究院等平台建设，实现科技专家信息、大型科研仪器等科技资源共享和创新平台相互开放。积极整合科技设备、科技信息、创业公共服务、知识产权公共服务等平台建设，加强科技创新孵化器建设，实现区域内的科技资源优化配置和信息服务共享。

协同推进科技创新。建立产业技术创新战略联盟，共同实施科技创新工程，联合开展工程机械、3D打印、工业机器人、光伏工程、特种陶瓷、螺杆膨胀动力机、真菌生物技术、锂基新材料等领域的关键技术研究。引导国内知名高校、重点科研机构到合作试验区设立实验室、研究中心或博士后科研工作站，与企业建立产学研联盟和产业孵化基地，发挥众创空间作用，鼓励大众创业、万众创新，培育一批具有较强竞争力的创新团队和创新型领军企业，推进资源综合开发技术研发和产业化。

联合建设科技服务体系。建设市场化、社会化、网络化的研发服务支撑体系、创业服务支撑体系和科技中介服务体系。联合建立区域科技信息网络和技术交易网络，共同推广和转化科技成果。健全科技人才流动机制，鼓励科研院所、高等学校和企业创新人才在区域内双向流动和兼职。

推进科技成果转化。促进长株潭科技成果在新宜萍转化，两省各建科技成果转化基地以及产业孵化园，组织举办多种形式的企业市场对接会，搭建信息交流平台。通过合作共享等形式，与科研机构、政府部门、社会中介、投融资机构等组织建立联系，整合发挥科技孵化园在区域技术创新作用，加强金融支持体系构建，助推科技成果快速转化为现实生产力。

4. 优化医疗卫生资源配置

加强医疗卫生合作和资源共享。支持中南大学湘雅医院、湖南省中医药大学等高等院校建立临床护理进修培训基地，发挥先进医疗水平的辐射带动作用，鼓励长沙与宜春、新余等市开展联合办医，并大力支持办好萍矿湘雅医院。加强区域信息平台建设，推动医疗卫生信息资源共享，逐步实现医疗服务、公共卫生、药品供应保障和综合管理等应用系统信息互联互通。建立区域医疗卫生数据库和信息交换平台，完善门诊通用病历、双向转诊、区域内临床用血应急调配等合作机制，实现区域内同等级医疗机构医学和影像检查结果互认，开展远程医疗合作和跨区域院前急救合作，实现院前急救无缝隙。

推进公共卫生合作。建立和完善公共卫生联防联控和信息共享机制，加强重大传染性疾病、突发公共卫生事件联防联控和相互支援，联合防治地方病。逐步实现公共卫生应急队伍、应急专家、应急物资等资源共享，提高突发公共卫生事件应急处置能力，形成布局合理、运转高效、保障有力的突发公共事件卫生应急体系。

促进医疗卫生机构和人员合作交流。统筹开展医疗技术培训，积极引进外部优质医疗资源，共同提升医疗卫生服务水平。合作开展全科医生人才、急需紧缺专科型人才、中医药民族医药传承人等卫生人才培养。充分利用大医院现有优势，支持带动基层医疗卫生机构发展，通过实行结对帮扶制度，形成大医院与基层医疗卫生机构的良性互动。探索建立医师多地点执业注册，促进医师合理流动和医疗卫生机构之间人才交流。积极组织开展疑难疾病联合攻关和重大疾病联合会诊。

5. 推动就业、人力资源和社会保障合作

形成覆盖城乡的公共就业服务体系。建立统一开放、竞争有序的人力资源市场，促进跨地区自由就业。完善就业失业信息系统，加强区域之间资源共享，所有劳动者纳入统一的就业失业管理制度。建立劳动力职业技能培训、技工教育、转移就业协作机制，加强就业培训机构建设，结合市场和企业用工需求，支持开展多层次、多类型、订单式的就业培训。建立劳动保障监察一体化协作执法机制，维护劳动者合法权益。

建立一体化的人力资源市场。整合区域内公共就业和人才服务信息共享平台，统一人才引进政策，加强与国家高层次人才计划对接，吸引高层次人才投资创业。畅通高端人才和行业领军人才引进的绿色通道。共建中小企业孵化器，支持大学生、外出务工人员返乡创业，开展职业教育园区“现代学徒制”试点，建设高级技术技能人才培养基地。完善和落实扶持创业的优惠政策，共同营造有利于人才创业的环境。

完善一体化社会保障统筹机制。推进社会保障政策统一、制度对接、待遇趋同、结转顺畅，建成完善覆盖区域城乡、惠及全民的社会保障网络。建立统一的社会保障信息交流共享平台。加快推进养老、失业、医疗、生育保险政策一体化，提高新型农村合作医疗保障水平，缩小医疗保障水平差距，实现养老保险关系和失业保险关系无障碍转移。建立统一的城乡居民基本养老保险制度，建立跨地区养老保险关系转移接续和养老金资格认证认可制度。加强区域内基本医疗保障政策和管理服务协调，探索区域内异地就医转诊和医疗费用结算服务。实施住房公积金缴存异地互认和转移接续。加快推进失业保险政策对接。开展社会救助、社会养老等领域合作，建立社会福利共享机制。

6. 统筹区域社会治理

实施区域社会治理联动。加大区域统筹推进力度，强化政府主导作用，引导社会各方面有序参与，增强社会发展活力，创新有效预防和化解社会矛盾体制。在道路交通管理、维护社会稳定、打击违法犯罪、处置突发事件等方面实行区域联动，建立跨区域警务协作机制，实现指挥联网、整治同步。加大对严重刑事犯罪、经济犯罪、毒品犯罪、网络犯罪、涉枪涉爆犯罪等跨省严重犯罪的联合打击。深化警务领域社会管理协作。逐步建立和完善警务综合平台，全面推进警务交流协作。

构建一体化治安防控体系。积极推动区域公安信息系统整合和资源共享，加快流动人口统计信息数据库建设，实现居住地和户籍地网上通报与基本信息共享。开展情报平台互授权限、治安（车辆）卡口数据共享和业务协作、人像比对信息共享合作及建立涉恐重点人员情报信息互通机制等，完善流动人口治安管理协作机制，加强流动人口管理与服务。

建立区域应急管理合作机制。建立跨省应急处置机制，形成统一应急预案体系，实现救灾应急行动统一协调和指挥，提高灾害应急响应能力和灾害救援专业化水平。建立矛盾纠纷排查预警和案件应急处置机制，制定实施区域安全生产、重大事故、卫生应急、社会救助和灾害救助等突发事件应急预案，提升联合处置能力。

（六）共创内陆开放合作新高地

大力发展内陆开放型经济，坚持“引进来”和“走出去”并重，不断拓展对外开放的广度和深度，创新开放型经济新体制，构建开放型经济支撑平台，形成全方位对外开放新格局。

1. 共建开放型经济支撑平台

共建承接产业转移示范区。强化各类园区基础设施建设，提升园区承接产业转移平台功能。创新园区建设模式，鼓励发展“飞地”园区。实施产业链招商，着力承接产业龙头企业、上下游配套企业和技术研发中心，加大与东部地区大企业对接力度，积极承接具有成本优势的资源加工型、劳动密集型，以及具有市场需求的资本、技术密集型产业落户，推进发达地区产业组团式转移。通过委托管理、投资合作等多种形式与发达地区合作共建产业园区，实现资源整合、联动发展。

推动开放开发平台转型升级。支持未设立开发区且具备条件的县（市、区）申报设立省级产业园，支持符合条件的省级开发区实施扩区和调整区位，支持丰城、樟树、高安、醴陵等省级开发区升级为国家级开发区。提高省级经济技术开发区承接先进制造业、现代服务业发展能力，带动六市提高内陆开发开放水平。鼓励创建网岭等循环经济园并争取上升成为国家循环化改造示范园区。加强园区科技创新服务平台、产品检测服务平台建设。创建花炮科技服务平台。

支持外贸出口平台建设。抓住沿海地区产业梯度转移的机遇，加快特色优势产品出口基地建设，完善提升萍乡、浏阳、万载出口花炮基地建设，支持宜春赣西综合保税区、宜春和新余出口加工区建设，争创国家级外贸转型示范基地。打造花炮、陶瓷等一批有影响力的经贸展会，建设烟花外贸公共平台。

2. 提升外向型经济水平

推动外贸转型升级。加强企业联合，共同应对外部市场。着力巩固优势农产品和纺织服装等劳动密集型产品出口优势，进一步提升机械制造、电子信息等机电产品和高新技术产品的出口能力，加大对高技术含量和高附加值产品出口的奖励支持力度。长株潭要引领发展服务贸易，培育跨境电子商务、外贸综合服务企业，完善境外营销网络。推进服务外包示范园区建设。扩大先进技术设备、关键零部件及能源资源的进口。提高引进外资质量，完善重大招商项目推进机制。

加快实施走出去战略。鼓励有实力的企业到境外开发资源、承包工程、投资办厂，带动产品出口和劳务输出。推动传统优势产业向国外拓展，促进装备制造业出口。引导有条件的企业到境外上市融资。建立以湘潭综合保税区为主体的湘赣合作开放试验区共建共享综保区工作机制，加快综合保税区项目入驻和配套，建设运营好各类进口口岸、加工贸易平台、跨境电商监管中心，拓展国际国内航班航线。强化政府协调引导，整合对外交往资源，完善境外投资风险预警和信息服务机制，为企业“走出去”创造良好的营商环境。积极参加东盟博览会、南亚博览会、亚欧博览会、中阿博览会、西部博览会、广交会、厦洽会等重点展会，强化品牌建设，扩大试验区产品知名度和市场份额。

创新开放型经济新体制。学习推广上海等自贸区建设经验，推进投资、贸易、金融、综合监管等领域制度创新，打造国际化、法治化的营商环境，建立与国际投资、贸易通行规则相衔接的基本制度框架。积极推进长沙自由贸易区研究论证和申报建设，加快外商投资管理体制改革，大力发展服务贸易，扩大服务业对外开放。支持将长株潭城市群建成中部地区离岸金融结算中心。整合区域内海关资源，实现口岸管理相关部门信息互换、监管互认、执法互助。支持设立海关特殊监管区，享受出口退税等优惠政策。支持符合条件地区按程序申报设立综合保税区。

3. 推动形成对内对外开放新格局

加强与东部沿海和周边地区互动合作。积极对接长三角、珠三角、海峡西岸等地区发展，强化在贸易、金融、产业领域的合作，引导发达地区资金、技术向试验区转移。加强与中西部地区的合作，加快融入长江经济带产业发展链条，积极开展与长江中游城市群其他城市的有序分工与合作。加强与国内其他地区资源枯竭型城市的合作交流，学习资源枯竭型城市振兴经验。

深化与港澳台合作。深入落实内地与港澳建立更紧密经贸关系的安排，深化与港澳在投资、金融、贸易、会展、农业、旅游、科技、文教、卫生等领域的合作。加强与沿海港口物流合作，打造陆海联运国际物流通道。鼓励企业和产品以港澳为平台"走出去"，拓展国际市场。积极承接港澳产业转移，推进先进制造业、战略性新兴产业和现代服务业合作发展，共同开拓东盟市场。拓展与台湾经贸合作与文化交流。

积极参与国际交流与合作。全面融入和对接"一带一路"战略，加强与沿路国家在基础设施建设、能源开发、产业发展等领域的合作。全面深化与东盟的经贸合作关系，加强产业投资和旅游市场开发，不断提高合作层次和水平。开辟俄罗斯、中亚、中东欧、非洲等新兴市场，建立合作交流机制和渠道，积极发展进出口贸易，加大对外工程承包力度，务实推进资源能源和农业开发及产业合作，努力培育新的经贸增长点。拓展欧盟市场，扩大引进先进装备和技术。深化与伏尔加河流域合作，适时编制有关合作规划，共同打造中俄城市可持续发展和环境合作示范区。

四、协同推进改革创新

以探索跨区域合作与开发管理的新路径、新模式为重点，深化区域治理、投融资等制度创新，共建统一开放市场体系，为推动试验区一体化发展提供强大动力。

（一）创新区域治理机制

建立试验区协同治理机制。两省统筹领导、六市共同运作。湖南、江西两省建立湘赣开放合作试验区高层协调机制，负责指导和协调试验区重大合作事项，解决试验区建设发展中的重大问题。建立市长联席会议制度，联席会议是试验区合作的最高决策机构，下设试验区合作办公室，作为联席会议的办事机构，负责试验区的日常工作。市长联席会议定期召开会议，研究决定重大合作事项，争取两省支持，形成会议纪要或决定，由合作办公室负责落实和协调。

建立共建区协同开发机制。在六市市长联席会议指导下，由浏阳市和上栗县，醴陵市和萍乡市湘东区、浏阳市和铜鼓县、茶陵县和莲花县分别成立共建区管理机构，对共建区的开发管理及日常工作进行独立运营。设立共建区开发投资公司，作为企业法人实体，具体负责共建区开发建设的相关事宜。

创新区域利益协调机制。探索建立产业跨区域转移的利益共享机制，跨市布局产业项目的收益由合作各方分享，项目投产后产生的税收地方留成部分可在协商一致的基础上按一定比例分成。建立协调处理跨地区利益纠纷制度。

建立多元化人才交流机制。探索公务员互派交流制度，以六市工作实际和干部培养目标为基础，以挂职锻炼、交流学习、重大项目开发合作为主要形式，制定公务员跨省市交流合作计划，为人才培养和经济社会发展服务。支持组建区域性行业协会、商会等社会团体，引导社会组织在区域合作中发挥积极作用，促进民间交往。

（二）创新投融资机制

设立区域合作发展基金。支持六市共同设立区域合作发展基金，发挥财政资金引导、激励和杠杆作用，吸引社会资本参与。探索基金“1＋N”运作模式，下设重大基础设施建设发展、公共服务设施建设、产业发展等专项基金等，重点用于跨区域基础设施建设、生态建设与环境保护、公共服务体系建设、产业协作等合作共建项目，协调解决合作中的区际利益关系，推动区域一体化发展。

推进投融资机制创新。鼓励社会资本以PPP模式参与政府负有提供责任并适宜市场化运作的公共服务和基础设施等领域项目的投资、建设和运营。探索由两省政府发行支持试验区重大公益性项目建设的政府债券，支持共建区开发投资公司通过发行企业债、项目收益债券、资产证券化等方式进行市场化方式融资。

（三）共建统一开放市场体系

完善商品流通市场。统一工业制品、农产品质量标准、检验检测标准和认证标准，促进商品自由流通。根据试验区产业特点，建立与之相适应的市场架构，逐步推进多层次、多功能的区域市场体系的建立。探索特殊产品的交易市场，加快建设花炮产业材料共同市场。

建立区域产权交易市场。大力推进试验区产权交易市场一体化建设，为高新技术企业及技术市场等提供发展平台。整合区域现有资源，建立区域产权交易共同市场；加强区域产权共同市场与其他区域产权交易市场的对接，推动产权跨区域流动；丰富产权交易品种，大力培育资产的所有权、收益权、抵押权、经营权等多种产权交易品种，实现产权交易市场多样化。

建设区域技术市场。加强知识产权协同保护，在区域产权交易共同市场平台的基础上，打造技术产权交易一体化市场。加快试验区科技资源公共服务平台建设步伐；促进产学研进一步结合，共同培育技术市场；推动高校、科研院所等合作建立技术服务机制，培育壮大技术服务类市场主体，实现技术服务内容、方式的多样化。

建立区域人才市场。建立试验区人才和劳动力信息统一平台，加强六市之间人才和劳动力流动的组织和服务，构造试验区农村实用人才培训网络。在试验区建立高层次人才特区，共建企业博士后科研工作站和产业基础。

建立区域信息平台。加快推进区域公共服务平台一体化建设，逐步实现公共服务资源互联互通共享。探索建立区域企业信用信息互通共享机制，实现组织机构代码、企业登记、信贷、纳税、合同履约、产品质量监管等信用信息共享。

释放中西部合作优势潜能

——湘黔中西部合作示范区发展规划研究①

为充分对接和融入国家“一带一路”战略，贯彻落实《湖南省人民政府 贵州省人民政府关于建设湘黔高铁经济带合作框架协议》，打造共同实施长江经济带开放战略的重要载体和平台，加快武陵山集中连片特困地区扶贫开发，支撑和推动湘黔两省边界和中西部地区合作战略的深入实施，根据湘黔两省的合作意愿和要求，依托沪昆高铁，以湖南怀化和贵州黔东南州为核心，以湖南张家界、湘西州和贵州铜仁、黔南州为近邻辐射区域，推动湘黔两省共同建设湘黔中西部合作示范区。

一、湘黔边区发展基础

（一）现实条件

资源禀赋优越。湘黔中西部合作示范区内高铁沿线属于武陵山区腹部，区域内山峦延绵，重崖迭峰，原始生态保存完好，拥有世界上同纬度仅有并保存完好的喀斯特地貌，是我国亚热带森林系统核心区、长江流域重要的水源涵养区和生态屏障。境内有乌江、清江、澧水、沅江等主要河流，水能、风能、太阳能、生物质能、页岩气蕴藏量较大。矿产资源品种多样，其中磷、铅、锌、锑、钒、锰等矿石矿产储量居全国前列。生物物种多样，素有“华中动植物基因库”“中药材宝库”之美誉。

产业基础良好。湖南怀化、张家界、湘西州和贵州铜仁、黔南等地山地农业资源丰富，茶叶、油茶、中药材等特色农业产业基地数量多，规模大，基础好，龙头企业不断壮大，有望形成我国重要的特色农牧业出口基地和中医药

① 湖南省决策咨询项目，为决策提供了重要参考。2017年11月完成。

产业基地。贵州铜仁、黔东南州与湖南怀化等毗邻区域铝、钨、锌、钛、锰、硅、矾、钾、稀土等资源丰富，“锰三角”资源优势明显，有望形成以锰深加工为重点的特色鲜明的资源深加工集聚区或主要基地。区域内山水秀美，风光旖旎，少数民族传统文化、历史名胜文化、红色文化源远流长，丰富多彩，贵州“梵净山文化旅游经济圈”和湖南“大湘西生态文化旅游圈”发展势态良好，有望形成我国重要的黄金旅游区和国际驰名旅游目的地。

人文环境相近。湘黔边际地区“山同脉，水同源，地同性，人同俗”，是我国内陆最大的少数民族聚居区，是西南少数民族和汉民族世代共处的文化融合地带，也是西部大开发和中部崛起的重要交汇地带。武陵山脉独特的地理气候环境孕育了一体多元、古朴神秘、灿烂优美的地方文化，历史上形成了以土家族、苗族、瑶族、侗族、仡佬族等为主体特色的多民族地域文化，传统民间工艺和非物质文化遗产积淀丰厚。相似的自然生境、社会历史背景和相近的语言、风俗等悠久文化传统，促进了相互融聚的心理认同感强，为沿线多边合作奠定了良好的人文基础。

合作渊源深厚。改革开放以来，湘黔两省合作起步早、层面广、推展快。1985年成立了“湘黔鄂川四省边区县（市）政府经济协会”，1990年发展成为“湘黔鄂川武陵山区县（市）政府经济技术协作会”，2012年4月湘黔两省人民政府签订了战略合作框架协议后，两省不断深化合作，在能源建设、经贸往来、投资合作、武陵山区域发展与扶贫攻坚、泛珠三角区域合作等方面取得了丰硕成果，初步形成了“政府共识、商会服务、社会参与、有效推动”的省级战略合作新模式。

目前，湘黔中西部合作示范区建设亟待解决的主要问题：一是受自然地理条件等制约，区域基础设施互联互通还相对滞后；二是因沿线城市空间相对独立，湘黔中西部合作示范区在物流、人流、资金流、信息流等方面的互补优势未能有效发挥；三是受行政壁垒制约，尚未形成协调一致的推进体制机制，省际合作实效性不高；四是湘黔两省分属中部和西部，近邻地域享受的国家支持政策差异较大。这些问题需要在进一步的深化合作中共同协力相向解决。

（二）发展机遇

对接国家重大战略布局的机遇。湖南既是“东部沿海地区和中西部地区过渡带、长江开放经济带和沿海开放经济带结合部”，也是贵州省对接长江开放经济带的便利要道。随着国家“一带一路”重大战略的逐步推进，湘黔中西部合作示范区建设已成为湘黔两省深化开放、后发跨越的重大战略引擎，示范区地域的发展空间日益广阔。抢抓国家战略机遇，促进两省在边际合作中优势互补、深度融合，有利于进一步提升经济社会发展质量和效益，加快实现全面小康。

全国区域战略规划调整的机遇。当前，我国正处于发展转型期、战略机遇期、全面攻坚期的“三期叠加”之际，国家区域发展战略出现了“细分式”重大调整，中西部地区已跃升成为政策倾斜与脱贫攻坚的重心。在轴线推展与点面辐射中，深广激发跨域潜能活力，积极创新试验，培育大载体，增强新优势，加快缩小地域差别，湘黔中西部合作示范区建设已步入千载难逢的最佳历史时期。

生态文明建设加速推进的机遇。随着国家对生态文明建设支持力度的不断加大，跨省区生态建设和保护、生态补偿、流域治理、水土保持、国际碳汇交易、上下游生态同保共治等重大发展举措逐步落地。作为武陵山山地及生物多样性重点生态功能区的组成部分，湘黔中西部合作示范区地域拥有多种国家级重要生态功能区，是我国长江中上游绿色廊道的核心地带和我国内陆重要战略生态腹地，在生态文明同建共享中前景广阔，任重道远。

（三）重大意义

在经济全球化和区域经济一体化加速发展的大背景下，随着国家区域发展总体战略深入实施，全面深化改革和全方位开放战略加快推进，进一步推动湘黔中西部合作示范区建设，是适应经济新常态、培育新兴增长点的重大举措，有利于整合省际资源要素、发挥比较优势，优化产业分工和城镇布局，提升聚集效应和竞争能力，促进区域经济社会加快发展；有利于加强湘黔中西部重点生态功能区综合治理，开拓生态文明建设新路径，为全国重点生态功能区域发展积累经验；有利于打破行政界限和地区封锁，创新跨域合作机制，探索省际交界地区合作发展新模式；有利于逐步缩小边际区域城乡差距、促进民族团结与后发赶超，构建湘黔中西部良性互动、共同进步新格局，促进我国经济社会协调、均衡与可持续发展。

二、构建湘黔中西部合作示范区总体要求

（一）基本思路

按照中央关于加强区域合作发展的总体要求，以国家实施长江经济带开放战略为契机，围绕政策沟通、设施联通、贸易畅通、资源融通、民心相通要求，以科学发展、绿色生活、互利共赢为目标，大力促进湘黔中西部合作示范区交通对接、产业合作、市场开发与文化繁荣，加快实现区域经济发展转型升级、城镇结构体系功能优化、生态文明建设全面进步和少数民族群众精准脱贫，将湘黔中西部合作示范区建设成为国家中西部合作的重要走廊、绿色经济产业的示范基地和生态文化旅游的新兴引擎。

优势互补。充分发挥沪昆高铁湘黔段交通辐射带动作用，协力解决区域发展的瓶颈约束，科学开发利用省际沿线周边自然、社会、经济、文化资源，大力推进开放、融合、共赢发展，促进全要素优化配置，实现区域错位互补、优势优先成长。

市场主导。协同营造有利于省际资源整合与生产要素集聚的经济社会发展环境和统一开放、竞争有序的市场环境，以企业和社会组织为主体，有效提升跨域市场的资源配置功能，实现自然、经济、社会的共生协同、科学优宜发展。

先行先试。突破行政区划和体制机制限制，积极创新跨域合作协调与利益共享机制，优化公共政策服务，打破市场壁垒，创新管理体制、合作模式，拓展省际合作领域，加快构筑跨域合作新高地，为实现中西部共同发展探索新路径、积累新经验。

绿色共享。以节约资源和保护环境为导向，坚持走生产发展、生活富裕、生态良好的科学发展道路，强化自然资源与环境承载力的刚性约束，促进低消耗、低排放。坚持人民共享的发展导向，大力改善民生，实现湘黔两省全体人民共同迈入全面小康社会。

（二）战略定位

依托湘黔高铁经济带发达的交通优势，加快对接长江经济带，服务中西部，把沿线地区建设成为国内外知名生态文化旅游带、中西部新区转型升级示范带、内陆山地有机食品产业带、少数民族文化遗产传扬带和长江中上游重要生态安全带。

国内外知名生态文化旅游带。充分发挥合作示范区优美的自然资源和当地历史文物古迹、少数民族传统风情等人文旅游资源品位高、组合性好的积淀潜能，借力武陵源、荔波喀斯特、施秉云台山等世界自然遗产、永顺彭氏老司城遗址、侗寨大歌等世界文化遗产以及德夯、梵净山、洪江古商城等驰名旅游品牌，加大两省生态文化旅游一体化开发运营力度，不懈营造国内外知名生态文化旅游发展带。

中西部新区转型升级示范带。依托湘黔两省生态观光农业、生物医药、民俗民族文化旅游等产业资源优势和现有产业园区，引导企业开展联合重组，支持技术升级与自主创新，科学布局新兴产业，大力发展绿色、低碳、循环经济，实施区域品牌发展战略，提升产业辐射能效，加快构建湘黔中西部合作现代经济新区。

内陆山地有机食品产业带。充分利用湘黔两省结合部同处武陵山区域与传统山地经济作物种植区的地理生态优势，大力发展名特优水果、粮油、家禽、高山蔬菜、草食牲畜等珍稀食品农业，优化布局、协同建设绿色、有机、富硒产业基地，不断提升品牌影响力与市场竞争力，加速示范区产业富民与经济脱贫。

少数民族文化遗产传扬带。依托两省丰厚悠久的独特人文历史底蕴，以大湘西、贵州两地老司城世界文化遗产以及夜郎古国文化为核心，深广开发土家族、苗族、侗族、布依族等少数民族民俗文化资源，着力提升黔城芙蓉楼、荆坪古镇、夜郎谷、西江千户苗寨、镇远古城、苗王城、大明边城等一批著名特色旅游景区景点，积极促进当地民族传统文化在继承中发展、在创新中进步，让湘黔两省优秀的少数民族文化聚合业态，奋扬势能，走出大山，走向世界。

长江中上游重要生态安全带。以世界自然遗产、自然保护区、森林公园、地质公园、湿地公园、风景名胜区等为重点，全面实施高铁沿线环境保护与重点防控，强化以石漠化、水土流失及其局部环境污染的综合治理与生态修复，提升自然生态系统功能，增强生态产品生产能力，合力构筑长江中上游重要绿色生态屏障，确保内陆腹地生态空间的安全持续发展。

（三）实施步骤

湘黔中西部合作示范区拟计划10年建设期，主要分三个阶段实施：第一阶段（2017—2018年）为初始建设期；第二阶段（2019—2022年）为发展成熟期；第三阶段（2023—2025年）为优化提升期。

第一阶段：从2017年开始，全面启动湘黔中西部合作示范区建设，到2018年，共建共享的基础设施骨干网络体系基本成型，联动发展的体制机制与跨域协调的政策体系基本确立，产业对接合作成效明显，生态环境得到有效保护，全方位跨域合作初见成效，精准扶贫、重点脱贫深入推进，人民生活水平显著提高。

第二阶段：全方位跨域合作格局基本形成，到2022年，跨省合作模式日趋成熟，合作领域更加宽广，综合交通体系等基础设施日臻完善，中心城市辐射带动作用不断增强，城乡居民收入与经济发展水平稳步提升，基本消除绝对贫困，社会基本公共服务趋向均等化，与全国同步建成全面小康。

第三阶段：进一步深化合作示范区联动共生，到2025年，形成更加完善的区域协调发展体制机制与经济融合共赢格局，山川更加秀美，人民更加富裕，社会更加和谐，努力成为各类要素流动顺畅、产业分工协作紧密、基础设施联通高效、生态环境优美、基本公共服务共享、创新驱动发展主导、人民生活幸福安康的全国省际合作发展典范，实现湘黔中西部合作区域初步现代化。

三、湘黔中西部合作示范区建设的主要任务

（一）推进基础设施互联互通

按照统筹规划、适度超前、互利共赢原则，推进省际跨域重大基础设施一体化建设，以湘黔高铁为主通道，初步建立以高铁为主体，以普铁、民航、公路、水运为支撑的协调发展交通运输体系，形成“便捷、高效、安全、绿色”的现代综合交通运输网络。大力提升能源、水利、通信等基础设施互联互通效能和共建共享水平，促进沿线经济社会加快发展。

1. 努力构建现代综合交通运输网络

铁路。以沪昆高铁为依托，积极衔接国家有关部门，共同争取将贵州贵阳经湖南张家界至湖北襄阳客专、贵州兴义经独山至湖南永州至郴州至江西赣州、渝怀高铁、张吉怀高铁等铁路建设，纳入中长期铁路规划调整并挤入“十三五”项目规划，根据规划情况适时启动有关项目的前期工作。

公路。以沪昆高速、320国道等为依托，加快推进干线公路、农村公路建设，提高建设标准，实现有效连接。两省同步开展铜仁至怀化、黎平至靖州高速公路项目前期工作，力争同步开工建设。启动天柱至新晃高速公路项目前期工作，建设湘黔省际无费快速大通道，构建现代综合运输枢纽，提高道路通行效率；强化国省道提质改造，拓展县级公路等级，积极推进合作示范区乡村公路网络建设。

航空。加强两省对铜仁凤凰机场航班航线补贴标准协调，共同出资补贴航班航线。由铜仁市人民政府和湘西自治州人民政府组织主导，共同开发铜仁凤凰机场客运航线、航班与客源市场培育工作，联手打造湘黔临空旅游经济带。以国家低空空域管理改革为契机，积极推进两省交界地段通用民航机场建设，大力开发商用与城市公共服务航空功能与民航航线网络资源，提升城市应对突发事件处理能效，推动新兴临空产业发展。

水运。推进内河航运扩容提质，共同推动清水江—沅水高等级航道建设，推进托口、三板溪、白市等一批电站通航设施的改造提升工程建设，做好河道、航道疏理及客货码头渡口提质改造，尽快打通清水江—沅水—长江的水运通道，建设新化大洋江航电枢纽工程，积极推进资江—湘江的水运通道建设。

2. 继续深化能源领域合作

统筹能源资源开发利用。依托贵州丰富的电力资源，继续实施“黔煤入湘”和“黔电入湘”工程，积极支持和推进黔东电厂二期扩建工程分别纳入两省能源（电力）中长期发展规划储备项目，适时启动前期工作。建立怀化与凯里、铜仁三地能源供购长远合作关系，争取实行双线（凯里至新晃输电线路、铜仁至新晃输电线路）直供。加快风电场建设，稳步推进石煤发电项目，积极推进太阳能和生物质能发电。加速推进在建水电站建设及现有水电站装机扩容，合理开发新的水电项目。

加强能源保障体系建设。建立两省能源资源开发合作机制，统筹推进能源基础设施一体化，加快构建跨域统一的能源输送体系。推进输变电工程建设，全面完成城乡电网升级改造，完善电力安全体系及应急处置体系，提高电网应对突发事件能力和电力防灾减灾应急能力。深化电源点、电力输送网、煤炭开发及其他能源通道建设等合作，共同推进省际能源合作示范项目实施，支持湖南企业参与贵州能源基地建设。

3. 推进信息基础设施共建共享

共建信息基础设施。以“贵州全国大数据综合实验区”、贵州的凯里“智慧城市”试点城市建设为契机，加快推进两地骨干信息基础网络设施建设，扩展网络覆盖空间，全面提高宽带普及率，加强农村信息网络和社区信息化建设；推动物联网关键技术协同研发和在重点领域的应用示范，加强三网融合、智慧城市、数字城管、无线网络、大数据应用等领域合作，推进云计算平台建设工程；积极联合创设专项法规和行业标准，促进信息网络互联互通、业务融合与数据共享。

加快经济社会信息化。充分发挥湘黔两省先进科技与智力支撑作用，创建信息技术提升及其成果转化机制。积极发展多元化、个性化、定制化电子商务，推动信用服务、在线支付、物流配送等现代商贸服务体系建设；加强湘黔两省电子政务建设，推动重要政务信息系统互联互通、信息共享和业务协同；推进农产品销售、金融、旅游、就业、社保、卫生等社会管理和公共服务信息化，促进信息服务业与不同产业的渗透融合，加快构建现代信息服务产业体系，确保信息网络安全。

（二）推动产业互补联动发展

借助高铁带动，加快推进两省中西部合作示范区产业空间规划统筹和产业协同发展，强化产业深度融合，共同承接跨域产业转移，互补推进山地高效农业发展，提高现代服务业关联度，积极促进“飞地经济”示范区建设，引导金融、文化旅游、总部经济、商务贸易、信息咨询、酒店、住宅等城镇服务产业向沿线高铁站周边集聚，构建优势互补、分工融合、联动发展的现代产业集聚区与合作示范带。

1. 优化高铁沿线产业布局

按照湘黔高铁沿线地区整体功能定位和周边六市具体功能定位及其产业优势，加强产业发展衔接，着力理顺存量产业发展链条，优化产业空间布局，形成区域间产业合理分布和上下游联动机制，支持沿线城市加快发展高铁经济，共同优先打造湘黔高铁经济示范带。加快培育湘黔高铁沿线各站点现代商贸物流业，支持高铁沿线城市升级现代信息服务和金融服务业。深化两省在资源勘查、矿产开发、精深加工、循环再生利用等方面的合作，支持共同开发铝、钛、锌等金属冶炼及深加工项目，在怀化、铜仁、黔东南州、黔南州等地规划兴建科技含量高、规模适度、特色鲜明的有色金属深加工基地和锰硅系新材料工业集聚区。突出生态化、高端化，大力发展山地珍稀物产高效农业，加快建设绿色食品加工供应物流基地。合作共建国际知名旅游目的地，利用湖南张家界、湘西、怀化和贵州铜仁、黔东南等地高品级优异旅游资源，共同开发精品旅游线路，建设湘黔旅游经济圈。以重大产业基地和特色产业园区为平台，重点承接信息技术、生物医药、商贸物流、教育培训、健康养老、体育休闲等高成长产业与新兴业态。

2. 合作推进现代山地高效农业发展

共建高效农产品生产加工基地。依托示范区山地特色农业资源，共同推进武陵山区名优特现代农业规模化建设。重点在高铁沿线毗邻区域科学布局以优质茶叶、油茶、中药材、绿色有机蔬菜等主导的特色农业产业带和优质富硒农产品生产基地，共同推进农业科研、农业生产基地、农产品加工园区建设，大力支持农民专业合作组织发展，引导并扶助湘黔农产品生产加工技术升级，加快溆浦、芷江、新晃、万山、玉屏、黎平、施秉、剑河、麻江、雷山、都匀、龙里、平塘、瓮安等地特色农业品产业链延伸开发，统一创建分类市场品牌。在高铁沿线合作共建一批优质农产品生产基地、森林食品加工基地、山地无公害蔬菜基地、花卉苗木繁育基地、农业科技示范基地和贸易集散中心。

共同完善农业社会化服务体系。合作构建两省共享的现代农业服务网络，广泛开展农业科技推广和交流，加强跨域农产品精深加工的分工合作，共同培育壮大农产品加工龙头企业。整合沿线九市农产品交易市场和农产品电商交易平台，完善市场信息咨询、代购代销和储运配送等服务功能，轮流举办农产品展会，整合沿线内各类农业信息资源，建立统一的农业信息交流平台。

加强农产品质量安全合作。共同探索土壤重金属污染防治办法。合作制定实施农产品质量安全技术操作规程，逐步建立区域间食用农产品产地准出和市场准入管理的衔接机制。全面加强农产品绿色质量体系认证，建立从生产、加工、销售的标准化质量检测体系，共同打造一批中药材、茶叶、油茶等品牌农产品和市场信誉卓著的龙头企业。建立食品安全检验检测结果互认制度，共同建设区域性农产品质量安全检验检测中心，提高食品安全检验检测信息共享水平。

3. 加强现代服务业合作

加快现代物流业发展。依托高铁运输快捷、人流商流富集的独特优势，打造服务两省、辐射东盟的现代物流服务载体。统筹规划物流园区、物流配送中心、特色商业区和专业市场，共同建设区域性物流中心。引导物流资源、物流企业跨区域整合，创建高铁沿线六市物流联盟。充分发挥怀化、铜仁交通枢纽优势，整合现有存量资源，完善物流枢纽—物流园区—物流中心—物流配送中心等节点体系，推动企业实施物流外包、供应链管理和客户端集成，重点推动发展第三方、第四方物流与绿色物流。建设一批综合性和专业化物流中心，加快建设武陵山片区中药材、茶叶、水果等商贸物流中心和高铁沿线站点综合物流中心，做大农产品、新材料、有色金属、烟花鞭炮等专业市场。

加快发展金融服务业。大力推进金融改革创新，不断提升高铁沿线城市金融服务水平，共同探索在区内设立股份制民营银行，发展区域性产权交易市场。依法有序发展农村商业银行、村镇银行等地方金融机构和小额贷款公司，推进沿线九市共同出资设立担保基金，提升对中小微实体企业和“三农”的服务水平。

合作发展健康服务业。科学规划，共同推进一批科考探险型、山地水上运动型、健康疗养型等康体养生基地建设。以梵净山、张家界、舞阳河、黎从榕、通道万佛山等旅游度假区为合作载体，支持双边企业及专业机构协力营建一批科考探险型、山地水上运动型、健康疗养型等不同形态、不同层次的康体养生基地，满足人民群众多元化健康服务需求，共同打造国内外知名的健康养生基地。

4. 积极创建“飞地经济”示范区

打造湘黔中西部合作“飞地经济”示范区。按照各市区产业“规模化、特色化、差异化”的错位异质发展原则，实施产业项目的整体打包引进和分拆投放，避免各市区飞地园区的同质低水平重复建设，加强“飞地经济”发展的生态红线控制。鼓励两省企业在湘黔高铁沿线共建优势特色产业园区，支持两省企业在对方工业园区落户，重点支持贵州大龙经济开发区和湖南新晃开发区开展跨省园区共建，形成以矿产品精深加工、农副产品精深加工、生物医药等产业为基础，集新材料、物流、研发服务等为一体的飞地产业园，共同建设全国承接产业转移示范区，打造沪昆高铁带重要的产业支点和两省新兴经济增长极。联合申报国家省际“飞地经济”合作示范区，积极争取国家长江经济带建设区域合作的相关政策支持。

创造“飞地经济”利益分配新格局。探索构建两省飞地园区利益共享机制，明确飞出方和飞入方合法权益，试行按股份制合作方式共同兴建园区控股开发公司，按投资股权比例按园区开发公司的投资比例主导行使公司人事任免权，分成园区GDP、工业产值、增值税、所得税地方留成部分等产出绩效红利。探索实施跨区域经济核算，制定飞地园区GDP跨区域分解核算方案，并与飞出地政府协商制定两省飞地园区的GDP分解核算方案，上报国务院审批。探索以“异地开票”方式解决现行税收征收体制下跨省域税收转移支出困境，双方协商税收共享模式。制定飞地园区管理人才跨区域共享办法，加强双方管理人才的交流互动，全面释放人才市场活力。

实施循环发展引领计划。以各级各类开发区和产业园区为载体，推进企业循环式生产、产业循环式组合、园区循环式改造，加快构建绿色低碳循环发展产业体系，推进煤矸石、尾矿等大宗固体废弃物综合利用，共建再生资源回收基地及其循环开发利用体系，加快大龙循环经济示范园、万山循环经济示范区建设。

（三）合作共建无障碍旅游区

依托示范区自然生态、历史文化、民风民俗等旅游资源，连线成片开发湖南怀化、湘西州、张家界和贵州铜仁、黔东南、黔南等地的丰美旅游资源，建立省际旅游合作联盟，共同开拓旅游市场，共建无障碍旅游区。

1. 共同打造国际知名旅游目的地

按照整体规划、要素互补、单体联动、规范有序的基本原则，突破湘黔两地行政壁垒与体制障碍，整合湘黔高铁沿线各市区县内红色旅游、生态旅游、民族民俗文化旅游等优质旅游资源，协同建设经典线路、精品景区与精品景点。重点共同精深开发侗族文化旅游资源，与广西联合申报侗族村寨世界文化遗产；依托张家界、凤凰古镇、夜郎谷、梵净山、千户苗寨、朱砂古镇、荔波喀斯特等知名景点，携手推进湘黔高铁旅游带建设，合力打造国际知名旅游目的地。

2. 携手推进“三区三线”无障碍旅游区建设

坚持资源共享、互利共赢的原则，打破行政壁垒，消除地域障碍，加强优质旅游资源的开发和拓展，联合编排特色旅游线路，组合优势旅游产品，携手推进以“大武陵山”文化旅游区、舞阳河（㵲水）文化旅游区、清水江文化旅游区及怀化—镇远—凯里、凤凰—铜仁、张家界—凤凰—铜仁—镇远—黎从榕等旅游精品线路为重点的“三区三线”无障碍旅游区建设。

3. 建立区域旅游合作联盟

积极策应“高铁时代”，推进沪昆高铁怀（化）凯（里）沿线旅游联盟建设，整合沿线旅游资源，打造“红、古、绿”大旅游概念，统筹推进两省旅游资源开发和旅游市场的发展。探索推行跨域旅游“一卡通”，相邻景区间开通无障碍旅游直通车，实行景区（点）的门票一体化和套餐化，实现客源互换，方便异地购票。共同举办民族产品博览会，建树知名会展品牌。积极开展互为目的地和客源地的旅游宣传促销活动，促进“快旅慢游”“一程多站”“一线多游”等旅游方式多样化。建立统一的旅游人才培训机制，交互培养各类旅游专业人才。

4. 加快构建旅游信息大数据运营平台

实施智慧旅游云工程，大力推进“智慧旅游”建设。兴建跨区域旅游电子商务平台，全面开放并对接旅游市场与服务，共建旅游信息交流机制，建立统一的旅游信息交换平台，集中发布和推介旅游产品，实现旅游信息共享。引导和鼓励湘黔两省相关旅游企业、星级饭店、景区景点缔结友好合作关系，实现服务资源高效对接和差异化共享。建立两省旅游投诉和应急事件协调处理机制，联手整治高铁沿线旅游市场秩序，共同维护游客、旅游企业的合法权益，协力推进湘黔高铁旅游联盟区服务人本化、现代化、信息化与精准化。

（四）加强生态联防联治

发挥湖南武陵山片区生态文明先行示范区和贵州省国家公园建设的引领和示范带动作用，建立跨区域生态建设和环境保护联动机制，协同实施石漠化治理、天然林保护、水土保持等生态保护工程，健全信息通报制度和监测数据共享制度，联手构建长江中上游重要生态安全屏障。

1. 建立高铁沿线生态走廊

推进高铁沿线生态保育和环境综合整治，打造沿线绿色景观走廊。加强对重点生态功能区保护与建设，依法禁止任何破坏性开发活动，控制人为因素对自然生态系统的干扰，努力实现污染物零排放，不断提高生态环境质量和生态产品品质。

大力实施示范区天然林、重要生态公益林保护和封山育林，协同推进示范区裸露山地造林绿化及采伐迹地、火烧迹地造林更新。实施示范区油茶林的提质改造、绿色通道建设、生态公益林建设、退耕还林等生态工程，进一步丰富森林资源，提升生态质量。

以示范区的城市公园绿地和区域范围内的自然山（武陵山脉、雪峰山脉等）水（沅江、乌江、都柳江等）为主体，加快湘黔高铁、沪昆高速两侧生态廊道建设，形成沿江、沿河、沿路、城镇间和城镇内部组团间的生态廊道或生态隔离带，营建层次多样、结构合理、功能齐全的绿色生态长廊。

加强对示范区自然遗产地、自然保护区、水源涵养林、湿地公园、森林公园、生态景区的保护，全面维护森林生态系统及其自然景观的完整性与风貌原始性。大力防治示范区山体崩塌、滑坡、泥石流等地质灾害，加强水土流失综合治理，加大矿山地质环境综合整治力度，全面实施土地复垦与绿化覆盖。

2. 联手构建长江中上游重要生态安全屏障

加强林业生态体系建设。以沅水上游的清水江、舞阳河、锦江等沅水水系以及武陵山脉、雪峰山脉为重点，协同实施石漠化治理、天然林保护。采取人造林、封山育林、低产林改造、绿化建设等综合措施，加大森林、河流、湿地、水库保护力度，切实保护好长株潭城市群生态“绿心”。

大力实施生态修复工程。坚持工程治理与自然修复相结合，深入推进生态脆弱区治理，加快废弃矿山、江湖河滩等未利用地或废弃地造林绿化步伐，抓好森林、湿地、湖库等重要生态系统以及生态脆弱地区保护修复，推进废弃矿山治理和生态修复，增强自然生产能力。

大力筑牢生态安全屏障。完善主体功能区政策，落实主体功能区规划，对重点功能区实行产业准入负面清单，共同构筑以沅江水系、湖泊湿地、山体、道路绿化带、城际间生态廊道、农田林网为主要骨架的生态网络，严格实施湖泊水库和饮用水源地生态环境保护，维护生态持久平衡，增强区域生态保障功能。

大力实施跨域水系保护。强化河长制分级分段治保责任，加强清水江、舞阳河、麻阳河等沅水水系的水环境保护合作，协同实施源头水污染防控、水运清洁示范、安全饮水保障等建设工程。加强水功能区入河排污口监管和交界断面水质监测，建设沅水干流洪江市托口、㵲水新晃鱼市、渠水通道地阳坪公路大桥、辰水（锦江河）麻阳铜信溪电站省界断面水质自动监测站，支持将沅江流域纳入国家重点流域治理，共同保护长江流域水生态安全。

大力加强跨界矿区治理。协同实施矿区整治和重金属污染综合治理，推进重点矿山地质环境恢复，支持解决历史遗留矿山生态修复。严格执行矿山地质环境保护与治理恢复保证金制度，支持建设绿色矿山和生态示范矿山。加强湘黔边界大龙、锰三角等重点区域重金属污染防治，共同应对和处理跨界突发环境事件及其污染矛盾纠纷。

加强示范区各级各类自然保护区、风景名胜区、森林公园、湿地公园和地质公园的保护和建设，划定区域生态保护红线，实行生态功能分区控制，强化重要生态功能区生物多样性保护，对铁杉、金丝楠木、南方红豆杉等珍贵物种和古树名木、娃娃鱼、黔金丝猴、猴面鹰等珍稀动物实施就地或迁地保护，建设一批野生动物救助中心和珍贵濒危野生植物试验栽培繁育基地，切实保护存量珍稀濒危野生动植物、古树名木资源及自然生境，有序实现休养生息。

3. 建立生态环保联防联治机制

建立生态环保联防联治机制。加强沟通协调，进一步建立完善跨行政区域的环境污染和生态破坏联合执法、应急会商等协作机制，共同制定《黔湘环境联合执法实施方案》，实施生态环境安全清单管理与智能化、远程化定置监测，共同开展生态资源统计与环境影响评估。

积极构建两省相邻区县联防联控联处机制，推动建立合作关系。建立湖南怀化、湘西自治州与贵州铜仁、黔东南自治州、黔南自治州地表水、大气环境监测联动工作机制和环境污染事故应急处置联动工作机制。

建立水、土、气污染防治修复机制。建立饮用水源地与水体流域化治理与安全监控体系，加强土壤污染防治与农业面源污染防治，改善土地资源质量。建立大气污染联防联控机制与重污染天气监测预警系统，切实改善城市和区域大气环境质量。

健全两省环境信息通报和监测数据共享制度，精细编制高铁沿线重要生态区域安全清单，开展跨界断面和省界分水线省际联防、联控、联治，共同应对和处理跨界突发环境事件，严控污染危害扩散。

4. 创新生态文明建设体制机制

实施最严格的耕地保护制度、水资源管理制度、环境保护制度，建立覆盖所有固定污染源的企业排放许可制，建立实时在线环境监控系统。积极推进生态环境体制机制创新，建立跨区域生态补偿机制，创新生态补偿模式，扩大生态补偿试点。

完善和落实生态环境损害赔偿制度，健全充分反映资源消耗、环境损害、生态效益的生态保育绩效评价考核和责任追究制度。严格实行生态保护红线管理，建立体现生态文明理念的行政行为综合考核评价体系和生态环境损害责任追究制度，健全自然资源产权制度、用途管制制度和资源环境承载力监测预警机制。

推行生态环保联防联控和流域共治制度，建立政府、企业、社会大众协力保护治理机制。加强生态环境保护教育，持续培养群众环保意识，让保护生态环境成为每个公民的自觉行动，推动全社会形成绿色消费自觉与环保安全自觉。

（五）推进武陵山区脱贫开发

以产业扶贫合作为抓手，加强文化旅游、医药养生产业、生态农业、园区共建等多方面的深广合作，探索推进黔东—湘西区域脱贫攻坚示范先行区建设。

1. 协同推进《武陵山片区区域发展与扶贫攻坚规划》实施

加强政策创新协作。共同商定覆盖高铁沿线集中连片特困地区发展精准化特殊扶持政策，制定文化旅游、健康服务、生态农业、园区共建和外商投资产业发展指导目录，实施定点化、差别化的产业扶持。加强对贫困人口技能培训协作，推动集中连片特困地区加快发展。

重点推进专项扶持。按照“打造亮点、突出重点、区域发展、板块推进”原则，实施武陵山区扶贫攻坚重大事项推进行动，在中西部合作示范区建成一批“扶贫攻坚示范县”与“脱贫攻坚示范区”。

联合争取国家支持。依托国家民委、国家旅游局、全国工商联、国家开发银行等部委支持，加快破解制约区域旅游协同发展的行政壁垒和制度障碍，共同协调重庆、湖北等地向国家争取在集中连片特困和重点生态保育区区内实施生态补偿机制试点。

2. 创新武陵山片区精准脱贫开发模式

探索推进黔东—湘西跨界区域脱贫攻坚示范区建设，合力推进跨域基础设施、生态建设和环境保护、基本公共服务等重大专项建设。完善跨省生态扶贫模式，把湘黔中西部合作示范区作为国家生态补偿试点地区，对贫困村具有水土保持和碳汇生态效益的生态林进行生态补偿，探索通过市场机制开展生态补偿的具体脱贫路径。

创新跨省金融扶贫模式。大力深化农村金融改革，进一步推进贫困地区金融组织、金融服务和金融产品创新，充分发挥政策性金融和商业性金融的互补作用，整合各类扶贫资源，开辟扶贫开发新的资金渠道。

加强两省扶贫开发公共资助政策的交流与合作，共同设立湘黔中西部合作示范区扶贫开发基金，积极探索财政扶贫资金入股经营模式。探索对贫困人口实行资产收益扶持制度，对在贫困地区开发水电、矿产资源占用集体土地的项目建设，试行给原住居民集体股权方式进行可持续的合法收益补偿。

3. 积极推进武陵山片区旅游扶贫综合示范区建设

加强贫困山区旅游资源开发合作，谋划建设湘黔民族文化旅游产业带，携手打造湘黔黄金旅游圈，加强在旅游项目规划、旅游线路、对外促销等方面深度合作。加强乡村旅游扶贫协作，共同建设一批配套完善、环境优美、风格独特的精品旅游村寨，培育一批具有影响力的省级乡村旅游扶贫示范区和特色鲜明的乡村旅游扶贫示范点，合力把绿水青山变成“金山银山”，不断提高贫困群众收入。

积极推进武陵山片区旅游扶贫综合示范区建设，探索构建黔东—大湘西区域脱贫攻坚示范先行区，共同开拓重点连片贫困区域旅游减贫致富的经济一体化发展新路。实施跨省国民旅游休闲计划，共建“大武陵山”文化旅游区、舞阳河文化旅游区、清水江健康文化旅游区等经典精品，支持开展互为目的地和客源地的旅游宣传品牌促销活动。

充分利用示范区生物多样性和生态良好、康体养生养老资源丰富等独特优势，大力发展多功能饮品饮料、抗衰老药品和富硒保健食品以及少数民族医药产品等大健康产业，支持生态文化体验、避暑度假养生、休闲观光、温泉疗养、医药流通、健康产品研发和示范园区等大健康产业发展合作平台建设。

（六）继续强化社会治理合作

1. 加强社会事业合作

按照标准化、均等化、法制化要求，建立健全覆盖城乡、普惠可及、保障公平、可持续的基本公共服务体系。把提高经济发展质量、不断提高各地区之间基本公共服务均等化水平，作为缩小区域差距、协调区域发展的主导目标取向，着力推进沿线相关市县之间在教育、医疗、养老、就业、社会治理、环境保护等领域的制度衔接和一体化建设，促进劳动力跨区域合理流动，完善农业转移人口市民化的成本分担机制，利用现代信息技术手段建立区域互联互通、共建共享的基本公共服务平台，让不同地区居民公平分享合作示范区地区间改革发展成果。

（1）均衡发展教育事业。科学规划，共同商定，合理调整边界学校布局，整合近邻教育资源，合力建设跨界乡村、贫困山地、飞地产业园区义务教育学校，优化当地高中教育、职业教育、高等教育、民办教育和其他社会教育结构，提升教育管理水平与教学质量，完善教育经费保障体制和教育资助机制以及优质教育资源向农村地区、薄弱学校流动机制，促进跨域教育均衡、公平、协调发展。

（2）推进医疗卫生和人口计生事业发展。深化医药卫生体制改革，健全高铁沿线县、乡镇、村三级卫生计生服务网络，强化政府责任和公共投入，优化跨界卫生资源配置，鼓励并引导社会力量参与边际卫生医疗服务，全面提高卫生医疗服务能力，保障农民群众看病就医和优生优育的基本需求。建立基本医疗保险、大病保险、医疗救助“三重医疗保障”异地协作机制，加快贫困地区县乡村三级医疗卫生服务网络标准化建设。

（3）推进文体繁荣发展。把握地方民族文化特色，提升文化影响力。加快推进公共文化服务体系建设，完善边界地域与产业园区图书馆、文化馆、展览馆、数字影院、文体传媒中心等公共文化设施。大力发展文化产业。突出文化与旅游产业的深度融合，推进文化资源向旅游产品转化，以文化提升旅游品位，以旅游扩大文化产品的传播和消费。加快体育产业发展。坚持社会化、市场化、产业化的方向，鼓励引导社会各行业、各单位投资体育健身、休闲娱乐、体育商品产业，大力推进全民健身，培育民族体育产业活力。

（4）健全社会保障体系。进一步完善城镇基本养老和新农保、基本医疗、失业、工伤、生育保险制度，规范征收流程，强化社会保险费依法统一征收，完善社会保障基金监管制度和预警监测机制，健全行政监督、专业监督、社会监督、内部控制相结合的监督体系，推进社会保险服务规范化、信息化、专业化建设。促进就业创业。坚持“劳动者自主就业、市场调节就业、政府促进就业”原则，将第三产业、中小企业和非公有制经济作为扩大就业和鼓励万众创业的主要渠道。发展福利事业，支持残疾人事业发展，健全残疾人服务和孤残儿童福利服务体系，鼓励社会力量参与福利事业，扶持福利企业持续发展，强化福利事业服务管理，有序开展慈善活动，推行公开透明捐赠机制，促进慈善事业健康发展。

2. 完善跨省流动人口公共服务体系

共同创立跨省流动人口服务机构，制定流动人口公共服务政策，发布流动人口数量、经济状况、生存环境和各地经济发展信息，加强流动人口服务前瞻性政策协调与行政行为协调，开展流动人口政策咨询，为流动人口提供“一站式”公共综合服务，科学统筹引导省际人口的规模流动。把跨省流动人口纳入当地国民经济和社会发展总体规划，促进社会和谐均衡全面发展和进步。建立流动人口管理公共财政投入机制，把流动人口的公共服务管理经费按户籍人口的标准列入财政预算，确保流动人口的公共服务经费的落实。把跨省流动人口就业培训纳入当地免费就业技能培训对象，促进流动人口平等就业并融入当地社会。加强劳动执法，强制企业和用人单位为流动人口依法办理各种社会保障，维护流动人口的合法权益。把流动人口的住房保障纳入当地政策性住房安置，让流动人口与常住人口同等享有基本住房权。把流动人口的发展保障纳入公共财政预算，增加公共教育资源，保证流动人口子女在义务教育阶段与户籍人口同等享受公立免费教育，实现义务教育公平均等。把流动人口需要救助的贫困群体纳入社会救助救济和最低生活保障范畴，加大共同政策的覆盖范围，免费提供包括卫生免疫、婚前、孕前、孕情检查和计划生育宣传教育、避孕药具、计划生育技术服务、优生优育、生殖健康咨询等基本公共卫生和计划生育服务。

3. 加强社会治安协作

开展治安信息共享和边际社会防控协作，建立合作区域刑侦警务、重大安保及突发事件应急处置合作机制。健全边境矛盾纠纷信息搜报网络，强化跨省矛盾纠纷排查预警、治安联巡联防协治和社会案（事）件的应急处置，共同订立应急处置预案，实现快速反应、快速处置，确保边际区域社会治安稳定。

加强两省公安机关密切协作，深化社会治安协作和联勤联动，提升社会治安防控和应急处突水平。深化公安、城管、工商、质检等相关部门通力合作，确保高铁沿线、两省跨境区域公共治理高效有序。边境公安机关要结合各自职责，主动将跨省犯罪作为重点任务，加大投入保障力度，全方位、多层面布防严控，切实维护人民群众生命财产安全，营造高铁沿线经济社会发展的优良治安环境。

4. 构建自然灾害预警处理机制

（1）建立区域自然灾害预报预警合作和防治信息共享机制。深化跨省气象灾害、洪水灾害、地质灾害、地震灾害、农作物灾害、森林灾害等自然灾害的联防联治，构建跨省自然灾害应急管理体系，探索跨省区域生态补偿试点工作。

（2）完善预警预测技术体系。充分发挥现有气象、水文、地震、地质、环境、森林防火等监测体系的作用，建立健全高效的自然灾害监测、预警预报系统，完善功能，优化布点，加强装备，提高监测水平，对各类自然灾害实施更加准确、科学的预警预报。

（3）建立专家与群众结合的监测网络。政府应急管理部门要牵头建立专业性分析研讨制度和社会化举报机制，及时掌握当地自然灾害发生的动态、趋势，对可能发生的灾害实施动态、精准监控。

（4）加快应急指挥平台建设。充分利用现有政府系统办公业务资源和专业系统资源，推进跨域应急指挥平台建设，建立高效的现代化应急指挥系统。

（5）加大灾害隐患治理力度。健全分级负责、协同治理机制，明确自然灾害隐患所在地人民政府主要负责灾害隐患排查、监控和治理，当地政府的有关主管部门给予技术、资金支持，省际邻近周边政府和部门积极予以配合协助。

四、创新区域合作发展模式

（一）积极参与长江经济带建设

建立统筹协调、规划引领、市场运作的领导体制和工作机制。加强呼应对接长江经济带沿岸省市，科学务实商讨并解决在合作领域、工作事项、推进措施等方面的重大问题。

引导示范区市州县创建跨区域产学研联盟机制。围绕重点优势产业和新兴产业，联合区域内的高等学校、科研机构、企业及其他社会组织机构等市场主体，组建“湘黔高铁经济带融入长江经济带产业技术创新联盟”，形成共同开发、优势互补、利益共享、风险共担的技术创新合作组织。

实现社会信用、物资贸易信息、政务信息等平台的共享，积极打造多种区域信息服务平台。鼓励大型科技基础平台开放共享，提供精准化、高效化技术服务，健全科技交流合作平台，促进长江经济带内科技成果对接交流，科技资源流动共享。

制定中西部合作示范区经济增长与生态环境协调保育规划，重点全面实施经济带水环境和水资源保护。加强基础设施互联互通，促进沿线省市道路相互对接，破解交通、政策瓶颈等现实难题，形成区域发展合力。对接和调整各地既有发展规划，减少产业重构，形成相互合作、错位发展的良好格局。

（二）共同打造湘黔高铁新型城市带

依托沪昆高铁的辐射带动，共同创建湘黔中西部合作新型城市带。强化怀化、铜仁等城市辐射带动作用，优化经济带沿线城镇布局，开展城市（镇）群间的合作交流，打造一批高铁新城，大力推动县城和重点小城镇协调发展。加强政策对接和规划衔接，共同推动贵州铜仁市、黔东南州和湖南吉首市、怀化市等毗邻区域编制区域合作规划，推进次区域务实合作。加强黔中、大湘西等城市群之间的联系与交流，共同推进新型城镇化进程，构建区域协调发展示范平台。协力支持高铁沿线城镇创建国家园林城市（镇）、国家森林城市、国家水生态文明城市、国家海绵城市乃至国际湿地城市等著名城市品牌。

（三）积极推进新区高层次合作

加强新区党工委、管委会领导交流沟通，建立双向性日常联络、例会、情况通报、信息反馈、高层互访等工作制度。在园区管理理念、产业发展、工作机制、项目促建促产、招商引资、企业服务、社会事业发展等方面实现信息共享、资源优配、与合作共建。进一步优化工作机制，加强学习交流、相互促进，实现优势互补、连片发展。充分发挥各自优势，兼顾各方利益，以项目合作为载体，以产业对接为依托，建立长期、稳定、全面的合作关系，以市场、科技等手段整合资源、连接产业、融合社会事业，大力开展全方位、宽领域、多层次的经济社会发展合作，实现互利双赢和共同发展。推进区域内基础设施建设、项目统筹、产业对接，构筑良性互动、竞争有序、共同繁荣的区域发展新格局，实现区域经济社会协同超常发展。

（四）继续深化经贸交流合作

1. 推进市场体系建设

完善提升商品市场。推进具有比较优势的现代农业、文化旅游、新型工业等市场建设。鼓励各类市场借助现代信息技术和电子商务模式改造提升，加快发展电子商务、连锁经营、期货交易等新型业态，促进传统商品市场向现代市场体系转变。建立健全要素市场。积极推进地方金融机构和地方保险法人机构发展，规范发展民营金融机构。加快组建区域股权交易市场，探索整合国有产权、非上市公司股权托管、金融资产、技术产权、文化产品、排放权、水权、农村综合产权等专业交易平台。支持在重点领域设立创业投资基金和产业投资基金。积极发展技术市场。培育发展新兴交易市场。以建设中西部区域性电子商务中心为目标，做大做强新兴商品和要素交易市场。培育壮大电子商务市场主体，完善电子商务交易平台，建设具有交易、物流、支付、信息、信用等综合服务功能的骨干电商平台。探索发展网上土地、产权、技术、人力资源等交易市场以及互联网金融，实现线上线下、有形无形市场融合发展，构筑要素市场新优势。加快市场信息化建设。构建网络交易支撑体系，加快建立完善电子认证服务中心、社会信用服务中心、网上金融支付中心、现代物流配送中心等公共信息平台，实现市场信息资源的广泛覆盖、互联互通和有效利用。

2. 积极参加对方举办的经贸活动

部门与部门、行业与行业、企业与企业之间要建立会晤联系长效机制，实行有效衔接，及时了解掌握动态和信息，采取有针对性的措施，消除市场壁垒和产品流动障碍，建立完善、协调的交通物流网络，共同推动区域经济合作健康有序发展，推动双方积极参加对方举办的经贸活动。定期或不定期召开一次专题会议研究解决经济合作过程中遇到的重大问题和难点问题，加速区域经济合作进程。

3. 开展会展合作试点

围绕培植知名会展品牌，注重会展品牌的塑造和经营，重视节庆会展活动的发展，联合旅游业打造会展品牌，推进中国会展名城和国际会展中心建设。构建三方互动的协调发展模式，完善行业协会的职能，为会展相关企业提供更加切实有效地服务。强化会展企业的规模与实力，培育会展企业的品牌知名度，以会展业发展的国际化趋势和要求规范会展企业的运作，加强民营会展企业的联合与并购。

五、推进湘黔中西部合作保障机制

（一）创建高层决策沟通机制

1. 建立合作机制

共同创设省际高层联席会议，制定高层领导定期互动沟通、召开年度例会、决策前期调研、方案研讨、咨询论证、信息交流与对接等系列制度安排，保证协作机构正常有序运转。不定期召开政府协调会议，督促解决联席会议重大决策在落实过程中的实际困难和问题。

2. 注重工作联动

建立跨省、跨部门联席会议制度，加强和省、市、部门、企业、区域联动，形成上下联动、纵向合作的工作合力，定期研究解决工作中的矛盾和问题，协调推进方案组织实施，开展多层次多方位合作交流，共同推进实施重点工作和重大项目。

3. 强化信息交流

及时、准确、全面掌握国家部委、两省省委省政府的重大决策、产业布局和支持政策，了解周边省市、中心城市建设“一带一路”进展情况，完善工作思路，调适工作路径，加快工作进度。

（二）注重科学前瞻谋划

共同创建合作区发展智库平台，健全专业智库与专家咨询机制，拓展高水平智力支持领域和空间。邀请国内外、省内著名咨询机构、科研院所、高校等为两省建设“湘黔中西部合作示范区”提供智库支持，聘请一批相关领域的专家学者，组成专家顾问团或项目建设咨询组，通过决策邀约、府际采购等方式加强前瞻指引和路径导向，引导有条件的行业建立区域性行业协会，强化市场主体的行为自律与权益协调。制定超越现有行政区划，能够覆盖示范区各城市等级、各行政主体以及各功能区的大区域规划。

（三）推动部门及地方合作

1. 建立跨域府际合作协调机构和机制

建立跨行政区的权威、高效、统一的功能性组织机构。由两省省委、省政府牵头或授权，建立由高铁经济带各合作方政府共同参加的地区合作常设协调领导小组，定期召开府际合作协调会。联手创建统一的制度架构和实施细则，营造无特别差异的政策环境，实现区域制度架构的融合统一。

2. 落实跨域执行监督机制

各地方政府应通过紧密合作，建立统一的跨行政区的区域执法机构。建立健全地方政府间合作互动的监督与约束制度。通过权威、统一、高效的政府协调组织机构订立具有强制性的规章制度，监督地方政府间协议的执行，仲裁合作方发生的经济社会事务纠纷。

3. 建立一体化考核督评机制

两省政府共同制定《湘黔中西部合作示范区协作框架协议》，明确两省合作的方向、重点领域和重大项目布局及其推进措施，形成约束机制。在现行考核指标体系的基础上，增加湘黔中西部合作示范区发展的考核指标体系，提高考核权重和相应的激励机制。在考核中吸纳业界专家、当地企业、事业单位及公众的意见，或委托独立中介机构进行公开公正考核，加强对重大项目的监督检查与绩效评估。

4. 建立跨域利益分享和补偿机制

各地方政府应在平等、互利、协作的前提下，积极探索规范有序的财政转移支付制度建设，实现地方与地方之间的横向利益转移，确保公共产品和公共服务均等化。

（四）强化项目责任清单管理

1. 梳理部门职权，编制责任清单

按照权责相对应、有权必有责和“谁行使、谁清理”的要求，根据不同类别行政权力的职责定位和工作任务，落实责任主体，规范职责权限，建立责任体系，完善追责办法，体现权责匹配、责权一致。各部门要做到落实到条、细化到款，变为具体责任清单条目，编制本部门责任清单，建立与政府部门行政权力相对应的责任体系。

2. 公开责任清单，实行动态管理

在编制部门行政职权的基础上，汇总编制本部门责任清单，明确跨域治理与公共服务的责任事项、追责情形及其依据，通过政府门户网站等公共服务平台向社会公开责任清单。建立行政权力清单以及运行流程动态调整机制，及时调整完善权力和责任清单，按程序审定后向社会公布，强化社会监督。加强政府网站建设，推进电子政务，逐步扩大网上查询、咨询、求助、交费、投诉等服务项目的范围，为人民群众提供快捷、方便的公共服务。

3. 健全监督机制，厉行考核评价

政府各部门要在年度任务中落实相关工作，推进重大项目工程建设，督查重点专项任务和重大工程项目落实。建立目标责任制，对政府和有关行业部门开展绩效考核，将方案实施工作纳入各级领导班子和领导干部目标考核体系，做好统计监测和信息发布工作。

（五）引导社会主体广泛参与

在领导小组和办公室的统筹协调下，由牵头部门分头负责，发动政府部门、企事业单位、公共机构、高等院校、科研院所、企业、非政府组织、社会团体等各有关社会主体，广泛参与合作区社会治安管理、环境保护、经贸合作等相关合作活动。强化舆论宣传，激发内生活力，引导社会各界各方积极协同配合，优化发展环境，实现共同进步。

加速长株潭都市圈同城化

——长株潭都市圈发展规划研究①

长株潭都市圈是长江中游城市群的重要组成部分，是湖南省发展基础雄厚、人文资源集中、产业创新能力强、对外开放程度高的城市紧密关联区，主体区包括长株潭三市中心以100公里为半径的1小时通勤圈域，含长沙市、湘潭市全境、株洲市的市辖区、醴陵市，共13个市辖区和7个市县；拓展区涵盖岳阳市的汨罗市、湘阴县，益阳市的市辖区、桃江县。2019年，都市圈主体区国土面积2.1万平方公里，年末总人口1358万人，地区生产总值（GDP）15257亿元。

图1　长株潭都市圈范围图

① 湖南省决策咨询项目，成果为湖南省发展和改革委员会编制和完善《长株潭都市圈发展规划》并获国家批复同意提供了重要参考。2020年8月完成。

一、长株潭都市圈发展背景分析

（一）发展基础

1. 经济一体化成效明显

长株潭是全国经济一体化发展提出和实施较早的地区。2005年10月，基于城市群发展的路径，新的长株潭经济一体化具体规划正式提出，长株潭都市圈的综合势力显著增强。2019年，都市圈国内生产总值为15257.03亿元，人均地区生产总值为11.36万元，达到世界银行划定的高收入国家标准，为中部地区最高，是武汉都市圈人均水平的1.56倍，超过合肥都市圈人均水平的2倍多。城市圈极化效应明显，开始成为长江中游城市群中最具发展活力的“超级板块”。

2. 创新创业协同推进

依托长株潭国家自主创新示范区，长株潭都市圈深入推进产学研融合，共同组建跨区域的技术转移中心和产业技术创新战略联盟，开展重大关键共性技术联合攻关，创新引领作用不断提升，高新技术产业增加值占规模工业生产总值比重达到32.7%以上，科技进步贡献率超过60%。全球首条智能轨道示范线、全国首列商用磁浮2.0版列车、湘电舰船推进系统等一批重大创新成果相继面世，“长沙·麓谷创新谷”“株洲·中国动力谷”“湘潭智造谷”业已成为中国制造新名片。

3. 重大基础设施联动联通

围绕建成“长株潭半小时交通圈”，都市圈着重构建域外联通、域内便捷的长株潭一体化综合交通网络，协调推动“三干两轨四连线”等重大项目建设，形成了以综合交通一体化体系为基础的半小时生活圈。都市圈电力、天然气主干管网输配、储气库等能源基础设施基本完善，排水、防洪、防涝等水利基础设施体系基本建成，光纤宽带、信息一体化基本实现。

4. 公共服务逐步共享

长株潭公共服务体系与公共服务设施逐步推进互联互通、共建共享，建立了长株潭医疗管理综合沟通机制，在院前急救、血液保障、医疗健康信息、异地就医、直接结算以及学科研究等方面开展了全方位对接合作。在深化基础教育合作办学，推进教育网络平台共建共享，探索三市职业教育合作模式等方面取得积极进展。在引入社会资本，推行旅游资源联动开发和整体营销，完善公共服务设施协同共建制度，让三市市民享受同等市民待遇等方面的合作更加深入。

5. 两型社会共建共治

为保护长株潭交界地区522平方公里生态绿心，在全国率先联合立法保护，先后制定实施了《长株潭绿心地区总体规划》《长株潭生态绿心地区保护条例》，共同推进绿心保护。每年10月至次年2月被确定为大气污染防治特护期，开展统一标准、统一预警、统一防治、统一执法的区域大气污染联防联控。建立长株潭“三线一单”约束机制，分区分类设置产业准入环境标准，共同强化准入管理。绿水青山就是金山银山理念深入人心。

6. 城乡互补融合步伐加快

城乡发展互补协调，同城化效应日益增强，城市功能、景观、品质全面提升，沿江风光带、城市公园等美化亮化工程加快建设。新型城镇体系加速完善，农村剩余劳动力转移力度空前，常住人口城镇化率达75%。美丽乡村建设深入推进，农村人居环境持续优化。城乡二元结构逐渐打破，城乡要素双向自由流动通道初步打通，城乡基本公共服务均等化不断加强，城乡居民收入差距持续缩小。

（二）主要问题

1. 区域发展协同互补不足

都市圈经济社会高质量发展的行政壁垒阻碍仍然较多，产业同质化过度竞争，市场分割问题仍然较重，城际基础设施、生态环境、公共服务一体化短板突出，部分重大设施布局自我封闭，圈域开放受限，科技资源共享度低，都市圈建设合力尚未形成。

2. 城市能级和辐射力不强

长株潭都市圈内城市与中心城市长沙能级有一定差距，中心城市极化度高，形成虹吸效应，不利于都市圈协调发展。城市辐射带动乡村发展能力弱，区域城乡融合发展水平不高，城乡要素流动不顺畅、公共资源配置不合理等问题仍然突出。

3. 发展空间制约因素突出

都市圈缺乏一体化的土地管理协调机制，土地利用总体规划相互衔接不够，统一监管、执法覆盖不到位。资源能源约束趋紧，生态环境压力日益增大，人口红利逐步减弱，绿心区历史遗留问题多、恢复治理任务重。

（三）重大意义

我国经济发展的空间结构正在发生深刻变化，中心城市、都市圈已成为集中承载发展要素的主要空间形态和创造新生能量的主导引领势力。推进长株潭都市圈建设，有利于贯彻国家区域协调发展战略、深广释放“一带一部”优势位能，实现国家分异均衡发展战略；有利于加速营造国家中心城市，提升长株潭都市圈发展能级、构筑中部区域与长江经济带腹地活跃增长极、形成参与国家区域合作和竞争的新高地；有利于充分集聚内陆腹地比较优势，探索城市圈同城化发展的制度体系和共生路径，创新中西部都市圈发展新范式；有利于推动形成优势互补高质量发展的区域经济布局，引领湖南及其周边地域全面协调发展，加快建设富饶美丽幸福的新湖南与国家中南部区域新板块。

二、长株潭都市圈发展的总体思路

（一）基本要求

1. 创新驱动，改革引领

坚持将创新作为引领发展的第一动力，统筹改革、科技、文化三大动力，突出开放创新、全面创新和原始创新，强化创新基础支撑，深化管理体制改革、制度建设与运行机制创新，优化行政区划设置，着力破除行政壁垒和市场分割等阻碍都市圈融合发展的体制机制约束，以强化制度、政策和模式创新为驱动，改革为引领，加快建成推进中部崛起和湖南高质量发展高地。

2. 统筹协调，融合互补

聚焦都市圈发展中不平衡、不充分、不协调、不可持续的短板弱项，统筹都市圈建设的总体方向、战略布局和制度安排，强化分类指导，深化城际分工协作，促进城市功能互补、产业错位布局、基础设施和公共服务共建共享，在深化合作中实现三市城乡统筹、政策协同、优势互补、资源共享、互利共赢、相向融合。

3. 绿色共保，精明发展

坚守生态底线和低碳韧性约束，积极探索都市圈绿色发展方式，把保护生态环境和保障城市安全放在都市圈发展的优先位置，统筹生产、生活、生态三大布局，提高资源节约集约利用水平，用足城市存量空间，着力推进城乡与自然彼此共生、城镇与生态建设双向渗透、城市与乡村统筹发展，实现都市圈功能布局多元、基础设施共建共享、交通系统绿色便捷高效、生态环境保护多样的精明发展。

4. 开放合作，互利共赢

坚持用全球视野和战略思维谋划发展，突出长株潭都市圈面向全国、引领中部、服务全省的门户枢纽地位，注重落实国家战略和强化开放活力，在保护和传承湖湘文化资源基础上，深化与长江经济带、粤港澳大湾区的经济、科技、文化交流，在更大范围集聚资源、拓展市场、外溢发展，努力建设创新能力卓越、产业层级高端、交通网络发达、辐射功能强大的国家中心城市，释放区域经济社会发展活力。

5. 改善民生，全面进步

坚持共享发展，统筹政府、社会、市民三大主体，强化规划的公共政策属性，注重多方参与、协同治理，将国家战略、市民期待与都市圈实际相结合，实现都市圈共治共管、共建共享。坚持以人为本、富民优先理念，全面促进经济社会协调发展，推动社会事业发展不断完善，公共服务趋向均等化，各类生活服务设施更加完备，社会建设和治理不断强化，居民生活水平和幸福指数明显提升。

（二）发展定位

1. 国家中南部区域强劲支撑极

以中部崛起国家战略为指引，充分发挥“一带一部”战略位能效应与内陆腹地跨域增长极赋能优势，不断壮大都市圈的经济、社会、文化、教育、科技、金融等载荷功能和对周边城市的辐射效应，引领国家经济内循环，构造长江经济带与粤港澳大湾区优势对接的先锋都市圈、中部崛起区域和成渝黔经济区联动发展大载体。

1. 全国都市圈深度融合示范区

深化城市合作，在涉及规划管理、土地管理、投资管理、要素流动、财税风险、公共服务等方面成为跨区域制度创新和政策突破的“样板间”，加快形成基础设施对接、产业互补发展、环境协同治理、公共服务共享、城乡一体发展的新格局，为全国其他都市圈同城化发展提供可复制、可借鉴、可推广的经验模式。

3. 全国高质量绿色发展新都市

坚定不移践行“绿水青山就是金山银山”理念，坚持节约资源和环境保护的基本国策，把生态优先作为“红线”和第一要求，把绿色发展作为“底线”和最根本出路，在绿色中求发展，以发展促绿色，建设宜居宜业宜游优质都市生活圈，打造人与自然和谐共生的绿色发展样板。

4. 全国内陆创新开放引领高地

坚持推进更高起点的深化改革和更高层次的对外开放，积极发挥近邻粤港澳大湾区的地缘优势，加强创新策源能力建设，加快构建高质量发展的动力系统，深广激发内生创新动能与外向开放活力，全面加快长株潭都市圈在内陆腹地的现代化、国际化推进步伐，推动形成更全面、更深入的开放格局，打造新时代内陆地区改革开放新高地。

5. 世界现代智能制造区域中心

顺应智造技术全面渗透和深度应用的大趋势，赋能国家经济内循环，以存量先进制造业为基础，以孵化新兴高科技产业为导向，有效配置业界创新资源与国际市场能量，提升高强要素成长活力与智能经济竞争力，将长株潭打造成为“产业智能化先行区”“智能产业化引领区”，成为世界级智能制造基地。

（三）发展目标

到2025年，长株潭内1小时都市圈实现一体化融城，形成建成区人口过千万、具有国际品质的现代化大都市区。跨界区域、城市乡村等板块一体化发展达到较高水平，在高新技术产业、开放发展、基础设施、生态环境、公共服务等领域基本实现同城化发展。形成空间结构优化、城市功能互补、要素流动有序、产业分工协调、交通往来顺畅、公共服务共享、环境和谐宜居的现代化都市圈。

1. 国家中南部发展极强势崛起

都市圈功能协助互补和设施共建共享进一步完善，各城市核心功能和主导产业更加清晰，深广融入粤港澳大湾区世界级大都市圈发展体系，与长江中游城市群实现更有效衔接，承接长三角、大湾区全球影响力科技创新中心的溢出效应更加明显，与海西区、北部湾、云贵区、成渝区联动更加突出，成为对接大湾区、融入中三角、辐射中西部国家中心城市。

2. 都市圈同城一体化全面实现

都市圈交通互联、产业协作、科技创新、公共服务、文化互融、社会与环境治理等领域合作稳步推进，阻碍生产要素自由流动的行政壁垒和体制机制障碍基本消除，成本分担和利益共享机制进一步完善，规划一体化、交通网络化、市场一体化、公共服务均等化、治理跨城化不断推进，经济要素自由流动、资源高效配置和市场深度融合格局基本实现，共建共享水平持续提高。

3. 高新科创经济实力显著增强

创新驱动整体提速，发展质量和效益持续提高，高新技术产业增加值占GDP比重达到50%，全社会研发投入占GDP比重达到3%，每万人发明专利拥有量达到50件，技术交易额达到500亿元规模，众创空间面积达到2000万平方米。科技企业、科技园区、科技产业、科创先区和科创城市占比持续扩大，基本形成开放型区域创新体系和创新型经济主体形态，长株潭国家自主创新示范区、湘江新区等一批功能性平台和供应链核心企业成为增强创新驱动能力的重要引擎。

4. 社会公共服务能效大幅提升

公共服务设施配置合理，基本公共服务趋向均等，不同地区、不同人群公共服务供给的差异性逐步消除，全年龄段公共服务保障日益强化，基本公共服务便利性与覆盖率全面提升。功能复合和职住平衡目标基本实现，15分钟社区生活圈初步成型。400平方米以上绿地、广场等公共开放空间5分钟步行可达覆盖率达到80%以上。卫生、养老、教育、文化、体育等社区公共服务设施15分钟步行可达覆盖率达到95%以上。

5. 区域生态环境品质更加优良

在严守生态优先的发展底线，锚固湘江为脉、林田共生、城绿相依的自然生态格局和基底的基础上，基本完善生态保护与治理基础设施，形成科学全面的环保治理体系，生态环境质量和环境监管能力全面提高，自然生态保护修复、环境污染综合治理、资源节约集约利用系统推进，建成天更蓝、水更清、地更绿，人与自然和谐共生的幸福美丽宜居都市圈。都市圈内森林覆盖率达到62%，空气优良率达到85%以上。

到2035年，长株潭大都市圈高质量发展活力与国际竞争能级大幅跃升。城市资源集成规模位居中部前列，现代化经济体系全面建成，跨域基础设施互联互通全面实现，公共服务与民生保障水平趋向均衡，同城化发展体制机制更加完善，形成以1小时通勤圈为基本范围，覆盖周边益阳市、岳阳市、常德市、娄底市等相关区域的现代化都市圈，城市文明程度跻身全国先进，成为国内外高美誉度的强势活力增长极。

三、构建结构优化的现代化都市圈

着力优化行政区划，优化都市圈空间结构、提升中心城市动能、推动城乡融合发展，提升都市圈同城化水平，构建区域联动、“三圈（生产圈、生活圈、生态圈）”融合、优势互补、协调共生的现代化都市圈。

（一）优化都市圈空间结构

形成“一核四极四廊三区一绿心”都市圈空间结构。

“一核”即核心都市区、包括长株潭市辖区，湘江新区和长沙县、湘潭县。建成长株潭都市圈发展的核心引擎，打造国家交通物流中心、国家创新创意中心、全国内陆对外开放高地、全国智能制造业中心、产城融合发展示范区，引领湖南发展的核心增长极。强化都市圈核心主导功能，提升辐射带动能级，推动高端产业、创新人才、创新要素优先集聚，增强高端服务和科技创新功能。

“四极”即四个副中心，包括宁乡市区、浏阳市区、醴陵市区、湘乡市区四个副中心。提升产业支撑力和公共服务品质，推进宁乡市和湘江新区、浏阳市区与长沙县、醴陵市区与株洲市辖区、湘乡市区与湘潭市辖区协同发展、相向发展，带动周边县市和乡村提升发展水平。

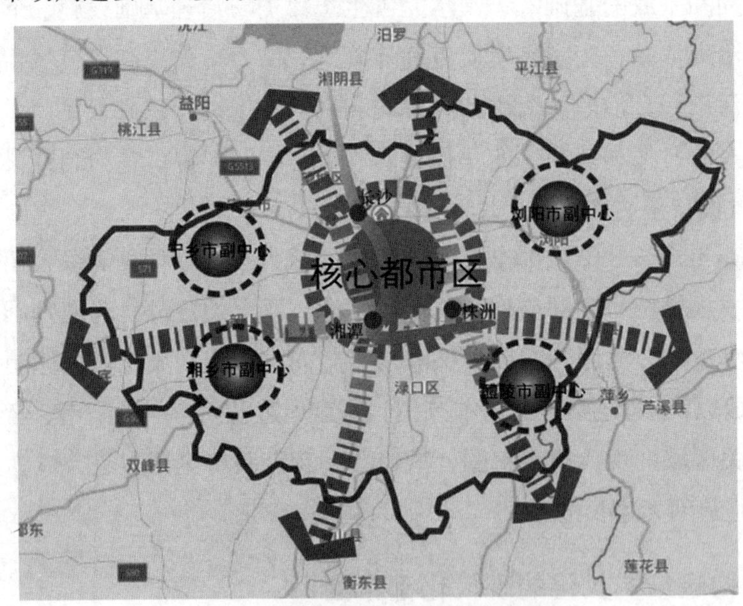

图2 长株潭都市圈格局示意图

“四廊”即四条发展走廊，包括湘江（长沙月亮岛至株洲空洲岛，全长128公里）、岳临高速长潭、平汝高速长株、沪昆高速株潭四条合作发展廊道。依托湘江、高速公路等通道，构建廊道发展轴，增强廊道节点区域功能和协调发展能力，集聚优质资源要素和高端产业，促进都市圈协调发展，推动全省形成优势互补的高质量发展新格局。

"三区"即三大融合发展区，包括长潭（含浦—坪塘—鹤岭—响水等区域）、长株（黄兴—江背—柏加—镇头—云田—仙庾等区域）、株潭（雷打石—群丰—栗雨—易俗河—谭家山等区域）三大融合发展示范区。在三市结合部位，以打造融城小镇为切入点，培育三片融合发展示范区，在体制融合、空间融合、产业融合、设施融合、社区融合等方面率先做出示范。

"一绿心"即生态绿心公园。严格按照主体功能区规划，合理承担城市功能，融入长株潭都市圈城市体系。以森林、湿地为主体，构建城镇森林群落体系，连通破碎斑块，建设绿色通道，形成森林生态网络。开展森林景观提质、森林步道构建、森林体系增效和生态文化传播等工作，强化绿心区域生态服务功能。建成长株潭都市圈生态屏障、"两型"社会生态服务示范区、生态文明建设先行区。

（二）增强中心城市功能

增强长沙市辐射带动功能，争取长沙列入享受副省级城市经济社会管理权限试点城市。增强长沙产业组织带动功能，着眼于提升产业极核能级，加快集聚创新平台、研发机构、人才团队，重点发展智能制造产业，打造区域经济高质量发展引擎。增强科技引领创新功能，由相关高等院校或科研院所牵头，整合优势学科和技术资源，围绕都市圈重大产业发展的关键技术领域组建技术创新战略联盟，联合开展产业关键技术、共性技术的研究和攻关。增强对外交流功能，主动融入"一带一路""粤港澳大湾区""长江经济带"，以举办国际论坛、共建友好城市、推进技术协同、建设示范工程、扩大相互投资等方式开展国际合作，打造对外开放新高地，构建国际化都市圈。

（三）构建城镇协同体系

发挥都市圈各城市比较优势，培育区域副中心城市，促进小城市做精做特，做强特色小城镇等微支点。培育宁乡市区、浏阳市区、醴陵市区、湘乡市区四个副中心，增强县城综合承载力。小城市注重培育都市圈重要节点功能，提升配套服务和公共服务软实力，打造推动农业转移人口就地就近城镇化重要平台。统筹考虑居民生产生活半径，优化布局小城镇、村级行政中心与村庄居民点，着力构建以小城镇为中心、惠及周边乡村的便捷生活圈、优质服务圈、繁荣商业圈。推进具备条件的非县级政府驻地特大镇设市，以中心镇为龙头，提升小城镇对农村辐射带动力。

（四）强化区域合作联动

推动长株潭中心城区同城化发展，带动城市圈其他地区加快发展。引导岳阳的汨罗市、湘阴县，益阳的市辖区、桃江县等拓展区联动发展、相向发展、提升发展。加强都市圈主体区与洞庭湖、湘南、大湘西等地区的深层合作，引领环长株潭城市群开放发展。加强益阳、岳阳、常德、娄底、衡阳等区域重点城市建设，辐射带动周边地区协同发展。深化长株潭与长江中游城市群的合作交流，共同推动长江中游城市群一体化发展。

四、长株潭都市圈建设的主要任务

（一）构建互联互通的基础设施体系

坚持优化提升、适度超前原则，统筹推进跨域基础设施建设，形成便捷性、连通性、网络化及管理协同的基础设施体系，把长株潭都市圈打造成国家级综合交通枢纽及国家物流枢纽承载城市。

1. 构建现代化立体交通体系

（1）优化综合交通网络布局

加快推进“三干两轨”项目建设，构建半小时通勤圈。完成长株潭城际轨道交通西环线（长沙地铁3号线山塘站到沪昆高铁湘潭北站）建设。完善都市圈公路网络，加快长益高速扩容及宁韶高速公路建设。构建长株潭高速公路大环线，使都市圈高速公路有环成网。整体打造组合港口（包括长沙港、株洲港、湘潭港、湘阴港）。推进城市轨道与航空对接，将长沙城市轨道6号线及10号线、S2线（长沙西站—浏阳快线）与黄花机场连接起来。长株潭都市区地下逐步推进城际综合性骨干“共同沟”管廊建设。

（2）共建轨道上的长株潭

积极推进长沙地铁向株洲、湘潭方向延伸，构建以长沙站、长沙南站、湘潭北站、株洲西站等为核心节点的长株潭地铁环线。推进长沙轨道交通向株洲、湘潭延伸，长沙南至株洲的磁悬浮、长沙地铁3号线延伸到湘潭北高铁站再延伸到株洲西高铁站。推进长浏快线、长株快线、长潭快线、长株潭城际轨道交通西环线工程等城际轨道建设，把长沙南站、长沙西站、长沙火车站、长沙黄花机场站、湘潭站、湘潭北站、株洲站、株洲南站等主要交通枢纽的轨道交通串联起来，建成“长株潭”轨道都市圈。

（3）打造国家级综合交通枢纽城市

配合建设过境国家公路铁路干道建设。建设渝长厦铁路（长沙段）、株福高铁（株洲西高铁站—福州）、韶井铁路（沪昆高铁韶山南站—江西井冈山），加快推进都市圈铁路网并入到全国铁路网的步伐。对醴茶铁路进行电气化改造，适应全国铁路网电气化发展需求。实施G106、G107、G240、G319、G345国家干线公路新建、提质改造。建设好长沙南站、黄花机场、长沙西站等国家级综合交通枢纽站。

（4）打造国家物流枢纽承载城市

着力推进长株潭陆港型、空港型、生产服务型和商贸服务型国家物流枢纽承载城市建设，整合长株潭航空货运口岸、高铁口岸、普通铁路口岸、黄花综合保税区等口岸资源，加快长沙北货场、长沙港、株洲北站、株洲火车站东片区综合开发、株洲市铁、公、水多式联运物流基地建设（包括株洲建霞多式联运物流中心、渌口货运码头建设）、岳塘国际商贸城建设，加快完善都市圈货运通道基础设施建设，促进各物流平台之间的信息联通共享。将株洲北站建设成为国家一级铁路口岸，申报作为“湘欧快线”的始发站，打造长株潭中欧班列集结中心。争取国家支持在长株潭都市圈内设立自由贸易区，发挥服务贸易对区域经济的开放引领与辐射作用。

（5）打造中部国际航空门户

加快推进长沙黄花机场东扩二期工程项目建设，主要建设T3航站楼、综合交通中心、第三跑道以及附属配套设施。改造升级机场既有设施，充分运用互联网、大数据和人工智能等技术手段，不断提高机场管理和服务水平，提升机场使用效率。积极引进基地航空公司，培育发展本土航空公司，进一步拓展对接全国、联通世界的空中通道。不断延伸、拓展和培育国际国内航线，着力构建长沙四小时航空经济圈和内陆地域重要国际航空门户。推进长沙开慧、株洲、醴陵、湘乡市、湘潭县天易经开区、湘潭九华工业园等地通用机场建设。

2. 构建安全互联智慧型都市圈

（1）协同打造长株潭信息通信枢纽

积极推广新一代通信技术，构建多网协同的泛在无线网络，建设长株潭枢纽型国际信息港、新一代互联网示范城市。持续推进“云网端”新基础设施建设，打造一批政务数据中心和基于云计算的创新服务公共平台。积极推动现有数据中心升级改造。引导长沙市大数据中心、株洲信息港、湘潭市数据中心开展区域合作，开展异地服务。优化信息通信网络结构，加强信息基础设施与城市公共设施的融合发展。实施“宽带中国”战略，建设光网城市，实现无线局域网（WLAN）全覆盖，百兆光纤到户、到村。全面启动智慧城市大脑工程。

（2）共建新一代信息通信网络

构建高水平全光网络、大力推进5G网络建设。统筹50000个5G宏基站、打造5G精品网络、推动5G网络连续覆盖。持续推进高水平物联网建设、构建新一代绿色数据中心、加快工业互联网基础设施建设、提升网络支持长株潭都市圈经济转型升级的服务能力；全面建设面向都市圈及湖南全省的通信基础设施、建设高效的互联网信息“高速公路”；坚持“技管”结合，提升5G、工业互联网、物联网等新技术新业务安全防护能力。

（3）合力拓展多元互联智慧化服务

拓展、深化新一代信息技术在都市圈建设管理中的智慧应用，推进在长株潭一体化规划、土地利用、基础设施、公共管理、产业发展、生活出行等方面的信息化应用，推动网络资源互联集成，搭建统一、安全、共享的政务云、物流云、公共服务云、环境监测云和电子商务云，提升综合信息服务水平。推进智慧政务、智慧教育、智慧医疗、智慧交通、智慧旅游、智慧征信、智慧社区建设。在湘江新区建设腾讯智慧产业总部。

3. 协同构建能源安全保障体系

（1）优化能源供应结构

积极拓宽煤炭外输通道，加快健全储配体系，保障煤炭稳定供应。加强煤炭产业优化布局和结构调整，发展煤炭洁净转化和高效利用技术。大力发展以天然气和可再生能源为重点的清洁能源。推进分布式能源建设，重点依托工业建筑和公共建筑屋顶实施分布式光伏发电工程，完善太阳能利用。建设湘潭九华分布式能源工程。规划浏阳高效清洁煤电项目（长沙电厂异地项目）为都市圈提供能源。结合垃圾分类，将垃圾发电作为能源补充。到2025年，构建清洁低碳、安全可靠的现代能源体系。

（2）加快构建智能电网

优化主网架，化解电网风险。完善外电供应格局，推进湘东500千伏双环网、酒泉—湖南特高压直流工程建成投运，提高供电可靠性。继续发展完善都市圈内电源基地，做好电源优化调整工作，新建华电重型燃机机组、大唐华银燃煤发电机组。升级配电网，进一步强化配电网的网络结构。提高配电网的智能化水平，推广使用智能电表。建设丰泉古井智慧用能示范社区。到2025年，都市圈基本建成可靠、绿色、高效的智能电网。

（3）推动新的能源设施建设

推进天然气管网、储气库等基础设施建设，提升天然气供应保障能力。积极争取新气源，主动参与国家气源引进和通道工程建设，尽快建成入湘油气管网。长株潭都市建成区建设充电桩2000个。规划株洲攸县抽水蓄能项目。到2025年，都市圈建成“多源互补、四方贯通、多级并行、两环相连”的主干管网输配系统。

4. 协同提升水利防控能力

（1）合力建设水源安全工程

强化都市圈河流上下游调控管理，统筹水资源总量管理和水资源流域调配。统筹长株潭都市圈水源建设，在株洲以上集中建设湘江水源地，做好重点饮用水水源保护。引涟水补湘潭，从韶山干渠引水到跃进水库，再加压输送到湘潭市城区一水厂。建设互联互备供水联络管网，推进城市备用水源工程建设。加强水源地保护，建设应急备水源，实现多源互济的水资源配置格局，推进供水一体化，增强供水保障和应急能力。

（2）强化水利开发利用合作

共同推进重大水利工程建设，统筹都市圈水源一体化布局，推行统一的水资源合理利用（包括再生利用）、水环境保护、水污染治理、水生态修复体系，确保“一龙管水、团结治水、合力兴水”。落实最严格的水资源管理制度，严守水资源开发利用控制、用水效率控制、水功能区限制纳污控制三条红线。强化规划和项目水资源论证，严格水功能区监督管理。

（3）全面提升防洪抗旱能力

协同完善都市圈防洪排涝体系。协同建设防洪排涝工程，加强湘江干流上下游、浏阳河等主要支流重要河段以及中小河流治理，进一步提高都市圈防洪排涝能力。全面推进长株潭“海绵城市”建设，着力解决都市圈中心城区重点易涝区域排水问题，切实提高城市排水、防涝、防洪和防灾减灾能力，到2025年，建成区60%的降雨就地消纳和利用。发挥水库防洪抗旱作用，继续推进长沙市椒花水库建设。

（二）构建协同创新的现代产业体系

加快动能转换，强化创新引领，走“科创+产业”的高质量发展道路，促进创新链与产业链深度融合，以赋能国家经济内循环为引领，让高科技、黑科技、硬科技加快产业化，打造产业升级版和新经济发展高地，建设创新引领型都市圈。

1. 共同打造国家先进制造中心

准确把握先进制造的发展规律，大力发展智能制造，促进制造业转型升级、提质增效，提升企业智能化水平，建设中国智能制造示范引领区，推进智能制造试点示范，促进数字经济与实体经济深度融合，积极培育具有国际竞争力的先进制造业集群，将长株潭都市圈建设成为国家先进制造中心。

（1）完善基地型先进制造业产业链

针对产业链和价值链的关键环节，进行强链、补链和扩链，协同做强先进制造业产业链。重点依托三一重工、中联重科、铁建重工、山河智能等，推进工程机械智能化、数字化、网络化、电动化发展，打造世界一流工程机械产业集群。依托中车株机、中车株所等，以国家先进轨道交通装备制造业创新中心为平台，打造先进轨道交通装备国家制造中心。依托331厂、608所、湖南航天、山河科技等核心企业，以国家航空发动机创新中心为平台，打造国家中小航空发动机及通航整机制造基地。依托杉杉新材、博云新材等，以新型储能材料、新型复合材料、先进结构材料、高品质特种金属材料为重点，以先进储能材料国家工程研究中心为平台，打造国内领先的新材料产业集群。建设具有国际竞争力、辐射带动面广的先进制造业基地。

（2）推动产业智能化和智能产业化

加快5G应用基础、一体化数据中心、区块链网络、工业互联网等重大项目布局，提升大数据、云计算对智能制造的支撑促进作用，全面推广智能制造生产模式，推动制造业向智能化、高端化、绿色化升级。依托湖南吉利、长沙比亚迪、株洲北汽及新兴新能源车企等，以国家智能网联汽车（长沙）测试区为平台，打造国家新能源及智能网联汽车产业基地。依托中兴智能、中南智能、威胜信息等，以智能装备、智能终端、智能芯片、智能服务为重点，在设计智能化、生产智能化、管理智能化、运维智能化、产品智能化上深耕发力，打造国家级人工智能产业集聚区。加快精益生产、敏捷制造、虚拟制造等在装备制造企业的普及推广。重点推进智能制造系统平台、关键部件、成套装备研发。发展基于互联网的个性化定制、众包设计、云制造等新型制造模型。推动“智能工厂/数字化车间”建设，促进传统制造智能化升级。

（3）打造高端智能装备品牌聚集区

重点围绕轨道交通、工程机械、智能制造、航天航空、新能源汽车和智能汽车、工业机器人等优势产业，培育一批具有系统集成能力、智能装备开发能力和关键部件研发生产能力的智能制造骨干企业，打造轨道交通、工程机械、航天航空装备、汽车制造等若干万亿产业集群和产业链。提升长株潭制造的品质和能级，深入开展质量革命，深化高端智能装备品牌建设，引导企业树立品牌发展战略，实施品牌培育工程，应用先进质量管理技术，优化生产工艺，弘扬工匠精神，提高产品质量，打造一批品质卓越、具有自主知识产权的智能制造高端品牌，打响长株潭“制造湘军”高端品牌。

（4）加快新兴产业战略性布局

把握数字经济发展大势，以前沿核心技术为导向，共同布局一批面向未来的新兴产业。依托湘江鲲鹏、中电集团、景嘉微、国科微等，以自主可控操作系统、数据库、云计算自主架构、GPU、超高清解码芯片为重点，培育计算机与信创产业集群。依托三安光电、楚微、天岳等，以半导体装备及成套装备、碳化硅材料、封装技术为重点，打造第三代半导体产业集群。依托蓝思科技、彩虹玻璃、惠科光电等，以显示面板、触摸屏单体和模块、防护玻璃、特种玻璃为重点，培育壮大手机平板显示器件产业链。依托隆平高科、三诺生物、圣湘生物、光琇高科等，以生物育种、基因技术、中药产业链为重点，建设中古生物技术联合创新中心、国家育种中心，打造中部地区生物医药产业新高地。推进湘潭军民融合产业园、南方公司航空动力产业园、兴能电力军民融合电力产业园等建设，加大与央属军工集团等合作，推动军民融合产业集群发展。

2. 合力培育建设国际消费中心

加快集聚国际消费资源，提升国际消费服务，打造国际消费环境，激发国际消费需求，不断增强消费对经济发展的基础性作用，将长株潭都市圈建设成为扩大引领消费、促进产业结构升级、拉动经济增长的新载体和新引擎，成为具有全球影响力的国际消费中心。

（1）培育聚集优质消费资源

鼓励国际知名品牌企业通过资产重组、合资合作、独资经营等方式在长株潭布局，重点引进奢侈品类、化妆品类、服饰类、餐饮类等国际知名商业品牌入驻大型商业综合体及街区，打造区域性国际知名品牌营销中心。挖掘湖湘特色文化，培育一批文旅精品景区和旅游演艺、特色节会。加快培育和发展健康、养老、托育、家政、教育、培训、文化、体育、旅游、美容、养生、中医药等服务消费产业，进一步提升生活服务品质，形成一批带动性强、示范效果好、服务品质优的服务企业。鼓励支持友阿、通程、步步高等本土大型实体零售企业加强品牌创新发展，提升核心竞争力和影响力。

（2）建设都市新型消费商圈

合理规划打造一批具有较强国际影响力的新型消费商圈，以长沙五一商圈为载体打造夜经济商圈，进一步提升五一商圈在全国城市商圈的知名度和影响力，支持黄兴步行街申报创建国家级试点步行街，推进株洲芦淞区中心广场商业中心、湘潭建设路口商业中心等商圈提质改造，形成长株潭都市圈具有特色化、国际化的商业中心。引导商圈逐步提高信息化水平，加强线上线下资源共享，构建网络化、移动化、便捷化的智慧商店、智慧商圈。着力打造业态齐全、消费集聚力强、辐射范围广的综合性商业地标。鼓励引进国内外品牌首店、旗舰店和体验店等高端业态，提供新品国际首发，打造具有国际知名度的顶级商圈。

（3）营造安全放心消费环境

开展城市环境美化建设，优化生态宜居环境，提升服务质量与水平，规范服务场所多语种标识，提升城市国际化水平。推进5G等新一代信息基础设施建设，实现主要消费场所光纤宽带、无线网络全覆盖。优化城市商业设施布局，促进大型商业设施与市政交通互联互通，加快城市公共停车智能服务系统建设，建立健全高效物流配送体系，提升消费便利度。健全统一市场监管和消费维权体系，畅通消费投诉举报渠道，加强商品质量、食品安全、市场秩序综合监管和治理，打击侵权假冒行为，全面推进诚信体系建设，建立健全重要产品追溯体系，营造安全放心的消费市场环境。

3. 协同构建区域创新共同体

围绕“创新谷”“动力谷”“智造谷”统筹发展，全面整合三市资源，以岳麓山国家大学科技城、马栏山视频文创产业园、国家级高新区、经开区以及省级产业园区、集中开发区为重点，共同组织实施一批战略性、跨区域、跨领域的重大关键核心技术攻关项目和产业发展项目，努力补齐创新链关键短板，保障产业链和供应链安全，打造国内一流、国际知名的协同创新共同体。

（1）协同建设自主创新示范区

充分发挥长株潭自主创新示范区科技和产业优势，合力打造长株潭科技创新共同体，积极创建国家先进轨道交通装备制造业创新中心、长株潭国家军民融合创新示范区，建设一批科技金融服务中心、企业孵化器和众创空间、星创天地。重点推进岳麓山国家大学科技城科创服务中心、长株潭湘江湾科创走廊、湖南工业创新研究院、中国（长沙）信息安全产业园、隆平生物种业产业园、“株洲·中国动力谷”国家先进交通装备制造创新中心、国家功率半导体产业创新中心、长株潭军地协同智能制造装备制造创新创业设计检测服务平台等建设。完善部际协调小组和省自创区建设领导小组工作机制，加强部省对接。强化省直相关部门及长株潭三市之间的沟通协调，建立定期会商制度，协同推进工作落实和目标完成。

（2）共同打造国家创新创意中心

以长株潭国家自主创新示范区和湘江新区建设为载体，加快岳麓山国家大学科技城、马栏山视频文创产业园等重大创新平台建设，构建全链条创新孵化体系。围绕新兴优势产业链打造创新链，集中突破高端装备、轨道交通、自主可控信息技术、新材料、新能源、生命科学等领域的一批关键核心技术。打造环高校知识经济圈、大学科技园、协同创新示范园区，促进创新成果商品化和产业化。实施一批对经济转型和产业升级带动作用突出的新兴产业重大工程，开展智能制造、大数据应用、新型医疗惠民等重大创新工程。推动互联网新技术与产业融合，发展平台经济、共享经济、体验经济，共同培育新技术新业态新模式。发挥企业技术创新主体地位，提升企业创新投入、成果转移转化和产学研协同创新等主体作用。实施领军企业成长工程、高成长性企业培育计划、科技型小微企业提升行动。共同加强知识产权保护，加强研究成果推广、转移与转化，引导高校、科研院所建立健全专业化技术转移服务机构。

（3）提升圈域科技原始创新力

依托长株潭国家自主创新示范区政策优势，共同争取国家重大战略项目、重大科技专项布局。针对超高产杂交稻、超级计算机、轨道动力控制系统、中低速磁浮和IGBT芯片等相关领先技术，开展关键技术、知识产权等领域的自主可控和国产化替代研究，不断提高产品迭代和产业化水平。支持三一重工、中联重科、中车集团、中航工业、湘电集团、株洲硬质合金集团等领军企业在先进装备制造、新材料、新能源等方面不断提高产品研发和应用水平，加强原创关键技术、自主可控信息技术等领域的基础研究。整合三市高等院校、科研院所、研发机构与企业、产业园区的科研资源，构建开放、协同、高效的共性技术开发平台，实现各类创新设施设备的开放共享共用。围绕重点产业、关键共性技术，引导院士专家、科研院所、政府部门、产业投资集团共同组成产业创新研发机构，联合集体攻关，完善以重大创新研究支撑战略性产业发展、以重点产业需求牵引创新能力提升的协同创新体系。积极承担和部署国家科技创新项目，形成若干战略性新技术、新产品。

4. 深化产业分工协作

以推动长株潭都市圈各城市间专业化分工协作为导向，强化中心区产业集聚能力，推动产业结构升级，优化重点产业布局和统筹发展，推进都市圈产业网络化、特色化、差异化、服务化发展，培育跨市域、跨行业产业集群。

（1）引导产业合理分工布局

依托长株潭“两型”社会试验区、国家级湘江新区、国家自主创新示范区，构建“三廊一城”产业集聚带（“三廊”即长潭西线经济走廊、长株东部经济走廊、湘江生态经济走廊；“一城”即岳麓山国家大学科技城），建设具有国际竞争力的国家先进制造业中心、高技术产业基地和中部地区现代服务业中心。统筹协调“长沙·麓谷创新谷”“株洲·中国动力谷”“湘潭智造谷”三谷建设，推动国家级园区产业高端化发展，促进各园区功能互补、产业错位布局和特色化发展，形成各具特色、协同发展的产业新格局，辐射带动全省高质量发展。高标准做好“三干两轨”沿线产业规划布局研究，推进长沙红星农副产品全球采购中心、长沙国际会议中心综合体、中国（韶山）世界红色文化旅游基地、花明楼红色文旅小镇、长株潭城市群（昭山）生命康养融城社区等宜居宜业、绿色生态、特色鲜明的产业布局。

（2）推动产业深度配套协作

推动长株潭三市产业“一盘棋”，引导产业特色化、差异化、协同化发展，构建一体化的现代产业体系。以长沙高新区、长沙经开区、株洲高新区和湘潭经开区等为核心，整合工程机械、轨道交通、汽车制造、航空航天、工业机器人等产业集群，促进各园区在研发设计、关键零部件生产、一般零部件制造、产品组装、检验检测、市场营销等产业链环节进行协同分工。依托长株潭国家自主创新示范区、湘江新区建设，积极引导高端服务业态、高附加值服务环节和高水平产业载体集聚发展，实施“湖湘服务”品牌战略，打造一批展示长株潭服务形象的高端服务品牌。统筹三市各园区功能定位和产业导向，进一步做大做强各市产业园区，推动园区之间开展对接合作，形成合理布局、各具特色的区域产业协作体系。

（3）打造产业发展共同载体

统筹推进三市国家级园区统一规划，优化整合园区发展空间，开展园区整合优化试点，鼓励以国家级园区和发展水平较高的省级园区为主体，整合或托管区位相邻、产业相近的开发区，推进园区空间整合和体制融合。面向产业公共服务需求和关键共性技术攻关，共同建设区域综合性产业服务共享平台。支持创建产业集群公共服务平台，探索“政府引导 + 市场主导 + 专业化运作”的服务新模式。打造工业互联网平台体系，推动优势产业链骨干龙头企业建立企业级工业互联网平台，大力发展特色产业集群工业互联网平台，推动企业上云上平台，提升企业大数据运用能力。依托新一代信息技术，建设统一规范、公开透明、服务高效的公共资源交易平台体系。鼓励面向中小企业公益性和增值性服务需求，建设小微企业服务站、线上服务超市等公共服务平台。形成支撑产业发展的公共服务体系。

（三）构建便利共享的公共服务体系

坚持以满足人民美好生活需要为中心，以均衡普惠、整体提升为导向，统筹推进长株潭公共服务协同发展，打造政务环境优良、社会安定和谐、群众生活便利的宜居宜业宜乐宜游都市圈。

1. 推进公共服务标准化便利化

（1）健全基本公共服务标准体系

加快长株潭都市圈基本公共服务标准衔接统一，开展基本公共服务标准化试点，在标准制定、实施、应用、宣传等方面先行先试。实施基本公共服务标准化管理，以标准化促进基本公共服务均等化、普惠化、便捷化。逐步提升基本公共服务保障水平，增加保障项目，提高保障标准。开展基本公共服务保障区域协作联动，确保覆盖全体居民。

（2）拓展异地公共服务便利互通

创新跨区域服务机制，建立健全异地就医直接结算信息沟通和应急联动机制，提高异地就医便利性，完善住院费用异地直接结算，开展异地就医门、急诊医疗费用直接结算试点工作，加强异地就医直接结算服务监管合作。推进社会保险异地办理，开展养老服务补贴异地结算试点，促进异地养老。实施民生档案跨区查档服务项目，建立互认互通的档案专题数据标准体系。

（3）推进长株潭政务服务一体化

深化以“不见面审批”为重点的“放管服”改革，优化业务流程、加强数据共享、拓展服务内容，建设一体化在线政务服务平台，探索建立统一政务数据管理机构，推动长株潭政务数据共享，实现都市圈内跨部门、跨区域、跨层级政务信息资源共享和业务协同，并依法依规向社会开放。优化长株潭经济治理基础数据库，加快推动建设各城市各部门间数据共享交换，制定出台新一批数据共享责任清单。研究建立促进企业登记、交通运输、气象等公共数据开放和数据资源有效流动的制度规范。

2. 促进优质公共服务资源共享

（1）均衡配置公共教育资源

依托长沙市优质教育资源，开展多种形式的跨地区教育合作，支持长沙“四大名校”等优质中小学校在株洲或湘潭兴办分校，支持高校跨地区共建共用院校科研实验室和实训基地。构建教育交流沟通平台，建立高校专家资源交流合作和教师培训交流合作机制。打造互联互通、紧密合作、开放共享的合作载体，在更高层次、更高水平、更高质量上开展战略合作。规划建设湘江湾大学城、湖南（株洲）职教城产教融合示范基地。

（2）推进医疗卫生资源共享

加强对各类突发公共卫生事件统一协调指挥和信息资源共享，建立紧急医学救援协调机制，推进省市共建公共卫生救治中心等突发公共事件应急医疗救援基地建设。鼓励医疗机构通过远程诊疗、派驻专家、交流进修等方式加大交流合作。探索建立标准统一、接口统一的医疗信息化平台。推动病历跨地区、跨机构互通共享以及医学检验检查结果跨地区、跨机构互认。深化医疗卫生体制改革，建立健全分级诊疗制度。共同推进医联体建设。支持株洲市公立医院医疗卫生综合能力提升项目、湘潭市公共卫生防控体系建设等项目建设。

（3）共建共享圈域文体设施

推动图书馆、文化馆、博物馆、体育场馆、旅游景点等公共服务设施共建共享，对都市圈市民免费开放。支持长株潭都市圈共同举办马拉松、自行车等大型群众性体育赛事。加快建设长沙国际体育中心。搭建“长株潭文献资源共享”平台，实现都市圈内图书资源借阅“身份证通”的通借通还普惠服务。

（4）实现社会保障同城化

建立标准统一、整体联动、业务协同的社会保险公共服务平台，实现“同城通办”“异地可办”。建立社保关系跨地区转移接续机制。优化完善异地就医结算机制，健全基本医疗保险、大病保险、医疗救助等“一站式”即时结算机制，实现社会保障卡可同享三地医保服务、三地就医、购药实时刷卡结算。完善跨部门社会救助家庭经济状况信息核对平台。统筹推进社会保障等领域信息化建设，形成一体化的信息化应用支撑体系。

3. 促推文化旅游繁荣创新

（1）共筑先进文化发展高地

加强文化政策互惠互享，推动文化资源优化配置，加强文物保护利用，继承发展优秀传统文化，共同打造湖湘文化、红色文化等区域特色文化品牌。高质量办好中国金鹰电视艺术节、汉语桥。构建现代文化产业体系，加强创意、影视、版权、动漫、出版等产业合作，推出一批文化精品工程，培育一批文化龙头企业，推动文化产品和服务走出去。推动美术馆、博物馆、图书馆和群众文化场馆区域联动共享，实现城市阅读一卡通、公共文化服务一网通、公共文化联展一站通、公共文化培训一体化。加强重点文物、古建筑、非物质文化遗产联合保护与合作交流。

（2）打造国际知名旅游目的地

以提高旅游景区品位、挖掘旅游景点内涵为主要举措，重点打造“长沙—岳麓山（岳麓书院）·橘子洲旅游区—国金中心—化龙池—坡子街小吃一条街—火宫殿—太平街—湘江剧场—洋湖湿地艺术旅游区—湖南省博物馆—湖南广电影视基地—铜官古镇—株洲动力谷—醴陵瓷都—湘潭盘龙大观园—窑湾、万楼旅游区”这一精品线路。整合红色旅游资源，开发互联互通的红色旅游线路，着力打造“长沙—湘潭韶山旅游区（5A）—彭德怀纪念馆（4A）—长沙宁乡花明楼景区（5A）—岳麓山·橘子洲旅游区（5A）—第一师范旧址（4A）”这条伟人故里·红色潇湘路，合力推进湘赣边红色旅游融合发展创新示范区建设和湘潭（韶山）全国红色旅游融合发展示范区发展。因地制宜打造和培育具有休闲健身和度假功能的深度体验型旅游新产品，建设长株潭生态康养示范基地。推动旅游市场和服务一体化发展，联合开展旅游主题推广活动。打响长株潭都市圈“锦绣潇湘·快乐之都”品牌，着力打造国际知名旅游目的地。

（3）培育文旅融合发展新优势

通过优势资源共享、统筹机制共建、企业主体共筑、发展平台共搭、专业人才共有，推动文化和旅游以及相关产业全域融合、全程融合、全面融合，实现文化和旅游的经济效益、社会效益同步提升。依托云计算、大数据、物联网、虚拟现实等最新科技成果，推动文化创意产业与科技、金融、旅游等相关产业形成高水平、深层次、宽领域的融合发展格局。着力打造一批国内领先、国际知名的著名企业、具有核心竞争力的文化创意产品，精心培育若干具有国际影响力的文化创意产业品牌，培育文旅融合发展新优势。

4. 共建公平包容社会环境

（1）组构同城社会治理体系

推动社会治理由单个城市向都市圈协同治理转变。建立都市圈统一的社会治理联动平台，推进技术融合、业务融合、数据融合，实现跨系统、跨部门、跨业务的协同管理和服务。推进市场监管执法体系改革，建立健全跨部门、跨区域执法联动响应和协作机制。深化都市圈应急管理合作，深化应急处置联动，探索建立联合应急指挥机制，在属地管理为主原则下，协同支援开展应急处置工作。健全突发事件处置应急物资设备等征用补偿制度。

（2）开展公共事务协同治理

建立社会治理一体化的权责机制、联动机制与共享机制，跨行政区设立协调管理机构，铺设全局性的社会服务管理网络，联动应对突发事件、防范社会风险。编制都市圈突发事件应急预案，完善联合应急演练和治理、培训交流等机制。完善重大传染病疫情和突发公共卫生事件联防联控、紧急医学救援合作联动机制。建立社会综合治理联动机制，有效打击跨域犯罪活动。提高各类灾害事故的预警预防与应急处置能力。

（3）完善都市社会信用体系

利用区块链和大数据等技术，促进公共信用数据与互联网等数据的汇聚整合，实现信用主体信息共享，为经济高效运行提供全面准确的基础信用信息服务。建立健全贯穿市场主体全生命周期，衔接事前、事中、事后全监管环节的新型监管机制，不断提升监管能力和水平，健全失信联合惩戒对象认定机制，深入开展失信联合惩戒，形成信用监管协同机制。

（四）构建共保联治的生态文明体系

牢固树立和践行“绿水青山就是金山银山”的理念，坚持生态保护优先，完善区域生态文明建设联动机制，推动长株潭都市圈生态环境共治共保，打造生态友好型一体化发展样板，构建生态绿色型都市圈。

1. 共同打造生态防护屏障

（1）营造世界品质都市绿心

依托湘江和山体绿地，将长株潭生态绿心建设成为世界上最辽阔、最开放、最优雅的第一绿色客厅。推动生态公益林建设，利用湘江支流、区内山体和丘陵分布的空间组合，串联城镇绿化隔离带、农田耕作区等网络状生态廊道。合理构造主要交通干道、铁路两侧的绿化带以及山水廊道生态景观系统，维护区域生态系统稳定代谢和可持续繁衍。以湘江、石燕湖、岳麓山、昭山、法华山、金霞山为关键节点，通过林地绿地、郊野公园、区域绿道串联，提升洋湖湿地、解放垸、巴溪洲等生态品质，构建以水为脉、林田共生、城绿相依的“山水洲垸城”景观格局。打造园艺博览园、农业观光园、运动休闲园、生态动物园、花卉博览园五大主题公园，以绿色生态、缤纷多元的景观体验，塑造独具魅力的城市名片。

（2）健全区域生态安全体系

切实加强生态环境分区管治，强化长株潭生态绿心地区保护和修复，确保生态空间面积不减少，保护好长株潭都市圈可持续发展生命线。统筹山水林田湖草系统治理和空间协同保护，加快湘江生态廊道、浏阳河生态廊道建设。以同升—跳马丘陵区、昭山省级森林公园、石燕湖、法华山、五云峰、金霞山、九郎山和嵩山寺植物园为重点，共筑长株潭绿色生态屏障。加强自然保护区、风景名胜区、森林公园等其他生态空间保护力度，重点推进岳麓山、韶山、沩山国家级风景名胜区的保护和管理。加快石燕湖、昭山、九郎山省级森林公园基础设施和旅游设施建设。提升大围山、凤凰山、青羊湖、黑麋峰、天际岭、东台山国家级森林公园建设水平。

（3）协力保护重要生态系统

长株潭三市统筹协调，加强森林、河湖、湿地等重要生态系统保护，提升生态系统功能。推动流域生态系统治理，建设湘江、浏阳河、捞刀河、沩水、涟水、涓水、渌水流域两岸生态保护区，实施靳江河、龙王港沿岸造林绿化工程，建设高标准农田林网，开展丘陵地区森林植被恢复。推进湿地生态保护与建设，重点修复保护团头湖、苏托垸和黄材水库湿地生态系统，加强千龙湖、金洲湖、松雅湖、浏阳湖、洋湖、水府庙国家级湿地公园水体、水质、景观、生物多样性的综合保护，完善湿地保护设施，开展科研监测。

2. 推进环境协同防治

（1）加强大气污染联防联控

以都市圈为单位制定城市大气环境质量达标规范，突出治理好大气颗粒物污染，重点抓好工业源治理，协同推进移动源、生活源和农业源综合治理。强化能源消费总量和强度“双控”，进一步优化能源结构，依法淘汰落后产能，推动大气主要污染物排放总量持续下降，切实改善区域空气质量。联合制定大气污染综合治理攻坚方案，实施长株潭地区大气污染防治特护期联防联控，并将范围扩展到岳阳、常德、益阳三个传输通道城市，减轻重污染天气影响，强化、细化重污染天气应对措施，提升区域大气污染防治水平。全力推行区域交叉执法、飞行检查执法等模式，加强主城区、产业集聚区、城乡接合部等重点区域治理，落实“网格化”监管措施，建立都市圈执法联动长效机制。

（2）加强跨界水体环境治理

扎实推进水污染防治、水资源保护、水生态修复，促进跨界水体水质明显改善。继续实施湘江保护与治理“一号重点工程”。严格落实河（湖）长制责任，加强湘江干流及浏阳河、捞刀河、靳江河、沩水、渌水、涓水、涟水主要支流整治，建立都市圈内湘江流域岸线资源利用项目台账及动态管理机制，强化违规违法惩戒制度。沿湘江设置多道监测断面，推动实施工业和生活污水达标排放、重金属污染防治、沿江重点入口水系整治工程，推动沿岸农业县率先实现化肥及农药使用减量化。持续巩固清水塘、竹埠港、坪塘等重点区域污染综合整治成果。推进渌江上游流域水污染防治工程。

（3）加强土壤环境保护与污染治理

以农用地和容易引发土壤污染的产业用地为重点，开展土壤污染状况详查，划定质量类别，实行分类管理。严格环境准入，强化新建项目土壤环境影响评价。优先实施耕地和水源保护区土壤保护，控制农业面源污染，改善和提升城乡土壤环境。加强住宅、学校、医疗和养老用地土壤环境风险管理，对周边地区严格实行用途管控和开发建设管理。推广土壤修复试点示范，联合开展长株潭地区重金属污染耕地修复综合治理试点，加快原长沙铬盐厂污染治理和厂区土壤修复进度，抓好竹埠港工业区、锰矿工业区、湖铁、南天公司、牛头化工厂及周边地区和清水塘工业区等重金属土壤污染综合治理。启动铜塘湾片区、清水湖片区等土壤治理工程。

（4）加强固废危废污染协同处置

按照“减量化、资源化、无害化”原则，开展危险废物集中处置区域合作。统筹规划建设固体废物资源回收基地和危险废物资源处置中心，探索建立跨区域固废危废处置补偿机制。推动固体废物区域转移合作，完善危险废物产生申报、安全储存、转移处置的一体化标准和管理制度，严格防范工业企业搬迁关停中的二次污染和次生环境风险。全面运行危险废物转移电子联单，建立健全固体废物信息化监管体系。

3. 创新绿色低碳发展模式

（1）降低产业和建筑能耗

核定工业碳排放阶段减排目标，严格控制高耗能、高排放的产业发展。通过科技创新建构低碳化、高附加值的新型产业体系，推行城市管理引领建设的低影响开发（LID）理念，创建绿色生态示范城区，降低城市的综合碳排放。依托大河西、云龙、昭山、天易、滨湖绿色生态示范城区，推进绿色建筑规模化高星级发展，全面推广绿色建筑，扩大装配式建筑及其在市政基础设施领域的技术应用。

（2）促进生产生活循环链接

构建市场导向的绿色技术创新体系，集中突破一批节能环保关键技术，推广应用重金属污染治理、餐厨垃圾资源化利用和无害化处理等十大清洁低碳技术，以及清洁发展机制（CDM）和合同能源管理（EMC）等市场化节能减排机制。通过推行政府绿色采购制度，引导和促进企业开发清洁低碳产品。全面开展生活垃圾分类。实现原生垃圾零填埋。推进湿垃圾资源化利用设施、建筑垃圾分类消纳和资源化利用体系建设，完成城市固废终端分类利用和处置设施布局，发展固废循环经济，形成静脉产业链。

（3）塑造“两型”生活新方式

开展绿色生活行动，推动居民在衣食住行游等方面加快向绿色低碳、文明健康的方式转变。倡导绿色消费，强化绿色管理，都市圈域内禁止商场、医院等机构提供免费塑料包装，禁止餐馆、酒店、旅馆主动提供一次性碗筷、牙具、拖鞋和洗涤用品。践行绿色教育，开展两型机关、两型学校、两型社区、两型家庭系列创建活动，推动两型文化理念渗透到社会生活角落。开展低碳交通示范，加强城市绿道、森林湿地步道等公共慢行系统建设，完善便民自行车公共服务系统，鼓励低碳出行。

（4）建设绿色发展示范区

发挥长株潭绿心地区的生态枢纽作用，结合长株潭绿心地区总体规划，推动绿心生态绿色发展示范区建设，重点发展生态农业、旅游休闲业、高端现代服务业、创新型孵化型产业，形成昭山文化健康园、暮云低碳科技园、同升—跳马体育休闲区、柏加庭院式总部经济区、白马垄生态旅游镇、云峰湖健康运动园、云龙文创休闲区、天易生态服务片区八大精品高端生态发展片区及多样相对分散布局的以生态休闲农业为核心的产业发展点。

4. 推动生态环境监管联动

（1）完善区域资源环境生态监测体系

鼓励都市圈内环境监测机构及相关科研院所共研环境科技监测技术、共建资源环境生态监测网络、共享区域环境监测结果。开展联合技术培训、联合设备运维、联合监测结果分析等行动，提升区域整体环境监测科技能力。建立都市圈一体化的大气环境监测预警网络及水土流失防治联动协作机制。推进建立农村地区生态环境监测网络，优化台站布局。

（2）建设多元化横向生态补偿机制

建立健全长株潭都市圈区域生态补偿公共财政制度，明确生态补偿标准，制定生态补偿的产业扶持政策，建立生态补偿、环境管理制度及生态补偿的市场化机制。建立都市圈生态补偿专项资金，重点针对湘江流域长株潭区段、长株潭生态绿心区，大力推进生态示范工程和生态公益林建设等。制定补偿产业发展政策，对江河源头区、饮用水源涵养地区、自然保护区、森林和生物多样性保护地区等欠发达乡镇实施税收减免，实行基本财政保障制度。

（3）强化“三线一单”生态环境管控

以确定和落实生态保护红线、环境质量底线、资源利用上线综合管控和生态环境准入清单为抓手，协调发展与保护关系。实施预防为主，防治结合，确保都市圈环境质量稳步改善。按照自然资源有限有价要求，协调区域开发模式，促进资源高效利用，落实区域资源开发利用总量上限和强度、效率底线要求。在环境信息平台建设中统筹考虑“三线一单”信息共享与成果应用。

（五）构建统一开放的现代市场体系

以建设高标准市场体系为统领，充分发挥市场配置资源的决定性作用，破除阻碍要素自由流动的体制机制障碍，扩大要素市场化配置范围，健全要素市场体系，营造规则统一、标准互认、开放包容、高效有序、要素自由流动的统一市场，构建开放竞合型都市圈。

1. 高效配置城际土地资源

创新土地供应模式，支持开展土地利用方式改革，逐步建立区域城乡统一的建设用地市场。加强土地统一管理，探索建立跨区域统筹用地指标、盘活空间资源的土地管理机制。改革建设用地计划管理方式，在全省土地利用年度计划安排上向都市圈适度倾斜，对重点开发区和重大项目优先安排新增建设用地指标。深化城镇国有土地有偿使用制度改革，扩大土地有偿使用范围，完善城乡建设用地增减挂钩政策，建立健全城镇低效用地再开发激励约束机制和存量建设用地退出机制。完善长株潭范围内闲置土地清理、调整机制。建立城乡统一的建设用地市场，探索宅基地所有权、资格权、使用权“三权分置”改革，依法有序推进集体经营性建设用地入市，开展土地整治机制政策创新试点。按照国家统筹、地方分担的原则，优先保障跨区域重大基础设施项目、生态环境工程项目所涉及新增建设用地和占补平衡指标。

2. 引导人力资源畅通流动

深化户籍制度改革，在都市圈全境全面取消落户限制。推进人口服务同城化建设，对都市圈内居民落户长沙的，采取一站式办理户口迁移手续。加快推进基本公共服务常住人口全覆盖。加快推进人口基础信息库和人才、劳动力市场建设，消除不同类型群体享受基本公共服务壁垒。建立都市圈人才市场，共享就业信息和人才信息，推行各类职业资格、专业标准的城际互认。加强面向高层次人才的协同管理，探索建立户口不迁、关系不转、身份不变、双向选择、能出能进的人才柔性流动机制。实施长株潭高层次人才聚集工程，积极探索政府部门、用人单位、高校机构三方合作模式，引导高层次人才向重点产业、重点区域集聚，规划建设“中国长株潭人力资源服务产业园”。

3. 推进资本要素协同配置

加快金融领域协同改革和创新，深入推进长株潭城市群金融专项改革试点，促进资本跨区域有序自由流动。完善区域性股权市场。依法合规扩大发行企业债券、绿色债券、自贸区债券、创新创业债券。推进金融产品与服务同城化，实现区域内企业授信标准统一，授信额度共享，信贷产品通用，协力增加有效金融服务供给，推进金融配套同城化，统一三市土地、房地产抵（质）押登记等办理流程与收费标准。强化区域金融合作交流，推进预警联防、宣教联动、案件联办和维稳联合，共同维护区域金融发展安全。

4. 完善跨区域产权交易市场

发挥长株潭“两型”社会试验区、国家级湘江新区、国家自主创新示范区的政策优势，统筹发展碳排放权、排污权、水权等交易平台，建设面向湖南、辐射全国的要素集中交易场所，引导发展资源环境交易、信息数据交易、农村产权交易、知识产权交易等市场业务，建设具有全国影响的新型要素交易平台。探索面向全国的大宗商品现货交易平台与物流服务平台建设。建立统一的技术市场，支持建设长株潭区域技术交易市场联盟，共同促进技术转移转化，构建多层次知识产权交易体系。加强产权交易信息数据共享，优化长株潭经济社会治理基础数据库，建立安全风险防范机制。

5. 建设良性互动商贸流通圈

建立长株潭都市圈商贸合作联盟，实现电子商务、商贸物流和会展等领域合作。相互支持都市圈内商贸企业到本市开设商业零售、餐饮、便利店、专卖店，在国家许可范围内，提供市场准入方便、市场准入指导和政策支持。推进市场准入同城化，加强长株潭标准领域合作，加快推进标准互认，探索建立区域一体化标准体系。加快完善都市圈信用体系，实施统一的守信激励和失信惩戒制度，树立“信用长株潭”品牌。发挥都市圈电商平台资源聚集的优势，为都市圈内知名农特产品、特产品牌及本地农村电商、专业户提供整合资源服务。加强圈内各市产销对接合作，促进农产品和各地特色产品流通，培育品牌消费。发挥长株潭各口岸区位优势，推进现代物流协同化。

（六）构建融合发展的新型城乡体系

以促进长株潭都市圈城乡要素自由流动、平等交换和公共资源合理配置为重点，建立健全城乡融合发展体制机制，构筑空间一体、功能对接、发展联动的新型城乡体系，率先实现城乡融合发展。

1. 优化城乡一体化政策体系

（1）构建城乡一体的户籍政策

深化户籍制度改革，全面放开城市及建制镇的落户限制，推进长株潭三市户籍互认。有序推动农村人口向条件较好、发展空间较大的城镇、特色小镇和中心村相对集中居住和创业发展。推动城乡人才双向流动，鼓励和引导城市人才回乡创业兴业。加快以户口为核心的综合配套改革，加快推进人口基础信息库和人才、劳动力市场建设，提升居民自由落户、办理户籍手续便利度，在实现基本公共服务常住人口全覆盖的基础上，推进扩大居住证附加的公共服务和便利项目，破除制约人口全面发展的体制机制障碍，均衡提升城乡居民福利水平。

（2）完善城乡一体的土地政策

落实第二轮土地承包到期后再延长30年政策。加快完成农村承包地、房地一体的宅基地确权登记颁证。在依法保护集体所有权和农户承包权前提下，平等保护并进一步放活土地经营权，允许土地经营权入股从事农业产业化经营。稳慎探索宅基地所有权、资格权、使用权“三权分置”，适度放活宅基地和农民房屋使用权。在符合规划、用途管制和尊重农民意愿前提下，鼓励盘活利用闲置宅基地和闲置房屋，探索对增量宅基地实行集约有奖、对存量宅基地实行退出有偿。建立多种方式的集体经营性建设用地入市制度，推进集体经营性建设用地使用权和地上建筑物所有权房地一体、分割转让。

（3）完善城乡同权的资本政策

建立城乡一体化的财政保障机制，建立涉农资金统筹整合长效机制，提高农业农村投入比例。支持通过市场化方式设立城乡融合发展基金，引导社会资本培育一批城乡融合典型项目。完善乡村金融服务体系，改革村镇银行培育发展模式，建立健全农业信贷担保体系，依法合规开展农村集体经营性建设用地使用权、农民房屋财产权、集体林权抵押融资，以及承包地经营权、集体资产股权等担保融资。实现已入市集体土地与国有土地在资本市场同地同权。完善农村金融风险防范处置机制。

（4）完善城乡均等的公共服务政策

推动公共服务向农村延伸、社会事业向农村覆盖，健全全民覆盖、普惠共享、城乡一体的基本公共服务体系，推进城乡基本公共服务标准统一、制度并轨。建立以城带乡、整体推进、城乡一体、均衡发展的义务教育发展机制，落实义务教育学校教师“县管校聘”，建立城乡教育联合体。研究推动乡村医生“乡聘村用”，推进县域医共体建设和三甲医院与县医院建立对口帮扶、巡回医疗和远程医疗机制。均衡农村公共文化服务布局，建立文化结对帮扶机制，加强农村群众文化团队建设，推动服务项目与居民需求有效对接，繁荣、兴盛农村传统文化。

（5）完善城乡统一的社会保障政策

进一步完善城乡居民基本养老保险制度、基本医疗保险制度和大病保险制度及其转移接续工作，建立以省级政务服务平台为统一入口的社会保险公共服务平台。推动涉农区镇通过政府购买服务，为农村困境儿童和妇女、老年人以及残疾人提供关爱服务。支持推进健康乡村建设，构建多层次农村养老保障体系，创新多元化照料服务模式，提升农村养老服务能力。推进低保制度城乡统筹，统一城乡居民人身损害赔偿标准。

2. 充实城市建成区间“真空带”

（1）推进城中村改造

依托长株潭融合发展区建设，坚持系统化改造与特色化改建相结合，统筹安排城中村拆除重建和综合整治，在含浦—坪塘—鹤岭—响水、黄兴—江背—柏加—镇头—云田—仙庾、雷打石—群丰—栗雨—易俗河—谭家山等区域大力开展以综合整治为主，融合辅助性设施加建、功能改变、局部拆建等方式的城中村更新。创新拓展城中村改造模式，重点关注城中村安全隐患消除、居住环境和配套服务改善以及历史文化特色保留，打造特色组团和共享公共空间。搭建城中村改造合作平台，探索在政府引导下工商资本与农民集体合作共赢模式，统筹利用乡村资源资产、工商资本和金融资本，发展壮大集体经济，促进城中村可持续发展。

（2）推进融城社区建设

围绕全生活链服务需求，以人本化、生态化、数字化为价值目标，以和睦共治、绿色集约、智慧共享为内涵特征，在长潭、长株、株潭等三大融合发展区地域范围内，建设白泉—黄家湾融城社区、暮云融城社区、昭山融城社区、观音港融城社区、牛角塘融城社区、金屏融城社区、云龙融城社区等一批大型融城示范社区。依托国家新型智慧城市试点示范，以政府引导管控和城市综合运营为主要抓手，从塑造艺术与风貌交融的建筑群，推进窄路幅密路网建设、营建尺度宜人的开放街区，推进智慧社区发展入手，建设大王山、黄兴、竹埠港等一批有序组团、功能优宜、生态跨界、引领未来生活方式变革的新型城市功能单元。

（3）推进农村社区建设

营建以田园生态区为基底，田园城区和田园村镇为点缀、“山、水、林、田、湖”交相辉映的新型城乡风光风貌，打造跳马、仙庾、荷塘、昭山等一批立足乡土风俗、富有地域特色、承载田园乡愁、融合现代文明的升级版乡村。大力推进内部配套服务对标城市社区、外部配套满足农民生产生活需要的农民社区建设。以城郊村建设为联结点，统筹推进城乡重要基础设施的市政公用设施一体化规划、建设、管护机制，推动农村基础设施提档升级。

3. 推进城乡融合发展平台建设

（1）培育宜居宜业特色小镇

突出业态和模式创新，加快建设特而强、聚而合、精而美、新而活的特色小镇。重点建设田汉艺术小镇、黄兴体育小镇、靳江河文创小镇、大瑶烟花小镇、云田花木小镇、花石湘莲小镇等一批产城有机融合、创新创业活跃的特色产业小镇。充分利用山水风光，保持原真性、生态性，发展旅游、运动、康养等产业，建设灰汤温泉小镇、盘龙生态小镇、古龙湖生态小镇、云湖森林小镇、水府水乡小镇等一批人与自然和谐、宜居宜游的生态休闲小镇。围绕挖掘红色资源、讲好红色故事、建设红色阵地、打造红色产业的主线，建设花明楼、文家冲、滴水洞、开慧、乌石等一批传承红色“基因”、富有影响力的红色名镇。延续文脉、挖掘内涵，做强文化旅游、民族民俗体验、创意策划等产业，建设靖港、铜官、沩山、朱亭、白石等一批保护文化基因、兼具现代气息的文旅小镇。

（2）推动现代农业产业园区建设

依托芙蓉区、宁乡市等国家现代农业产业园建设，有效发挥技术集成、产业融合、智能化管理、创业平台、核心辐射等功能，聚集现代生产要素，促进农业生产、加工、物流、研发、示范、服务等功能相互融合，造就现代农业产业集群。依托望城、湘潭等国家农业科技园，努力建设现代农业科技园，突出科技创新、科技应用、实验示范、科技服务与专业培训等功能，打造现代农业创新高地。依托长沙、株洲、湘潭国家新型城镇化综合试点，完善差别化扶持政策，整合创建一批具有区域特色的返乡下乡人员创业创新园区（基地），促进示范引领和融合带动。支持有条件的乡村建设以农民合作社为主要载体，培育都市农业、循环农业、设施农业、创意农业、农事体验等现代农业新业态新模式，让农民充分参与并分享收益。

（3）共建城乡产业协同发展平台

培育发展城乡产业协同发展先行区，推动城乡要素跨界配置和产业有机融合。依托正大、唐人神等龙头企业产业链建设，促进农产品加工业提质升级，统筹推进初加工、精深加工、综合利用加工和主食加工协调发展。培育农业农村新产业、新业态，引导休闲农业与特色产业、资源环境、农耕文化等资源要素深广融合，促进组织优化与发展升级。探索农产品个性化定制服务、会展农业和农业众筹等新模式，完善农村电子商务支持政策，实现城乡生产与消费多层次对接。

（4）打造城乡融合发展示范区

依托国家田园综合体建设和农村综合性改革试点，以培育产业，振兴农村为目标，选择具有较好的发展改革基础、较强的试验意愿和地方政策保障的若干地区，充分利用田园综合体建设试点、农村综合性改革试点、农村产业融合发展示范园、农民专业合作社质量提升整县推进试点、民营企业下乡发展试点等政策集成优势，打造城乡融合发展示范区，形成示范带动效应。加快推进浏阳永安镇和官渡镇、湘潭韶山、株洲等一批国家级、省级田园综合体建设和醴陵市、宁乡市、长沙县等一批国家级、省级农村综合性改革试点。

五、创新长株潭都市圈同城化体制机制

（一）完善规划协调机制

以同城化为目标，长株潭三市政府抓紧编制长株潭都市圈发展实施规划和重点领域专项规划，制定长株潭都市圈融合发展目标及思路，明确关系长株潭都市圈发展质量的重点领域，规划都市圈建设的重要任务，制定具体行动计划并推动落实。

（二）优化行政协同机制

探索推进行政一体化改革，完善区域行政政策协同体系，推广“一站式服务”“网上办事”和“网上审批”，开辟重大项目“绿色通道”，制定和完善市场“负面清单”、政府“责任清单”和“权力清单”，激发市场活力。

（三）创新风险防范化解机制

以风险防控为底线，建立健全风险安全监管体系，依规开展空间开发与项目建设，加强工商、税务、银行等部门的服务合作，共同防范长株潭都市圈建设规划失控风险、金融债务风险和生态环境风险。

（四）共同创建重大融合平台

加快推进绿心生态绿色发展示范区、湘江智能经济带、“产、教、城融合示范区”、特别合作示范区等重大平台开发建设，充分发挥平台在进一步深化改革、扩大开放、促进合作中的驱导作用。优化行政区划设置，提高中心城市综合承载和资源优化配置能力，引领都市圈高质量发展。

开启产业转移升级“加速度”

——湘南承接产业转移示范区规划研究[①]

湘南地区作为国务院批准的改革开放过渡试验区，是泛珠三角地区的重要组成部分，是实施促进中部地区崛起战略的重点开发区域，是珠三角地区产业向中西部地区转移和辐射最接近的地区。根据《中共中央国务院关于促进中部地区崛起的若干意见》（中发［2006］10号）和《国务院关于中西部地区承接产业转移的指导意见》（国发［2010］28号）精神，为把湘南地区打造成我国中西部地区承接产业转移示范区（以下简称“示范区”），探索中西部地区承接产业转移的新途径和区域协调发展的新模式，优化区域产业分工，构建促进中部地区崛起战略实施的新支点。

一、构建湘南承接产业转移示范区的背景与意义

（一）现实基础

湘南承接产业转移示范区范围即通常所说的湘南地区，包括湖南省郴州、衡阳、永州三市，土地面积5.71万平方公里，共34个县（市、区），辐射湖南全省，对接粤港澳地区。2010年示范区年末总人口1797万人，地区生产总值3269亿元，分别占湖南省的26%和21%。湘南地区作为湖南省改革开放的先行地区，从1988年初就经国务院批准成为改革开放过渡试验区，起到为湖南的改革开放探路和示范作用，经过二十多年的开放开发，已具备建设国家级承接产业转移示范区的基础条件。

---

① 湖南省决策咨询项目，成果为湘南地区获批国家级承接产业转移示范区（发改地区［2011］2188号）提供了重要依据和参考，并被湖南省委省政府文件（湘发［2012］14号）采纳。2011年3月完成。

1. 具有良好的区位优势和交通条件

湘南地区毗邻广东、广西、江西3省，南接珠三角城市群，东南达福建海西城市带，西通桂黔滇及东盟自由贸易区，北连长株潭城市群，是沿海经济向内陆辐射的第一接纳区域，京广、洛湛铁路，武广客运专线，京港澳、二广、道贺高速公路及其复线，炎汝高速，106、107、207国道等南北交通干线，湘黔、湘桂铁路，泉南、厦蓉、衡临、衡大、衡炎、衡邵高速公路及322国道等东西交通干线，在区域内穿错交汇，枢纽地位突出。

2. 拥有丰厚的自然资源和人力资源

湘南地区拥有丰富的有色金属、非金属矿、农林产品及人力资源。特别是衡阳的钠长石储量居亚洲之首，高岭土名列全国前茅，硼砂为华南独有，岩盐居华南之冠，南岳衡山闻名中外。郴州已探明的矿产资源有110多种，钨、铋、钼、微晶石墨、萤石等重要战略资源储量居全国之首，煤炭储量11亿多吨，是华南地区重要的能源供应地。永州的稀土、锰与水能储量分别居全省第一、第二、第三位。这些资源优势使湘南地区具有转化并形成强势经济能量与产业链条的良好条件。

3. 具有扎实的产业基础和发展平台

湘南地区现有产业基础较好，有色金属深加工、装备制造、盐卤氟化工、煤炭采掘、新型材料、电子信息、汽车零部件制造、服饰鞋帽加工、食品医药等产业具有一定基础和规模，形成了较强的市场影响力与竞争力。以铁路、高速公路为主动脉的交通运输网络，以铁路、公路口岸为主的现代物流窗口，以及具有较好基础的各级各类园区，为承接粤港澳等沿海产业转移提供了重要支撑平台。同时，湘南地区拥有的25个国家级、省级产业园区基础设施日臻完善，产业配套能力不断增强。金融、保险及其他要素市场的增长需求旺盛。

4. 具有良好的政策优势和工作基础

近20年来，为促进湘南地区的发展，湖南相继实施了“改革开放过渡试验区”“放开南北两口”“一点一线”等战略措施，特别是2009年以来，中共湖南省委、省人民政府把加快湘南地区开发开放作为实施区域经济协调发展的重大战略，以支持承接产业转移为重点，出台了一系列政策文件，在产业布局、园区建设、工业用地、建设规划、环保审批、财政支持、金融服务、口岸通关等方面给予政策支持，有力地促进了湘南地区的快速发展，区域间开发开放的热土效应明显。国家对湘南地区发展给予了特别关注和支持，湘南三市均被批准为国家承接产业转移基地城市，衡阳市被国家发改委列为服务业综合配套改革试点，郴州市被列为国家综合性高技术产业基地，设立了郴州出口加工区和郴州公路口岸，具备了口岸城市的基本功能。湘南地区近年引进了一大批投资规模大、出口拉动作用明显的企业和项目，为进一步承接产业转移打下了良好的基础。

目前，湘南地区承接产业转移也存在一些问题：承接产业转移缺乏规划引导，加工贸易总体规模偏小，缺乏带动力大的高附加值、高技术含量加工项目，生产性服务业发展，产业配套能力不强；承接模式有待创新，区域合作机制有待完善；资金、技术、人才等要素支撑条件和交通、能源、水利等基础设施尚需加强，发展环境有待优化。

（二）发展环境

1. 国际产业分工与协作日趋紧密

随着经济全球化和区域经济一体化的深入发展，国际间产业转移和区域经济合作不断深化，发达国家向发展中国家的产业转移不断加快，技术和资本密集型产业转移比重不断提高，产业转移的方式日趋多样，产业转型升级步伐加大。

2. 泛珠三角、东盟等区域合作走向深化

泛珠三角区域合作启动以来，在加强区域基础设施建设、公平开放的市场环境建设、建立多层次的合作机制等方面取得了积极成效。随着中国—东盟自贸区的全面启动，泛珠合作日益深化。湘南地区以独特的区位和资源优势，将在产业对接、科技吸纳与商贸合作等方面获得更大成长空间。

3. 沿海地区工业化和城镇化溢出效应明显

沿海地区是我国参与国际分工和竞争的主要载体，大规模吸纳国际资本和产业转移，已经成为经济发展最具活力的地区，全国和区域性的经济核心地区

和增长极。随着大力推进经济增长方式和发展模式转型，不仅经济结构发生巨大而深刻的变化，工业化和城镇化加速推进形成的溢出效应也正在以前所未有的速度释放出来。

4. 湘南地区承接产业转移进入最佳历史机遇期

实施湘南地区开发开放新战略以来，抓住沿海产业加速向内陆转移以及“先行先试”机遇，承接产业转移成效明显。2010年湘南地区实际利用外资13.29亿美元，比上年增长14.4%，占全省的25.6%。湘南地区正逐步成为对外开放的桥头堡和充满活力、富有吸引力、具有竞争力的地区。“十二五”期间，更是湘南地区外向对接并深度融合沿海地区特别是珠三角地区产业转移的战略机遇期。

（三）战略意义

建立湘南承接产业转移示范区，对于顺应国内外产业转移新趋势，促进中部地区崛起，形成更加合理的区域产业分工格局，推动区域协调发展具有重要意义。

1. 有利于构筑中西部地区承接产业转移的新平台

以长三角、珠三角地区为代表的沿海发达地区向内陆省份转移资源和劳动密集型产业的趋势越来越明显。湘南地区紧邻珠三角地区，交通区位优势明显，配套基础设施和投资环境日趋完善，设立湘南承接产业转移示范区，有利于构筑中西部地区承接产业转移的新平台，在全国范围内形成东中西互动、优势互补的新格局。

2. 有利于探索跨域多边合作及区域协调发展的新模式

珠三角地区经济的快速发展是积极参与国际产业分工的结果，也在承接发达国家产业转移方面积累了丰富的经验。借助泛珠三角区域合作机制的实施，通过开展泛珠三角省际、市际间合作，进而推进体制机制的创新，有利于在承接产业转移的过程中探索促进区域协调发展的新模式。

3. 有利于树立“两型”社会建设的新形象

长株潭城市群两型社会建设是国家赋予湖南的重大战略任务，近年来取得了显著成效。受环长株潭城市群的带动和影响，湘南地区紧扣“两型”主题，积极主动承接沿海地区特别是粤港澳地区产业转移，设立示范区，是充分发挥资源优势和产业特色，实现资源节约和环境友好，构建“两型”产业体系的重大举措，能够为两型社会建设树立新形象。

4. 有利于构建国家促进中部地区崛起战略实施的新支点

湘南地区自然资源丰富、区位条件优越、产业基础较好。推进湘南承接产业转移示范区建设，着力提升现代制造业，突出改造能源材料业，大力培育新兴服务业，积极发展农产品加工业，有助于培育中部地区新的增长极，形成中部地区崛起的重要战略支点。

二、构建湘南承接产业转移示范区的总体要求

（一）基本思路

以承接产业转移为主题，以体制机制创新为动力，以完善基础设施为重点，以改善生态环境为前提，进一步深化区域合作，引导生产要素互相对接；不断提升产业配套与创新能力，构建有利于支撑新型工业化、新型城镇化和农业现代化的产业体系；支持劳动力就地就近转移就业，促进产业和人口集聚，加快城镇化步伐；全面加强生态环境保育，实现资源节约与环境友好的可持续发展，努力把湘南地区建设成为我国中西部地区产业转移的重要承接地，推动湖南科学跨越发展。

市场导向，政府引导。遵循市场规律，充分发挥市场配置资源的基础性作用，突出企业主体地位；发挥政府的规划引导和政策支持作用，支持先行先试，强化政策扶持，建立完善产业转移推进机制，促进各类企业及要素资源向示范区有序转移。

因地制宜，分类指导。从实际情况出发，立足比较优势，合理确定产业承接发展重点，防止低水平重复建设；进一步优化产业空间布局，加快产业结构调整，培育产业发展新优势，引导产业集聚，推动重点产业承接发展。

两型引领，节能环保。注重生态环保，扎实推进节能减排，集约节约利用资源，大力发展循环经济、低碳经济，严禁国家明令淘汰的高耗能、高排放的

落后生产能力转入，促进资源节约型和环境友好型社会建设。

跨域合作，优势互补。创新合作方式，打破行政区划制约，探索建立利益共享机制，调动承接方与转移方两个积极性，注重区域间优势互补、紧密协作、有序承接、共同发展，促进与粤港澳良性竞争，拓展与东南亚互利共赢。

改革创新，优化发展。深化重点领域和关键环节改革，突破发展瓶颈，优化发展环境，增强发展活力和动力。依托自身优势，围绕发展重点，积极主动承接产业转移，推动产业结构优化升级，不断增强自主创新和自我发展能力。

（二）战略定位

立足湖南，对接粤港澳，贯通中西部，面向东南亚。利用三市现有资源和区位优势，积极承接产业转移，不断探索科学发展新途径，把湘南地区打造成产业承接的先导区、开放型经济集聚区、转型发展的试验区、跨域合作的引领区和富民强省的增长极，形成湘南与周边区域互动、协调发展的新格局。

1. 产业承接的先导区

抓住国际国内产业转移和重大产业项目布局的机遇，明确产业准入条件，优化产业空间布局，高质量地承接产业转移。建立示范区内部整合与协调机制，通过统筹规划、资源整合等途径，实现产业基础设施共享，不断提升产业承接承载能力，成为中部地区承接产业转移的先导区。

2. 开放型经济集聚区

充分利用湘南地区区位、交通、科教、产业、环境等比较优势，进一步优化发展环境，加强基础设施建设，增强产业配套和服务能力，降低生产要素配置成本，使湘南地区成为中西部环境最佳的开放型经济集聚区。

3. 转型发展的试验区

探索产业承接与自主创新统筹发展新思路，推进承接产业创新提升。探索经济社会协调发展新途径，推进基本公共服务均等化。探索城乡统筹发展新模式，推进城乡一体化。使湘南地区成为转型发展的试验区。

4. 跨域合作的引领区

创新区域联动发展机制，强化与珠三角分工合作，实现优势互补，在设施对接、园区共建、信息互通等方面率先突破，在利益分配机制等方面先行探索，在更大范围内实现资源优化配置，把示范区建成跨域合作的引领区。

5. 富民强省的增长极

把握承接产业转移契机，增强湘南地区产业集聚和辐射能力，培育发展新优势。引导鼓励劳动力就近就地转移，不断提高城乡居民收入，使湘南地区成为促进区域协调发展的重要支撑和湖南富民强省的“增长极”。

（三）发展目标

到2015年，示范区经济总量大幅增长，承接产业转移体制机制不断完善，产业结构进一步优化，现代产业体系基本建立，生态环境更加良好，基本公共服务水平明显提高，生态环境更加优良，人民生活更加美满，在带动区域协调发展、促进中部地区崛起中发挥更大作用。

1. 综合实力大幅提升

地区生产总值比2010年翻一番以上，人均生产总值大幅度增加。科技进步对经济增长的贡献率显著提高。城镇化率达到52%。

2. 产业结构优化升级

三次产业协调发展，主导产业大幅增长，劳动密集型、技改创新型、外向代工型、服务贸易型产业加速成长，现代服务业体系逐步完善，产业核心竞争力明显增强。

3. 多边合作不断深化

区域合作机制进一步健全，全方位对外开放格局基本形成，基础设施、市场体系、产业发展等与珠三角、北部湾、长株潭、海峡西岸、东盟自贸区等地区实现良好对接。合作机制日益健全，产业融合度不断加深，开放开发步伐加快。

4. 生态环境持续改善

资源利用效率持续提高，生态环境保持良好，节能降耗显见实效，生态功能修复进程加快，人居环境日臻优良。单位地区生产总值能耗、单位工业增加值用水量稳步下降，工业企业污染物稳定达标排放率达到100%。

5. 人民生活更加富裕

社会事业加快发展，覆盖城乡的基本医疗、基本养老等社会保障体系基本形成，城乡居民收入实现倍增，基本公共服务水平明显提高。

到2020年，示范区整体经济实力大幅提升，形成布局合理、结构优化、资源节约、竞争力较强的现代产业体系，与珠三角分工合作、优势互补、一体化发展，社会就业充分，社会保障健全，社会事业繁荣，生态环境优美，人民生活幸福，成为中部地区崛起的新的增长极。

三、产业承接空间布局

（一）推进“三核四带四组团”总体布局

在湖南省主体功能区规划指引下，规划布局产业承接区域，充分利用毗邻珠三角、接壤赣粤桂的区位优势和湘江黄金水道、东西南北多条快速通道的交通优势，优化产业分工，加快产业集聚，推进形成“三核四带四组团”空间开发格局，培育产业承接核心增长极和产业廊带，带动区域均衡发展。

1. 三核：即衡阳核、郴州核和永州核

包括衡阳市、郴州市和永州市三大核心城市及周边重要县市节点，是承接沿海产业转移的重要基地和接受粤港澳经济辐射的先行区域。重点发展先进装备制造、电子信息、生物医药、新材料、新能源、节能环保等战略性新兴产业。加快发展现代物流、现代金融、商务服务、旅游休闲、文化产业等现代服务业。优化提升输变电、汽车及零部件、机械制造等传统优势产业。加强完善城市基础设施和公共服务设施建设，进一步提升城市品位和功能。通过增强产业要素集聚和自主创新能力，辐射带动周边地区产业梯次发展，最终成为区域协调发展的核心增长极和重要支撑点。

2. 四带：即京港澳、二广、厦蓉、泉南沿线发展带

以京港澳高速、二广高速、厦蓉高速、泉南高速为主轴，沿线周边重要城镇和区域为辐射，形成四条连南接北、承东启西，“井”字型产业承接发展廊道。重点发展食品加工、轻工纺织、建筑等劳动密集型产业。加快发展有色金属冶炼、钢管材深加工、盐卤化工及精细化工、建材、煤炭深加工等矿产品加

工及开发产业。壮大发展现代物流、商贸服务、休闲旅游、农副产品加工等产业。逐步形成重要的交通运输通道和产业辐射廊道，发展成为功能清晰、各具特色、相互联系的产业和城镇带。

3. 四组团：即耒常组团、汝桂组团、永郴边组团、道江组团

以耒阳—常宁，汝城—桂东，永郴边（宁远—新田—嘉禾—临武—蓝山），道江（道县—江华—江永）为四大产业转移承接组团，构建产业集群发展的空间格局。重点发展以机械制造为代表的装备制造业，以有色金属冶炼及深加工为代表的矿产开发及加工业，以针织服装、模具五金、玩具制鞋、家具竹木为代表劳动密集型产业，以农副产品深加工为代表的现代农业。通过突出承接重点、明确发展定位、加强联系协作，打造具有资源优势、市场优势和劳动力优势的，具有较强竞争力和较大知名度的产业承接组团。

（二）完善区域城镇体系

依托中心城市、重点县城、产业城镇，科学规划、统筹开发，逐步形成等级分明、布局合理、分工明确、优势互补、配套完善的区域城镇体系。

1. 强化中心城市

努力强化郴州、衡阳、永州3大区域性中心城市在承接产业转移中的核心地位，完善基础设施建设和配套服务功能，辐射引领区域整体发展。

（1）郴州

以郴资（兴）桂（阳）、郴永（兴）宜（章）为主体，加快城市基础设施建设，提升综合承载能力。重点发展壮大有色金属、能源、电子信息、新型建材、食品医药、化工机械、旅游为主的七大优势产业。使其成为泛珠三角区域重要的有色金属精深加工基地、出口加工基地、制造业基地、能源基地、优质农产品基地和旅游休闲基地，打造湘粤赣边际区域中心城市、湖南省最开放城市。

（2）衡阳

以中心城区为核心，西（渡）南（岳）云（集）大（浦）为主体，加快“扩城连岳”进程，拓展中心城区空间，增强核心带动力。加强城区产业分工协作，重点发展现代商贸业、高端制造业、休闲观光体验农业、生态人文旅游

业和科教文化创意业，大力发展服务经济、消费经济和楼宇经济，加快构建“西南云大”城市经济圈，形成全国重要的先进制造业和现代服务业基地。

（3）永州

以永东（安）祁（阳）、永双（牌）祁（阳）为主体，利用地处中西部经济带交界处、湘粤桂三省区结合部，毗邻东盟自由贸易区等地域优势，以冷水滩、零陵二区和凤凰园经济开发区为核心，逐步建立中心城市产业转移项目聚集区。重点培育生物能源和再生资源利用、先进机械制造、农产品加工、矿产资源深加工和外向型加工贸易产业集群。加速构建国际轻型加工贸易基地、汽车零部件制造基地、农产品精深加工输出中心与对接东盟的桥头堡。

2. 培育重点县城

加快培育区域性中心城市周边，京广、湘桂、洛湛、武广客运专线沿线，京港澳高速、二广高速、厦蓉高速、泉南高速沿线以及湘江水系沿线的重点县城。加强县城基础设施建设，调整优化县城布局，增强特色产业集聚能力，支持一批县城发展成为中小城市或区域次中心城市。支持劳动密集型和资源密集型产业向县城聚集，积极构建以县城和工业园为重点的县域经济发展格局，加大招商引资力度，进一步改善县域经济发展环境，增强县域经济发展实力与活力。

3. 提升产业城镇

按沿线联动、临园带动、近区配套原则，重点建设提升主要交通干线与临近国家级、省级产业园区、大型矿区的节点型、骨干型、矿业型以及重大产业落地承载型小城镇，使其主导性基础功能突出、支柱性经济特色鲜明、地域性风貌景观宜人。

（三）建设产业承接集中区

适应产业大规模、集群式转移趋势，依托区域中心城市重点园区，突破行政区划制约，在湘江沿岸和国家重要交通干线沿线适宜开发地区高水平规划建设承接产业转移集中区，推进沿江沿线城镇联动发展。重点围绕装备制造、新能源新材料、电子信息、生物医药、矿产品深加工、农产品深加工等产业，按照“企业园区集聚、加工贸易区集中、产业基地集群、配套服务区集约”的发展目标，高起点承接沿海地区和国外产业转移，建设新兴经济带和现代产业密集区。探索省级直管、跨区共建的协调机制，统筹协调解决集中区建设中的重大问题。

1. 企业园区集聚

依照布局合理、用地集约、产业集聚、特色突出的原则，引导企业向园区集聚发展，促进形成上下游产业链条。通过大力引进规模企业，推动产业集群发展。有序承接新兴产业，优化提升传统产业。加大园区建设力度，推进园区转型升级。整合优化现有园区，加快完善服务配套。积极推进园区扩规升级，支持符合条件的省级园区升格为国家级园区。不断提高承载集聚能力，逐步将园区建设成为承接产业转移重要的集聚平台。

2. 加工贸易区集中

充分利用良好的交通区位条件，依托湘江黄金水道、铁路及高速公路运输干线沿线和中心节点城市，发挥资源、信息、成本等优势，集中布局加工贸易区，主动承接沿海产业转移。在扩大加工贸易总体规模的基础上，提高附加值和技术含量，打造龙头型加工项目，形成产业链条，增强辐射带动能力。进一步降低土地、税收、物流成本，扩大技术型劳动力供给，提升产业综合配套服务能力，继续完善相关配套和优惠政策，加大资金投入扶持加工贸易重点区域。

3. 产业基地集群

推进相关产业基地集群式发展，建设产业基地集群发展区。以适应产业大规模、集群式转移趋势，高起点承接沿海地区和国外产业转移。重点围绕引进战略性新兴产业和改造提升传统产业，依托现有国家级、省级产业园区，建设各类相关产业基地，促进产业结构调整和优化升级。加快新型工业化与新型城镇化、信息化及现代服务业的有机融合。推进资源集中、企业集聚、产业集群，形成资源型、科技型和创新型产业基地集群式发展格局。

4. 配套服务集约

依托作为国家服务业综合改革试点城市的衡阳，加快形成产业承接集中区高效、集约的配套服务体系，集中布置服务于承接产业转移的配套设施。加大承接集中区的建设投入，重点支持园区基础设施建设。加快政策指导、金融支持、信息共享、科技支撑、物流配送等产业服务平台建设，形成产业承接集中区配套服务设施软件、硬件集约供给模式。

四、产业承接发展重点

准确把握未来市场需求变化和技术发展趋势，把承接一批知识技术密集、资源消耗少、成长前景广、综合效益好的战略性新兴产业放在优先地位，超前部署、集中布局，尽快成为新的经济增长点和新的支柱产业；有序承接市场需求大、技术工艺先进、劳动密集型的传统制造产业，提高传统产业“两型”化、高端化、品牌化水平；积极承接和发展现代服务业，着力构建产业互动、特色鲜明、功能完善的现代服务业体系。通过现有产业的提升改造和承接产业转移的有机融合，优化和提升产业结构，构建示范区现代产业体系。

（一）先进装备制造业

以产业结构调整为契机，抓住国家支持中部地区老工业基地振兴的政策机遇，积极引进国内外其他先进装备制造企业新投资项目，大力提升产业创新能力和水平，加快实施先进装备制造基地建设，做大做强先进装备制造业。重点培育和打造超高压输变电装备制造、新能源汽车及零部件制造、大型冶金矿山设备制造等具有核心竞争力的现代产业集群，引进企业协作配套生产，形成一批具有较强竞争力和在国内外有一定影响的企业集团。积极推广集成制造、敏捷制造、精密制造，推动产业由单机制造向系统集成、工程总承包转变，向研发、设计、品牌、服务等增值环节延伸；加快实施矿山冶金装备基地、露天矿山智能型牙轮钻机、重型输送机、拖拉机、环保锅炉、高效节能潜水电泵等重大建设项目；着力发展矿山冶金机械、工程机械、数控机床、现代农机、医药器械、通用零部件制造业，打造国家输变电产业基地、中南汽车及零部件生产基地、华南大型铸锻件生产基地。

（二）电子信息产业

积极引进沿海地区的电子制造项目，加速技术自主开发，完善产业创新体系，发展相关的配套企业，培育电子信息产业集群，建设电子信息产业基地。重点壮大数字视讯、平板电脑、LED光电照明、数字军用设备、机光电一体化、动态轻压下控制系统等相关产业；加快发展卫星接收终端设备、高清数字电视、3G手机、3D视频终端、多媒体网络电视机等建设项目，推动电子信息产品制造业快速发展；大力发展互联网经济和电子商务，促进信息服务业发展。

（三）劳动密集型产业

主要是纺织、服装、鞋帽、玩具、家具制造等劳动密集型产业。充分挖掘劳动力资源丰富的优势，积极培育自主品牌，开拓国际国内市场，加快发展纺织、家具等劳动密集型产业，大力发展出口加工贸易，打造五金工具生产出口基地、酒品饮料生产基地、家具生产基地、再生纸基地、铸造产业和电光源生产基地。

（四）矿产资源开发和深加工产业

主要是有色冶金、黑色冶金和非金属矿物制品业。依托湘南地区有色金属、萤石、盐卤等资源优势，通过承接产业转移，加大矿藏勘探、科学开采和规模开发力度，参与矿产业上下游整合和企业横向并购。加强资源加工企业生产工艺改造和新产品研发，大力推进矿产品精深加工；重点发展有色金属冶炼、钢管材深加工、稀土和锰深加工、盐化工及精细化工、石墨深加工、建材、煤炭深加工等产业，打造全国盐化工及精细化工基地、精品钢管基地、有色金属深加工及稀贵金属产业基地、微晶石墨制品产业基地，推动原材料工业高新化、集约化、清洁化和循环化发展。

（五）农产品加工业

充分发挥农业资源优势，实施农产品加工振兴计划。在稳定发展好粮食生产的基础上，着力推进加工农业，提高农产品精深加工水平；引进培育一批特色鲜明、具有规模的农产品生产加工企业，促使其向优势农产品产区集聚；支持农产品加工龙头企业做大做强，延伸产业链条，提升农业产业化水平；加快推进农业产业化项目，壮大现代农业示范园区；重点建设烤烟、香柚、油茶、药材、林木、花卉等特色农产品加工园区和加工基地，促进粮食、肉料、油料、水产、茶叶、果蔬等农产品集约加工；实施农产品主导品牌计划，创建10个左右全国知名品牌，提高品牌农产品影响力；不断完善农产品加工、仓储、运输、信息、贸易一体化配套服务体系建设。

（六）新能源新材料产业

促进低碳能源发展，着力改进能源产业结构，提高产业配套能力，逐步实现能源产业技术升级，使之成为先导性产业。大力发展核电、生物质能发电、垃圾发电、风力发电、太阳能发电；重点实施阀控式铅酸电池、氢镍动力电池、硅基薄膜太阳能电池、锂电池、平板太阳能集热器等项目。

以有色金属和稀土资源为依托，建设有色新材料产业基地，重点开发有色金属催化剂、添加剂、超导材料、抗菌材料、电子银浆、银基触头材料和银基钎料等有色新材料；以石墨资源为依托，重点开发以锂电池负极材料为代表的先进储能材料；大力实施TCO导电薄膜玻璃、超白压延太阳能玻璃、高性能光电磁存储转换材料及元器件、晶体硅材料、抗震钨丝等项目；加快发展先进硬质材料、高性能金属新材料和化工新材料等产业。

（七）生物医药产业

以化学制药、生物制药和现代中药为发展重点，引进一批生物工程、医药生产企业和研发机构，引导现有制药企业设立研发中心和中试基地，促进生物医药技术升级，扶持骨干企业做大做强，形成生物医药产业集群。重点发展生物工程药物、基因疫苗和诊断试剂和现代中药。加快实施人血白蛋白、古汉养生精（无糖型）、注射用灯盏花素等重大项目。支持建设中药材生产基地和中药材集散中心，构建中药加工产业创新体系，促进现代中药产业发展。

（八）节能环保产业

大力发展循环经济，着力提升资源综合利用效率。引进一批具有核心竞争力的资源综合利用大型企业；发展一批拥有技术特色优势、为大型企业进行专业化配套服务的小型环保企业；大力推广应用高效节能、先进环保和资源循环利用关键技术装备及系统，重点在节能电机、节能型工业窑炉、节能灯具、大气污染控制、水污染控制和固体废弃物处理及综合利用等领域寻求突破。

（九）现代服务业

要积极承接和发展现代服务业，为承接产业转移、推动产业升级和适应居民消费结构转变提供配套服务。现代物流业，要依托中心城市、产业集聚区、货物集散地、交通枢纽，建设一批现代物流中心和物流节点，壮大城市物流配送体系，培育扶持发展现代物流企业，加快衡阳白沙、郴州湘南国际物流园、永州航空物流园、蓝宁道新保税物流园和其他物流基地建设。金融服务业，要着力引进各类金融机构设立分支机构，支持发展创业风险基金、私募股权基金，加快推进企业债券和短期融资券发行，支持建设有色金属期货交割库和农产品期货交易所，组建汽车金融公司、金融租赁公司、消费金融公司等新型金融机构，规范和做强中小企业担保中心等各类投融资平台。高端商务业，要积极发展会展业，加快会展场馆建设，加快发展会计、审计、专利服务、律师、资信评估和投资咨询等中介服务业，加快工业设计产业发展，大力发展服务外包业。科技服务业，要大力发展中高等职业教育，培养实用性技术人才，积极引进高层次创新人才，完善科技创业服务平台，加快科技孵化和成果转化，为加快科技研发服务业发展。休闲旅游业，要充分挖掘区域内名山、名水、名城、名人等旅游资源，促进旅游业与文化、休闲、商务等相关产业的深度融合，推进旅游产业由观光型向休闲度假、商务会展复合型转变，加快整合区域旅游资源，加强旅游区域协作，打造旅游休闲品牌，把南岳、东江湖、舜帝陵等建设具有国际水准的特色精品旅游区。

五、加快基础设施建设

（一）综合交通设施

打通与粤港澳、海西经济区、北部湾等之间的往来通道，加快完善公路、铁路、航运、航空四位一体的现代化立体交通网络，着力构建与珠三角地区一体化发展的综合交通体系，为承接产业转移提供有力的交通保障。

1. 完善公路网络

建成由高速路网、城镇干线路网和园区联结路网构成，外通内畅，便捷、高效、安全的公路运输网络。以示范区与粤港澳、海西经济区、北部湾相衔接的高速公路互联互通为重点，形成“四纵四横”的高速公路网络。加密、改造、升级干线公路，力争实现出省主干道、主要城镇与基地之间公路等级化、高速化，建成城镇干线网络和基地联结网络。加强高速公路与干线公路的连接线建设和管理，提高整个公路网络体系的效率和安全。

2. 加快铁路建设

围绕连接珠三角和中部城市群、加强与东西部地区联系的目标，强化区域对外通道建设，远期延伸长株潭衡城际铁路至郴州。进一步完善区域铁路网络，提高铁路运输能力，建成“两横三纵”干线为骨架的铁路网络。在示范区域内建设完善通往重点园区、矿山的支线铁路，满足物流对铁路运输的需求。

3. 提升水运能力

扩大湘江主航道通航运力，加强湘南地区与洞庭湖、长江的水路交通联系，为优化出海通道创造有利的条件。加快干线航道建设，重点建设衡阳枢纽港口，建成“一纵一横”干线为骨架的水运通道网络。

4. 加强机场建设

优化整合机场资源，提升服务能力，支持将衡阳、郴州机场列入全国民用机场建设“十二五”规划；扩建零陵机场，建设国际航空物流港，提高客货运能力；支持把衡阳（南岳）机场建成区域性民用航空中心。

（二）能源保障设施

按照建设资源节约型和环境友好型社会的要求，着眼长远，加快建成保障有力的能源生产供应体系。

1. 建设能源储备基地

逐步调整电源结构、优化燃煤电源项目布局、建设大型储煤基地。加快建设天然气、成品油管道输送工程，在郴州、衡阳建立能源供应储备基地。接应国家西气东输二线工程，建设衡—郴、衡—永、衡—邵天然气长输管线。

2. 开发重大能源项目

重点推进核电、太阳能光伏电站、生物质能热电厂、风能发电站等重大项目的建设。按照流域梯级滚动开发方式，建设航电枢纽工程。在产业园区推广使用太阳能、水能、沼气等产品和技术。促进农村水电的合理开发，启动小水电代燃料生态保护工程，形成清洁、经济的农村能源体系。

3. 完善电力传输网络

改造既有电网，建成可靠性高、结构清晰、供电能力强的地区输电网和配电网。加大主干电网建设力度，改造示范区内各级输配电网，提高电网抵御自然灾害能力，保障输电供电可靠性。理顺省网与地方电网的关系，加快郴州、衡阳、永州等城市之间的大电网联网建设，规划省电网与地方电网充分联网，对大用户开展直供电试点，形成开放、竞争、协作、有序的电力市场格局。

（三）信息网络设施

突破区划、部门、行业界限，推动信息化与工业化深度融合，合理布局互联网、通信、广播、电视等传输通道，推进区域信息一体化。

1. 推进网络体系建设

建设好区内宽带网络、无线通信、下一代互联网、卫星通信等综合信息基础设施。完善光纤通信传输网络，加快发展高速宽带网，建设高速、大容量、统一、开放的多媒体智能化公用信息平台。加强信息基础设施的技术改造，积极推进“三网融合”，健全信息安全保障体系。

2. 全面提高信息化水平

加快建立安全、方便的网上支付体系，实现信息互通共享、集中发布，建设产业承接数据交换商务信息平台。积极建设“数字城管”“应急联动”和城市“一卡通”等公共信息服务平台。建设区域统一的政务信息资源共享交换系统、政府网站和政务热线，实现政务移动办公和远程办公，完善电子政务平台。建设救灾救援预警信息平台。

3. 强化物联网研发应用

加大对物联网基础平台和关键技术的研发投入，积极推动公共技术服务平台的建立及相应的运作模式研究，加强示范项目建设，积极利用物联网络，创新营销方式，建立起对外开放的营销信息系统。

4. 推进与“珠三角”信息共享

加快与珠三角网络基础设施对接，加强在电子口岸、信用建设、交通信息、空间地理信息、应急指挥联动等多个领域内的合作，推进教育、文化、卫生、旅游等领域信息资源的合作开发与共享。

（四）公共服务设施

以承接产业转移的园区为重点，坚持以人为本的原则，建设完备的配套公共服务设施。

1. 生产设施建设

按照引导产业集群和产业链连锁转移的要求，建设现代化的标准厂房，仓储中心，物流配送，原材料及货物集散中心等生产设施，打造衡阳区域物流中心和郴州、永州省际边界物流中心，为企业的正常生产提供条件。

2. 生活设施建设

按照园区生活功能设施建设布局与园区土地利用总体规划、产业空间布局相匹配的原则，建设设施完备、使用方便，集居住、商贸、办公、休闲等多功能结合的职工生活服务区。建好职工公寓，改善居住条件。

3. 公用设施建设

完善园区道路、绿化、环卫、供水、供电、供气等公用基础设施。鼓励金融、通讯、邮政等部门在园区设立便民服务网点。发展教育、医疗、文化等社会事业，解除园区职工后顾之忧。

六、资源节约和环境保护

把承接产业转移和提高可持续发展能力结合起来，加快构建资源节约环境友好的产业结构、增长方式和消费模式，实现可持续发展。

（一）严格产业承接准入

把区域资源承载力和生态环境容量作为承接珠三角等沿海地区产业转移的重要依据。按照两型社会建设要求严格设定产业准入门槛。严禁国家明令淘汰的落后生产能力和高耗能、高排放等不符合国家产业政策的项目转入，避免低水平简单复制。全面落实环境影响评价制度，对承接项目的备案或核准严格执行有关能耗、物耗、水耗、环保、土地等标准，做好水资源论证、节能评估审查、职业病危害评价等工作。加强承接产业转移中的环境监测。强化冶金化工等重点行业园区环境影响评价。提升重点行业清洁生产水平。

（二）节约集约利用资源

加强耕地资源保护，防止在承接产业转移中侵占基本农田。制定相关行业建设用地控制标准，推广多层标准厂房建设，提高土地投入产出水平。加强水资源保护和合理利用，建立和推行用水定额管理制度，大力提高废污水处理回用率。鼓励企业采用节能、节水、节材、环保先进适用技术，改造生产流程及实施相关项目建设，降低单位产出的能源资源消耗。鼓励和支持承接产业转移园区发展循环经济。保护利用湘江岸线资源，按照科学规划、统一管理、严格保护、综合利用、集约开发、有偿使用的原则，高水平实施沿江产业开发、城市建设和生态保护，建设湘江生态经济带。

（三）强化生态环境保育

坚持预防为主、标本兼治，强化从源头防治污染和保护环境，着力解决突出环境问题，有效改善环境质量。加强产业园区污染集中治理，建设污染物集中处理设施并保证其正常运行，实现工业废弃物循环利用。大力推行清洁生产，加大企业清洁生产审核力度，从源头减少废物的产生，实现由末端治理向污染预防的转变。严格执行污染物排放总量控制制度，实现污染物稳定达标排放，完善节能减排指标、监测和考核体系。实施节能环保重点工程，加快推进湘江流域水环境综合治理工程、大气污染治理工程、生活垃圾无害化处理工程、乡村清洁工程和农业面源污染防治工程建设。加快推进湘南生态防护林工程、自然保护区工程、矿山生态修复工程、风景名胜工程及人居环境工程建设，打造南岭生态屏障，促进生态环境改善。

七、深化区域开放合作

（一）融入泛珠三角产业体系

构筑融合平台。通过各种大型经贸洽谈活动，推进更大空间的产业协作。建立省际产业转移统筹协调机制、重大承接项目促进服务机制，充分发挥行业协会、商会的桥梁纽带作用，支持并加速产业转移。发挥出境距离近、运输成本低的优势，主动接受粤港澳辐射，推进区域间产业融合、要素流动与优化配置。

拓展配套领域。积极构建示范区与珠三角地区合理分工的产业体系，建设主要面向珠三角地区重要的有色金属精深加工基地、日用生活品出口加工基地、能源供应基地、优质农产品补给基地、物流中转基地、技能型劳动力培训基地、高科技产品零部件代工基地和旅游休闲基地，实现优势互补，共同发展。

强化要素贯通。全方位、多层面开展与沿海地区特别是珠三角地区的人才、技术、资本、设备等产业要素贯通，建立科技资质互认制度，实现创新平台共享。支持珠三角地区高校、科研院所在示范区内共建科研机构和产学研合作示范基地。

（二）扩大与东盟的商贸往来

进一步拓宽与东盟10＋1自由贸易区合作广度，积极融入大湄公河次区域、泛北部湾次区域的经济商贸合作。创建多方贸易利益协调机制，加大湘南生猪等优质农产品的出口和东盟各国热带水果的进口增量；加强装备机械、有色金属加工、生物制药、精细化工等产业的市场对接；加快跨域跨境旅游资源服务网络的共同开发；开展与越南、马来西亚、印度尼西亚、泰国、菲律宾等东盟7国育种技术人才的培养交流。

（三）推进与长株潭联动发展

按“两型社会”建设与“四化两型”战略要求，加快全面对接长株潭地区的交通、电力、信息、生态等重大基础设施工程建设。依托地理区位、人力资源、物产环境、支柱产业等比较优势，建设以优质粮油为主的湘南农副产品对口供应基地和煤炭等能源输出基地，对接并配套长株潭地区的先进装备制造、电子信息及其他新兴服务产业，形成与长株潭城市群联动发展新格局。

（四）开拓多边合作的新领域

突破行政区划界限，密切示范区与沿海发达地区、周边地区、域内各市县经济、技术、文化联系，促进生产要素有序流动和城镇功能合理分工，推进跨域联动发展。创建多边联动机制，推进产业深度融合。开展与东盟各国、珠三角、海峡西岸、北部湾等区域在科技要素、人力资源、信用体系、市场准入、质量互认和政府服务等层面的对接合作，拓展产业分工协作途径，培植并增强区域创新活力，提高产业转移对接效率。鼓励示范区与沿海地区政府、开发园区、战略投资者和中央直属企业以及示范区内各市、县，通过委托管理、投资合作等多种形式共建开发园区，按适当比例分享新增税收地方留成，促进产业对口转移，共享园区发展红利。

（五）建设对外开放承接通道

加快公路、铁路、水路口岸的开放步伐，逐步形成"一、二类口岸齐全，水陆空运输方式配套"的口岸开放体系；加强口岸大通关建设，积极推进与珠三角等地区的海关合作，搭建"属地申报、口岸验放"的区域快速通关平台，构建跨地区、跨行业、跨部门的口岸大通关合作机制，提高通关效率。有序推进连接东盟的快捷运输通道以及畅达粤港澳的直通车、无水港等平台建设。加快郴州公路口岸、衡阳公路口岸、永州公路口岸建设；支持永州、衡阳参与北部湾地区临港工业基地和专用码头建设，拓展湘南及内陆腹地经北部湾的出海通道。支持衡阳申报国家级出口加工区。

八、推进体制机制创新

鼓励湘南地区大胆探索，先行先试，深化改革，完善政府服务，建立高效运作的行政和经济管理体制，加快构建规范透明的法治环境，为科学承接产业转移提供良好的制度保障。

（一）赋予示范区先行先试权

允许湘南地区在经济社会发展的相关领域先行先试，采取更为灵活的政策措施，消除体制机制障碍。突破行政管辖边界，探索跨区域合作新途径，适时调整行政区划，优化产业发展空间。建立适应转移企业发展需要的保障体系，多层面探索跨域合作新途径。深化土地管理制度改革，探索加强土地管理的有效办法，节约集约利用土地资源，满足大规模承接产业转移用地需求。试行有利于承接产业转移的环保政策，保护好生态环境，促进可持续发展。完善资源价格形成机制，开展价格改革试点。建立适应转移企业发展需要的社会保障体系，保护劳动者和企业的合法权益。

（二）深化行政管理体制改革

转变政府职能，规范政府行为，创新政府服务方式，进一步理顺垂直管理部门与地方政府权责关系，提升产业转移承接力。减少行政审批，简化办事程序，提高服务效率。推动相关行政许可跨区域互认，做好转移企业工商登记协调衔接。全面推进政企、政资、政事、政府和中介组织分开，加快政府管理创新步伐，落实首问负责制、办文办事限时制和责任追究制，继续清理和调整行政审批项目，减少审批环节，提高办事效率。进一步理顺垂直管理部门与地方政府权责关系，形成促进承接产业转移合力。

（三）构建区域协调发展机制

建立湘南三市区域协调机构和监督机构，通过政府间合作、协商来共同解决跨行政区划的产业转移的重大问题。进一步扩大县（市）经济管理权限，赋予一定人口规模和经济实力的中心镇部分县级经济社会管理权限，逐步建立三市之间的县际交流机制。加强区域协调，推进整体规划实施，探索建立企业、项目在湘南地区转移的利益协调促进机制，引导沿海产业落户湘南地区，合理布局承接转移产业，增强产业集聚功能。促进湘南地区省级开发区享受国家级经济技术开发区的优惠政策。健全承接产业转移项目能效评价制度，提高高耗能项目市场准入标准。

（四）创新产业园区管理模式

积极推行园区法人资格制度，倡导并鼓励行政主体、企业业界主体多边合作共建、共管或托建、托管大型产业园区，合理均衡各方利益，共享园区经济发展红利，建立园区之间信息沟通机制，探索承接产业转移协作的新模式。

科学编制园区规划，强化园区产业定位，培养特色产业，实行错位发展。创新园区服务机制，加强园区科技服务平台建设，组建或充实园区投融资平台和中小企业贷款担保公司，鼓励各类高新技术人才到园区创业。深化园区管理体制改革，全面落实工业园区一级国库、集中委托授权等管理权限。

省级产业园区实行征转分离的用地模式，工业园区建设用地实行单列和工业用地预留制度，优先支持郴州出口加工区、郴州经济开发区、郴州有色金属产业园区，永州凤凰园经济开发区、零陵工业园区、蓝宁道新加工贸易走廊，衡阳高新技术产业园区、衡阳松木工业园、衡阳白沙工业基地等园区的调区扩区规划。

（五）完善科技创新服务机制

围绕产业承接发展重点，强化企业在技术创新中的主体地位，推进技术创新要素支撑体系建设，构建企业主体、市场导向、政府推动、产学研结合的开放型区域创新体系，促进产业承接与自主创新相融合。

发展科技中介服务，强化湘南地区产业创新能力，重点引导和支持创新要素向企业集聚。积极引进具有较强创新能力的企业，支持引进企业加快技术创新，在承接地建设产品研发、技术创新基地，持续增强自主创新能力。大力开发应用新产品、新技术，促进转移产业创新升级。深化科研经费管理制度改革，完善科技成果评价奖励制度。

加大投入，促进科技和金融结合，使企业成为研发投入、技术创新、成果应用和专利申请的主体。鼓励重点优势企业加大技术研发力度，实施技术创新示范工程，培育一批拥有自主知识产权、具有核心竞争力的高端品牌，为战略性新兴产业发展提供技术支撑。

（六）建立健全现代市场体系

打破示范区内各行政区的行政垄断和地区封锁，加强与周边地区市场对接，健全统一开放、竞争有序的现代市场体系，促进生产要素合理流动和资源优化配置。研究制定有利于市场培育的政策，建立有利于产业发展的要素价格体系。建设一批试点示范项目和推广应用的基础设施，创造和培育新的市场需求，为市场推广创造条件。着力统一准入标准和技术标准，建立市场准入和质量互认制度。积极推进行业协会建设，培育以企业为主体的新型行业协会，鼓励行业协会开展区域协作。建立公共资源统一交易平台。加快发展统一规范的产权交易市场。

深广激发湘西“造血”活力

——湘西地区开发规划研究[①]

湘西地区在湖南省区域发展总体布局中，具有日益凸显的战略地位与重要作用。深入实施湘西地区脱贫开发，是湖南省委、省政府贯彻落实国家西部大开发战略的重大决策，也是湖南统筹区域协调发展、全面建设小康社会、推进形成主体功能区的重大举措。加快推进湘西地区脱贫开发发展，对湘西地区未来科学发展具有重大意义。

一、湘西地区发展现实基础

湘西地区开发范围包括湘西自治州、怀化市、张家界市、邵阳市及永州市的江华、江永两县，共39个县（市、区）。其中湘西自治州和张家界市1县2区被国家纳入比照享受西部大开发政策范围。目前，湘西地区共有人口1800万人，占全省总人口的26.1%；土地面积7.87万平方公里，占全省的37.2%；现有国家和省扶贫开发工作重点县30个，占全省的68.2%；有1个民族自治州、7个民族自治县，占全省少数民族县的100%。湘西地区是湖南岩溶山地分布区、少数民族聚居区和贫困人口集中区。同时也是承接东西部、连接长江和珠三角、北部湾经济区的枢纽区，在全国具有极其重要的战略地位。自2004年省委省政府实施湘西地区开发战略，加大对湘西地区政策、资金和人才等多方面支持以来，湘西地区经济社会发展取得了显著成效，是湘西地区历史上经济社会发展最快、城乡面貌变化最大、人民群众得实惠最多的时期。

① 湖南省决策咨询项目，为政府决策提供了重要参考。2010年12月完成。

（一）发展现状

1. 经济发展全面加速，规划目标超额完成

2005年至2010年，湘西地区各市州及江华和江永两县的生产总值均连续五年保持两位数增长，超额完成了年均增长10%的规划目标。2010年湘西地区生产总值达到2027.25亿元，是2005年的2.2倍，占全省GDP的12.8%。生产总值年均增长13%，人均生产总值年均增长13.9%。在总量扩张、速度加快的同时，经济结构进一步优化，发展的质量和效益明显提高。三次产业结构由2005年的27：29：44调整到2010年的19：38：43。2010年财政收入达到165.1亿元，年均增长19%，39个县（市、区）财政收入普遍提前两年实现增收3000至5000万元的目标。各项经济指标都超出了规划目标。

2. 项目建设有力推进，特色产业加快发展

五年来，省里共安排10亿元产业发展专项资金贷款贴息，先后两轮扶持建设364个规划产业项目，扶持发展10个产业园区。建成各类农产品生产基地1000多万亩，初步形成了旅游、水电、矿业、建材、食品加工、医药等6大产值过10亿元的支柱产业，产业园区发展质量明显提升，建设产业园区41个，其中省级园区12个，每个县均建立了具有产业特色和地域优势的产业园区。工业经济较快增长，规模工业增加值增长了2.68倍，年均增长22.3%。农业产业化步伐加快，一大批农产品生产基地逐步建成，一批农业产业化龙头企业成长壮大。旅游业发展迅速，已成为湘西地区重要的支柱产业，初步形成了大湘西旅游经济圈。

3. 基础设施大为改善，城乡建设焕发新貌

国家和省直接安排资金2000多亿元，带来了年均36%的投资增长速度。一批重大基础设施项目相继建成或启动实施，明显改善了湘西地区交通、通信条件和生态环境。内外通畅的交通运输体系初步形成。2010年，湘西地区铁路营运里程达到921.4公里，公路总里程达到57398公里，邵怀、怀新、常吉、常张等高速公路建成通车，吉怀、张花、吉茶、邵衡、邵安、娄新、包茂、永贺等在建高速公路全面推进；芷江机场正式通航，张家界荷花机场扩建工程正抓紧建设。县乡公路改造、村级道路硬化，农村客运站建设全面启动，已建成通乡通村公路2万多公里。城市建设取得重大进展。城区主干道路改造、市民服务中

心等一批城市基础设施先后启动或完工，城市功能进一步完善，城市面貌焕然一新。

4. 环境保护明显加强，生态成果不断巩固

重点实施生态建设、退耕还林及巩固成果、环境保护和生态移民等工程，加强水土流失治理、矿产污染整治和农村沼气池建设，完成退耕还林508.1万亩，治理水土流失面积2964.3平方公里，进入四水的泥沙量减少30%，新增雪峰山、魏源湖等6个省级森林公园，完成生态移民1.05万人。完成161座病险水库除险加固任务，水库防洪能力、蓄水能力大为增强，新增有效灌溉面积近20万亩。加大结构调整力度，推进节能减排，新建了一批城镇绿化、垃圾和污水处理工程，有效推动了生态修复，湘西地区的生态优势得到进一步巩固。

5. 社会事业全面推进，人民生活水平明显提高

扶贫开发取得显著成效，有力带动了人民群众脱贫致富。近五年来，减少贫困人口41万人。教育、卫生、文化、科技等社会事业全面发展，群众上学难、看病难、就业难等民生问题得到较大缓解。累计完成2528所中小学危房改造，建成农村寄宿制学校878所；改建县级医院37所、乡镇卫生院666所；完成乡镇文化站项目559个。文化广播电视事业进一步繁荣。电视综合覆盖率提高到2010年的96%，包括光纤、数字微波、移动通信等公用电信网络已在区域内实现全覆盖。社会保障水平进一步提高，新农合参合人数增长了768%。湘西地区城镇居民人均可支配收入年均增长10.4%，农民人均纯收入年均增长9.6%。消费水平和消费结构进一步升级。湘西地区社会消费品零售总额增加到2010年的739.93亿元，增长了133%。

（二）发展机遇

加快湘西地区发展，是摆在我们面前的历史性课题。湘西地区开发目前正面临四大历史性机遇。

1. 国家新十年西部大开发战略机遇

国家把新一轮西部大开发作为“十二五”时期经济社会发展的重大任务，明确了经济总量2015年比2008年翻一番的目标。出台了财政、税收、投资、金

融、产业、土地、价格、生态补偿、人才、帮扶等10个方面的扶持政策，西部大开发将进入一个新的发展阶段，必将为湘西地区发展带来更多新的机遇。

2. 国家武陵山经济协作区合作机遇

武陵山经济协作区建设是全新的合作开发模式，为四省市的合作开发提供了一个新的平台。湖南进入国家规划范围的县（市）总数的占到50%以上。武陵山经济协作区的重点集中在基础设施、公共服务、产业发展等方面，与湘西地区开发重点基本吻合，有利于从国家层面获得更多的政策支持。

3. 国家扶贫开发集中连片扶持机遇

新十年国家扶贫开发思路发生了明显变化，扶贫开发将重点扶持集中连片贫困地区发展，湘西地区是国家新的扶贫方式的重点实施区域。这就为抓住国家扶贫方式调整的历史机遇，完善扶贫政策体系，加大工作力度，积极争取国家支持创造了难得的机遇。

4. 全省湘西地区新一轮开发政策机遇

2010年11月召开了全省湘西地区开发工作会议，省委、省政府出台了《关于深入实施湘西地区开发战略的意见》，提振了大家的信心，出台了新的优惠政策，为深入实施湘西地区开发带来了重大历史机遇。

（三）主要挑战

1. 经济基础相对薄弱

改革开放30年来，湘西地区经济建设尽管取得了巨大成就，但与省内其他地市相比仍有较大差距。总体而言，经济总量小，人均拥有量低，经济发展总体水平与湖南东中部地区仍有较大差距，且有不断拉大的趋势。湘西地区土地面积占全省1/3，人口占全省1/4，2010年实现GDP只占全省的12.8%，较2005年下降了1.5个百分点；财政收入占全省的比重为11.48%，下降了0.05个百分点。2010年四市州GDP仅为长株潭地区的29.05%，占全省GDP的比重由2005年的16.94%下降到12.27%。

2. 结构调整更加繁重

湘西地区工业基础薄弱，化工、有色、冶金等传统重工业，低附加值、低技术含量的加工制造业在经济构成上占较大比重，高投入、高消耗的特征仍然比较明显，个别市规模企业中高能耗企业占了60%以上，粗加工企业和原料型企业占了70%左右。因此，在新一轮开发中，面临产业结构调整、经济结构优化、发展方式转变的新的更高要求。

3. 瓶颈制约仍然突出

湘西地区集“老、少、边、穷”于一体，交通、通信、农田水利、城乡电网等基础设施发展滞后，交通条件和能源供应仍然是制约发展的突出瓶颈；物流成本偏高，招商引资困难，总体投入水平仍然偏低，2010年湘西地区全社会固定资产投资完成1441.62亿元，只占全省的14.7%；市场化的投融资渠道仍未健全，融资困难，2010年，湘西地区金融机构存贷比只有46.1%，低于全省23.1个百分点。

二、湘西地区开发总体思路

（一）基本要求

全面推进“四化两型”建设，以转变经济发展方式为主线，以富民强县、增强自我发展能力为核心，以改善民生为目标，更加注重培育特色优势产业体系，更加注重基础设施完善，更加注重生态环境保护，更加注重社会事业建设，进一步解放思想、开拓创新，进一步加大投入、强化支持，努力建设一个经济繁荣、社会进步、生活富足、民族团结、山川秀美的新湘西。

坚持夯实基础，加快发展。始终把发展作为第一要务，突出培养和提高劳动者素质，加强基础设施建设，改善投资和发展环境，大力发展特色优势产业，变资源优势为经济优势。

坚持以人为本，和谐发展。始终把保障和改善民生作为一切工作的出发点和落脚点，着力解决群众切身利益问题，加快基本公共服务均等化，使各族人民共享发展改革成果。

坚持环境保护，绿色发展。把生态建设和环境保护放在更加重要位置，坚持开发和保护并重，构建生态安全屏障，增强可持续发展能力。

坚持改革开放，创新发展。加快转变思想观念，深化重点领域改革，逐步消除制约发展的体制机制障碍，增强发展活力和动力。加快个体私营经济和股份制企业发展。扩大对内对外开放，构筑内陆开放型经济新格局。

坚持自力更生，扶持发展。充分发挥湘西地区积极性、主动性、创造性，立足自身努力推进经济社会发展。进一步完善和强化各项政策措施，加大扶持力度。

（二）发展定位

湘西地区自然生态优美，资源禀赋优越，人文积淀丰厚，民族风情独特，在新的起点上，必须进一步强化主体功能区和生态空间职能，充分发挥优势资源潜能，建成集中连片扶贫开发创新区、国际知名生态文化旅游胜地、绿色生态屏障、特色优势资源精深加工基地与武陵山区域边贸物流中心。

1. 集中连片扶贫开发创新区

强化空间区划优化，注重资源统筹，有序推进点轴开发。健全跨域合作机制，消除市场壁垒，增进要素流动，积极承接适宜性产业转移。有效发挥比较优势，积极推进富民工程，促进特色产业成长壮大。完善地区互助政策，开展多种形式对口支援，大力发展科技教育事业，不断改善民生，加速跨入全国民族聚集区脱贫致富的先进行列。

2. 国际知名生态文化旅游胜地

扩大并提升张家界和崀山两大世界自然遗产品牌效应，发挥民族文化资源丰富独特的优势，科学开发神奇山水、神秘文化、红色老区等经典性旅游精品和特色旅游景区，多层面对接并融入环长株潭城市群、成渝城市群、武汉城市圈和珠三角都市圈等旅游运营网络，构建高品质的中国旅游第一走廊和著名国际旅游胜地。

3. 绿色生态安全屏障

湘西地区是湖南重要水系发源地与上游径流区，生态良好是湘西地区最大的优势和最靓丽的名片。着力推进生态安全保护区、地貌多样性保护区、野生生物物种保护区等三大重点生态区建设，通过有效维护优良绿色植被资源的完整性，充分发挥生态安全屏障、水源涵养与水土保持功能，构建稳固的生态安全屏障体系，建设全国重要的生态经济带。

4. 特色优势资源精深加工基地

坚持保护与开发并重，强化集约经营与科技支撑，全面推进重点地域与重点企业的兼并重组，提高产业集中度与规模经营能力，配置先进安全生产设施，改进技术装备与工艺流程，形成以特色农产品和矿产资源为主的精深加工产业基地及其高附加值产品的市场竞争优势。

5. 武陵山区域边贸物流中心

依据现代产业发展与新型交通体系建设的主体功能区空间布局，发挥传统市场的影响力及其吞吐作用，扩大重要中心城镇的物货承载容量与商品辐射场径，增强对周边地域生产生活性物资的供应保障与应急支持能力，健全适应新型城镇化和新农村建设需要的多层级、异质性专业物流体系以及省（市）边界贸易体系，促进主要区域性物流中心不断成长崛起。

（三）主要目标

到2015年，力争湘西地区经济发展水平不断提高，基础设施条件明显改善，和谐社会建设取得重大进展，可持续发展能力日益增强。

1. 经济发展

到2015年，湘西地区经济增速与全省基本同步，特色优势产业体系初步形成，经济总量比2010年翻一番，大部分县（市、区）财政收入比2010年翻一番。整体经济实力大幅上升，自我发展与自主创新能力不断增强，与省内发达地区的差距进一步缩小。城镇化率超过40%。

2. 社会事业

交通、通信、农田水利、城乡电网、市政等基础设施支撑能力进一步增强。教育、卫生、科技、文化、体育等事业加快发展，重大主导工程基本建成，非物质文化遗产发扬光大。城乡居民的基本养老、住房、医疗、生育等各类社会保障体系全面建立，公共服务逐步走向全覆盖与均等化。

3. 人民生活

城乡居民收入增幅与经济发展基本同步，生活水平、受教育程度与综合素质全面提高，农民人均纯收入和城镇居民收入年均增长10%。人民群众精神文化生活更加丰富多彩，民族和谐发展示范区初步建成。

4. 生态文明

森林覆盖率保持65%，资源利用效率显著提高，环境污染显著降低，主要河流保持Ⅱ类水质以上，中心城市市区空气中SO_2和NO_2含量达到国家二级标准，城镇污水、生活垃圾、工业固体废物基本实现无害化处理。重点生态区域治理取得积极成效，局部生态恶化环境日益改善。

在此基础上，再经过5年的努力，到2020年，湘西地区综合经济实力显著增强，人民生活水平和质量大幅提升，基本实现全面建设小康社会奋斗目标。

三、湘西地区开发重点任务

（一）落实空间功能分区，促进生产力优化布局

1. 拓展提升中心城市

依托交通干线，加快市州中心城市建设，增强区域中心城市的人口吸纳与产业集聚等综合承载能力与辐射带动功能，促进资源环境容量大、承载能力强的重点地区推进轴线开发与点面拓展，实现城乡资源统筹与空间区划优化。重点培育怀化、张家界、邵阳、吉首等基础优势强的区域中心城市。

（1）怀化市

发挥区位交通、信息通讯与国际和平文化优势，加快打造国际和平文化旅游中心、区域性商贸物流基地和综合服务中心。进一步密切与其他交通网络结点城市的横向协作，加快中方、芷江融入中心城市步伐。推进建筑节能示范市建设。积极营建“稻香水邑、商旅山城、风情要塞、和谐画卷”的商贸物流中心和山水洲城，打造武陵山地区综合性中心城市。

（2）张家界市

以国家旅游城市综合改革试验区建设为契机，以建设国际旅游之都为目标，发挥国际机场运能优势，加速向更大空间的旅游服务主导型城市迈进，努力建设成为国际风景度假旅游目的地城市、国家低碳循环经济示范城市、武陵山地区旅游经济圈中心城市。

（3）邵阳市

以市区为主体，以邵东与新邵县城为两翼，以资江和邵水为两带，加快融城步伐，拓展城区空间，增强辐射能力，建成自然风貌与人文景观、现代文明与历史文化交相辉映的区域级重要中心城市。

（4）吉首市

利用占据铁路与国道、省道交汇点的便利条件，深度释放民族用品集市的传统市场效应，加快发展以吉首大学为主体的民族高等教育，壮大以酒鬼酒为龙头的强势产业，建设武陵山区域边贸中心、文教中心与民族风情旅游中心，打造武陵山地区的核心增长极。

2. 优化产业空间布局

全面落实国家主体功能区划，坚持产业布局适宜区域功能、产业发展推进城镇建设、产业规模高效配置资源的原则，促进布局有序、空间集成、配套发展，重点建设一批较高水平的现代产业园区、较大规模的主导产业分布带和较强带动力的特色产业基地，形成对区域经济具有引领性、支撑性和高成长性的产业集群。

加快产业园区建设。按土地集约、产业集聚、人口集中的空间布局路径，支持具备条件的省级园区升级、扩区和调整区位，争取实现国家级产业园区零的突破，鼓励并推动县市产业园区向中心城市集合。加大对园区基础设施建设的支持力度，引导产业项目向园区集聚，优惠政策向园区倾斜，建设用地向园区集中。

3. 完善城镇体系建设

按照合理布局、集约高效、功能完善、生态良好、定位科学的原则，加快以市州中心城市为骨干、县城和中心镇为节点、大中小城市和特色镇协调发展的新型城镇体系建设，促进城镇建设与产业发展、新农村建设和扶贫开发的有机结合，培育建设一批产业基础支撑能力强、民族文化特色浓郁的生态宜居型重点镇，有序引导农民进入城镇和从事二、三产业，力争“十二五”期末城镇化率超过40%。

（二）壮大特色优势产业，增强自我发展能力

1. 建设国际旅游休闲度假目的地

（1）深度开发精品资源

重点发展民族文化旅游和生态绿色旅游，加快培育壮大旅游支柱产业。突出张家界、凤凰、怀化、邵阳四大旅游板块，打造“神秘大湘西”和“魅力大湘西”旅游品牌。加快旅游重点县市配套设施建设，支持怀化洪江古商城、芷江受降旧址、沅陵二酉山、邵阳崀山、隆回花瑶、绥宁黄桑、城步南山、湘西州凤凰、里耶战国古城、猛洞河栖凤湖、永顺土司城、芙蓉镇景点圈、慈利温泉水乡、江华盘王城、天河瑶池以及江永千家峒盘王生态公园等景区（点）建设。

（2）构建经典旅游圈线

积极促进湘西地区旅游资源的多元融通，强化优势互补与联网运营，重点构建张家界—永顺—龙山—吉首—凤凰—芷江—新晃—洪江—靖州—通道—崀山—沅陵—张家界“大湘西旅游圈”。重点规划和建设通道—靖州—会同—洪江—怀化民俗生态游、新晃—洪江—怀化—芷江生态山水游，沅陵—辰溪—麻阳—溆浦生态游，张家界—芙蓉镇—吉首—凤凰、凤凰—吉首—泸溪—花垣—里耶文化风光带和保靖酉水风光带，桂林—崀山—花瑶—张家界—神农架等精品线路，形成居于环长株潭城市群、武汉城市圈、成渝城市群和珠三角都市圈之间的原生态景观、原真性民俗、原创性文化、原本性建筑游憩公园。

（3）增强旅游产业带动能力

以旅游业提质升级为产业转型发展的主要动力，优化旅游产业内部结构，发展壮大旅游产业集群，辐射带动相关产业发展。科学引导旅行社行业、住宿业、餐饮业、旅游文化产业发展，加快旅游交通物流业、旅游中介咨询服务业、旅游金融业、旅游教育培训业、旅游广告策划业等相关产业发展，逐步形成现代旅游产业体系。

2. 建设农林产品深加工基地

（1）建设特色农业基地

稳定基本农田，保持一定的粮食生产能力。支持优质柑橘、优质绿茶、烟

叶、猕猴桃、高山反季节蔬菜、双低油菜、中药材等高效经济作物基地建设，支持鹤城、溆浦等县（市、区）建设大中型养猪场，构建新晃—芷江、会同—靖州—通道、辰溪—沅陵—麻阳等三大肉牛养殖产业带，支持湘西猕猴桃、烟叶、水果和百合、黄姜等中药材以及黄牛、山羊等草食动物养殖业的发展。支持邵阳油茶、药材、烟叶、奶业、竹木、水果、延季有机蔬菜等生产基地发展。

（2）推进品牌建设

继续打好武陵山特色农业生态牌，培育深加工与市场营销龙头企业，鼓励支持企业进行农产品商标注册、有机食品、绿色食品和无公害食品的产地认证和产品认证，形成一批龙头企业和名牌产品，展示武陵山农业生态、绿色、有机特色。加强湘西州“酒鬼酒”、古丈毛尖、保靖黄金茶、泸溪椪柑、龙山百合等，张家界茅岩梅茶、慈利杜仲、桑植金鲵，怀化沅陵碣滩茶、武溪鱼、会同毛峰茶、新晃牛肉、靖州杨梅，邵阳“湘窖”酒业、“武冈卤菜”、邵东黄花菜、隆回金银花，江永四香系列等生产企业和品牌建设。

（3）强化农产品精深加工

以市场为导向，打好“绿色、生态、有机”牌，提高食品深加工技术水平，确保食品质量与安全，构建现代绿色食品产业体系。重点扶持大米、茶叶、猕猴桃、柑橘、魔芋、葛根、百合、木瓜、杨梅、大枣、红薯淀粉、优质蔬菜、乳制品、肉制品、优质鱼等特色农产品种植基地和加工项目。

3. **建设特色优势工业基地**

（1）生物医药产业

依托湘西地区丰富的五倍子、杜仲、玉竹、红豆杉、黄柏、党参、当归、天麻、青蒿、黄连、金银花、黄姜等中药材资源优势，大力发展生物医药产业，加强深度开发，延伸中药材加工产业链。建成特色中药材GAP种植、中药提取和特色天然植物资源利用产业基地，实现育种—种植—提取一体化。

（2）矿产品精深加工业

充分发挥湘西地区矿产资源相对富集的比较优势，综合考虑矿产资源开发承载能力、市场需求、环境容量、能源保障、运输条件，合理安排资源开发速度，按照保护性开发、循环发展原则，整合资源，全力推进项目建设。形成勘、采、选、冶、深度加工一体化，延伸产业链条，发展矿产资源精深加工。支持会同、辰溪、溆浦等县的石煤，沅陵、洪江及会同的重金属（金、钨、锑），吉首、花垣、芷江的锰，新晃、会同的钡，洪江、辰溪、中方、保靖的钒等矿产资源开发。支持湘西州泸溪铝锭延伸加工和花垣锌系列深度开发。

（3）机械装备产业

依托水电基地、铁路枢纽和物流集散的优势，加快发展与电力、铁路、交通、农机有关的数控机床、机电、铸造产业，支持邵阳建设全国重要的混凝土搅拌车生产基地，打造汽车缸体、高性能柱塞泵生产基地和高端纺织机械设备生产基地。

4. 建设武陵山区域边贸物流中心

充分利用湘西地区与渝、鄂、黔、桂四省市区相邻的区位优势，加强物流园区、物流中心和物流基础设施建设，改造提升一批传统商品批发市场和零售商品购物中心，鼓励发展连锁经营、物流配送、电子商务等现代流通方式，加快建设以消费品配送服务为重点的边贸物流体系、以禽畜蛋与果蔬茶为主体的大宗山地农产品冷链物流体系、以中药材交易为特色的医药物流体系、以矿产品原材料精深加工配送为核心的工业物流体系、以服务"三农"为重点的邮政服务体系，形成以怀化市、邵阳市为区域性综合物流中心，以张家界市、吉首市为区域性综合物流次中心和以重要县城为主的物流节点，构筑多层次、高效便捷的边贸物流网络，把湘西地区建设成为省际边境贸易中心。

（三）加快基础设施建设，全面夯实发展基础

1. 突出交通建设

重点抓好公路交通路网建设。重点抓好在建的吉首至茶峒、怀化至通道、洞口至新宁、道县至贺州等13条高速公路，尽快打通西部和西南部主要出省通道。加快国省干线公路建设，"十二五"期间实现国道二级及以上公路比例达到或接近全省平均水平，省道基本达到三级及以上公路标准。加快农村公路建设，完善农村公路路网，争取到"十二五"末实现具备条件的建制村通水泥（沥青）路。加快完善湘西地区铁路网。抓好长昆客运专线、娄邵、怀邵衡、黔张常、渝怀增建二线、常德至张家界城际交通等铁路项目的建设；启动怀化

铁路枢纽、安张衡、洛湛铁路邵永段、焦柳铁路石怀段扩能改造等项目前期工作。完善民用机场布局，加快张家界荷花机场、怀化芷江机场、铜仁凤凰机场的改扩建，开工建设邵阳武冈机场。

2. 加强水利建设

统筹居民生活与工农业生产用水，实施水体流域综合整治与生态保育工程，进一步强化水源地保护与水污染治理，严格限制水能资源的不适当开发。加大对城市集中式饮用水源的保护力度，科学调整并划定城市饮用水源保护区与农村集中饮用水源保护区，确保城乡居民饮用水源安全。抓紧建设湘西地区骨干水利工程。重点实施涔天河水库、吉首大兴寨、古丈古阳河等大中型水利枢纽工程，加快完成各类病险水库除险加固工作。建设六都寨、大圳、张家界、溆水、酉水等5处大型灌区续建配套与节水改造项目。

3. 构建能源供给保障体系

加强能源基础设施建设。重点加强湘西自治州500千伏变电站和湘西自治州至牌楼、宝庆电厂至长阳铺等500千伏线路建设工程，加强城步、吉首、永定、溆浦等220千伏输配电工程建设，加强农村电网改造和建设。以水电为基础，抓紧建设完成托口、铜湾等沅水流域梯级开发在建电站，抓好张家界茶林河水电站等的建设装机工作，继续推进沅水流域梯级开发电站项目建设。

（四）推进民生事业发展，实现公共服务均等化

1. 提高社会保障水平

千方百计扩大就业。加快劳动和社会保障服务基层平台建设，继续推进“扶贫培训工程”和“阳光工程”，加强对农村劳动力免费进行就业技能培训，建立健全统一开放、竞争有序的人力资源市场，推进跨地区的劳务协作和对外劳务输出，加强劳务输出基地建设，打造劳务输出品牌，引导农林富余劳动力合理有序转移。促进社会保险、社会救助、社会福利和慈善事业相互衔接，完善覆盖城乡居民的社会保障体系，逐年提高城乡居民最低生活保障水平。加大新型农村社会养老保障全覆盖步伐，扩大工伤和生态保障覆盖面。加大对湘西地区减灾救灾、社区建设、优抚、军休安置、老区建设的支持力度。

2. 优先发展教育事业

全面实施素质教育，加快教育结构调整，推进教育强县（市、区）建设进程，促进义务教育均衡发展。改善义务教育学校办学条件，实施义务教育阶段标准化学校和中小学校舍安全工程，推进农村和偏远地区适当集中办学，加快农村寄宿制学校建设，逐步提高农村义务教育阶段家庭困难寄宿生生活补助标准。加大湘西地区农村义务教育转移支付力度，逐步提高义务教育经费保障水平。加强中等职业教育基础能力建设，支持湘西地区每个县（市、区）办好一所示范性职业技术学校，免除中等职业学校农村家庭经济困难学生和涉农专业学生学费。支持每个市州办好一所高等院校，支持重点学科、特色专业、重点试验室和产学研基地建设，争取湘西地区高校纳入国家中西部高等教育振兴计划。

3. 提高医疗卫生服务能力

优化卫生资源配置，改善城乡医疗卫生条件，建立完善的卫生服务体系和医疗保健体系，增强对突发公共卫生事件的处理能力，提高居民医疗保健水平。巩固提高新型农村合作医疗、城镇职工基本医疗保险和城镇居民基本医疗保险的参保率，逐步提高新型农村合作医疗和城镇居民基本医疗保险的筹资水平和政府补助标准。加快农村三级卫生服务网络和城市社区卫生服务体系建设，支持每县改扩建一所县级综合医院。

（五）加强生态环境保护，构筑生态安全屏障

1. 推进重点生态区综合治理

在共同构建武陵山国家生态安全保护区和“中国绿心”的总体目标下，推进生态安全保护区、地貌多样性保护区与动植物物种保护区三大重点生态区建设。以张家界世界与国家地质公园、崀山世界地质公园、凤凰国家地质公园、古丈红石林国家地质公园、吉首德夯地质公园等为主体，根据不同区域的生态功能，确定各类重点生态保护区，实施严格保护，巩固天然林保护和退耕还林等成果，增强涵养水源和保持水土能力，加快建设生态安全屏障。加强借母溪、鹰嘴界国家级自然保护区，康龙省级自然保护区和排牙山、五溪湖、雪峰山等自然保护区生态保护和城市生态圈建设。强化地貌多样性保护，统一以“张家界地貌”命名石英砂石峰林地貌，进一步提高张家界的国际知名度。完

善湘西地区生物多样性保护体系，加强对水杉、红豆杉、大鲵、金钱豹等珍稀濒危野生动植物就地保护。

2. 加快重点生态工程建设

加快生态林业工程、岩溶及矿区生态工程、生态移民工程、生态文明示范工程建设。继续抓好退耕还林、流域防护林、石漠化治理等林业重点工程，推进植树造林。大力实施“绿色行动”拓展工程，加速推进公路沿线、旅游风景区、城镇周边和澧水、沅水等一级支流两岸、大型水库周边绿化造林，在资江、邵水、巫水流域，营造防护林，实施以“沿路”“沿河”和“城区”为重点的绿化工程。争取对920万亩石漠化地区进行立项治理，加强对张家界岩溶地区石漠化生态环境监控，启动实施岩溶地区石漠化综合防治工作。

3. 加强环境保护和地质灾害防治

加强水环境保护。全面控制澧水、沅水流域及㵲水、沱江等的工业排放性污染与矿业采掘性污染，加强对新项目的能源消耗审核和环境影响评价，严控环境污染源。集中治理沅水、澧水等主要干支流沿线部分重点小城镇生活污水与垃圾的倾泻性排放，加强山丘区大径流量溪涧的水体保护与农作区重大抗旱蓄洪型湖、库的堤岸维护，确保江河湖库水质优良。加强地质灾害防治。继续加强重要地质灾害预警预报系统建设，增强防灾减灾服务功能。完成区域内市县地质灾害防治规划编制，掌握地质灾害的发育、分布规律，划定地质灾害易发区、地质灾害危险区，确定重点防范区域。

四、湘西地区开发保障措施

（一）加大政策扶持

1. 财政政策

加大财政对湘西地区均衡性转移支付力度，促进地区间基本公共服务均等化。中央和省级财政下达的有关专项转移支付，重点向湘西地区倾斜。省财政从2010年起两年内取消湘西地区各县市区对省的原包干体制上解。省产业发展专项资金由2010年的1.75亿元逐年增加到2015年的5亿元，继续用于省规划产业项目及园区基础设施建设贷款贴息和引导资金安排。

2. 税收政策

企业投资国家重点扶持的公共基础设施项目，实施所得税“三免三减半”。积极推进资源税改革。免征鼓励类产业企业在政策规定范围内进口的自用设备关税。研究出台县域经济财税扶持政策，促进湘西地区财政增收和企业增效。

3. 投资政策

积极争取重大项目在湘西地区布局。加大中央和省级财政性投资投入力度，并向生态环境、基础设施、民生工程、产业发展等领域倾斜。提高国家和省各类专项建设资金投入湘西地区比重，提高铁路、机场、水利等建设项目投资补助标准和资本金注入比例。

4. 金融政策

鼓励金融机构在湘西地区增设机构和网点，培育村镇银行、小额贷款公司，支持和深化农村信用社改革。加大信贷支持力度，优先保证省规划产业项目的贷款，县域内金融机构新吸收存款主要用于发放当地贷款。进一步推进中小企业和农业金融体系建设，支持融资性担保机构从事中小企业担保业务。培育上市后备资源，加快企业上市步伐。扶持创业投资企业、发展股权投资基金。

5. 土地政策

土地年度计划向湘西地区适度倾斜。保障重点工程建设项目用地，优先安排符合条件的产业项目用地。适当降低园区建设用地的基准地价，工业用地出让金最低标准按《全国工业用地出让最低价标准》的15%—50%执行。继续增加土地开发整理和复垦资金投入，湘西地区上缴省里的新增建设用地有偿使用费，通过安排土地开发整理复垦项目全额返还。

6. 对口支援

加强开发扶贫与对口支援。大力实施以工代赈，加大民族聚集高寒山区扶贫开发力度，扩大扶贫资金直补规模，实施整村开发扶贫。探索建立省内区域协作机制。

（二）推进改革开放

1. 加快体制机制创新

推进财政省直管县改革，扩大县市自主权，强化县市在资金分配、使用、监管等方面的职责。围绕湘西地区的特色资源，探索推进资源性产品价格和环保收费改革。推进有利于扩大投融资能力的体制创新，加速引进金融资源。推进社会事业领域改革，建立健全公平教育机制，加速文化体育的市场化改革，强化对医药卫生行业的管理和监督，完善医疗卫生体制。

2. 大力发展内陆开放型经济

制定发展对外贸易的扶持措施，加快推进产品、产业和市场的国际化，进一步优化进出口结构，鼓励高技术含量高附加值产品、服务产品和农产品出口，帮助开展对外工程承包和劳务经济合作。鼓励外商投资湘西地区基础设施、生态环保和资源开发，不断扩大利用外资规模，利用国外政府贷款重点向湘西地区倾斜。加强以优势资源与发达地区合作开发，积极参与武陵山经济协作区开发合作，引导省内外优势企业对湘西地区的合资合作。

（三）强化项目支撑

继续坚持项目支撑的发展战略，坚持把项目建设作为推进湘西地区开发的切入点，突出重大项目对规划的支撑作用。建立健全项目不断生成、滚动发展、有序推进的长效机制，集中开发、储备、实施一批事关全区域经济社会发展全局的重大项目，争取国家在重大政策、项目和资金上的支持。加大招商力度，严格按照资金到位率进行奖励和考核。突破资金瓶颈，制定放宽准入、鼓励投资的优惠政策。增强项目实施的资金、土地等要素保障，激活民间投资。

（四）优化发展环境

着力优化政务、法制、人文、市场、诚信等发展环境，进一步优化投资政策和落实优惠政策。加强作风建设，提高干部队伍素质，增强解决问题和推动项目建设的能力。严厉打击破坏经济建设的违法行为，规范市场秩序，打击违法经营，创造公开、公平、公正的市场环境，确保经济社会建设顺利进行。

擘划区域功能分区新构造

——长沙县功能分区体制机制创新实施规划研究①

改革开放以来，作为长株潭“两型社会”综合配套改革试验区的核心地带，“全国18个改革开放典型地区之一”，长沙县积极探索具有中国特色、时代特征、长沙特点的发展道路，加快推进工业化、城市化、信息化、农业现代化，“两型社会”建设取得显著进展，经济持续平稳较快发展，人民生活水平显著提高。在经济社会发展取得巨大成就的同时，部分区域人口密度过高、资源环境约束趋紧的矛盾更加突出。保持长沙县经济社会持续健康协调发展，必须充分把握全县自然状况和资源环境承载能力，正确认识城市发展面临的问题和挑战。

一、功能分区规划背景

（一）自然条件

长沙县位于湖南省东部偏北，湘江下游东岸，毗邻湖南省会长沙，从东、南、北三面环绕长沙市区，处于长株潭“两型社会”综合配套改革试验区的核心地带。东邻浏阳市，南接株洲市、湘潭市，西南滨湘江，北靠岳阳平江县、汨罗市。

1. 地形

长沙县属长衡丘陵盆地的北部，地处幕阜山、连云山与大龙山余脉的南端，株洲隆起带的北缘，北、东、南三面高，中、西部低平，整个地势近似背东朝西的“撮箕形”。境内以北山镇的明月山为最高峰，海拔659米。长沙县东

① 长沙县决策咨询项目，湖南省发改委批复（湘发改地区［2014］608号）。2014年3月完成。

西宽约55.9公里，南北长约81.8公里，国土总面积1997平方公里。

2. 气候

长沙县地处东亚季风区中，属中亚热带季风湿润气候，气候温和，热量丰富，降水充沛，日照较足。年平均气温16～18℃，年平均日照1300～1800小时，年降水量1200～1500毫米。四季分明，生长季长，具有春暖多变，春末夏初多雨，伏秋多旱，秋寒明显，冬少严冬的特点。冬季多偏北风，夏季多偏南风。

3. 水系

长沙县境内河道属湘江、汨罗江两大流域，其中湘江流域面积1913.6平方公里，占95.8%，汨罗江流域面积83.6平方公里，占4.2%。湘江流经西南边境，流长10.5公里。浏阳河、捞刀河横贯中部，向西汇入湘江。捞刀河二、三级支流23条，共长385.2公里，流程较长，河床较浅。浏阳河二、三级支流12条，共长199.5公里，流程较短，河床较深。

4. 资源

矿产资源丰富，经探查县境内已发现钨、锡、铍等32个矿种，已探明储量的19种；已发现矿产地239处，其中大型5处、中型10处、小型151处、矿（化）点73处。野生动物种类丰富，有兽类10种，鸟类48种，蛇类10多种；野生植物有药用植物120余种，木本植物80多种。森林覆盖率48.1%，林木绿化率43.5%，活立木总蓄积371万立方米。

（二）发展概况

1. 交通区位

长沙县交通便利，水、陆、空交互的立体化交通网络基本成型，已成为湖南省重要的交通枢纽。武广高铁、在建的沪昆高铁贯穿县境；京港澳高速、107国道纵贯南北；长永高速、机场高速、绕城高速、浏醴高速、长株高速、岳汝高速、地铁2号线、地铁3号线以及在建的长株潭城际铁路、长株潭外环线、澧潭高速穿行其中。黄花国际机场、武广和沪昆高铁长沙南站、湘江霞凝新港均坐落于县境内。县城距长沙火车站、高铁长沙南站、黄花机场均约10公里。全县基本形成“八纵十六横”的路网格局。

2. 经济实力

长沙县创新发展思路，统筹城乡发展，县域经济活力全面迸发，形成了一县两区（即国家级长沙经开区和国家现代农业示范区）、南工北农、县域经济全面发展的新格局。2013年全县地区生产总值突破1000亿元，财政总收入从2009年跨上50亿元，到2013年已突破180亿元，财政收入占GDP的比重达18.1%。社会事业全面繁荣，人民生活水平显著提高。在中国中小城市综合实力排名中，成功挺进前十强，位列第8位，在全国县域经济基本竞争力百强排名中，位列第13位，连续六年稳居中部第一。

3. 产业基础

长沙县积极吸引外来投资，大力建设工业园区，产业发展取得了新成就。工业总产值迈上新台阶，规模工业增加值对GDP的贡献率达到55.3%。重点产业支撑作用不断增强，工程机械、汽车及零部件、电子信息三大支柱产业产值占全县规模工业总产值的76.8%。全县基本形成了以长沙经开区为核心，以暮云、榔梨（干杉）、星沙产业基地、金井等工业园区为配套的产业格局，对全县规模工业总产值的贡献率为86.7%。松雅湖、空港城、黄兴武广新城等一批重大服务业平台逐渐成形，长沙国际会展中心、临空综合保税区、黄兴现代市场群、长株潭烟草物流园、恒广欢乐世界等一批重大服务业项目建设加快推进。形成了粮食、蔬果、茶叶、生态养殖、花卉苗木、休闲旅游等六大农业产业，获批为“国家现代农业示范区”。

4. 文化科技

长沙县历史悠久，人文荟萃，至今已有2200多年历史。历史上，屈原、贾谊、司马迁、李白、杜甫、柳宗元、王安石、苏轼、黄庭坚、辛弃疾、文天祥等历代名人，都曾在这里留下斑斑胜迹。近代，长沙县哺育了黄兴、杨毓麟、李维汉、杨开慧、柳直荀、许光达、缪伯英、廖沫沙、田汉等一大批仁人志士。有国家级文物保护单位黄兴故居、省级文物单位杨开慧故居、徐特立故居等。科技在县域经济社会建设中不断增加。全县拥有研究开发机构57家，其中国家级企业技术中心3家，省级技术企业（研究）中心18家，高新科技企业115家。全年专利申请量为2547项，其中专利授权量为1614件，发明专利授权量为219件。

5. 城市建设

以现代城市群规划为指导，通过三轴全面对接长沙市区，推动与市区的融合发展，经过多年的积累，县城已进入大建设、大发展、大提升的阶段，城市化水平不断提高，城镇化率53.82%，比全省城镇化率高出7.32%。已有星沙新城和黄榔组团被列为省会副中心，安沙组团、暮马组团、空港组团被列为省会核心组团。新修和改造了一批集镇、城乡公路、集货市场、文化广场和公园，实施了松雅湖成湖、黄花机场扩建、万家丽路建设等一批重大城市基础设施建设，现代农庄建设和榔梨、金井、开慧城乡一体化试点取得初步成效。先后获得"全国文明县城""国家卫生县城""国家园林县城""国家生态示范县""中国人居环境范例奖""最具幸福感县城"等荣誉。

（三）主要问题

县域国土空间的开发利用，有力地支撑了长沙县经济社会发展，但也要清醒地看到，长沙县国土空间开发中还存在一些突出问题。

1. 开发强度较高，中心城区呈现蔓延扩张态势

在过去一个时期，全县国土空间开发的规模较大，城市建设用地快速增长，土地开发强度已超过全省大城市一般水平。中心城不断向外扩张蔓延的趋势仍比较明显。到2012年底，全县土地利用率高达97.10%，未利用地仅占土地总面积的2.90%，其中具备开发条件的荒草地仅1.55万亩，仅占土地总面积的0.52%。

2. 生态空间偏少，稳定农产品供应压力较大

生态空间连通性不够，分布不够均衡，城市建成区和近郊区生态用地比重明显偏低，生态空间建设难度较大。长沙县生态空间主要分布在西南部和北部乡镇，县城周边及县域中部乡镇生态林较少。耕地面积有限，全县耕地总量为57716公顷，占全县总面积的28.9%，保持主要农产品最低保有量生产和供给的压力较大。

3. 土地利用不够集约，提高效率仍有空间

单位建设用地产出水平居全省前列，全县300多家重点企业（总用地面积不到20平方公里）产生90%以上的工业产值和税收，形成了“用1%的土地创造90%的财政税收，让99%的土地等生态资源得到有效保护”的局面。但对于长沙县“一区带八园”的现状来说，工业园总量相对较多、布局分散，闲置土地、违法用地现象仍较突出，农村集体建设用地集约节约利用的潜力较大。

4. 城乡发展不平衡，基本公共服务存在一定差距

长沙县城是一座依靠工业园区发展带动起来的城市。工业园区的快速发展，一方面带动了区域经济的迅速增长，另一方面也导致长沙县城中心城区人口、经济等要素高度集聚。乡镇相对分散，全县城乡人口和经济布局不均衡，特别是在居民收入、基本公共服务等方面仍存在一定差距，这些对全县的公共服务和社会管理提出了很大的挑战。

（四）重大意义

1. 打造中部崛起战略增长极的理性选择

中部崛起战略实施以后，湖南省要在中部崛起战略中实现率先崛起，需要培育新的增长极。长沙县作为长株潭城市群的核心承载空间，必须担当起战略引领的发展使命，亟待明晰区域开发格局，强化区域发展功能。

2. 提升省会都市功能的内在要求

全面推进国际化是长沙市的重要战略任务之一，长沙县在更高的起点上进行功能分区发展，有利于进一步充实、完善、优化、提升省会都市服务功能，参与国际经济文化产业的竞争，增强省会城市的综合承载力和竞争力。

3. 贯彻国家主体功能区战略的迫切需要

党的十八届三中全会强调“要坚定不移实施主体功能区制度，建立国土空间开发保护制度，严格按照主体功能区定位推动发展”。长沙县实行功能分区发展是对国家主体功能区战略创新的新探索和具体化。

4. 探索全面深化综合改革的战略举措

在批准设立长株潭两型社会改革试验区后，长沙县两型社会建设取得了重

大阶段性成果。目前，推动后续改革发展任重道远，特别是落实十八届三中全会全面深化改革的精神，迫切需要落实主体功能区制度，为全国两型社会改革实验寻找新突破口。

5. 全国经济百强县竞争进位的现实路径

在新一轮转型升级发展的竞争中，全国经济百强县的进位竞争日趋激烈，不进则退，慢进亦退。需要进一步优化功能分区布局，提升单位面积城市空间创造的生产总值，实现又好又快的发展。

二、功能分区总体要求

（一）基本思路

按照国家关于实施主体功能区制度的要求，实施长沙县功能分区战略。以充实、完善、优化、提升省会都市功能为主题，以“生态文明”为引领，以转变经济发展方式为主线，立足区域资源禀赋、现实基础和发展潜力，创新开发理念，明晰空间开发格局，优化空间结构，提高空间利用效率，增强区域人口、资源、环境、发展协调性。奋力将长沙县建设成为综合配套改革创新区、中部崛起战略增长极、转型升级发展样板区、空间科学开发先导区。

1. 坚持以人为本

把改善人民生活水平、提高人民生活品质作为本县国土空间开发的出发点和落脚点，既要提供优质的农产品、工业品和服务品，也要提供优质的生态产品，为居民创造安居乐业的生活和工作空间，不断提高居民的幸福感和归属感。

2. 坚持分类指导

依据资源环境承载能力，科学划分功能区域，突出主体功能，兼顾其他功能，明确与各功能区域相适应的政策导向，因地制宜，推进各功能区域差异化发展，促进形成高效、协调、可持续的本县国土空间开发格局。

3. 坚持空间统筹

按照生产发展、生活富裕、生态良好的要求，把本县国土空间开发的着力点从外延扩张为主转向提高空间利用效率为主，控制土地开发强度，提高地下空间资源开发利用和保护水平，优化调整工业空间，适当扩大服务业、城市居住、公共设施和绿色生态空间，保育农业生产空间，严格保护基本农田和生态片林。

4. 坚持区域协调

着眼于统筹区域和城乡协调发展，充分发挥重点地区在带动区域发展中的作用，积极推动城市建设重心向郊区转移，加快新城建设和重点小城镇发展，引导人口合理分布，妥善应对社会老龄化问题，促进基本公共服务均等化，努力缩小区域之间、城乡之间的差距。

5. 坚持绿色生态

加快推进资源节约和环境保护型社会建设，节约集约利用土地，不断提高单位土地产出效率，大幅降低能源资源消耗，着力加强污染源头治理和长效机制建设，大力发展循环经济，加强生态建设，实现人与自然和谐相处。

（二）战略定位

1. 综合配套改革创新区

以引领者的姿态、先行者的担当、实践者的作为，力图通过体制机制的突破，探索依靠综合配套改革创新引领区域经济发展的新路径，在更大范围内聚集创新因素，引导创新资源合理配置，激发各因素创新的动力，打造一个以科技创新为特色的区域品牌，带动全省提高创新能力，实现科学跨越发展。

2. 中部崛起战略增长极

优化区域开发格局，强化区域发展功能。依托国家级经济开发区的优势，扩大并提升经济百强县的品牌效应，大力发展先进制造业；依托黄花国际机场、高铁的交通枢纽优势，积极发展物流、会展经济、商贸等现代服务业；依托作为长株潭生态绿心的生态资源优势，积极发展旅游休闲业。培育湖南在中部率先崛起的战略增长极。

3. 转型升级发展样板区

以“两型产业”为重点，以绿色、循环、低碳发展为基本路径，着力培育转型发展新优势，着力激活转型发展正能量，着力解决制约经济持续发展的重大结构性问题，加快经济增长方式转变，打造经济升级版，推进新型工业化、城镇化、信息化、农业现代化协调发展，率先实现绿色转型、“两型”发展、“三量”齐升。

4. 空间科学开发先导区

实施区域发展总体战略，科学布局生产空间、生活空间、生态空间，充分发挥各功能区比较优势，率先构建与功能定位相适应的城镇化格局、农业发展格局和生态安全格局，形成有利于“绿色布局”的区域国土空间科学开发的先导区。

（三）功能分区

在《湖南省主体功能区规划》将长沙县确定为重点开发区域的基础上，充分考虑全县资源禀赋、区位条件、发展水平和发展潜力，按照两型发展导向，将县域国土空间划分为六类功能区域。

1. 星沙松雅湖商务区

本区属市域规划的城市副中心。以松雅湖片区的总部经济、现代服务业、文化创意产业、创投产业和毛塘片区的现代物流业为支柱，以现有建成区的生活服务业和毛塘铺片区、东八线以东的教育科研产业为主导，同时加强文化、体育、公共服务、公共政策等软环境培育，加快提速松雅湖和毛塘铺片区开发，着力打造彰显山水之美、人文之美、城市之美的国际化都市新区。

2. 黄兴会展经济区

本区属市域规划的新的城市副中心。紧紧抓住湖南省打造现代服务业示范区的机遇，推动该功能区纳入全省现代服务业总体规划，并依托长沙高铁枢纽和国际会展中心，大力发展会展经济、专业市场、现代物流、楼宇经济、总部经济、文化旅游、金融创新、电子商务、服务外包等现代新兴服务业，着力打造全省现代服务业高地和核心增长极。

3. 长沙先进制造业区（国家级长沙经济技术开发区）

本区工业基础好，环境承载能力强，开发潜力大，应突出发展工程机械、汽车及零部件、电子信息等先进制造业产业集群，以及新材料、节能环保等战略性新兴产业集群，加快推动食品饮料等传统产业转型升级，加快推进产城融合，打造国家级先进制造业中心。

4. 长沙临空经济区

本区以建设长沙黄花国际航空枢纽综合功能区为目标，培育具有高发展潜力、高附加值的临空高端服务业、临空高新技术产业、临空高端制造业。聚集资金、土地、设施等要素，着力打造依托湖南、立足中部、面向世界的特色航空产业高地、现代服务知识新城、绿色生态休闲的“中部空港第一城”。

5. 长沙现代农业区（长沙县国家现代农业示范区）

本区以国家现代农业创新示范区建设为载体，着力发展城郊型现代都市农业。引导农业人口科学聚集和有序转移，实现农业现代化和新型城镇化共荣发展。建成国家级现代农业技术产业开发区、先进要素聚集区、新型农业样板区和体制机制创新实验区，成为“示范全省、引领中部、影响全国、对话全球”的现代农业高新技术产业集成展示窗口。

图1 长沙县功能分区规划图

6. 暮云两型生态区

本区属于长株潭城市群的绿心。依托长株潭两型社会综合配套改革试验区核心地带的优势，按照禁止开发区、限制开发区、控制建设区的规划原则，以绿心保护、水源涵养和生态安全为重点，坚持科学发展，突出发展现代服务业，优先发展生态建设、景观保护、旅游休闲等两型产业，率先打造两型社会建设示范区和引领区。

（四）规划目标

通过六大功能区建设，打造包括工程机械、汽车及零部件制造、电子信息、新材料、农产品加工、文化创意、休闲旅游、现代物流、商贸会展、社区服务等的“十大千百亿级产业（其中3个千亿产业和7个百亿产业）”，强化高端商务中心、先进制造中心、国际航空中心、物流会展中心和生态宜居中心等“五大都市功能中心”，使空间结构得到优化，空间利用效率得到提高，区域发展协调性得到增强，两型社会建设取得重大进展，形成都市优质生产圈、都市优质生态圈、都市优质生活圈。

三、功能分区总体布局

（一）星沙松雅湖商务区

1. 区域概况

本区域包括湘龙街道、星沙街道，黄花镇的回龙村、梁坪村、龙湖村、崩塌村、银龙村、新江村、大兴村，安沙镇的龙华新村、杨梓冲村、谭坊新村、白塔村、毛塘社区、水塘垅村、三合村、梅塘村。（将新长海、明城片区纳入其中，即天华路、长永高速、京珠高速、漓湘路围合片区。）该区域面积166.21平方公里，占全县总面积8.3%；总人口约25.88万人。

2. 发展目标

本区定位为“两区一基地”。不断提升公共服务水平，完善基础设施配套，大力发展总部经济，引进和建设企业总部、研发和配套生活设施，形成以高端服务为重点、高品质生活为核心的企业总部或区域总部基地。大力发展高端商务、金融创新、企业孵化、科技教育、文化创意，形成服务长沙市、对接长株潭、辐射中部地区的都市高端商务区。大力提升都市承载能力和现代服务功能，推进现代服务业向高端化、集聚化、国际化发展，形成彰显山水之美、人文之美、城市之美的国际化都市新区。

3. 发展任务

（1）优化都市空间布局

以形成合理的区域发展空间布局，增强都市承载功能为目标，按照“生态优先、高效集约、因地制宜、融合发展”的基本原则，将本区域划分为现代都市功能核心区、湘龙科教文化综合区、松雅湖商务优化区、黄花产城融合示范区和安沙商务配套区五大区域。一是现代都市功能核心区以星沙街道辖区为主体，包括新长海、明城片区，主要承担行政管理、商务商贸、酒店会展、高端服务等都市核心功能。二是湘龙科教文化综合区以湘龙街道辖区为主体，主要承担科研教育、研发创意、文化休闲、生活居住、汽车贸易等功能。三是松雅湖商务优化区主要依托松雅湖良好的自然生态本底，构建环湖总部经济、现代服务、创投产业、高端居住等要素聚集区。四是黄花产城融合示范区主要依托黄花镇的7个村，即回龙村、梁坪村、龙湖村、崩塛村、银龙村、新江村、大兴村等，主要承担"两型城区""两型产业"融合发展功能，建设产城融合服务示范区。五是安沙商务配套区主要依托安沙镇的8个村或社区丰富的土地资源和良好的景观生态，主要承担生态型城市建设，以及统筹城乡有机融合发展的功能，同时，依托毛塘片区的区位交通优势，大力发展现代物流产业。

（2）提升都市国际化水平

以国际视野规划城市，用国际标准建设城市，用国际惯例管理城市，着力提升城市产业品质、建设品质、环境品质、人文品质和生活品质，加快城市国际化进程，为把星沙建成对接全省、辐射中南的区域性国际化都市。一是积极推进城市设施、经济贸易、公共管理、社会服务、科教文化、生活居住等方面的国际化。重点构建快速便捷的综合交通体系、保障有力的能源供应体系和功能完善的市政设施体系，打造支撑城市国际化的基础平台。二是依托高铁枢纽、航空枢纽和物流联运枢纽，按照高起点规划、高标准建设、高效率管理的要求，重点发展金融、服务外包、研发、中介服务、总部经济、文化创意、房地产业、商业、商务会展、现代物流，建设具有国际化水准、功能完善、便捷高效、绿色环保、宜业宜居的都市核心功能区。三是注重培育都市文化、休闲、旅游和国际交往的功能，围绕国际商务和配套服务需求，合理建设文化设施、娱乐休闲设施、旅游度假场所、商务会展交流中心等配套服务功能，建设国际水平的商务、休闲港。

（3）健全都市服务体系

以增强集聚辐射与综合服务功能为目标，按照"产业集群、空间集聚、功能集成、资源集约"的原则，充分发挥本区域的区位优势、产业优势和资源优势，优化服务业空间布局，大力构建现代服务体系。一是大力发展各类公共服务业，建设具有国内先进的教育、文化、体育、医疗等公共服务设施。二是积极发展都市现代服务业。按照城区和产业发展需求，重点规划建设一批金融商务、科技研发、商贸物流、服务外包、文化创意和临空服务等重点服务产业的功能区。主动承接长沙市商务服务、金融保险、会展酒店、高端休闲度假等都市区服务功能外溢。三是打造现代服务业特色产业聚集区。依托星沙科技研发产业园、湘龙数字创意园、星沙商圈、松雅湖综合开发项目集群式发展现代服务业，依托宏梦卡通、天舟科教、星沙湘绣城等大力发展高端文化产业，把星沙松雅湖商务区打造成充满活力的长沙都市圈东部现代服务业高端功能区、长株潭两型社会综改区的生产性服务高端功能区、中部地区以生产性服务业为核心的现代服务业产业高地。

（4）彰显都市风貌特色

通过实施城市风貌提升战略，完善城市功能、优化城市空间、改善城市环境，最终实现活力星沙、生态星沙、品质星沙的战略目标。一是打造城市重大风貌“5510”工程。结合星沙城市建设现状，完善星沙风貌结构，科学规划老城风貌优化区、都市核心风貌区、松雅湖风貌区、生态新城风貌区、产城融合风貌区五大风貌片区。突出新长海、明城片CBD高端商务中心、星沙行政广场中心、星沙体育文化中心、旧城传统文化中心、松雅湖生态人居中心五大节点建设。形成星沙大道、万家丽北路、板仓路、特立路、东四线、漓湘路、滨湖路、开元大道、黄兴大道、长永高速、107国道（京港澳高速）、捞刀河12条特色风貌轴带。二是深入挖掘和体现星沙文化内涵，创造城市特色地区：板仓路历史街区—城市的品质街区；松雅湖地区—最具活力、人文的城市旅游综合体；开元大道—星沙最美丽的景观大道；城市中央公园—可穿越、功能复合的体育文化公园；长永高速西入口—未来星沙的金融商务中心。三是大力弘扬星沙地方乡土风情与民俗文化，完整保护有历史文化传统和景观特色的城市生活街区、街道、建筑及遗迹，保持其风貌特色和空间环境完整。

（5）改善都市生态环境

辖区内自然丘陵和山体作为珍贵的自然资源，应完整保护其自然特征，山体植被严禁破坏性的开发和利用。一是城市开发建设应充分尊重自然地形地貌，避免大规模的填挖方量，减少对城市自然环境的破坏。保持天然林地、江河及其他湿地等生态用地的基本稳定，积极培育人工林地，防止流域性土地生态破坏。二是塑造各具特色、中小尺度的山水环境，塑造“青山掩映、亦城亦景”的空间特色。保护区域河湖地区的自然状态和景观特征，使之成为把自然引入城市的有效通道。三是充分整合城市资源，引水入城，引绿入城，体现“城湖相融、绿水绕城”的格局，提升城市整体环境品质。松雅湖在设计中应突出现代、国际化和生态的理念，增加休闲度假、滨湖商业、休闲娱乐、文化创意功能。松雅湖东岸现状山脊可作为景观山体，宜开发具有登山观景、游览娱乐等功能的城市湿地公园。四是加快治理和建设捞刀河沿岸，构建生态良好、景观环境优美的沿河生态带，同时，应加强星沙文化公园、特立公园现有植被的保护和培育，体现公园绿树成林的特点，并增加活动设施。

（二）黄兴会展经济区

1. 区域概况

本区域涵盖黄兴镇，榔梨街道的机场高速以南部分，干杉镇除百祥村、大岭村以外的部分。该区域区位条件优越，区间主体处于长沙县城西产业带核心，紧邻长沙市东物流园规划范围，区间拥有机场高速、长株高速、长沙市三环线、劳动路东延线、湘府路东延线、黄兴大道南延线和S207南延线等多条高速以及城市主干道。该区域面积170.92平方公里，占全县总面积8.6%，总人口约10.91万人。

2. 发展目标

依托长沙高铁枢纽和国际会展中心，大力发展高铁经济、会展经济、专业市场、现代物流、电子商务、服务外包、文化产业、休闲娱乐等现代新兴服务业，着力培育成为长株潭新的增长极和省会都市功能新中心，实现新型经济载体与城镇发展之间的无缝接轨。充分利用两型经济辐射效应和拉动作用，挖掘市场潜在价值，突显自身磁场效应，与两型经济形成联动，着力打造全省现代服务业高地和新的省会城市副中心。着力构筑“现代文化旅游服务型”“国际会展服务型”“总部经济服务型”和“高铁物流服务型”的现代服务业航母综合体。

3. 发展任务

（1）完善交通网络设施，促进高铁经济和会展经济成长

加快黄江公路、绕城高速东南段、劳动东路、湘府路、桂花路为基础的交通路网与长沙市区的高速对接。以泉源公路、长株高速、黄兴大道南延线为基础的交通路网将经开区、县城、黄花国际机场、株洲等构筑成一张立体交通网络与信息交换系统，促进高铁经济和会展经济的有机结合。充分发挥高铁的巨量吞吐作用，加速高新科技产业会展、文化创意产品会展和区域名优特农产品会展等，培育和引进一批专业会展品牌，做大、做强几个综合性的龙头展会，做精做实几个知名专业展会，推进会展业向国际化、专业化、规模化方向发展。

（2）推进现代城市综合体建设，放大高端要素承载能量

推行“西城东村”整体布局规划，以地铁2号线终点站光达站为圆心，呈辐射状构筑区内新城，打造5平方公里的大型城市综合体。一是在榔梨街道的机场高速以南部分近20平方公里范围内，以及干杉镇的主要城区内以交通干道为基础，以功能齐全、高端城市化为标准，实现“一楼盘一新城”的布局。二是发展重点小城镇和居住社区，形成黄兴会展经济区的重要节点，实现区域协同发展，适度扩大城镇居住空间，建设和基本公共服务的配套，注重产城融合、用地集约，促进高端发展要素的集聚。三是进一步完善医疗、工伤、养老、失业、生育保险及社会福利等社会保障体系，扶持弱势群体，切实保障城乡居民的基本生活。努力增加城乡居民收入，特别是低收入者和农村居民的收入，逐渐缩小城乡差距，实现城乡一体化。

（3）发挥高铁枢纽和职能升级优势，加速壮大商贸物流业

依托高铁枢纽和城市职能升级优势，加速推进形成现代物流中心，引导鼓励发展新型商业、连锁商业、金融商贸、网上商城等新兴商贸业态，建设高档次上规模的商品交易和展览平台，引进大型连锁超市等巨型商业新型业态落户，营造“宜居、宜商”的良好发展环境。承接长沙市马王堆等大型市场的转移，建设面向整个长株潭，服务中南地区集农产品批发、日用品、家电和零配件市场于一体的第三代批发市场群。重点发展联运配送、智能仓储、分拣包装、流通加工、信息处理等物流产业，以及农产品、消费品集散的生活物流，

以汽车及汽车配件产业优势为平台，培育发展汽车专业物流。推进外包公共服务平台建设。建设服务外包基地，支持外包人才培训和实训基地建设，提高信息服务及外包公共服务平台和项目分包平台的服务能力。加快建设科技企业创业孵化基地、科技企业加速器和科技企业运营基地，为中小型创新企业提供发展平台。

（4）实施城市品质战略提升，促进文化旅游业健康发展

完善中心镇区废物回收和处理系统，实现对生活垃圾100%无害处理，对生产生活污水实现100%处理，固体垃圾收集率和污水生态化处理率均要达至85%以上。积极推动浏阳河防洪工程的建设，严格把控工程质量。新建高标准的排涝工程，以此为基础完善区内水质改善和生态景观的修复与重建。严格保护浏阳河沿岸的生态水系，打造滨河宜居型新城区。加速提升黄兴会展经济区的空间形象，规划建设新兴文化产业园和榔梨“水乡古镇”，严格保护生态用地，注重绿化覆盖率，营造自然生态与人文环境、休闲旅游与商业配套、历史文化与街巷文化融合一体的城市意象空间，形成品质高端、两型引领、文化特色鲜明的现代都市新区。

（三）长沙先进制造业区

1. 区域概况

本区域以国家级长沙经济技术开发区为依托，涵盖泉塘街道，榔梨街道的机场高速以北部分，长龙街道（星沙产业基地），黄花镇的华湘村、黄花村，春华镇的春华山村、花园新村、石塘铺村、春华山社区，干杉镇的百祥村。该区面积114.27平方公里，占全县总面积的5.7%，总人口约13.31万人。

2. 发展目标

形成以高端化、国际化、集群化为方向，以国家级长沙经济技术开发区为核心，形成工程机械、汽车及零部件、电子信息等产业为主的先进制造业产业集群区。围绕培育大产业、建设大基地、塑造大品牌，推进信息化与工业化深度融合，巩固提升传统优势制造业，培育壮大战略性新兴产业，加快发展生产性服务业，打造新型工业旅游业，将长沙先进制造业区建设成为创新驱动、集约高效、核心竞争力和可持续发展能力强的全国先进制造业基地、世界工程机

械之都、中国汽车产业新高地、新型产城融合示范区。力争远景打造成万亿产值园区。

3. 发展任务

（1）打造世界工程机械之都

重点发展工程重卡、生产建筑机械、路面机械、挖掘机械、桩工机械、非开挖施工设备、港口机械，突出发展汽车起重机、全路面起重机、轮胎起重机、履带起重机、盾构掘进机、混凝土成套设备、高铁泵送成套设备、高空作业平台等工程机械产品及其他新产品。大力引进世界500强和国内外知名工程机械企业及配套零部件生产企业在园区设立独资或合资公司，延伸产业链，提高本地配套率。重点扶植三一集团、中联重科泉塘基地、山河智能等企业提高资本运作能力，扩大国际国内营销网络，提升核心产品与技术竞争力，支持企业开发新的产品和产业，增强产业带动能力。鼓励核心企业通过投资入股、产学研联合等方式发展一批配套企业。建好中国工程机械交易展示中心、工程机械配套园等一批重点项目。

（2）建设中国汽车产业新高地

依托上海大众、广汽菲亚特、广汽三菱等一批骨干企业，保持越野车、专用车、轻中重型载货车优势，积极发展节能环保经济型轿车，提升中级轿车竞争力，扩大轻型车生产规模，提升重型车档次。增进整车企业、高校、科研院所和零部件企业之间的有效沟通合作，整合资源，构建集制造、研发、商贸、服务为一体的合作开发联盟，着力打造资本构成多元化、企业组织集团化、生产经营规模化、产品市场国际化的现代汽车及零部件产业基地。鼓励、引导和帮助整车企业在园区建立技术研发中心，建设公共的技术研发与服务平台、高水平汽车质检中心和试车场。重点支持上海大众、广汽三菱、广汽菲亚特乘用车、北汽福田重卡和SUV及皮卡、众泰汽车轿车、陕汽重卡等生产能力建成达产。重点加强对汽车产业一级零部件（发动机总成、车身总成、底盘总成、电气设备总成）及二、三级零部件（发动机部件、车身部件、轮胎、底盘部件、电气设备部件）等产品的发展，重点建设上海大众汽车配套园、广汽三菱汽车配套园、广汽菲亚特汽车配套园、汽车电子电气配套园，努力建设面向全球供货的零部件生产基地。

（3）培育战略性新兴产业

立足现有产业基础和比较优势，突出发展电子信息、新材料、节能环保等战略性新兴产业，努力培育新的经济增长点。一是壮大电子信息产业。以蓝思科技为龙头，引进相关企业，研发、生产车载电器系统、汽车电子控制系统、汽车安全控制系统等系列汽车电子产品。发挥“无线星沙”优势，支持尚唐古道、纽曼等企业发展汽车导航、无线网络基站等产业。积极引进和培育物联网、新一代移动通信、新一代互联网及信息安全和服务、数字化音视频、创意产业等信息产业。二是培育电动汽车产业。充分利用国家对新能源汽车产业的扶持政策，以众泰汽车、阳光动力为龙头，着力研发、生产电动汽车，提高规模化生产水平和市场竞争力，带动和促进新能源汽车电池材料、汽车电池的研发和生产，打造电动汽车产业基地。三是发展新材料产业。进一步扩大“连续化带状泡沫镍”、锂离子电池材料等现有优势产品生产规模，稳定新型能源材料技术、市场双领先地位，推动前向、后向产业的发展。重点发展绿化环保高能电池、新型蓄能材料、汽车涂料、新型碳、碳复合材料、双金属复合钢带和双金属带锯等产品。

（4）着力构建自主创新体系

一是强化企业创新主导能力。加强对现有骨干企业创新的分类引导。对规模大、实力强的龙头企业，鼓励其承接国家和省科技重大专项，进一步加大科研投入力度，拉长延伸产业链条，走多元化、科技型、可持续发展路子；对拥有自主知识产权、掌握核心关键技术的骨干企业，引导其迅速壮大规模，积极打造知名品牌；对成长性好、发展潜力大的企业，引导其设立内部研发机构、加强产学研合作，努力提升产品档次和科技含量，积极抢占市场制高点。二是搭建产业创新发展平台。大力发展高端企业孵化器。鼓励多元化投资，吸引品牌孵化器入区投资，提高创业基地品牌和品质。新增孵化基地面积15万平方米，初步形成以综合孵化器为基础、专业孵化器为核心的孵化器集群。三是集聚整合核心创新要素。支持工程机械产业技术创新战略联盟、汽车及零部件产业技术创新战略联盟、先进电池材料及电池产业技术创新战略联盟建设。

（5）建设国家生态工业示范园

坚持产业开发、基础设施、城镇建设、生态环境、社会治理“五位一体”，做到产业融合、产城融合、城乡融合，打造生产、生活、生态融合的产城融合新模式，着力推进产业工人市民化，打造产城融合示范区。按照"减量化、再利用、资源化"及"无害化"，推动本区集群式、循环型、低碳化发展，形成推进国家生态工业示范园区建设和发展的长效机制，全面提升本区的生态文明建设水平。把高端化、高附加值、低土地消耗、低能耗、低水耗作为本区制造业选择方向。建设湖南电子电器废弃物处理处置资源化工程中心、湖南废物油处理处置资源化工程中心。致力于打造和谐发展的科技新城，将国家级生态工业示范园区的标准与百姓的环境要求相结合，在经济发展的同时构建了一个人与环境高度协调统一的科技新区。力争成为全国生态文明建设的示范区，为未来10年打造万亿工业产值园区奠定优质发展空间。

（四）长沙临空经济区

1. 区域概况

本区域包括黄花镇12个村和社区（黄龙新村、合心村、长丰村、鱼塘村、东塘村、谷塘村、金塘村、高岸村、大路村、黄花路社区、黄谷路社区、机场口社区）、江背镇全部、干杉镇的大岭村。该区域面积约261.02平方公里，占全县总面积13.1%，总人口约9.54万人。

2. 发展目标

围绕长沙黄花机场建设区域性国际航空枢纽的发展目标，聚集资金、土地、设施等要素，以黄花空港为依托，建设知识型服务业生态城，大力发展航空运输保障业、航空服务业、高新技术产业、临空先进制造业、航空物流业、电子信息商务等优势产业，建设国际一流、国内领先的航空服务保障体系，着力打造依托湖南、立足中部、面向世界的特色航空产业高地、国际门户和智慧航空新城。到2020年黄花机场旅客吞吐量达到3300万人，货邮吞吐量达到40万吨，区域总产值规模达到1000亿元。

3. 发展任务

（1）完善基础设施，提升国际航空枢纽功能

完善区内外陆路交通运输体系。加快推进长沙临空经济区连通外部的公

路、铁路建设，完善区域内部运输线网，构建以航空港为中心的放射状陆路交通网络。升级改造区域内主要交通轴线，将劳动路、中轴大道、桂花路、湘府路向东延伸至机场，将机场联络线、龙峰大道、东八线向南延伸至绕城高速，与已建成道路共同构筑空港“五横四纵两环”的路网骨架，更好地服务于航空港发展。

加快陆空多式联运体系建设。形成航空、公路、铁路高效衔接、互动发展的联运格局。推动建设一批布局合理、功能完备、集疏便捷的综合性场站和设施，提高转运综合服务能力。加强空陆联运设施建设，发挥海关特殊监管区域货物集拼、转运功能。充分发挥长沙空港城航空和高铁复合的交通枢纽优势，推动黄花机场与长沙高铁客运枢纽站及规划中的地铁线的紧密对接，大力发展空铁联运，逐步发展成为中部地区乃至全国重要的客运中转换乘中心。

建设机场货运枢纽。有序推进《长沙黄花国际机场总体规划（2010版）》实施，加快建成第二、三、四跑道与T4、T5航站楼；建成黄花机场综合交通中心，实现客运零距离换乘。加快航空货运仓储设施建设，完善快件集中监管中心、海关监管仓库等设施，全面提升黄花机场航空货运保障能力。强化与国内外大型枢纽机场的合作，发展货运中转、集散业务，力争2020年将黄花机场建设成为覆盖我国所有省会城市和大型人口中心、三大洲重要的大型国际枢纽机场。

拓展国际航线，优化国内航线网络。以连通国际枢纽机场为重点，开辟航线、加密航班，打造轮辐式航线网络，积极发展全货机航班，增加美洲、欧洲、非洲、澳洲等各大洲主要旅游客源地的国际航线，使之成为国际航空运输网络中的一个节点。完善国内航线网络，提高与国内枢纽机场和支线机场的通达性，发展联程联运，实现高效集疏。

（2）坚持集约发展，形成“四区三轴两廊”的空间格局

按照集约紧凑、产城融合发展理念，优化功能分区，规范开发秩序，科学确定开发强度，构建“四区三轴两廊”空间发展格局。

四区：航空港核心区。主要包括机场联络线以西、龙峰大道以东、机场高速以北的机场区域，建设航空总部基地、航空物流区、陆空联运集疏中心等设施，重点布局发展航空运输、航空航材制造维修、航空物流、展示交易、电子信息商务等产业。空港综合服务区。主要包括机场联络线以西、龙峰大道以

东、机场高速以南和劳动路以北的机场周边核心区域，建设空港综合保税区、航空配套物流区、航空食品生产加工基地，重点布局发展保税加工、航空配套物流、航空食品、运输保障等产业。高端航空产业区。主要包括长株高速以东，龙峰大道以西，机场高速以北，远大路以南范围内。主要建设临空高新技术产业区、科技研发区、高端商务商贸区、高端居住功能区。临空制造业集聚区。主要包括劳动路以西、龙峰大道以东，长沙南绕城线以北、京港澳高速外环线以东的区域，以南绕城线为边界顺接江背镇全镇。规划建设航空科技转化基地和航空关联产业发展区，以同心产业园为依托，加强产业配套，将产业园做大做强。同时依托江背镇良好的生态环境，打造长沙临空经济区生态安全屏障。

三轴：空港内部动力发展轴。S207对形成空港经济发展核心起到关键性的作用，应成为空港都市内部带动空港紧临区发展的重要动力轴。空港城市拓展发展轴。人民东路的东延将空港区域的都市发展与长沙主城的城市发展紧密联系在一起，也是空港现代服务业向外围经开区拓展的重要轴线。空港南部空间拓展轴。黄江公路（规划在建）不仅是改善南部干杉镇区域重要的城市道路，也是提升空港南部制造业集聚区城市功能与区域价值的重要空间拓展轴。

两廊：梨江港生态走廊。充分利用梨江港的生态保育和生态景观功能，遵循优先保护水质原则，有序建设沿岸森林公园、水系景观、绿化廊道等，打造体现航空文化内涵、集生态保护和休闲游览于一体的景观带。榨山港生态走廊。榨山港优越的生态环境与较高的土地承载力对于空港南部的生态环境起着重要的调节作用，在保证蓄洪排涝功能的前提下，适当增加生态景观建设，形成错落有致、南北呼应的生态景观长廊。

（3）转变发展方式，打造全国性特色航空产业高地

突破传统园区单一功能、粗放发展模式，立足空港经济特性与区域优势，坚持高端引领与突破，积极转变发展方式，培育具有高临空偏好、高发展潜力、高附加值的现代高端临空服务业、高新临空技术产业与高品质临空制造业，将长沙临空经济区打造成独具特色的核心产业组团、长沙市新兴现代服务业高地、湖南产业结构调整与经济腾飞的动力引擎。

航空运输服务保障业。依托黄花机场发展战略目标，将航空运输服务保障

业打造成为长沙空港城重点发展的特色产业，重点发展通用航空应用、关键飞机零部件制造、航空新材料、通用航空服务、保税物流、城市物流、冷链物流等，建立中部地区航空服务与维修基地、国际采购交易平台，打造我国中部区域性航空运输保障服务中枢。依托长沙空港，充分利用湖南省和长株潭产业腹地的区位优势及水陆空综合交通优势，打造国际国内货物贸易集散中心和综合物流服务基地，为国际供应链和华中区域外向型产业提供综合保税物流、贸易运作平台，实现复合型空港的发展目标。

高新临空技术产业。依托长沙电子信息等高新技术产业基础，发展汽车电子零部件及高端汽车内饰零部件为代表的临空汽车高端零部件产业集群，形成有力支撑本省汽车产业发展、辐射中部地区的汽车高端零部件研发制造中心。积极参与全球电子产品供应链的整合进程，发展微电子和光电子元器件、电子通信设备及产品研发制造，积极培育智能终端、新型显示、计算机及网络设备、云计算、物联网、高端软件等新一代信息技术产业，打造成为辐射我国中部电子信息产业基地与电子信息产品研发制造强区。发展具有临空指向性的高附加值、高科技含量、高自主创新能力、无污染的生物技术药物、现代中药、化学新药产业，形成全国重要的生物医药产业基地。

高端引领型现代服务业。发展研发创新、创意设计、航空总部、专业会展、信息服务、金融中介、高端商业、康体休闲等现代服务业。重点加强与跨国制造商、贸易商和会展商的战略合作，积极筹办全球性的航材设备、机场装备、航空技术、通用航空等航空展会暨论坛，积极承办国际知名的电子信息、精密机械、高档服装等品牌产品发布会、博览会和展销会，打造具有国际影响力的高端航空及关联产业展会品牌。加强与航空港经济密切相关的金融租赁、离岸结算、航运保险、贸易融资等业务的发展。支持金融机构围绕贸易融资需求开展金融创新，发展供应链融资和进出口贸易融资，拓展航空运输保险业务。

（4）彰显国际品质，打造现代智慧航空新城

在黄花机场空港综合服务中心的基础上，加快建设黄花镇建成区、干杉镇建成区、合心新村三个服务中心，使长沙临空经济区从东南西北全方位实现空港与周边城镇的良好互动发展。不断完善四个服务中心的城市基础设施和公共

服务，塑造宜居宜业的发展环境，促进航空都市人口集聚。加快四个服务中心周边高端商务商贸区建设，提升航空金融、商务商贸、中介服务、文化创意等综合服务功能。以四个服务中心为服务载体，发展总部经济，吸引国内外航空公司、货运货代、制造和服务企业入驻，设立企业区域总部和研发、采购、结算、营销服务中心。依托梨江港与榨山港生态走廊的良好生态环境，构建区域绿网系统，强化城市生态持续发展功能，规划建设一批传统文化与现代文明相得益彰的城市社区，提高城市品位。加强信息基础设施建设，充分利用国家公共网络资源，推进无线网络覆盖。实施信息惠民工程，构建智慧管理、智慧健康、智慧社区、智慧教育等信息应用系统。不断强化与提升长沙临空经济区的现代服务功能，将其打造成为依托湖南、立足中部、面向世界的区域性现代智慧航空新城。

（五）长沙现代农业区

1. 区域概况

本区域包括北山镇、青山铺镇、福临镇、开慧镇、金井镇、高桥镇、双江镇、白沙镇、路口镇、果园镇，安沙镇北部的双冲村、油铺村、太兴村、和平村、花桥村、新华村、泗洲村、黄桥村、五龙山村、唐田新村、万家铺村、宋家桥村、文家塅村、鼎功桥村、安沙社区15个村（社区），春华镇捞刀河以北的洞田村、九田村、九木村、松元村、龙王庙村、大鱼塘村、官塘村、武塘村、金鼎山村9个村。该区域面积约1043.45平方公里，占全县总面积52.3%，总人口约26.95万人。

2. 发展目标

加快构建新型农业经营体系、农业生产服务体系、农业支持保护体系，提高农业综合生产能力，引导农业人口科学聚集和有序转移，以中心镇（小城市）建设为重点，实现农业现代化和新型城镇化协调发展。以省道S207线为重点，建设国家现代农业示范区的核心园区；以贯穿全县南北的三条主干道为载体，打造各具特色的现代农业综合示范带；结合城乡一体化建设，加强产业资源整合，完善土地流转制度，建设10个在全省乃至全国有影响力和辐射力的现代农业特色园区，重点加快推进春华现代农业成果展示园和高桥、金井农产品精深加工园建设；继续推进培育壮大100个现代都市型农庄。探索出一条不以牺牲农业和粮食、生态和环境为代价的“四化”协调发展的新路子，成为全国工业化、城镇化、信息化和农业现代化同步发展的示范区。

3. 发展任务

（1）建设现代农业空间体系

形成“四园五中心三基地”农业发展格局。“四园”即农产品加工园、循环农业示范园、创意农业产业园、现代农业企业孵化园；“五中心”即公共服务中心、农博会展中心、旅游参观接待中心、农技培训中心、技术信息服务中心；“三基地”即新品种种植示范基地、优质种苗研发繁育基地、现代农业技术创新基地。按照标准化、产业化、工业化、信息化的现代农业发展思路，吸纳国内外农业领域的高科技成果，建设成为集示范性、展示性、效益性、循环性与生态性于一体的长沙现代农业区核心示范园区，使之成为科技创新、示范推广，企业孵化、学术交流、科普实训、农博会展、农产品加工和观光旅游的高端发展平台。

（2）建设现代农业产业体系

以现代农庄、农副业示范区和乡镇经济发展为平台，加强农业与加工、农业与旅游、农业与城乡发展的有机融合，协调农林牧渔业全面增长。稳定粮食生产。将长沙县北部的春华、果园、路口、金井、双江、福临、白沙、开慧、青山铺、安沙、北山12个乡镇建设成为粮食生产优化区。延伸壮大茶产业，以百里茶廊为重点，实施基地提升、加工水平提升、品牌提升以及产业多元化发展模式提升四大工程，将长沙县打造成国家标准茶园、茶叶质量安全生产以及茶文化休闲旅游复合发展的国家级示范基地。发展绿色蔬菜食用菌产业，在功能区内建成绿色蔬菜、有机蔬菜、设施蔬菜、食用菌产业基地及种苗繁育区域。提质特色时鲜瓜果产业，立足现有时鲜瓜果产业发展基础，稳步发展优质葡萄产业带，特色水果产业带，西甜瓜产业带。发展生态养殖产业，优化畜牧业产业结构，以环境承载为基础，坚持生态养殖与绿色种植相结合，探索一条具有长沙县特色的生态养殖业发展之路。优化苗木花卉产业，全面提高花卉苗木产业规模化、专业化、标准化水平，实现产业由粗放经营的数量型增长向集约发展的质量型增长方式转变。

（3）建设农产品质量安全体系

建立健全农产品质量安全检验检测与监管体系，全力抓好农业投入品监管，切实净化产地环境，大力推进农业标准化生产，着力规范生产行为，从源头上确保农产品的优质安全，实现农产品产地环境无害化、基地建设规模化、生产过程标准化、质量控制制度化、生产经营产业化、产品流通品牌化。在开发无公害农产品的基础上、推进绿色食品和有机食品认证步伐，加大对“隆平”“回龙湖”“致远”等认证品牌的扶持力度，并做好到期产品的复查换证和续建工作，切实加强认证产品的监督管理，确保认证产品质量，提升认证产品的品牌知名度，支持“金井”品牌发展，创建国家地理标志保护产品，打造“湘丰”“高桥银峰”。建立健全产品质量追溯制度。

（4）建设现代农业服务体系

加强农业流通体系建设，依托产业和区位优势，以现代农业物流网络和专业市场建设为抓手，以公共信息平台为支撑，科学合理配置社会资源，实现农业流通体系的社会化、专业化、信息化、规模化，把长沙县建设成为湖南省乃至中南地区重要的现代农（资）产品流通中心。建立完善农业科技服务体系，创新农业技术服务方式，健全农业科技服务体系，配齐配强县乡村三级农业科技人才队伍。进一步建立健全“县级技术员包乡、乡镇技术员包村、农民技术员包组”的科技服务体系。加强农村金融体系建设，引导农业银行强化面向“三农”的市场定位和责任，稳定发展农村地区网点业务，提高涉农贷款的总量和比重。引导和拓展农业银行拓宽支农领域，加大政策性金融对农业开发、农业产业化和农村基础设施建设中长期信贷支持，支持金井隆平高科、高桥国进、路口龙华山等10大规模农产品生产基地、10个农业龙头企业和50个规模加工企业发展。

（5）建设秀美、富饶、幸福的新乡村

着力通过推进资本集中下乡、土地集中流转、产业集中发展、农民集中居住、生态集中保护、公共服务集中推进的“六个集中”统筹城乡发展策略，加快形成以城带乡、以工促农，城乡一体、区域协调、经济社会同步、人与自然和谐的发展格局。坚持农业现代化建设与环境生态的协调发展，合理利用环境资源容量，努力发展资源节约型、环境友好型的现代农业和“资源—产品—废弃物—再生资源”的循环型农业经济模式，既要为现代农业发展创造条件，又要降低和消除现代农业发展对环境生态的压力。推进开慧“板仓小镇”、金井“茶香小镇”、浔龙河“生态示范点”、路口“温泉小镇”四个“旅游中心小镇”，以及八大主题农庄建设，通过特色小镇和现代农庄建设带动农业产业化、规模化、标准化发展，推动农庄发展与生态旅游、休闲旅游、体验旅游的结合，提高农庄建设和农村发展的整体联动效应，提高其旅游观光、科普示范、休闲娱乐等的功能水平。

（六）暮云两型生态区

1. 区域概况

本区域为《长株潭城市群生态绿心地区总体规划（2010—2030）》范围的核心组成部分，是长株潭三市生态公共客厅的主体组成部分，主要包括暮云经济开发区、跳马镇、南托街道、暮云街道。该区面积约241.13平方公里，占全县总面积12.1%，人口约13.27万人。

2. 发展目标

依托长株潭两型社会综合配套改革试验区，以科学发展观和“两型社会”建设为指导，实施生态优先发展战略，通过构建景观生态格局和生态服务功能，合理地调整空间布局、优化公共服务，完善文化休闲、旅游功能。以绿心保护为重点，以现代服务业为主题，优先发展生态建设、景观保护、旅游休闲等两型产业，打造成生态文明样板区、湖湘文化展示区、城乡统筹试验平台，最终建设成为具有国际品质的都市绿心。到2020年，单位地区生产能耗、环境质量、生活质量和可持续发展能力达至全省领先水平，该区全面完成符合长株潭生态绿心规划的发展要求。与两型社会建设相关的现代农业和高端服务业得到长足发展，暮云低碳科技园的创新能力和开发能力进一步提升，跳马花卉苗木种植科技水平和市场影响力显著提高。

3. 发展任务

（1）引导人口有序聚集，优化区域承载功能

构筑有效发挥本区生态枢纽作用的交通体系，完善城市基础配套设施，改

善人民群众的生产、生活环境，以省会都市新区标准高起点、高品位对接中心城区，增强暮马新城的承载和辐射能力。以区内生态建设、生产生活等方式引导和调整人口布局，坚决控制人为活动对生态环境资源和文化资源的破坏和干扰，明确区内允许的人为活动，严禁各类有违本区功能定位的开发活动。推进农村人口向区内新城集聚，实现区域内生态发展与民众生活之间的和谐共处。合理布局区内公共服务设施，提升和改进现有基础设施的承载能力。

（2）着力转变经济发展方式，促进绿色产业成长

充分发挥暮云两型生态区的比较优势，合理利用资源，培育新型产业，壮大特色产业，促进经济集约增长。加速推进以青苹果数据城为代表的服务外包项目和以长株潭烟草物流园为代表的现代配套物流企业的升级和改造，形成以物流配送为主服务长株潭城市生活的市场和物流基地。加快明照国际教育、青苹果服务外包数据城及动漫科技产业园项目建设，形成动漫影视、旅游文化和餐饮文化等为主导的相关产业联动发展的产业链。充分利用长沙生态动物园和湘江风光带、昭山风景区、兴马洲的生态资源和旅游潜力，积极发展生态旅游观光业和现代农业，带动周边休闲、娱乐设施和市场、商场、宾馆等第三产业的发展。鼓励暮云低碳科技园开发低碳科技研发、高新科技孵化、综合配套服务、生态动物园和生态宜居等产业。跳马以生态农业和休闲产业为主，重点建设长株潭体育休闲公园，积极承办大型国际赛事，为体育培训服务。

（3）建设生态保护体系，提升生态服务功能

严格禁止从事与绿心环境保护以外的任何开发活动。继续加强生态保护和污染源治理，以提高生态保护和水源涵养功能，优化生态环境。对本区内的风景名胜区、湿地保护区和森林公园实施分类管制，制定合理的分类保护策略和管制要求。提升城乡生态服务功能，加强城乡生态融合，努力探索生态文明建设的新模式。加强对农业生产污染的控制和治理，提倡绿色生态有机养殖，加大对农业生产的垃圾处理和环境保护力度，实施控制农业生产污染源示范工程。以湖湘文化为主题，以名人文化、伟人文化、民俗文化和生态文化为载体，通过地域文化与国际文化的交融，促进生态绿心地区文化多元化和国际化，建设成为具有国际品质的自然生境文化绿心。

（4）加强绿心环境修复，优化生态涵养系统

加强绿心环境修复，培养生态公益林、水源涵养林和湿地生态林，推进公共绿地和公园建设。合力推进湿地生态保护，加强对野生动植物以及栖息地保护，针对区内水体生态、植被生态、土壤生态和生物多样性等进行有效修复。优化生态涵养系统，合理有效地推进深山原始生态系统、浅山农村生态系统和城镇人工生态系统三个子系统的建设。加强暮云两型生态区水源生态建设，综合治理湘江和浏阳河等重点水域，防止地表植被被破坏，改善流域水土流失。以公共绿地为基本内容加强城镇生态建设，以公园大型绿地为主体，以街道绿化为骨架，以单位庭院和居住小区为基础，植树种草，增加绿地，美化环境。制定扶助暮云两型生态区发展的经济补偿援助政策，积极支持各项社会服务事业的全面协调发展。

（5）实施生态优先发展战略，提高绿心生态管理水平

划定生态保护红线，把生态文明建设纳入经济社会发展规划，实现人与自然和谐相处，经济社会与生态环境共赢。以环境保护为基本出发点制定暮云两型生态区经济发展政策，实施“环境一票否决”制度，制定产业项目引进评价指标体系，严格限制不合指标的项目进入暮云两型生态区，对现存不合指标的项目勒令进行整改，整改仍然不达标的予以淘汰。以发展循环经济为途径解决生态保护与经济社会发展之间的矛盾，推进资源的合理利用和循环利用，减少生产废物排放，倡导绿色消费，形成资源节约型的生产与生活方式。鼓励绿色消费和节约消费，在农村倡导使用沼气等可再生能源。鼓励使用绿色环保产品，减少区内生活垃圾的污染和排放。通过生态绿心地区的生态枢纽作用，缔造长株潭三市融城部生态景观核心区。

四、体制机制改革

（一）深化体制改革

根据不同产业规划布局定位，在不改变与长沙市行政隶属关系、不改变经开区现有运行模式、不涉及行政区划调整的基础上，按照“功能分区、区镇联动、分类指导、有限授权、实体运作”的思路，创新长沙县功能区管理体制和运作模式。

1. 创新功能区管理体制

六大功能区除长沙先进制造业区（国家级长沙经济技术开发区）外，功能区设党工委、管委会（以下简称“两委”），“两委”合署办公，归口县委、县政府管理。按照镇街强化社会治理和服务的职能，功能区“两委”强化统筹经济发展职能的原则，县委、县政府把有利于推进功能区域开发建设的职能委托给“两委”，促进“两委”集中精力推动开发建设，在功能区域开发建设中起主导作用。县委、县政府相关部门在功能区内所行使的相关管理职能，按照有限授权的原则委托给功能区“两委”行使，确因法律法规不能委托的，通过其在功能区的派出机构行使。主要在以下方面进行有限委托：区域规划管理、计划与投资管理、区域经贸管理、区域建设管理、区域环境保护、区域人才队伍建设管理、区域财政管理等。功能区“两委”职能配置要突出功能开发、突出统筹协调、突出资源整合、突出联动发展的基本原则。

2. 创新区镇联动共治体制

优化顶层设计，对不同功能分区发展实施差异化的管理和政策引导、支持。通过创新区镇联动机制，充分发挥功能区和镇街积极性，按照“规划一体、发展联动、优势互补、利益共享”的要求，推进功能区域一体化。相关县直部门职能除授权外的原有职能维持不变，条线管理事权仍由职能部门承担；县直部门对功能区履行所授权限的指导、服务、监管职责，社会事务、党建工作管理体制不变。功能区主要履行统筹区域经济发展事务，镇街主要履行社会管理事务。

3. 创新新型财税管理体制

加快构建的公平、公正、透明的公共财政体制。建立健全人大全程监督下的预算编制和执行管理制度，提高预算透明度和民主化程度。按照财权与事权相匹配的原则，理顺县、乡财政分配关系。参照县与经开区的关系，功能区不设金库，分层的体系要明确，区负责项目发展、项目建设和招商引资等经济发展事务管理，乡镇和街道仍负责社会事务管理，权限维持不变。加大财政对基本公共服务的保障力度，创新财政支农资金使用方式，加大农村公共产品投入，深化支农资金的整合试点。

（二）推进机制创新

1. 区域开发的规划调控机制

围绕重点功能区建设发展，对成片建设规划的区域，统筹制定主导产业项目、配套设施、居民住宅等各项建设的区域综合开发规划，形成系统的区域建设规划控制条件标准，指导区域综合开发建设。按照区域综合开发规划确定的控制条件标准，对区域内各类建设项目实行统一的规划审批，增强区域建设发展的系统性和协调性。

2. 产业项目的市场引导机制

围绕工程机械、汽车及零部件、电子信息、商务会展等未由国有资本主导控制的行业领域，选取试点区域，通过设立私募基金、税费优惠等手段，积极引导社会力量参与行业发展。根据功能区域不同发展定位，编制以“两型”为导向的产业指导目录，明确主导产业发展方向，特别是在重点产业园区土地二级开发市场中，将产业项目准入条件与土地招拍挂和招商引资工作结合起来，确保产业项目合理布局。

3. 功能区发展的考核督察机制

建立完善考核评价指标体系。根据功能区发展任务和职责分工，在已有的区县考核指标体系基础上，总结近年实践经验，建立完善更加突出功能区域差异化发展导向的县级部门及各街道、乡镇政府绩效考核评价指标体系。完善数据统计制度，建立部门工作协调机制，由县有关部门统一测算相关指标，确保实现对县级有关部门和各街道、乡镇的客观考核与评价。

4. 规划实施的评估修订机制

在“十二五”时期末，结合“十二五”经济社会发展总结和“十三五”各项规划的制定工作，针对长沙县功能区域发展规划实施情况，系统评估六类功能区域的发展成效、工作经验以及存在问题等。重点围绕规划实施过程中存在的问题、面临的新情况与新形势，适时调整修订规划内容，确保规划指导实际发展。

5. 建立区域合作协调发展机制

功能区域与镇街实施联动发展，由功能区控股、乡镇和街道参与，以项目为载体，以资本为纽带，组建六大联合开发公司，实行“一个品牌，联合开发，统一招商、利益共享”的运作机制。推动跨市县区域合作，充分发挥市域副中心优势，显著增强服务市域、服务全省的功能。鼓励区、乡镇、部门与周边地区建立沟通协调机制，着力构建“多领域、多层次、多形式、多渠道”的合作体系。

6. 社会治理快速响应机制

正确处理政府和社会关系，加快实施政社分开，推进社会组织权责、依法自治、发挥作用。适合由社会组织提供的公共服务和解决的事项，交由社会组织承担。支持和发展志愿服务组织。引进先进城镇管理模式和高端城镇管理人才，加强街道和城镇管理，创新构建县、街道、社区三级城镇管理模式，促进城镇管理体制科学化、制度化和规范化。

（三）完善政策措施

1. 财政政策

按功能分区要求和基本公共服务均等化原则，深化财政体制改革，完善公共财政体系。

（1）完善财政转移支付制度

适应功能区的要求，强化县级财政平衡各功能区基本公共服务能力差异的责任。增加对长沙现代农业区（限制开发区域）和暮云两型生态区（禁止开发区域）的均衡性转移支付，设立并完善针对长沙现代农业区和暮云两型生态区的转移支付。加大各级财政对生态保护区的投入力度。

（2）建立生态补偿机制

鼓励和引导重点生态功能区和长沙现代农业区加强生态建设和环境保护，建立健全有利于切实保护生态环境的奖惩机制。探索建立跨地区和跨领域的生态补偿机制，补偿重点生态功能区因加强生态保护与建设或长沙现代农业区因退出发展相关制造业而造成的利益损失。以贷款贴息等财政投入为引导，建立多元投入机制，支持现代农业和生态园区建设。

（3）增加公共服务的供给

根据各功能区的定位和发展需要，加大财政用于基本公共服务的投入力度，探索建立政府、市场和社会充分参与、协同治理的公共服务供给模式，采用授权、特许、外包、购买服务、公私协作（PPP）等多种形式增加公共服务供给，积极探索政府购买公共服务的新模式。创新人才政策，吸纳更多优秀人才投身星城建设。

（4）实施差异化的区域财政政策

在长沙先进制造业区、黄兴会展经济区、星沙松雅湖商务区、长沙临空经济区四个重点开发区域，加大财政资金对科技创新和两型产业发展的支持力度。实施税收优惠、投资补贴、加速折旧、贴息等政策，引导产业承接转移，鼓励发展先进制造业、高新技术产业、环保节能产业。在暮云两型生态区和长沙现代农业区，增加对生态环境补偿的转移支付，提升公共服务水平，加大农业基础设施建设和农村社会化服务体系建设投入，实施税费优惠，支持农业科技企业和农业加工龙头企业发展。

2. 投资政策

（1）明确政府投资重点

根据财权事权相匹配原则，明确各功能区域差别化投资重点，实行按照功能区域安排和按照领域安排相结合的政府投资政策。支持星沙松雅湖商务区和黄兴会展经济区城市运行保障设施、生态环境设施和公共服务配套设施建设；支持长沙先进制造业区、长沙临空经济区基础设施、高新技术产业化、社会治理、基本公共服务、生态环境等领域设施和项目建设；支持长沙现代农业区、暮云两型生态区生态环境保护、农业综合生产能力建设及重点城镇发展。推动政府投资向新城和人口导入区倾斜。

（2）引导社会资本参与投资建设

引导社会投资进入符合区域功能的基础设施、社会事业等领域，推动民营企业加大对自主创新和转型升级的投入力度，鼓励社会投资参与重点地区开发建设。优化投资环境，创新投融资政策，结合专项资金支持，不断完善社会资本投资补助和贴息等政策。鼓励商业银行和其他金融机构对符合区域发展方向的社会投资项目提供融资支持。

（3）严格暮云两型生态区投资建设管理

提高暮云两型生态区内项目准入标准，严格项目审批管理程序，适时提高项目决策层级，引入公众参与，加强社会监督。

3. 产业政策

（1）严格市场准入制度

严格执行国家相关政策，进一步明确不同功能区鼓励、限制和禁止的产业。对不同功能区国家鼓励类以外的投资项目实行更加严格的投资管理，其中属于限制类的新建项目按照禁止类进行管理，投资管理部门不予审批、核准或备案。对不同功能区的项目实行不同的占地、能耗、水耗、污染物排放和生态保护等强制性标准。编制专项规划、布局重大项目，必须符合各区域的功能定位，重大制造业项目原则上应布局在重点开发区域。

（2）畅通产业退出和转移机制

逐步限制或淘汰浪费资源、污染环境或破坏生态的产业，加快形成符合功能区要求的产业结构。对限制开发区域不符合功能定位的现有产业，要通过设备折旧补贴、设备贷款担保、迁移补贴、土地置换等手段，促进产业跨区域转移或关闭。

（3）实施差异化产业配置政策

在长沙先进制造业区、黄兴会展经济区、星沙松雅湖商务区、长沙临空经济区四个优先或重点开发功能区域，制定鼓励产业进入的导向目录，重点支持优势主导产业及其配套能力建设，大力发展技术密集和知识密集、低污染、高附加值的高加工度行业、高技术产业和新兴行业。在长沙现代农业区和暮云两型生态区积极发展生态友好型产业，支持农业产业化、规模化、集约化、标准化、良种化，鼓励生态农业、循环经济、清洁能源、休闲旅游及特色产业发展。

4. 土地政策

（1）确立合理的土地使用导向

确保耕地数量和质量，严格控制工业用地增加，逐步减少农村居住用地，合理控制交通建设用地需求，适度扩大城市居住用地。在符合国家相关标准的前提下，制定并实施不同功能区的人均建设用地面积、人均城镇用地面积，以及城市化地区工业用地的建筑容积率、投资强度、单位面积产出率等标准。以功能区的范围界定耕地占补平衡，逐步实行功能区域之间的耕地保护与补偿机制。

（2）调整土地利用结构，提高土地利用效率

探索实行城乡之间用地增减挂钩的政策，城镇建设用地的增加规模要与本地区农村建设用地的减少规模挂钩。探索实行城乡之间人地挂钩的政策，城镇建设用地的增加规模要与吸纳农村人口进入城市定居的规模挂钩。探索实行地区之间人地挂钩的政策，城市化地区建设用地的增加规模要与吸纳外来人口定居的规模挂钩。积极探索农村居民集中居住模式，提高土地利用效率。

（3）优先开发区域和重点开发区域土地利用政策

在长沙先进制造业区、星沙松雅湖商务区、黄兴会展经济区、长沙临空经济区四个优先或重点开发功能区域，有针对性地适当扩大建设用地供给，满足其加快工业化和城镇化发展的需求。积极开展土地整理，增加建设用地和耕地的供给保障能力。优化核心城区土地利用，依法实行土地有偿使用，探索盘活存量低效用地，推进城市更新和企业用地改造。

（4）限制开发区域和禁止开发区域土地利用政策

在长沙现代农业区，实行土地总量控制和产业限制，严格土地用途管制，严格控制农产品主产区建设用地规模，严禁重点生态功能区改变生态用途的土地供应。严格执行征占用林地审核审批制度，强化林地用途管制。在暮云两型生态区严格保护生态用地，除符合区域功能定位和资源环境承载能力的必要开发活动外，严格禁止开发利用。

5. 环境政策

（1）优先开发区域环境政策

在长沙先进制造业区，实行更严格的污染物排放标准和总量控制指标，大幅度减少污染物排放。要按照国际先进水平，实行更加严格的产业准入环境标准。要严格限制排污许可证的增发，完善排污权交易制度，制定较高的排污权有偿取得价格。要注重从源头上控制污染，建设项目要加强环境影响评价和环境风险防范，开发区和重化工业集中地区要按照发展循环经济的要求进行规划、建设和改造。要以提高水资源利用效率和效益为核心，厉行节水，合理配置水资源，控制用水总量增长，加强城市重点水源地保护，保护和修复水生态

环境。

（2）重点开发区环境政策

在黄兴会展经济区、星沙松雅湖商务区、长沙临空经济区三个重点开发区，要结合环境容量，实行严格的污染物排放总量控制指标，较大幅度减少污染物排放量。要按照国内先进水平，根据环境容量逐步提高产业准入环境标准。要合理控制排污许可证的增发，积极推进排污权制度改革，制定合理的排污权有偿取得价格，鼓励新建项目通过排污权交易获得排污权。坚持“预防为主，综合防治”原则，加强工业污染和城镇生活污染治理，逐步缓解现有结构性污染，严格控制开发过程新增的环境污染和生态破坏。要注重把从源头上控制污染与工业集中地区要按照发展循环经济的要求进行规划、建设和改造相结合。探索建立跨流域水污染经济补偿机制和重点生态敏感地区生态补偿机制，鼓励发展循环经济。合理开发和科学配置水资源，强化开发项目水土保持工作，综合防治水土流失，控制水资源开发利用程度，在加强节水的同时，限制入河排污总量，保护好水资源和水环境。

（3）限制开发区域环境政策

在长沙现代农业区，实施严格的环境标准和环保政策，从严控制排污许可证发放，限制不合理的开发方式，控制农业面源污染，开展石漠化和水土流失综合治理，减少坏境污染和生态破坏。通过治理、限制或关闭污染物排放企业等措施，实现污染物排放总量持续下降和环境质量状况达标。进一步完善生态补偿等相关配套政策，促进区域生态修复和建设。提高资源开发行业市场准入门槛，实施原产地开发与集中冶炼、集中治理相结合。加大水资源保护力度，适度开发利用水资源，实行全面节水，满足基本的生态用水需求，加强水土保持和生态环境修复与保护。

（4）禁止开发区域环境政策

在暮云两型生态区，实行强制性的环境保护，严格控制人为因素对自然生态的干扰，严禁不符合功能定位的开发活动。依法关闭区域内所有污染排放企业，确保污染物“零排放”。区域内的旅游资源开发，须同步建立完善的污水垃圾收集处理设施。严格禁止不利于水生态环境保护的水资源开发活动，实行严格的水资源保护政策。

铸造生态文明建设大品牌

——武陵山片区国家生态文明先行示范区建设研究①

武陵山片区是全国首个启动的连片特困地区区域发展与扶贫攻坚试点，是我国重点生态功能区，典型亚热带动植物区，生物多样性保护区，长江流域水土保持、水源涵养以及生态安全屏障功能区，是东部沿海和中部地区对接西部地区的过渡带，同时也是我国新阶段扶贫攻坚的主战场。湖南省武陵山片区作为整个武陵山片区的主体部分，其生态资源、民族文化、旅游产业等都具有明显的优势和突出的特色。建设湖南省武陵山片区国家生态文明先行示范区，实现生态文明建设与扶贫开发相结合，探索一种生态文明建设带动扶贫开发的新模式，率先为全国连片特困地区推进生态文明建设以及脱贫致富积累经验、提供示范。

一、生态文明先行示范区建设背景

（一）基本概况

湖南省武陵山片区位于湖南中西部地区，是国家武陵山片区区域发展与扶贫攻坚主战场。范围包括湘西土家族苗族自治州、张家界市、怀化市、邵阳市和娄底市全部县市区，常德市的桃源县和石门县，益阳市的安化县等45个县市区。总面积9.49万平方公里，2012年末，总人口2491.6万人，片区内有土家族、苗族、侗族、白族、回族、瑶族等30多个少数民族。近年来，经济社会发展呈现速度加快、结构升级、效益提升的良好态势。

---

① 湖南省决策咨询项目，最终成果为武陵山片区获批为第一批国家生态文明先行示范区提供了直接依据，并报省政府同意印发实施。2014年5月完成。

表1 湖南省武陵山片区国家生态文明先行示范区区域范围

市、州	县（市、区）
湘西土家族苗族自治州	*泸溪县、*凤凰县、*保靖县、*古丈县、*永顺县、*龙山县、*花垣县、#吉首市
张家界市	*慈利县、*桑植县、#武陵源区、#永定区
怀化市	*中方县、*沅陵县、*辰溪县、*溆浦县、*会同县、*麻阳苗族自治县、*新晃侗族自治县、*芷江侗族自治县、*靖州苗族侗族自治县、*通道侗族自治县、鹤城区、洪江市、洪江区
邵阳市	*新邵县、*邵阳县、*隆回县、*洞口县、*绥宁县、*新宁县、*城步苗族自治县、*武冈市、邵东县、北塔区、大祥区、双清区
娄底市	*新化县、*涟源市、冷水江市、双峰县、娄星区
常德市	*石门县、桃源县
益阳市	*安化县

注：*为享受国家连片特困地区特定扶贫开发政策的县；#为省扶贫开发工作重点县。

1. 经济发展稳步增长

2010—2012年，湖南省武陵山片区生产总值由2987.14亿元增加到4259.84亿元，年均增长12.3%，高于全省0.3个百分点，人均地区生产总值稳步提升，由13653元提高到19243元，年均增长11.6%。财政实力逐步增强，地方财政收入由101.95亿元增加到172.45亿元，年均增长30.1%。三次产业结构比例由18.7∶41.5∶39.8调整为18.1∶43.2∶38.7，城镇化率达到37.0%。

2. 基础设施逐步完善

2010—2012年，湖南省武陵山片区累计投资总额达5990.14亿元，年均增长30.8%。基础设施建设取得明显进展，交通、能源等一大批基础设施重点项目相继开工和完成。上瑞、沪昆、渝湘、常吉、邵怀、吉茶、张花、邵永等高速公路建成通车，高速公路由725.08公里增加到990.57公里。铁路营业里程由1762公里增加到1836公里。怀化芷江机场正式通航，张家界航空口岸扩大对外开放通过国家级验收，成为继黄花机场后湖南省的第二家国际机场，湘西里耶机场列入国家民航十二五规划，交通运输体系初步形成。防洪设施、饮水工程、农业灌溉和病险水库的维修与加固等基础设施建设得到了加强，通讯、广播、电视设施覆盖面进一步扩大。具备了一定发展基础和条件。

3. 社会民生持续改善

湖南省武陵山片区坚持以人为本，把经济发展的成果更多惠及民生。2010—2012年，城乡居民收入持续增加，农村居民人均纯收入4969.94元，比2010年增长38.7%。科教、卫生等社会事业全面进步，到2012年，医疗卫生机构1344个，医疗机构床位69614张，分别比2010年增加45个和11145张。新型农村合作医疗参合率进一步提高，农村低保覆盖面逐步扩大。

4. 生态环保扎实推进

湖南省武陵山片区始终坚持把建设生态文明作为最基础、最根本的战略，坚持抓生态环境就是抓生产力、抓生态环境就是抓发展的理念，深入实施生态环境综合治理、生态城市创建、封山育林和退耕还林、退化土地修复、重要水源地保护和自然保护区建设等一系列工程，生态环保扎实推进，“十一五”以来完成节能减排、耕地保有量、污染治理等资源环境类约束性指标。

到2012年，森林覆盖率达到64.5%、耕地保有量为130万公顷；资、沅、澧三水源头水质达Ⅰ、Ⅱ类地表水水质标准；治理水土流失面积15560.83平方公里。生态效益型经济发展规模不断壮大，成功创建国家级生态示范市、县20个，已建成国家级生态乡镇10个。实施了能源消费总量和能源消耗强度双调控，强化了工业、建筑、交通、公共机构等重点领域节能减排，节能降耗取得成效，非化石能源占一次能源消费比重提高至10%，单位国内生产总值能源消耗降至0.896吨标煤/万元，比2010年下降9.93%，单位国内生产总值二氧化碳排放量降至1.5吨/万元。

（二）建设基础

湖南省武陵山片区作为世界优异自然遗产保护地、国家重要生态功能集聚区、国家生态重要资源宝库、国家生态区位战略支点、国家扶贫攻坚先行区、南方少数民族重要聚集区，“山同脉、水同源、人同俗、经济同类、文化同根”，具有生态功能整体性、生态环境优异性、生态资源丰富性、生态文化独特性、生态效益国家性的特征。较早探索了具有片区特色的生态文明建设道路，在经济社会发展、人民生活改善、生态环境保护和民族团结进步等方面取得了好的成效，为生态文明先行示范区建设打下了很好的基础。

1. 生态资源禀赋独特

湖南省武陵山片区属于大陆型中亚热带季风湿润气候。气候年内变化与年际变化较大，光热水土资源丰富。境内有澧水、沅江、资水等主要河流，水能、风能、太阳能、生物质能、页岩气蕴藏量较大。矿产资源品种多样，其中铅、锌、锑、钒矿石储量居全国第1位，锰矿石储量居全国第2位，但伴生矿较多、品位不高。生物物种多样，素有华中"生物基因库""中药材宝库"之美誉。其中，高等植物总数近5000种，特有属82个，占中国总数的33.74%；国家重点保护动物（兽类、鸟类、两栖和爬行类）80种，中国特有种22种；中药材资源2000多种，其中植物药1900多种、动物药150多种、矿物药23种，茯苓、天麻、杜仲产量居全国第一。

2. 生态功能地位显要

湖南省武陵山片区是我国中西结合部的重要生态过渡带、是我国第二级阶梯向第三级阶梯过渡的地带、是我国长江中上游绿色廊道的核心地带、是我国内陆重要战略生态腹地。区内集中了全省50%以上的森林，是长江流域重要的水源涵养区和生态屏障。拥有多种国家级重要生态功能区，其中包括2个世界自然遗产、1个世界地质公园、12个国家级自然保护区、3个国家自然文化遗产、20个国家森林公园、6个国家地质公园、10个国家级风景名胜区、9个国家湿地公园。

3. 生态产业特色鲜明

湖南省武陵山片区产业结构较为合理，旅游业、生态农业、特色资源加工业和边贸物流业等特色明显。依托张家界武陵源和崀山丹霞地貌世界自然遗产、凤凰古城、德夯风景名胜区、桃花源风景名胜区、紫鹊界梯田、万佛山—侗寨、古丈红石林等瑰丽神奇的自然风光和独特神秘的民族风情开展的特色旅游已成为我国重要的黄金旅游走廊，"神秘湘西"和"魅力湘西"旅游品牌具有一定国际影响力。绿色农业经济发展模式初步显现，有机食品、绿色食品和无公害农产品认证产品占比进一步提高。

4. 生态文化底蕴深厚

湖南省武陵山片区是以土家族、苗族、侗族等为主的少数民族聚居区，独特的地理气候环境孕育了一体多元、古朴神秘、灿烂优美的地方文化，历史上形成了以土家族、苗族、瑶族、侗族、仡佬族等文化为特色的多民族地域性文化，民俗风情浓郁，民间工艺和非物质文化遗产十分丰富。世界级和国家级旅游资源达70余处，全国第一批非物质文化遗产15个，占全省的57.7%；第一批省级非物质文化遗产44个，占全省的59.5%。武陵源、凤凰古城、崀山、紫鹊界古梯田古民居、梅山龙宫、里耶古城、寨市古镇、高庙遗址、老司城遗址、龙兴讲寺、夹山寺等是这一地域宝贵的自然文化遗产与不可再生的文化资源。桑植民歌、土家摆手舞和茅古斯、土家织锦、苗族银饰、苗族鼓舞、花瑶挑花等是全国首批非物质文化遗产。有2010年获批的国家武陵山区（湘西）土家族苗族文化生态保护试验区，还有当代杂交水稻之父袁隆平杂交水稻的发源地等多处纪念地。这些彰显了湖南省武陵山片区悠久的历史和丰厚的生态文化积淀。

5. 制度保障初步建立

湖南省武陵山片区市县实施了环保重大事故“一票否决制”、生态危害“问责制”，把生态环境质量和环境保护工作纳入了政绩考核体系。实行环境监督结果县市区通报、环境违法企业公开道歉承诺和社会公众监督等制度。建立健全了主要污染物总量控制、环境影响评价、区域流域行业限批、挂牌督办、环保后督查等制度。开展了矿产资源补偿、生态补偿、污水和垃圾处理收费等改革探索。制定了生态市（州）创建标准和考核制度。

（三）示范意义

推进生态文明建设是全面建成小康社会的必然选择，也是探索区域发展和扶贫攻坚新机制、新体制、新模式的必然要求。湖南省武陵山片区率先建设生态文明示范区，能为全国生态文明建设提供示范作用。

1. 对连片特困地区走生态文明发展道路具有重要示范意义

湖南省武陵山片区是国家连片特困地区扶贫攻坚率先开展试点区，是集革命老区、民族地区、贫困地区和重要生态功能区于一体的区域，本身具有较强的代表性。通过加强生态文明建设促进湖南武陵山片区实现脱贫致富，对深入探索整个武陵山片区乃至全国其他连片特困地区走生态文明发展新路子具有十分重要的意义，对率先在连片特困地区建成小康社会具有重要示范意义。

2. 对保障长江流域生态安全具有重要示范意义

长江流域是我国构建的“十大国土生态安全屏障”之一，湖南省武陵山片区是长江流域重要的水源涵养区和我国亚热带森林系统核心区。在湖南省武陵山片区建设生态文明先行示范区，统筹经济社会发展与生态环境保护，推进生态文明建设，保护生物多样性，增强水源涵养功能和水土保持功能，对保障长江流域生态安全具有较强的示范意义。

3. 对特困地区建立生态文明制度体系具有重要示范意义

湖南省武陵山片区作为少数民族聚集多、贫困人口分布广的连片特困地区，发展愿望强烈，发展任务繁重，与资源节约、环境友好的矛盾比较突出，通过建立健全生态文明制度体系，引导、规范、约束各类开发、利用、保护自然资源的行为，为特困地区生态文明建设探索长效机制提供示范。

4. 对民族生态文化传承保护具有重要示范意义

湖南省武陵山片区处于西部大开发和中部崛起两大战略的交汇地带，多个民族和睦相处，生态文化特色鲜明，民俗风情浓郁，民间工艺和非物质文化遗产十分丰富。在湖南省武陵山片区建设生态文明先行示范区，对促进民族生态文化多样性的保护和传承提供样本。

（四）面临的挑战

片区贫困面广、量大、程度深，群众脱贫致富愿望急切，扶贫开发模式与生态文明建设矛盾突出。片区45个县（市、区）中有22个少数民族县，有32个革命老区县；上一轮10年扶贫开发中，有13个国家扶贫开发工作重点县和12个省扶贫开发工作重点县，分别占到全省的65%和66.7%。2012年，片区人均GDP为19243元，仅相当于全省平均水平的57.5%；贫困人口为450万人，占全省的58.7%。部分群众还存在就医难、上学难、饮用水不安全、社会保障水平低等困难。在扶贫开发过程中，传统扶贫模式往往急于解决贫困人口的生计和脱贫致富问题，对资源和环境的保护重视不够，甚至为了短暂的经济效益竭泽而渔，破坏生态环境。

表2　湖南省武陵山片区相关指标占全省比重

项目	武陵山示范区	湖南省	武陵山示范区占比（%）
国土面积（万平方公里）	9.49	21.18	44.8
总人口（万人）	2491.6	6906.9	36.1
GDP（亿元）	4259.84	22154.2	19.2
人均GDP（元）	19243	33480	57.5
贫困人口（万人）	450	767	58.7
耕地保有量（万公顷）	130	413.5	31.4
森林覆盖率（%）	64.5	57.34	
森林蓄积量（亿立方米）	2.2	4.29	51.3
湿地保有量（万公顷）	12.5	51.1	24.5
禁止开发区面积（万公顷）	155	454.99	34.1
国家级自然保护区（个）	12	18	66.7

资料来源：根据湖南省及武陵山片区相关市、县统计资料整理。

产业结构单一，结构调整的任务重。片区资源型产业比重大、战略新型产业比重小，形成了相当大的资源环境承载压力，特色产业规模偏小，缺乏具有明显区域特色的大企业、大基地，产业链条不完整，没有形成具有核心竞争力的产业或产业集群，对生态文明建设与扶贫攻坚的拉动力不足。

绿色、低碳、循环发展的体制机制尚未健全，资源节约集约利用水平有待提升。保护、管理监督体制机制不完善，法制建设有待加强。部门之间缺乏协调，综合决策机制不健全，监测手段和信息系统落后等。由于相应的法规建设或条例未建立、未健全，使开展保护生态环境、制止破坏环境的工作无法可依。部分地区环保意识比较淡漠，公众参与生态环境保护的自觉性、主动性有待进一步提高。自然资产主体划分不明确，资源利用不集约不节约的现象仍然比较突出。

片区生态环境比较脆弱，生态环境一旦破坏修复代价高昂。地质结构复杂，旱涝灾害频发，是泥石流、雨雪冰冻等自然灾害多发区，部分地区水土流失、石漠化、地表沉陷严重，土地贫瘠，人均有效耕地只有0.91亩。生态状况脆弱化趋势没有得到根本好转，生态环境保护任务繁重，加快发展与生态环境保护的矛盾仍然突出。

中央提出的生态文明建设和扶贫攻坚等重大战略部署，为湖南省武陵山片区按照“五位一体”总布局，破解生态文明建设、区域发展与扶贫攻坚中的问题和挑战指明了路径。

二、生态文明示范区建设的总体要求

（一）基本思路

按照“五位一体”总布局要求，推动生态文明建设与经济、政治、文化、社会建设紧密结合、高度融合，以绿色、循环、低碳发展为基本途径，以体制机制创新为内生动力，以落实主体功能区划、加快转变发展方式、加强生态建设和环境保护为抓手，构建长江流域的重要生态屏障，率先在连片特困地区走出一条绿色低碳可持续发展的新路子，为全国推进生态文明建设提供示范。

调整结构，绿色发展。坚持把绿色经济作为加快产业转型升级的重要抓手，大力发展绿色低碳循环经济，将国土空间开发从占用土地的外延扩张为主，转到调整优化空间结构、提高空间利用效率上来。

功能定位，生态优先。坚持把尊重自然、顺应自然、保护自然放在生态文明建设的首位，以保护自然生态为前提，加强生产、流通、消费全过程资源节约，把资源环境承载能力作为经济发展的重要依据。

改革创新，制度保障。坚持把改革创新作为推动生态文明建设的强大动力，进一步解放思想，探索实践，先行先试，不断深化重点领域和关键环节的改革，构建系统完整的生态文明制度体系。

政府引导，全民参与。坚持把培育生态文化作为生态文明建设的重要支撑，充分发挥政府的科学引导作用，加强政策指导，加大生态文明建设投入力度，提高全社会生态文明意识，广泛动员社会各界参与生态文明建设。

综合施策，突出文明。坚持把稳定解决贫困人口脱贫致富和提高生态环境质量有机结合起来，着力解决区域发展生态瓶颈，为扶贫攻坚创造更好的生态基础条件。通过大力发展生态经济，增加贫困人口收入，加快小康社会建设，确保贫困群体优先受益。

（二）战略定位

生态文明制度建设创新区。勇于创新，积极探索建立系统完整的生态文明制度体系。在主体功能区制度、自然资产产权管理、生态保护红线、生态补偿机制、政绩考核与责任追究制度等关键领域取得决定性成果，率先为全国在生态文明体系建设和制度保障上提供示范。

特困地区转型发展先行区。突出绿色转型，促进特色产业发展。扩大并提升武陵源、崀山两大世界自然遗产、凤凰古城的品牌效应和生态资源优势，构建高品质的原生态国家公园，发展旅游业、民族文化产业、绿色食品加工业，在经济绿色化、扶贫生态化、生态经济化方面走在全国前列。

扶贫攻坚模式创新示范区。以生态文明建设带动扶贫开发，探索生态文明建设和扶贫开发统筹推进的新路子。把生态文明建设融入扶贫开发全过程，发展森林生态经济，探索连片开发与生态保护相结合的新途径，为集中连片特殊困难地区发展振兴探索新思路和新模式。

民族生态文化保护样板区。加强对湖南省武陵山片区民族生态文化价值挖掘，非物质文化遗产传承，重要自然保护区、自然文化遗产地和古城镇古村寨保护建设，维护民族文化基本元素，把湖南省武陵山片区打造成国家级原生态民族文化保护发展示范区。

（三）主要目标

通过5年左右的建设，湖南省武陵山片区生态文明先行示范区基本形成符合国家主体功能区定位的开发格局，生态文明融入政治、经济、社会、文化建设之中。在政治上，建立健全生态文明建设的考核、评估、监管体制机制，人民群众的基本生态权利得到切实保障。在经济上，探索一条扶贫攻坚与生态文明建设相结合的新路子，初步形成结构优化、特色鲜明的生态产业发展格局，实现城乡居民收入和经济发展同步增长。在社会上，人民群众对生态环境满意度显著提高，绿色生活方式普遍推行，形成可复制、可推广的生态文明典型模式，形成连片特困地区扶贫攻坚和生态文明良性互动的机制。在文化上，覆盖全社会的生态文化体系基本建立，民族生态文化得到有效保护与传承。在生态上，生态系统良性循环，资源循环利用体系初步建立，节能减排和碳强度指标下降幅度超过国家规定约束性指标。

到2017年，人均地区生产总值达到3.69万元，接近全省平均水平，贫困人口减少300万以上，单位地区生产总值能源消耗和二氧化碳排放比2012年下降13%和14%，城乡生活垃圾全部实现无害化处理，城镇空气质量达到2级标准，资水、沅水、澧水三水水质达标比例达到100%，万元工业增加值用水量比2012年下降15.38%，农业灌溉水有效利用系数达到0.52，森林覆盖率64.5%，人均公共绿地面积达到8平方米。

到2020年，生态系统良性循环，主体功能区规划实施落地，形成结构优化、绿色低碳、循环发展的产业格局形成。生态文明体制机制建立健全、并有效运转，生态文明建设与扶贫开发有机结合。城乡居民收入和经济发展实现同步增长，城乡基本公共服务主要领域指标接近全国平均水平，民族生态文化得到有效传承和保护，与全国基本同步实现全面建设小康社会目标，形成生态文明建设可复制、可推广的有效模式和制度体系。

人均地区生产总值达到4.91万元，完成片区扶贫攻坚目标；单位地区生产总值能源消耗和二氧化碳排放比2012年下降20%和20%，非化石能源占能源消费总量比重达到17%；城镇空气质量达到2级标准，万元工业增加值用水量比2012年下降23%，农业灌溉水有效利用系数达到0.54，人均公共绿地面积达到8.67平方米。

三、生态文明示范区建设的主要任务

严格落实主体功能定位，严守生态保护红线，严控国土开发强度，着力构建与生态文明相适应的功能优化的空间结构体系、“两型”引领的生态产业体系、资源节约的循环利用体系、山川秀美的生态安全体系、民族融合的生态文化体系、管用规范的制度创新体系和自我发展的能力支撑体系，促进生产空间集聚高效、生活空间宜居适度、生态空间山清水秀。

（一）构建功能优化的空间结构体系

坚定不移的实施主体功能区战略，充分考虑自然资源与生态环境的差异性，科学合理布局和整治生产空间、生活空间、生态空间。《国家主体功能区规划》将湖南省武陵山片区总体定位为国家重要生态功能区，根据“保护耕地、森林、湿地、物种、水体五条生态红线”的要求，本区将吉首市、张家界市、怀化市、邵阳市、娄底市的城区以及县城区、建制镇和产业园区定位为重点开发区，其余地区均为限制开发区和禁止开发区，限制开发区主要包括农产品主产区和部分重点生态功能区。禁止开发区主要包括国家级自然保护区、世界文化自然遗产、国家级风景名胜区、国家森林公园和国家地质公园，及省级以下各级各类自然文化资源保护区域、重要水源地等。按照“优化结构、保护自然、集约开发、协调发展”的原则，推动各县市区严格按照主体功能定位发展。

1. 构建“一纵三横五中心”城镇空间格局

构建以吉首、张家界、怀化、邵阳、娄底城区为中心，以“枝柳铁路、包茂高速、209国道”“长渝客运专线、黔张常铁路”“杭瑞高速、319—326国道”“沪昆铁路（高铁）、沪昆高速、320国道”为依托，布局合理、环境优越、主体鲜明、协调发展的城镇体系。明确各城镇的职能、等级及定位，着力增强城镇要素集散传递功能，以区域城镇群建设为主体形态，推进片区中心城市组团发展和龙山来凤经济协作示范区建设。实施特色生态城镇建设工程，加快优化市域中心城市—县域中心城市—中心镇—集镇的城镇结构，打造一批各具产业特色、民族文化特色、旅游特色的中心城镇，逐步形成布局合理、分功明确、有机联系的“一纵三横五中心”城镇格局。

表3 “一纵三横五中心”城镇布局

名　称	范　围
“一纵”	即枝柳铁路、包茂高速、209国道一纵，沿线城镇分布包括张家界市、吉首市、怀化市、洪江市以及龙山、桑植、永顺、古丈、保靖、花垣、泸溪、辰溪、凤凰、麻阳、芷江、中方、会同、靖州、通道、绥宁、城步等市县
“三横”	“长渝客运专线、黔张常铁路一横”，沿线城镇分布有龙山、桑植、张家界、慈利、桃源、石门等市县； “杭瑞高速、319—326国道一横”，沿线城镇分布有花垣、凤凰、吉首、泸溪、沅陵、安化、桃源等市县； “沪昆铁路、沪昆高速，320国道一横”，沿线城镇分布有新晃、芷江、怀化、中方、溆浦、洞口、武冈、隆回、邵阳、新邵、邵东、新化、冷水江、涟源、娄底、双峰等市县
“五中心”	吉首市、张家界市、怀化市、邵阳市、娄底市

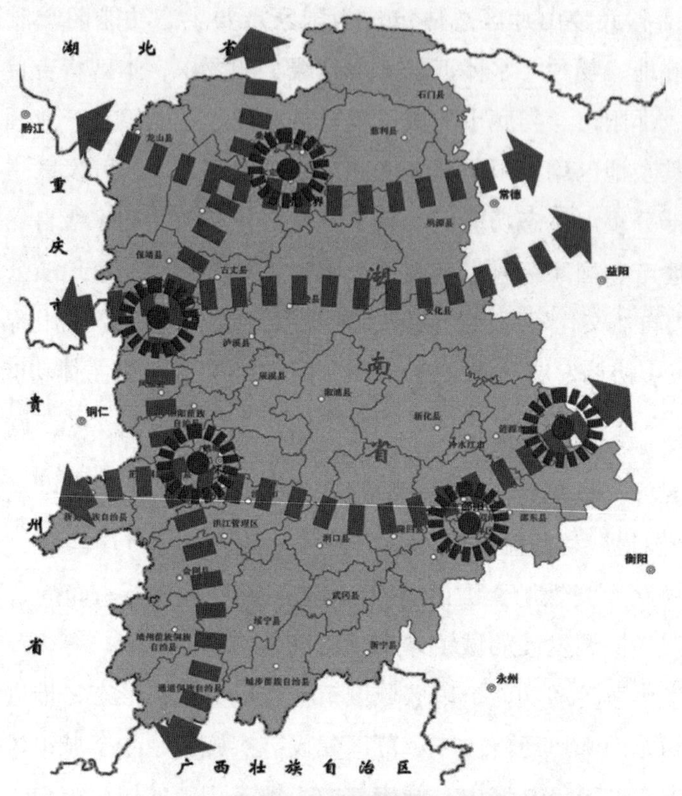

图1 湖南省武陵山区城镇化空间格局示意图

2. 构建“两山三江七库”生态安全空间格局

“两山”生态涵养带。重点强化武陵山、雪峰山两大山脉的自然生态屏障功能，全面落实天然林资源管护任务，加强对森林资源的建设与保护、完善生物多样性保护体系、合理制定林区发展规划、努力提高植被健康管理技术、积极建设森林辅助支撑体系、防止森林退化。

“三江”生态保护带。加强对沅江、资江、澧水三大水系源头及酉水等附属水系的保护和监控，着力保护“三江”源头水资源，保证源头水质达到Ⅰ、Ⅱ类地表水水质标准。加大对三大流域及支流防护范围内防护林、天然林的保护力度，恢复其流域生态功能。

“七库”生态调蓄区。编制水库水质保护规划，严格执行对五强溪水库、柘溪水库、江垭水库、凤滩水库、皂市水库、黄石水库、水府庙水库等七大水库的保护和利用，在水库防护区域内着力建设生态防护带，并加强对水库防护带的监督管理。

基本形成以“两山三江七库”为骨架，覆盖大湘西地区、辐射整个武陵山片区的生态安全网络。

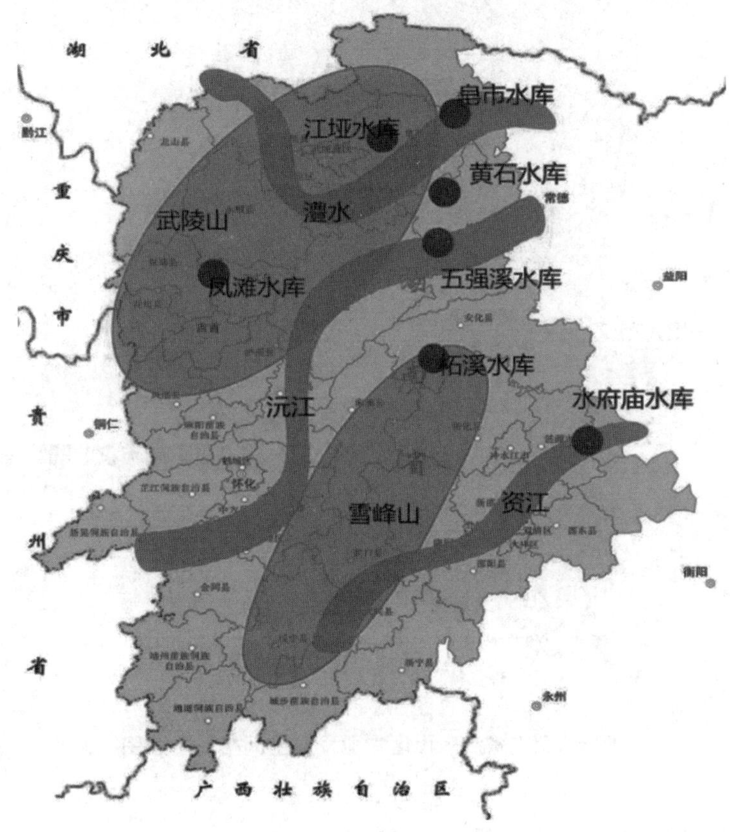

图2　湖南省武陵山区生态安全空间格局示意图

3. 构建“五圈三带”农业空间格局

着力构建张家界、吉首、怀化、邵阳、娄底都市农业圈、娄邵丘岗农业带和武陵山、雪峰山山地农业带。优化各县农业产业布局，重点打造张家界、吉首、怀化等城市近郊以采摘、农家乐等都市休闲为主的现代农业区，邵阳、娄底等丘陵山岗以经济作物、粮食作物等农业耕种为主的传统农业粮食产区，武陵山、雪峰山山脉以有机茶、特色水果、中草药、油茶种植等为特色的农林产品标准化基地。按照现代农业产业体系和生态农业发展的要求，每县培育1—3个区域特色鲜明的支柱产业，基本形成一县一品的格局。

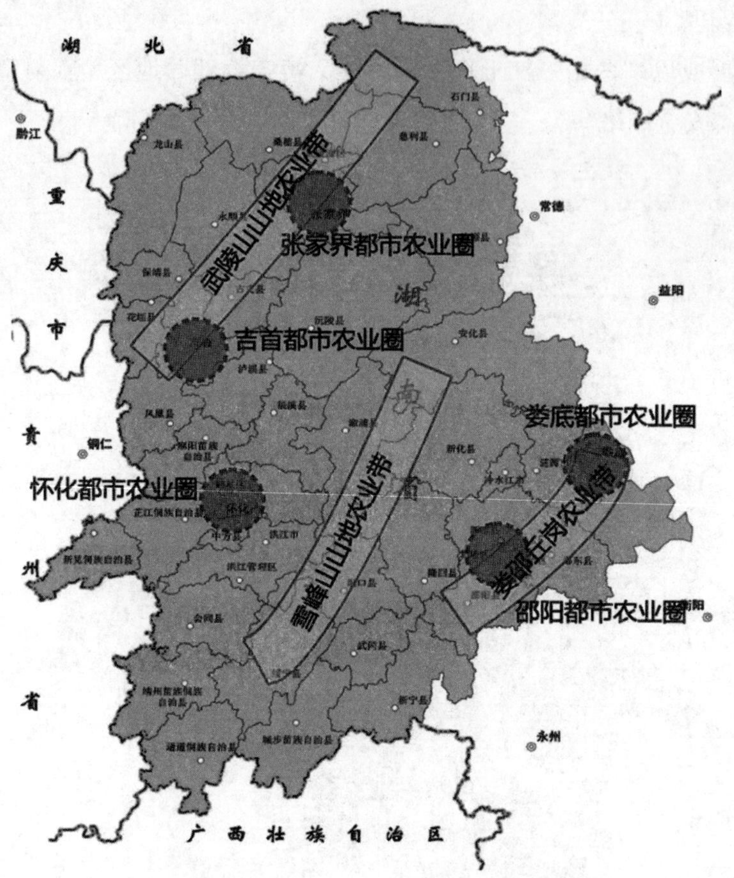

图3 湖南省武陵山区农业发展空间格局示意图

（二）构建“两型”引领的生态产业体系

以生态文明为导向，调整优化产业结构，转变生产方式，推动绿色发展、循环发展、低碳发展，构建“两型”引领的生态产业体系，为生态文明建设提供坚实的经济基础，从根本上缓解经济发展与资源环境之间的矛盾，提高发展的质量和效益。

1. 着力发展山地绿色农业

（1）推进农业生态化发展

建立“整体、协调、循环、再生”的生态农业模式，积极发展山地特色农产品。以推进国家现代农业示范区建设为目标，突出“特色”“绿色”和“山地”，依托武陵山区山地地貌和立体气候，因地制宜、依山就势发展以农林牧复合经营为特色的山地生态农业。以推动牛羊、生猪、家禽清洁养殖，构建一体化循环产业链。推进粮食、果蔬的清洁生产，提高传统农业的有机生产水平。发展竹木、油茶、茶叶等特色林产品种植，实现农林废物综合利用。保障农业生产安全，建立健全农产品质量安全可追溯体系，保证原生态农产品的“乡土味”。

（2）加强农业科技化建设

加强农业技术共享与新科技研发，引进和培育新品种、促进农副产品加工、严控农产品质量，推进农业技术集成化、促进农机农艺融合。提高农业科技服务能力，推广绿色生产技术，引进科研院所力量，建立新型农业科技推广联盟，发展山地丘陵微型农业机械，改善农业装备条件，推行无公害、绿色、有机农业标准化生产，提高农产品优质率。支持特色农产品产地认证，扶持培育绿色名、特、优农产品品牌，强化农产品注册商标和地理标志保护。

（3）促进农业品牌化提升

大力推动农业产业链建设，整合特色农业生产、销售、管理资源，利用全国罕见的“三带”（气候微生物发酵带、土壤富硒带、植物群落亚麻酸带）资源条件，着力培育绿色安全、特色鲜明、具有高附加值的武陵山区农业品牌。依托“一县一品”农业格局，强化山区特色农产品地理标志的应用和推广，重点提升张家界大鲵、湘西黄牛、桃源黑猪、古丈毛尖、保靖黄金茶、桃源“野茶王”、安化黑茶、湘西椪柑、湘西猕猴桃、湘西黑跑猪、龙山百合、龙牙百合、隆回金银花、邵东黄花菜、武冈卤铜鹅等绿色名、优、特农产品品牌。

（4）实行农业规模化经营

加强特色生态农业基地建设，重点建设油茶、茶叶、蔬菜、魔芋、水果、干果、肉（奶）、水产、食用菌等一批山地绿色食品生产基地，及标准化良种繁育基地。以农业园区、农场、合作社等建设为载体，探索适合区域农业发展的新模式，采用“公司＋科研院所＋基地＋农户”的运作方式，以基地为载体、企业为龙头、科研院所为技术支撑、农户为细胞，建设山地农业试验示范点。依托资源禀赋，积极发展特色农产品，推动农业朝生态、安全、优质、高产、高效等方向发展，建成粮食生产功能区50万公顷，建成现代农林综合园45个，主导产业示范区100个。

2. 大力发展生态旅游业

（1）发展绿色生态旅游

依托武陵山片区自然资源禀赋，以神奇美丽山水为特色，突出武陵源、崀山两大世界遗产品牌，发展绿色、低碳、环保、永续利用并具有鲜明地域特色的生态旅游业。加强张家界地貌、崀山丹霞地貌、乌龙山喀斯特地貌、红石林、猛洞河、坐龙峡、矮寨峡谷、黄龙洞、高望界、壶瓶山、八大公山、紫鹊界等自然生态景观建设，整合张家界风貌、湘西民族文化、怀化古城古寨、湘西南（崀山）山水四大板块旅游资源打造多条精品旅游线路，塑造"神秘湘西"和"魅力湘西"等旅游品牌，构建张家界吉首核心旅游经济圈。

（2）发展民族文化旅游

以厚重历史文化、浓郁民族风情和神秘湘西文化为特色，实施特色民族古城镇古村寨保护与发展工程，形成一批文化内涵丰富的特色旅游小镇和跨区域旅游网络。加大对凤凰古城、乾州古城、洪江古城、老司城、里耶古城、芙蓉镇、边城茶峒、浦市古镇、花瑶古寨以及麻阳盘瓠庙、龙兴讲寺、石门夹山等人文古迹的保护；加大对洗车河镇、矮寨镇、龙潭河镇、瑞塔铺镇、荷叶镇、王家坪乡、罗水乡等乡镇的非物质文化遗产保护。依托武陵山地区历史文化、民族文化名牌，加快培育民族文化精品，扶持民族文化产业，大力支持民族旅游工艺品产业，开发具有民族特色、地域特点的文化旅游商品。

（3）发展山寨体验旅游

充分利用武陵山片区村寨自然风光优美、人文景观独特的优势，把乡村旅游、休闲旅游与特色民居保护、民族文化传承、生态环境保护有机结合起来，突出"古、始、真、土"的乡土民风，发展以"山寨乐""渔家乐""水乡乐"为主体的"山寨观光—民俗体验—休闲度假"等形式的山寨体验休闲旅游。以强化张家界、吉首、怀化、武陵源、凤凰、新宁、龙山、永顺等游客接待中心功能，带动山村基础设施建设，提升山寨旅游服务品质。

（4）发展特色工矿旅游

依托锡矿山地区上百年的开采锑矿历史，结合矿山开采历程、企业转型升级、采空沉陷区综合治理、生态修复等内容，充分展现锡矿山地区独有的矿山开采文化、循环文化以及生态保护文化，建立一个全国甚至世界独具特色的

“世界锑都”矿山公园，发展以矿山观光—开采体验—过度开采体验—资源循环利用体验—生态修复体验等形式的特色工矿旅游。

3. 加快发展边贸物流业

利用湖南省武陵山片区与多省市区接壤的地缘优势，完善物流设施布局，充分发挥区域通往西南各省的交通优势和集散能力，以综合物流和专项物流为重点，以吉首、张家界、怀化、邵阳、娄底等区域性城市为中心，以桑植、龙山、花垣、凤凰、通道、新晃、石门等边贸城镇为节点，大力发展现代商贸物流业。依托枝柳铁路、黔张常铁路、沪昆铁路（高铁）、包茂高速、长渝高速、沪昆高速、国道206线、319线等过境干线，以区域中心城市和边贸城镇为基础，加快培育层次分明、功能互补的现代物流和商贸流通体系。建设和发展旅游商品、民族特色商品、医药、山地绿色农产品等批发市场，形成与旅游业、民族文化产业、中药材产业等特色产业发展相适应、与综合运输相结合的市场体系。

4. 改造提升优势加工业

（1）绿色农林产品加工业

塑造武陵山独特的“绿色、生态、有机”农产品品牌，重点发展茶叶、油茶、水果、蔬菜、烟叶、蚕茧、毛竹和畜禽水产品等特色农产品加工，培育一批深加工与市场营销龙头企业和品牌。依托农产品龙头企业和农产品集聚区，加快特色农产品精深加工产业发展，推进油茶、水产养殖、名优酒品、优质水果、优质茶叶等一批具有山地特色的农产品加工业基地建设。依托丰富的林木资源，加快桃源陬市、会同林业产业园、绥宁楠竹产业园建设，对现有林板加工企业进行改组、改造，加大科技含量，扩大生产规模，提高经济效益，组建具有市场竞争力的林业龙头企业。

（2）绿色矿产资源加工业

充分发挥武陵山区矿产资源丰富的比较优势，择优发展以黑色及有色冶金为特色的矿产资源加工业，引导矿产开发向优势大企业集中、矿产加工企业向工业园区集中，拉长产业链条，发展矿产资源精深加工。加快建设湘西国家锰锌深加工高新技术产业化基地、湘西铝产业基地和湘西石材基地，以及张家界、湘西、娄底等页岩气产业基地，加快推进湘西、怀化钒矿资源开发利用，努力打造国家级钒产业基地。加快“世界锑都”冷水江的“国家科技示范园”建设，促进资源枯竭城市的经济转型。引导发展高附加值硅加工产品及沅陵金钨产品，加强保靖镁、硅，石门石灰岩、矽砂、磷矿，邵阳石膏、大理石等其他矿物原材料的开发利用。

（3）中药及生物医药产业

依托武陵山片区丰富的中药材资源优势，以靖州的茯苓、隆回的金银花、湘西的青蒿、慈利的杜仲、张家界的五倍子、涟源的天麻、安化的厚朴等中药材基地，以中医药加工企业为基础，围绕中药材深度开发，延伸中药材加工产业链，发展中药材加工及生物医药制药。发挥龙头医药企业的带动作用，积极推进特色民族药品生产，大力发展医药保健品，建成武陵山区域民族医药研发制造中心。

（4）提高产业集聚发展水平

统筹规划产业园区建设，合理确定产业定位和发展方向，提高产业集聚效益。重点建设一批较高水平的现代产业园区、较大规模的主导产业分布带和较强带动力的特色产业基地，形成对区域经济具有引领性、支撑性和高成长性的产业集群。重点建设一批县区工业集中区和湘酒鬼生态工业园等特色产业园区，支持湘西、怀化、邵阳经济开发园区申报国家级开发区。

5. 发展绿色低碳循环技术

积极发展生态农业和有机农业，发展生态养殖园区、稻田养鱼等新模式。大力发展服务业和战略性新兴产业，推进三一新材料产业园、现代中药产业园等源消耗低、科技含量高的项目。将循环经济技术纳入科技攻关计划，依托科研院所、高等院校和示范企业，建立循环经济技术孵化平台，加快共性关键技术创新，解决关键集成技术，促进科技成果转化和产业化，探索具有地方特色的循环经济发展模式。

（三）构建资源节约的循环利用体系

加强生产流通消费全过程资源节约，推动资源利用方式根本改变，重点推动节能降耗，发展循环经济，构建覆盖全社会的资源循环利用体系。

1. 推进节能降耗

（1）合理开发利用能源资源

调整优化能源生产和消费结构，实施新能源开发利用工程。提高可再生能源比重，科学开发利用风能、太阳能、生物质能等清洁能源，加快推进桑植、花垣、沅陵等绿色能源示范县建设，力争到2017年建成10个绿色能源示范县。重点开发城步南山、桑植南滩、龙山八面山、绥宁宝鼎山等风能资源，双峰、慈利、桃源、绥宁等生物质能资源，涟源市、张家界市、湘西州等页岩气资源。推广应用沼气、节能灶、固体成型燃料、秸秆气化等生态能源建设项目，提高农村沼气技术的应用普及率。到2017年，非化石能源占能源消费比重增长至13.5%。

（2）推进工业节能

建立能源消费总量控制目标分解落实机制，制定实施方案，将总量控制目标分解到县市政府和主要行业，实行目标责任管理，加大考核监督力度。开展钢铁、化工、有色、建材等重点行业能效提升行动，淘汰落后的工艺、装备和产品，发展节能型、高附加值的产品和装备。大力实施工业炉窑改造、余热余压利用、热电冷联产等节能技术改造项目。到2017年，万元GDP能耗下降13%，达0.779吨标煤。

（3）推进建筑节能

政府投资的机关、学校、医院、博物馆、科技馆、展示馆、体育馆等公益建筑，市州政府所在城市的保障性住房，单体建筑面积超过2万平方米的机场、车站、宾馆、饭店、商场、写字楼、城市综合体等大型公共建筑，自2014年起，城镇新建建筑节能强制性标准执行率达到100%。到2017年，新建绿色建筑比例达到20%以上。

（4）推进交通节能

改变高耗能交通方式，倡导步行、自行车、乘公交等绿色出行方式。实施公交优先战略，加快构建武陵山片区中心城市绿色公交体系，到2017年公交出行比例达到80%。

2. 发展循环经济

（1）全面推进园区循环化改造

以娄底市国家循环经济试点示范城市、花垣、隆回、冷水江省级循环经济试点县（市）、张家界生态旅游循环经济示范区、洪江循环经济工业园区、宝庆工业集中区、双峰经济开发区等循环经济试点示范园区建设为突破口，改造各类产业园区。加强煤矸石、粉煤灰、工业副产石膏、冶炼及化工废料等大宗工业固体废弃物综合利用，促进资源利用的“减量化、再利用、资源化”。到2017年，改造完成4个国家级循环经济试点示范县市，30个省级循环经济产业园区，工业固体废物综合利用率和主要再生资源回收利用率均达到85%。

（2）着力构建循环经济产业链

按照“功能分区合理、物质循环利用、企业集聚共生、产业链条延伸”的原则，引导企业园区化、集聚化发展，构建特色鲜明的循环经济产业链和价值链，推进企业内部循环经济发展，推进企业间建立循环链接关系。化工企业围绕中间品、副产品、废物的循环利用构建产业链。有色冶金企业围绕余热余压、冶炼废渣和循环利用构建循环产业链。食品企业围绕食品加工废弃物资源化利用延伸产业链。同时要注重产业的横向耦合和纵向延伸。推进农林废弃物综合利用，提高农业生产领域农业资源综合利用率，推进种植业、养殖业、林业、水产业之间的循环链接。到2017年，农作物废弃物综合利用率达到80%。

（3）建设再生资源回收利用体系

按“政府引导、企业主体、社会参与、统筹规划、因地制宜、重点推进”的原则，加快完善城乡回收站点、分拣中心、集散市场“三位一体”的回收网络体系。加快淘汰落后生产工艺和技术设备，推动再生资源分选、拆解、破碎、加工利用技术和装备升级，加快行业整合力度，提高产业集中度，推进再生资源利用的规模化与集约化。加快完善旧件逆向回收体系，规范建立专业化再制造旧件回收企业和区域性再制造旧件回收物流集散中心。

3. 节约集约利用资源

（1）节约集约用地

建立覆盖全部国土空间用途管制制度，优化土地资源配置，盘活土地存量，提高土地利用率。严格实行耕地保护制度，坚守耕地红线，认真开展基本农田保护示范区建设。开展农村土地综合整治，推进废弃工矿区和居民点复垦和利用，有效确保耕地占补平衡和动态平衡。严格执行经营性用地和工业用地招标拍卖挂牌出让制度，逐步提高单位用地的投资强度，促进土地节约集约利用。到2017年，耕地保有量维持2012年130万公顷的水平，确保生态空间总面积不减少。

（2）节约用水

严格贯彻水资源开发利用控制红线、用水效率控制红线、水功能区限制纳污红线。合理利用水资源，严格控制水能资源开发；以园区为主体，推进企业节水改造，提高工业用水效率；发展节水农业，加大农村饮水安全工程建设，全面提高水资源综合利用效益与防洪避灾功能，加快缺水少水山丘区的水库水源建设，突出邵衡干旱走廊治理，完善灌区供水、灌溉、排涝等水利设施；加强城市节水工作，建设完善吉首、张家界、怀化、邵阳、娄底等城市供水工程，增加县城特别是中心城镇供水能力与污水处理能力；推广高效节水技术和产品，开发利用再生水、矿井水等非常规水资源。到2017年，万元工业增加值用水量由2012年的130吨下降到110吨，农业灌溉用水有效利用系数提高到0.52。

（3）保护性开发矿产资源

进一步巩固矿山开采整治秩序，对武陵山保护性开采矿种、限制开采优势矿种实施总量控制，实行更严格的准入标准。全面开展矿产资源开发风险评估、鼓励公众参与评估过程，严禁开展无法通过风险评估的矿产资源开发活动。对娄底锡矿山、花垣“锰三角”地区的大型企业实行重点监控，强化矿产资源开采的计划性和整体性，结合矿业经济增长速度和矿业产值目标，合理确定探矿权、采矿权的投放数量和布局。加强主要矿种的资源整合，实行规模开发，提高集约化水平。着力发展精、深、细加工产品，加快矿产品结构调整升级，形成高附加值的产品。新建矿山开采从2014年起全面推行回采法，现有矿山逐步技改升级到回采法。到2017年，矿产资源开采回采率、选矿回收率、综合利用率分别提高至78%、65%和55%。

4. 推广清洁生产

开展清洁生产示范推广，加大对废弃物综合利用技术攻关和技术改造，大力培育废物综合利用型、低污染型的环境友好企业，创建废水、废气、废渣三废零排放型企业。做好清洁生产试点，首先对重点行业推进清洁生产，实施清洁生产审核，明确清洁生产方案。各地各部门在制定和实施工业发展计划时，要将企业清洁生产方案中的节能、节水、综合利用、预防污染等作为重要内容。加大清洁生产投入力度，从源头减少污染。

（四）构建山川秀美的生态安全体系

强化生态保护与修复，提升自然生态系统功能，增强生态产品生产能力，重点加强石漠化及水土流失综合治理、构筑长江流域重要绿色生态屏障、加大矿区环境综合整治、推进城乡环境同建同治。

1. 石漠化及水土流失综合治理

（1）加强石漠化治理

以自然恢复为主，推进武陵山片区岩溶地区石漠化综合治理工程，针对不同等级、类型石漠化特点，因地制宜采取生物、工程、耕作、管理等措施，积极探索石漠化综合治理模式。突出解决石门、凤凰、花垣、龙山、保靖、北塔、邵阳县、武冈、隆回、洞口、城步、绥宁、新化、涟源等石漠化严重的重点县（市、区）的石漠化治理，逐步扩大石漠化治理面积，恢复石漠化地区生态功能。对慈利、桑植、永顺、龙山、新邵、安化等县，以岩溶流域为单元，开展混农林复合型综合治理试点，切实解决边治理、边破坏的问题，实现生态环境持续改善。到2017年，新增荒漠化、石漠化土地治理面积1万公顷。

（2）加强水土流失治理

以实施种植经果林、水保林、坡改梯、封禁治理等水土保持工程为主，以横坡耕作、隔坡耕种措施为辅，因地制宜采取林农间作、林草间作等水保措施控制水土流失。着力推进重点区域水土保持工程建设，对资江、沅江、澧水两岸600米范围，五强溪水库、柘溪水库、碗米坡水库等大中型水库的集雨区和水库大坝以下500米范围内的流域范围，及库区沿江城区、城镇周边、公路两侧等重点区域进行水土流失动态监测和监管，实施水土流失综合治理。推进各级小流域综合治理项目，加大对滑坡、泥石流、崩岗等重大侵蚀点的治理力度，通过发展小型水利水保工程，减少水土流失面积。推动湘西自治州、张家界市、怀化市、邵阳市、娄底市，以及石门县、桃源县、安化县水土流失综合治理项目。到2017年，水土流失面积减少到120万公顷。

2. 构筑长江流域重要绿色生态屏障

（1）强化重要生态功能区建设

以世界自然遗产、自然文化遗产、自然保护区、森林公园、地质公园、湿地公园、风景名胜区等作为禁止开发区，划定生态红线。以张家界世界自然遗产、国家自然保护区、国家森林公园等为核心，整合周边龙山、永顺、古丈、沅陵、桃源、石门、绥宁等地特色自然、人文资源，探索建立张家界国家公园。加强沅陵五强溪湿地、吉首峒河湿地、安化雪峰湖湿地、桃源沅水湿地、水府庙湿地、绥宁花园阁湿地等国家湿地公园的保护和生态建设。加强配套设施建设，提高国家级、省级自然保护区的管护能力，提升自然保护区建设管理质量。探索自然生态保护区生态移民，在自然保护区和缓冲区实施生态搬迁扶贫示范工程。

（2）加强生物多样性保护

武陵山片区是我国乃至世界生物多样性最丰富、最独特的地区之一，以珍稀动植物物种为重点，全面开展生物多样性普查，建立和完善野生动植物种质资源保护体系。加强野生动植物栖息地、原生地的重建、修复与保护。重点建设张家界大鲵，以及永顺县小溪、古丈县高望界、龙山曾家界、绥宁县黄桑、保靖县白云山等自然保护区。强化生物物种资源保护和利用管理，加强对水杉、红豆杉、长苞铁杉、白稠、银杏树、大鲵、金钱豹、水鹿、中华秋沙鸭等珍稀濒危野生动植物就地保护和迁地保护，重点实施珍稀濒危野生动植物拯救保护工程。加强对外来入侵物种的防控。

（3）加强地貌多样性保护

张家界独特的石英砂石峰林、莨山丹霞地貌是世界极具代表性的自然遗存地。以张家界砂岩峰林、莨山丹霞地貌、古丈红石林、古丈和花垣“金钉子”、龙山洛塔岩溶、吉首矮寨峡谷等地貌为核心，加强地貌多样性保护，建立严格的保护机制，防止各类经济活动对自然遗存地的影响和破坏。

3. 加大生态环境综合整治

（1）加强矿区污染综合治理

开展绿色矿山建设行动，强化风险评估与防范，全面推进矿区废渣、废水、废气、采矿废石、尾砂等污染综合治理。重点实施湘西锰三角、娄底锡矿山以及泸溪、沅陵、辰溪、溆浦、冷水江、新化、涟源等地区重金属污染综合治理和尾矿库、矿渣库除险加固工程，规范危险废物管理，严禁矿石露天堆存。强调企业主体责任，按照“谁开发谁保护、谁受益谁治理、谁破坏谁恢复”的原则，加强对矿山、采石场等资源开采区、废弃矿区及周边区域实施植被保护和生态恢复。到2017年绿色矿山比例达到10%以上。

（2）加强工业污染排放控制

围绕钢铁、化工、电力、有色金属、建材、造纸、煤炭等传统行业，以大型骨干企业为重点加快企业刷卡排污总量控制系统建设，实施企业污染排放从浓度控制向浓度总量双控制转变。按照“关停淘汰一批、整合入园一批、规范提升一批”的要求，加大重点污染行业的整治提升。到2017年，COD排放量为29.16万吨，二氧化硫排放量为20.59万吨，比2012年均减少10%。

（3）强化农业面源污染治理

大力发展有机农业，鼓励使用高效低毒残留农药，依靠生产技术改进，减少农药、化肥的施用量，减少面源污染。推行无污染排放养殖，推广生态养殖模式，加强畜禽养殖粪便污水治理，积极推广测土配方施肥，实现畜禽粪污资源化利用。林业生产中节约使用化肥、农药、林副产品加工环节降低能耗，减少污染。水产业实行清洁生产，遏制水污染，保证水体质量。

4. 推进城乡环境同建同治

统筹推进城乡环境基础设施建设，将城镇环境基础设施向农村延伸，加大垃圾收运系统、雨污分流系统、公共绿地系统、环境卫生系统等基础设施建设力度，实现基本环境设施共建共享。实施城镇社区生活垃圾分类，推行水泥窑协同处置、焚烧发电等垃圾综合利用方式，完善污水管网，提升污水处理能力；引导村民按照“回收、堆肥、填埋”等方法从源头对农村生活垃圾进行分类减量，再按照“村收集、镇中转、县处理”的方式集中无害化处置。全面推进农村环境综合整治，实施“三清”（清垃圾、清路障、清淤泥）、“四改”（改水、改厨、改厕、改圈）、“四旁”（绿化美化村旁、宅旁、路旁、水旁）、“六到农家”（水、电、路、气、房和环境改善）工程，全面改善农村人居环境。到2017年，城镇（乡）供水水源地水质达标率、污水集中处理率、生活垃圾无害化处理率分别达到99%、75%（县以上城镇达到90%，镇（乡）达到35%）和93%。城区居住小区生活垃圾分类达标率达到60%。

（五）构建民族融合的生态文化体系

把生态文化的力量熔铸在片区发展力、创造力和凝聚力之中，使其成为综合竞争力的重要标志。重点实施民族生态文化传承创新工程，推进民族文化与生态文化的融合发展。

1. 弘扬生态文明理念

加强对湖南省武陵山片区各级领导干部、企业经营者生态文明观念和意识培养，将生态文明融入政府行政文化与企业管理文化之中，使生态文明建设成为政府和企业的自觉行动。开展生态文明创建活动，以创建全国生态文明试点示范市、县（区）为契机，结合民生改善，积极开展绿色机关、绿色学校、绿色社区、绿色村寨等系列创建活动，培养生态文化、生态道德和生态行为，努力构建生态文明社会。加大生态文明宣传力度，依托张家界、凤凰、崀山等知名旅游景区，建立生态文明形象窗口，利用广播电视栏目或公益性广告，组织生态文明系列宣传和报道，增强全民生态意识和生态正义，加快形成生态文明建设的良好社会风尚。加强生态文明知识教育，把学习贯彻生态文明建设理论作为大中小学校建设发展的重要理念与指导原则，融入学校教学工作中，并结合实际，制定生态文明教育的规划与具体的落实计划。到2017年，生态文明知识普及率、党政干部参加生态文明培训的比例分别达到90%和100%。

2. 倡导生态绿色消费行为

切实落实“厉行节约、反对浪费”的要求，广泛开展绿色新生活行动，加强绿色消费观念的教育，在全社会形成崇尚节俭、理性消费的理念。推行政府绿色采购制度，倡导企业、社会组织绿色消费，改变奢侈浪费、过度索取与超前消费的现象。推广两型技术和产品、实施节能产品惠民工程、完善公共交通体系，在衣食住行游等各方面加快向简约适度、绿色低碳、文明健康的消费方式转变。形成具有个体自觉、家庭参与、社会共谋良好生态环境的文化氛围。到2017年，公共交通出行比例、二级以上能效家电产品市场占有率、节水器具普及率、有关产品政府绿色采购比例分别达到80%、60%、90%、80%。

3. 加强民族生态文化保护与传承

（1）推动民族生态文化品牌建设

加强对武陵山区少数民族文化遗产的挖掘和保护，促进民族文化与生态文化的融合，深入挖掘苗、土家、侗、瑶、白、维吾尔等民族文化遗产中的生态文明思想，创作一批弘扬生态文明，具有武陵山地域特点、民族特色、时代特征的生态文学、影视、艺术作品。结合西兰卡普、苗绣苗画、宝庆竹刻、滩头年画、羽毛画等具有浓郁民族风情的特色工艺，开发一批具有生态文化的工艺品。利用张家界国际乡村音乐节、芷江和平文化节、龙山摆手节、吉首鼓文化节、凤凰“四月八”跳花节、通道芦笙节、绥宁姑娘节等少数民族地区的节庆活动，传播生态文化，培育几个享誉海内外的民族生态文化品牌。

（2）加强民族生态文化载体建设

统筹规划和整体开发建设一批标示性的基础文化设施和生态文化展示平台。加快推进武陵山土家族苗族文化生态保护区、古丈茶文化主题园、龙凤土家生态文化城、盘瓠文化生态园、梅山文化园、绥宁巫傩文化园等一批特色鲜明、品味高雅的生态文化主题园区建设。依托里耶重大考古，“张家界”“金钉子”“红石林”等重大地质地貌科考发现，以及凤凰古城、洪江古商城、乾州古城、里耶古城等历史文化古城，积极探索建立武陵山主题博物馆。

（六）构建管用规范的制度创新体系

发挥制度对生态文明建设的根本性、基础性、长期性的作用，把生态文明建设制度融入政治、经济、文化建设中，重点推进六大制度建设。

1. 健全自然资源资产产权和用途管制制度

率先建立自然生态资产统一登记制度，对武陵山片区水流、森林、山岭、草原、荒地、湿地等自然生态空间进行统一调查摸底登记，并对其归属进行清晰界定，明确相应权责及监管主体。健全空间规划体系，探索推进市县国民经济和社会发展规划、城镇总体规划和土地利用规划等规划与主体功能区规划的整合，达到多规合一，科学划定生产、生活、生态空间开发管制边界，落实用途管制制度。坚持最严格的节约用地制度，完善节约集约用地考核评价机制。认真贯彻《湖南省最严格水资源管理制度实施方案》，落实水资源开发利用控制、用水效率控制、水功能区限制纳污三条红线管理。

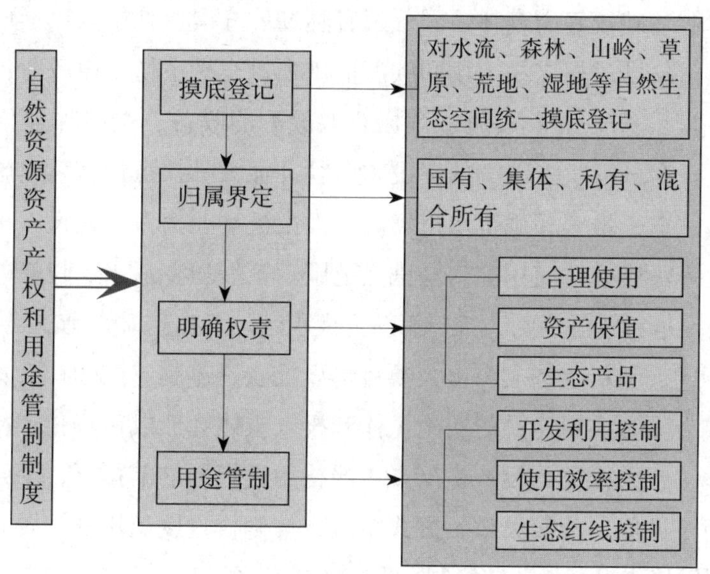

图4　自然资源资产产权和用途管制制度路线图

2. 坚定不移实施主体功能区制度

落实《湖南省主体功能区规划》，全面编制武陵山片区市县主体功能区规划，建立国土空间开发保护制度，明确主体功能区规划作为国土空间开发的基础，按照主体功能定位的发展落实到每一寸国土。实行差别化的区域开发管理政策，探索建立主体功能区适应性评价制度，不断优化区域发展布局，加快制定禁止开发区、限制开发区的活动准入清单，实行非准勿进，以及重点开发区的产业负面清单，实行非禁皆准。在严守耕地红线的基础上，以各类森林公园为主体划定森林保护红线，以各类湿地公园为主体划定湿地保护红线，以自然保护区为主体划定物种保护红线，以饮用水源、湖泊、河流为主体划定水生态红线，维护生态安全。

3. 推行生态文明建设市场化机制

探索推行自然资源产权、环境产权、使用权交易制度，建立公开、公平、公正的资源初始产权配置机制和二级市场交易体系。依托森林覆盖率高的优势，推进发展碳汇林业，探索建设碳汇资产市场，规划实施碳汇林业建设工程。政府组织开展碳汇勘探计划，对碳汇源主要分布地的面积、立地条件进行调研，对林业基础较好的森林公园、国有林场等开展造林试点，形成碳汇造林示范区。建立碳排放权交易市场和碳汇信用项目交易市场，由政府组织通过公开招标、拍卖、企业或个人通过竞标获取碳汇的收益，同时加强招标拍卖挂牌，出让电子竞价等重点制度的建设和监管。加大林权抵押贷款实施力度。加快水权交易试点，培育和规范水市场。全面推进矿业权市场建设。推进排污权交易，扩大排污权有偿使用和交易试点范围。开展城乡污水、垃圾处理等污染治理设施建设运行特许经营，推行第三方建设营运环保基础设施。运用PPP（公私合作）模式，创新生态文明重大项目建设投融资体制，鼓励社会资本进入，推动企业成为生态文明建设的实施主体和投入主体，形成市场化、社会化运作的多方并举、合力推进的投入格局。在严格用途管制的前提下，探索解决自然资源开发门槛过低，价值失效、方式粗放，使用权过度滥用的问题。建立自然资源开发利用特许经营的流转机制，形成流转市场。

4. 建立资源有偿使用和生态补偿机制

坚持使用资源付费和谁污染环境、谁破坏生态谁付费原则，逐步将资源税扩展到占用各种自然生态空间，实施差别化资源价格和惩罚性资源价格制度。加大生态补偿实施范围和力度，补偿重点生态功能区因加强生态保护和建设造成的利益损失。优先将武陵山区各县（市、区）生态公益林保护、流域防护林、石漠化综合治理、水土流失综合治理、低产林改造等纳入国家和省重点生态建设工程予以生态补偿支持。建立完善森林（湿地）生态效益补偿长效机制，逐步提高补偿标准。探索建立农业生态补偿，确保农业可持续发展。

5. 实行信息公开和社会监督制度

完善生态文明建设行政决策机制，推行重大项目建设生态环境保护风险评估制度。完善政府听证会制度和重大决策专家论证、群众评议制度，对涉及公众生态发展权益的建设项目，通过听证会、论证会或公示等形式听取公众意见，确保公众对生态文明建设的参与权、知情权和监督权。推进生态文明信息平台建设，加强环境管理政务信息、高污染风险企业环境信息、生态环境质量信息、重大生态环境安全应急信息，以及生态环境突发事件的公开，尤其是加强对生态环保违法企业及典型违法行为在政府网站和当地主要媒体进行公开。建立健全武陵山片区生态环境信息管理制度，全面推进涉及民生、社会关注度高的环境信息公开，切实推进信息公开工作法制化、公开化，不断提高环境信息的透明度。

6. 建立生态文明考核评价体系和责任追究制度

充分发挥生态文明考核"指挥棒"的作用，建立健全生态文明目标管理责任制，实行分类差异化考核制度。对限制开发区域和武陵山片区31个生态脆弱的国家扶贫开发工作重点县（市），省市不再考核生产总值。把资源消耗、环境污染、生态效益等体现生态文明建设的指标纳入生态文明考核体系和领导班子与领导干部目标考核体系。建立领导干部任期内生态环境资源审计机制，加快探索编制耕地、森林、湿地、湖泊（水面）、物种、矿山六大类自然资源资产负债表，落实领导干部自然资源资产离任审计。建立生态环境损害责任终身追究制度，让生态文明建设考核由软约束变成硬指标。

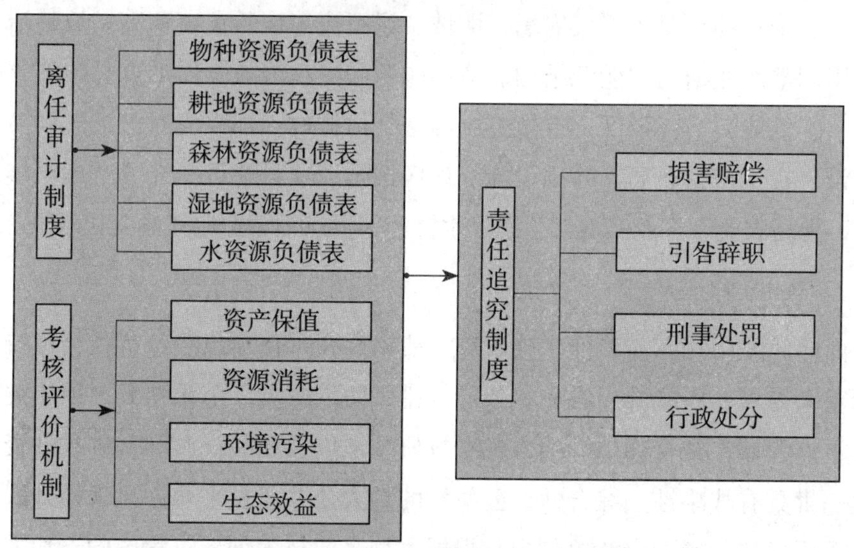

图5　生态文明考核评价体系和责任追究制度路线图

7. 推行城乡环境同建同治机制

建立健全城乡环境同建同治长效管理机制，在城乡规划、产业发展、基础设施、公共服务、社会管理、环境优化等方面实施城乡同建同治，坚持做到城乡同规划、设施同建设、卫生同保洁、事务同管理。通过大力推行责任单位目标管理制、县直部门结对共建制、县级领导挂乡联系制、村级道路硬化以奖代补制、社区考核评比奖补制、县城公共区域卫生财政补助制、科级干部联络员制等七项机制提升城乡环境同建同治能力。

（七）构建自我发展的能力支撑体系

提升自我发展能力，是连片特困区持久减贫的“治本”之策，对生态文明建设更是具有十分重要的意义，重点强化应对气候变化能力建设、科技创新能力建设、基础工作能力建设。

1. 强化应对气候变化能力建设

完善各类灾害监测网站，划定灾害重点防范区，增强灾害预警评估和风险防范管理能力。加强防灾减灾骨干工程建设和基础设施、城（村）镇等规划过程中的工程地质勘查，提高重特大灾害的工程防御能力。加强防灾减灾科技支撑能力建设，突出湘西州、张家界、怀化、邵阳、娄底等地的山洪防治、加强重要交通干线和重要集聚区崩塌、滑坡、泥石流等地质灾害和高切坡整治。综合运用调整产业结构和能源结构、节约能源和提高能效、增加森林碳汇等多种手段，降低能源消耗强度，有效控制温室气体排放。加强应对极端气候事件能力建设，在生产力布局、基础设施、住区选址、项目建设上充分考虑气候变化因素，提高农业、林业、自然生态、水资源等重点领域适应气候变化水平。

2. 强化科技创新能力建设

面向武陵山片区前瞻性基础研究、战略高技术创新以及经济社会可持续发展的重大需求，在旅游、农业、节能减排、防洪减灾、节水灌溉、地质灾害防治等重点领域，整合部门、地方现有科研基地以及相关设施和基础条件资源，构建一批具有战略性、综合性、公益性的重大公共研发平台，显著提升武陵山片区重要科技领域综合竞争能力。根据大型企业技术创新过程中的迫切需求，针对本区域布局中的农产品加工、生物制药、民族文化、矿产资源加工等重点产业和领域，集成产、学、研和中介等多方优势资源，推动创新资源和创新要素向企业集聚，支撑企业自主创新和产业技术进步，构建面向企业的创新支撑平台体系，将其作为科技支撑和引领武陵山经济社会发展的一个新的切入点和新的发挥作用的方式。大力推广清洁低碳技术，运用生物技术、生态技术、工程技术等技术恢复与重建退化的森林生态系统、河流等水生生态系统，加强对石漠化地区、水土流失地区的生态环境建设，恢复系统生产力，增强其抗逆能力和稳定能力。

3. 强化基础工作能力建设

提高生态文明建设决策的民主化、科学化水平，将生态文明建设纳入长远的发展战略和决策中。建立完善生态文明综合评价指标体系，推进能源、生态环境（水、森林、草原、湿地、水土流失、石漠化等）、动植物物种和温室气体等统计、监测、核算能力建设。加强节能、环保、水、林业、土地等领域的执法队伍建设，提高执法能力。加强生态文明基础研究、科技研发、战略政策、工程应用和市场服务等人才队伍建设。加强资源环境公共信息平台建设，提升信息化水平、促进信息共享。强化各级管理者的生态意识和生态观念，提升管理者知识结构，加大对民众及企业员工环保知识的普及和培训。

四、推进重大示范工程建设

按照突出生态文明主题，彰显武陵山片区地方特色，提供示范经验借鉴的要求，在环境保护、城乡建设、能源开发、产业发展、民族文化建设等方面实施十大重点示范工程。按照“项目已规划、支持有渠道、资金有保障、实施能落地”的原则，根据本方案确定的目标任务，突出重点，统筹兼顾，综合平衡，共筛选确定建设项目207个，估算总投资1120亿元。

（一）特色生态城镇建设工程

科学完善城镇体系规划，走生态特色的新型城镇化道路，以城、乡、景一体化发展为思路，高起点、高标准、高质量、高效率、高水平推进特色生态城镇建设。通过对自然山水的保护、历史与民族文化的挖掘，重点建设具有鲜明生态文化特色的示范县、示范小城镇，富有地方特色、民族特色、传统风貌的示范中心村庄和少数民族特色村寨。主要包括10个建设项目。

（二）绿色廊道建设工程

以绿环、绿楔、绿带建设等为基础，推进绿色廊道建设工程。重点加强生态功能区、中心城市周边、农村林网带、道路（高速公路、国省干线公路及铁路沿线）、河流森林生态系统建设，构建区域景观整洁、生态功能完善、生境自然和谐的绿色廊道系统。主要包括8个建设项目。

（三）美丽山村建设工程

以“净化、绿化、美化”为重点，科学制定和实施乡村规划，着力形成布局合理、设施配套、环境优美、特色鲜明的村庄布局形态。大力推进绿色农房建设，打造居住集约化、环境生态化、服务功能化的农村新型社区。按照均衡配置、资源共享的原则，积极推进基本公共服务均等化，推动美丽山村建设。主要包括10个建设项目。

（四）特色文化生态旅游工程

突出武陵源、崀山两大世界遗产品牌，科学开发神奇山水、神秘文化、红色老区等特色旅游景区，突出绿色生态旅游、民族文化旅游、山寨休闲旅游、特色工矿旅游，实施一批特色文化生态旅游项目，推动特色文化生态旅游科学发展。主要包括12个建设项目。

（五）生物、地貌多样性保护工程

加快构建生态安全屏障，实施重大自然生态系统修复、天然林资源保护、动植物动态观测监测等工程，全面加强自然保护区、地质公园、森林公园、湿地公园的保护与建设，维护动植物栖息生境、地质遗迹和特色生态系统，防止各类经济活动对生物多样性和自然遗存地的影响与破坏。加强张家界、崀山、红石林特色地貌及“金钉子”保护工程建设。主要包括10个建设项目。

（六）石漠化及水土流失综合治理工程

以自然恢复和水利水保工程为主，按照“统一规划、科学配置、综合防治”原则，开展石漠化及水土流失综合治理，重点加快林业植被恢复，加强小流域综合治理和水土流失治理，实现石漠化由持续增加向净减少的重大转变。主要包括10个建设项目。

（七）矿区环境综合整治工程

加强对矿山开采的生态监控，抓好矿山生态环境治理工程。重点加大矿区植被保护和生态修复、矿区废弃地污染综合治理和矿区回填复垦绿化工作，加快建设布局合理、集约高效、生态优良的绿色矿山。主要包括8个建设项目。

（八）新能源开发利用工程

优化能源生产和消费结构，科学开发利用新能源，走能源可持续发展之路。着力推广应用沼气、节能灶、固体成型燃料、秸秆气化等生态能源建设项目，推广风能、生物质能、太阳能等新能源发电技术。推进分布式能源和绿色能源建设。加快推进页岩勘查开发利用。主要包括10个建设项目。

（九）山地绿色食品基地建设工程

以产业化、标准化、信息化、市场化为主攻方向，重点建设油茶、茶叶、蔬菜、魔芋、水果、干果、肉（奶）、水产、食用菌等一批山地绿色食品生产基地，提高山地特色农产品生产水平。扶持培育绿色名、特、优农产品品牌。健全农产品质量安全体系。主要包括17个建设项目。

（十）民族生态文化传承创新工程

依托武陵山片区特有的民族生态文化资源，实施民族生态文化品牌和载体建设工程，强化非物质文化遗产保护，支持民族工艺传承人培养，支持武陵山区（湘西）土家族苗族文化生态保护试验区建设，推进民族文化与生态文化的融合发展。主要包括11个建设项目。

构建区域生态环保支撑体系

——“一核三极四带”发展的生态环保支撑研究[①]

“一核三极四带”是湖南省委、省政府作出的区域发展空间新布局。全面盘点“一核三极四带”的生态环境现状，精准探察生态环境保护治理中的现实问题及其机理致因，科学谋划、系统优化“一核三极四带”区域生态环境保护与治理的主要目标、实现路径及其策略举措，积极应对生态环境污染面临的严峻挑战，超前防范自然生态危机，切实化解经济社会发展的深层矛盾，既对全面改善湖南生态环境质量，加速迈进全国生态文明建设先进省份具有重要现实意义，更对促进湖南经济社会转型升级与可持续发展，早日实现全面小康具有深远的历史影响。

一、“一核三极四带”生态环保现状分析

（一）生态环境保护取得的主要成就

近年来，“一核三极四带”区域坚持发展与保护并重、经济与环境双赢的原则，把生态文明建设摆在更加突出的战略位置，以保护环境质量为目标，以污染防治为重点，有力地促进了全省经济社会发展与生态文明建设。

1. 生态文明建设成效显著

“一核三极四带”区域的生态文明建设体制机制不断健全，建立了省长任总召集人的环境保护联席会议制度，出台了全国首部《绿色湖南建设纲要》，颁布实施了《湖南省主体功能区规划》等系列文件。自2013年4月1日开始实

① 湖南省决策咨询项目，最终成果被省政府《加快建设“一核三极”辐射联动“四带多点”增强区域发展新动能的实施意见》（湘政发［2016］22号）文件采纳。2016年5月完成。

施行了国内第一部江河流域保护的综合性地方法规——《湖南省湘江保护条例》，现已成为湘江流域内长株潭、岳阳、京广高铁沿线等关联区域环境保护的行动纲领。岳阳市2014年获评全国节水型社会建设示范区，怀化全市2014年被纳入国家第二轮西部地区生态文明示范工程试点范围，郴州市2015年成功列入全国生态文明示范工程试点市和全国水生态文明城市建设试点市。张吉怀高速公路沿线的武陵山片区被整体纳入第一批国家生态文明先行示范区建设；京广高铁沿线的湘江流经城市大力实施省政府“一号重点工程”，湘江治理保护的经验模式被新华社誉为“中国流域综合治理样本”。

2. 生态环境质量稳步提升

“一核三极四带”区域的水环境质量总体保持稳定，地表水水质总体为良，江河水系Ⅲ类水质以上省控断面比例由2010年的90.8%提高到2015年的96.9%，提高了6.1%；洞庭湖水质总体为中度污染，富营养化指数由2010年的49.9下降到2015年的48.7，降低了1.2，总体状态为中营养。空气质量总体向好，2015年长株潭三市、岳阳、常德、张家界6市空气平均达标天数比例为77.9%，轻度污染占16.7%，中度污染占4.2%，重度污染占1.2%，无严重污染，6市达标天数比2014年上升8.1%；按《环境空气质量标准》（GB3095—1996）中可吸入颗粒物、二氧化硫、二氧化氮3项监测因子进行评价，2015年“一核三极四带”区域的所有地级城市空气质量平均达标天数比例为91.1%，比2010年上升5.2%。郴州市森林覆盖率2015年底达到67.7%，入选中国50大“氧吧”城市，成功创建国家森林城市。张吉怀经济带与邵阳市所含的武陵山片区森林覆盖率高达65%，集中了全省70%左右的森林绿地。

3. 重点生态治理全面推进

湘江流经京广高铁经济带大部分城市，生态环境治理强化重点“治江”，到2014年底，湘江干流Ⅰ至Ⅲ类水质断面比例比2010年提升5.5个百分点，湘江干流水质总体为优。环洞庭湖经济带水域面积大，水资源丰富，重点突出“治水”，通过治理，形成大小堤垸396个，建成一线防洪大堤7294.68公里，排涝泵站5895座，排水闸5060出，基本形成了以堤防为基础，防洪水库、蓄滞洪区、排涝泵站等相配套的防洪治涝工程体系。沪昆高铁经济带中的娄底市矿产资源大量开采造成极大的环境破坏，邵阳市石漠化地区面积大，土壤污染严重，重点突出“治土”，娄底市强力推进锡矿山地区环境整治与生态修复示范区建设，积极推进砷碱渣无害化处理等项目；邵阳市大力实施生态空间保护、石漠化治理、巩固退耕还林等工程，创办城郊荒山造林、楠竹新造和速丰林造林等各类大规模示范基地156处。张吉怀生态经济带占了湖南省武陵山片区的绝大部分范围，重点突出“治山”，截至2015年底，张吉怀武陵山片区拥有2处世界自然保护区、1处世界地质公园、13处国家自然保护区、15处国家森林公园、4处国家地质公园，为全国九大生态良好区域之一，是中国巨大的碳汇和氧吧。

4. 重点领域污染防治加强

长株潭城市群和京广高铁经济带各大中城市大力推进湘江重金属污染治理，完成了湘江保护和治理的第一个“三年行动计划”。通过综合施策、分类指导，郴州三十六湾、衡阳水口山、娄底锡矿山、株洲清水塘、湘潭竹埠港五大重点区域环境综合整治取得阶段性成果，湘潭竹埠港28家重污染企业已于2014年10月整体退出。大力推进城镇污水、垃圾污染治理，“十二五”期间，全省“一核三极四带”新增城镇污水处理厂19个，新增污水处理能力122万吨/日，新增污水收集管网8139公里，县以上城镇污水处理率达到92.3%。积极加强节能减排工作，强化了工业、建筑、交通、公共机构等重点领域节能减排，节能降耗取得成效，2014年，化学需氧量、氨氮、二氧化硫、氮氧化物等主要污染物排放量分别为124.9万吨、15.77万吨、64.13万吨、58.81万吨，与2010年比较，分别下降6.9%、7.0%、9.7%、2.6%。推动产业园区“两型”建设，以长株潭国家级产业园区为核心，以“三极四带”国家级和省级园区为重点，着力推动产业生态化和生态产业化。开展了汨罗、永兴、清水塘等6个国家级和24个省级循环经济试点，拥有湘潭高新区、益阳高新区和岳阳绿色化工园3个国家级低碳园区试点。

（二）生态环境保护存在的主要问题

“一核三极四带”区域的生态文明建设虽正积极推进，但与国家生态文明建设新要求、全省区域发展新战略、人民群众对环境保护治理的新期盼尚有较大差距，部分生态环境保护的重大瓶颈和突出问题亟待化解。

1. 环境污染压力仍未缓解

整体审视，“一核三极四带”区域的空气质量、工业“三废”危害、江湖污染、农村面源污染等问题仍未从根本上得以解决。长株潭城市群空气质量短时间内尚难达到国家二级标准，特别是秋冬季节长沙雾霾问题较为严重，2014年，湖南重点监测的长沙、株洲、湘潭几个城市的全年空气质量超标天数比例占到32.6%；环洞庭湖经济带湖水量减少导致水体自净能力降低、水环境容量下降，洞庭湖水质呈中营养化状态。重金属污染防治、土壤污染治理任务艰巨，2015年，44个河流监测断面中有6个断面出现了重金属年均值超标现象，超标断面集中在湘江支流郴州段、资江干流益阳段和珠江北江武水梅田镇断面，含镉、砷、铅等重金属的工业废水严重影响着城市饮用水源安全。

2. 资源能源利用约束趋紧

随着工业化、城镇化进程的加快和消费结构升级，资源能源消耗总量不断增大，资源短缺的压力将进一步加大，部分矿产资源保障能力不足的问题日益凸现，有色金属矿区面临资源枯竭；矿产资源供需紧张，对外依存度日益攀升，一些工业园区所需石油、煤炭、铁矿石、锰矿石等12种矿产总体上供不应求，缺口明显。郴州市作为承接珠三角产业转移的“桥头堡”，产业结构对资源的依赖程度较大，能源结构仍以煤炭为主；怀化市作为重要新兴增长极，随着经济发展加速，资源能源消耗将持续增长，预测未来五年新增主要污染物化学需氧量（COD）1.35万吨、氨氮0.49万吨、二氧化硫1.36万吨、氮氧化物0.48万吨，资源能源集约节约利用与生态环境保护的矛盾日趋凸显。

3. 生态环保改革任重道远

改革资源配置不尽合理，2014年以来，全省共有43项生态文明改革试点进入国家“试验田”，但其中仅14项集中在长株潭两型试验区，在国家生态文明建设中的“侦察兵、先遣队”作用未能有效发挥；环保资金政策支持欠平衡，国家、省对两型社会建设项目布点和资金投入重点放在长株潭城市群、环洞庭湖城市群等，经济滞后的张吉怀经济带、沪昆高铁经济带所在的娄底、邵阳等地区所占份额很少，影响区域协调发展。张吉怀经济带、邵阳市等后发地区，未来脱贫攻坚任务沉重，实施重点生态保护区建设将面临全新的限制性发展压力。生态创建机制不健全，绿色GDP考核制度、碳排放试点、生态补偿机制还需探索创建，全面深化改革任务十分艰巨。

（三）生态环境保护战略机遇

在我国经济社会发展步入优结构、促升级、稳增长、强活力的新常态背景下，“十三五”时期，生态环境保护既处于大有作为的重要战略机遇期，又是攻坚克难、负重前行的关键期。充分认识湖南“一核三极四带”在未来几年生态环境保护的战略机遇，有助于进一步贯彻落实国家系列生态文明建设政策，更好谱写美丽中国湖南篇章。

1. 生态文明建设创新发展机遇

党的十八大把生态文明建设纳入中国特色社会主义事业五位一体的总体布局，强调要把生态文明建设融入经济社会发展的各方面和全过程；十八届三中全会明确要求深化生态文明体制改革、加快生态文明制度建设。“十三五”期间，我国生态文明建设体制机制将在深入探索中逐步创建，新型发展模式有望促进区域经济迈入大协同大发展阶段，长江经济带、“一带一路”、中部崛起等国家重大发展战略的实施不仅进一步凸显出湖南的居中区位优势，而且将加速生态文明建设的跨域共生与协同创新，“一核三极四带”区域必将迎来创新跨越的历史良机。

2. 生态环境治理加速推进机遇

改革开放以来，经济社会高速发展积累的生态环境问题日趋严重，高消耗、高污染、低效益的经济成长模式遗留的环境危害需要不懈的持续治理与修复。未来国家对环境保育与生态治理的投入力度将不断加大，各项公共服务政策逐步向环保产业汇集，一些重大治理项目必须确保进度并显见实效，可望全面催生并驱导环保经济加速发展，促进生态环保技术与现代环保文化在社会规模上的推广普及，不仅有利于“一核三极四带”区域生态环境质量的持续改善，更能推动“两型社会”建设取得新成效，创造新经验。

3. 生态产品消费需求增长机遇

随着我国经济发展转型与产业结构优化升级步伐不断加快，各项供给侧改革政策全面推行，社会大众的消费需求更加多元化、趋高化，以观光休闲旅游为主导的生态产品市场将日趋热旺。“一核三极四带”作为湖南省域经济社会发展的优势区域和生态品质优良区域，不仅蕴藏着生态产品消费市场需求巨大而强劲的潜在动能，而且具备将生态环境资源积极转化为绿色、低碳、循环等新型经济优势的良好条件，有利于加快全省生态文明建设进程，创造湖南绿色发展新品牌，推进“五化同步”，实现“三量齐升”。

二、“一核三极四带”生态环保支撑的总体要求

（一）基本思路

按照“五位一体”总体布局和“四个全面”战略布局，坚持五大发展理念引领，围绕“一核三极四带多点”新格局，以长株潭绿色转型作为“绿色湖南”主攻方向，以岳阳、郴州、怀化为抓手打造宜居宜业宜游的生态标杆，整合京广高铁经济带、环洞庭湖经济带、沪昆高铁经济带、张吉怀精品生态文化旅游经济带资源优势，加强环境基础设施建设，全面推进能源资源节约利用，强化污染防治与生态保护联动协同效应，努力实现经济社会发展与生态环境改善同步提升，率先绘就“美丽中国”的湖南画卷。

（二）基本原则

1. 生态优先，绿色发展

以生态文明建设为导向，着力推进资源节约集约利用。以核极带资源承载能力、生态环境容量为依据，优化空间布局，统筹生态建设和环境治理，大力发展绿色低碳循环经济。加快构建资源节约、环境友好的生产方式和消费模式，努力走出一条生产发展、生活富裕、生态良好的绿色发展之路。

2. 创新驱动，制度保障

坚持把深化制度改革和科技创新驱动作为推动核极带生态文明建设的强大动力，进一步解放思想，探索实践，先行先试。以转变政府职能为核心，强化科技创新引领作用，充分发挥市场配置资源的决定性作用，不断深化重点领域和关键环节的改革，构建系统完整的生态文明制度体系，为生态环保注入强大

动力。

3. 以人为本，突出重点

把实现好、维护好、发展好最广大人民群众的根本利益作为一切工作的出发点和落脚点，在符合生态发展规律的基础上促进人与社会的和谐发展、人与自然共生共存。立足对核极带经济社会可持续发展制约性强、群众反映强烈的突出问题，坚持把培育生态文化作为重要支撑，打好核极带生态文明建设攻坚战。

4. 分类指导，统筹推进

根据一核、三极、四带各自独特的地理位置、产业发展基础和自然资源优势，按照区域生态环境效益最大化的需要，加强顶层设计，分类谋划核极带各区域生态环境保护和治理的主要目标和实施路径，统筹推进两型社会建设、绿色湖南建设和生态文明建设，增强核极带生态环保建设的系统性、整体性和协同性。

5. 政府引导，全民参与

充分发挥政府的科学引导作用，加强政策指导，加强生态文化建设，将生态文明纳入社会主义核心价值体系。着力强化企业生态意识和社会责任意识，加强环境保护，减少污染排放。倡导勤俭节约、绿色低碳、文明健康的生活方式和消费模式，提高全社会生态文明意识，形成生态文明建设的强大合力。

（三）主要目标

依托核极带战略布局，将生态文明建设融入“一核三极四带”经济建设、政治建设、文化建设、社会建设各方面和全过程，构建功能优化的空间结构体系、节约集约的资源利用体系、生态安全的环境保护体系、恢复天然的生态修复体系以及科学规范的制度创新体系，在中部地区率先形成生态质量优良、生态风险可控、生态秩序良好、经济社会持续发展，与全面建成小康社会相适应的生态文明。

三、“一核三极四带”生态环保支撑的主要任务

（一）坚持把推进主体功能区建设作为战略方针

充分考虑自然资源与生态环境的空间差异性，坚定不移的实施主体功能区战略，合理布局和整治区域生产、生活和生态空间，强化区域生态承载能力，建立以环境功能区划为基础、生态红线为底线的环境分区管理体系，推动各地严格按照主体功能区定位发展，构建科学合理、系统完整、功能优化的城镇分布格局、农业发展格局和生态安全格局。

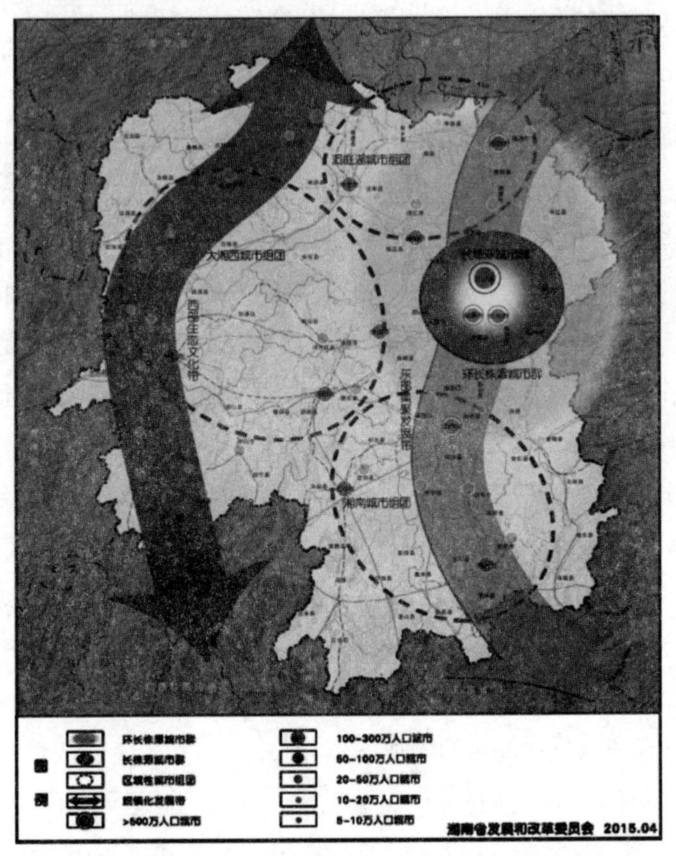

图1　湖南省新型城镇化规划空间格局示意图（2015—2020）

1. 加快“重点开发区域”建设

遵循城镇发展的客观规律，以区域现有功能布局、自然资源禀赋和经济基础为依据，以“一核两带三组团”的城镇化空间格局中适宜实行工业化和城镇

化开发的地区以及省级以上工业园区、工业集中区为重点，实行工业化和城镇化水平优先的绩效评估体系，适度拓展产业空间和人居空间，加快基础设施建设，推进社会事业发展，成为全省经济增长和社会发展的重点区域。其中，长株潭城市群极核，依托长株潭两型实验区、国家自主创新示范区和湘江新区等国家级平台，进一步优化城市空间布局，提高空间利用效率，通过人口集中、产业集聚、要素集约和功能集成，打造成为全国一流的新型城镇化发展典范。岳阳、郴州、怀化作为洞庭湖、湘南、大湘西等三大区域性城市组团的中心城市，充分发挥在吸纳农业转移人口和产业发展中的重要作用，提升城市综合服务功能，加快城市特色风貌，增强在区域发展中的辐射带动作用，使其成为推进新型城镇化的重要空间载体。

2. 提升建设“农产品主产区”

因地制宜，依据湖南主体功能区定位和全省不同片区的自然地理条件及农业基础特点，以“一区一圈两带”中国家级农产品主产区耕地面积多、农业发展条件好的区域为重点，实行农业发展优先的绩效评价体系，加强耕地和基本农田保护，切实增强农业综合生产能力，大力发展现代农业，提高农业产业化、规模化和集约化水平。重点在长沙、株洲、湘潭的城市外围地区打造集观赏、采摘、游乐、体验等为一体的都市休闲农业；在岳阳、益阳、常德等城市为重点的环洞庭湖经济带地区发展杂交水稻、原生态水产、双低杂交油茶、高支纱棉花、畜禽果蔬等优质农产品；在娄底、衡阳、邵阳、永州等沪昆高铁经济带腹地地区加强耕地保护，突出发展粮食、油料、果蔬等优势农产品生产、精深加工及冷链物流；在怀化、郴州等为重点的武陵山、罗霄山区域重点发展以食用菌、有机茶、特色水果、中草药、油茶种植等为特色的农林产品标准化基地，发展以农林牧复合经营的山地生态农业。

3. 推进“重点生态功能区”建设

围绕构建“一湖三山四水”的生态安全战略格局，在核极带的重点生态功能区内划定生态红线，切实保护生态空间，提供生态产品供给，保障生态安全。在长株潭地区增加对湘江的保护和监控，加大生态环境综合整治，全面治理工农业污染和生活污水，严控主要水污染物排放总量，积极推进河道生态恢复，逐步提高水质和生态服务功能。在郴州、怀化、张吉怀精品生态文化旅游经济带地区，强化武陵山—雪峰山、罗霄山—幕阜山、南岭作为全省重要生态功能山脉的自然生态屏障功能，提高武陵山、南岭水源涵养功能，加强对森林资源的建设与保护，保护自然生态走廊、野生动物栖息地和丰富生物多样性。在岳阳、环洞庭湖经济带地区，加强洞庭湖及东江水库、水府庙水库等大型水库为主的重要生态功能区建设，切实加强水生生物资源保护和水域生态修复，禁止在湿地狩猎、捕捞、采集国家和本省保护的野生动植物。在洞庭湖及水库防护区域内着力建设生态防护带，并加强对其防护带的监督管理。强化洞庭湖及库区水污染的综合整治，削减湖区、库区污染负荷，保障饮用水源安全；全面推进湖区、库区的扩容、清淤等工作，恢复和扩大水面和湿地面积。

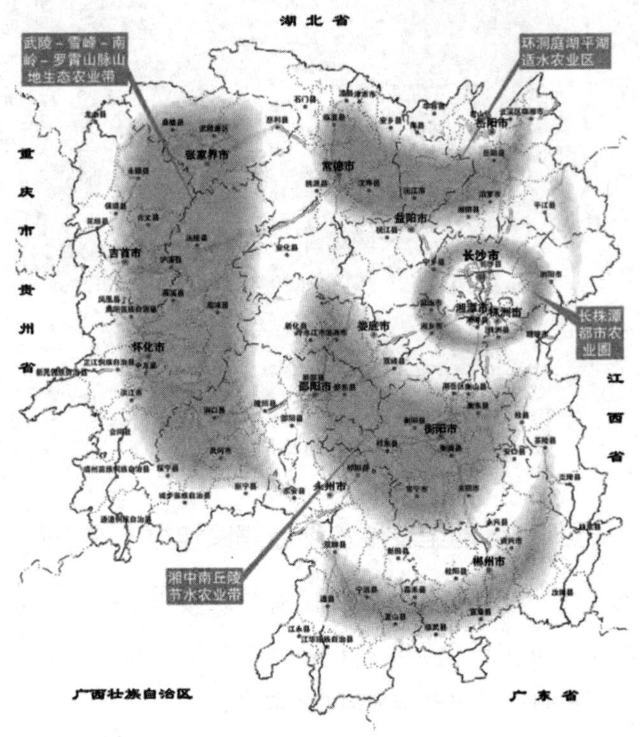

图2　农业空间布局示意图

4. 加强“禁止开发区域”保护

以各级各类世界自然遗产、历史文化遗产、自然保护区、森林公园、地质公园、重要湿地、风景名胜区、基本农田、蓄滞洪区、重要水源地等区域为重点，对“一核三极四带”区域重点评价自然文化资源的原真性和完整性保护情况，依据法律法规和相关规划实施强制性保护，严格控制人为因素对自然生态的干扰，引导生态保护地、环境脆弱地人口逐步有序外迁转移。

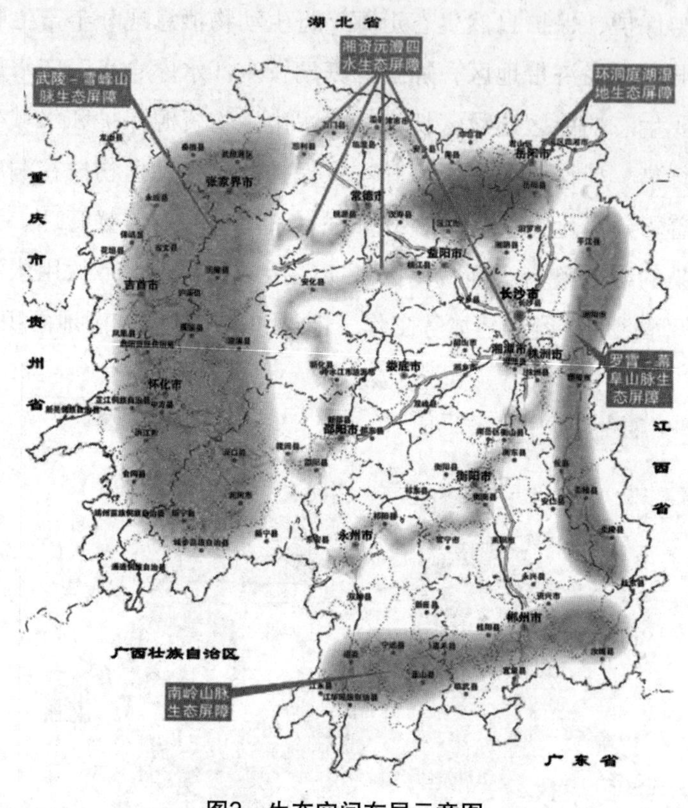

图3 生态空间布局示意图

（二）坚持把长株潭两型发展、创新集聚作为主攻方向

发挥长株潭全国“两型社会”建设综合配套该改革试验区的引领和示范带动作用，推动城市发展绿色化、生态环境优良化、资源利用集约化、居民生活低碳化，实现生态文明建设与经济发展良性互动。

1. 营建环境友好型城市空间

（1）拓展绿色空间

落实《长株潭城市群生态绿心地区总体规划》和《长株潭城市群生态绿心地区保护条例》，以绿心区产业引导、落后产能退出、基础设施建设等为重点，切实保护好长株潭核心区生态“绿心”。整合长株潭三市自然资源，沿主要交通干线和河流，以林带绿化、水域保护和绿道系统建设为重点，推进长株潭绿色生态廊道建设，2020年基本建成连接城际之间、城乡之间、社区之间的绿道网络，增强区域生态服务功能。发挥长沙国家园林城市、株洲国家森林城市的引领作用，以湘江新区为示范深入创建绿色生态新城，实施全民造绿大行动，编制城市绿网、建设环城绿带，增加城市绿量，推广屋顶绿化、桥梁绿化等立体绿化方式，实现城市居住区500米内见公园绿地，构建城在林中、路在绿中、人在景中的绿色城市新画卷。

（2）保护清新蓝天

推动长株潭城市群大气污染联防联控，加强排放源头治理，在火电、有色、钢铁、建材等重点行业企业全面推行清洁生产，推进脱硫脱硝设施建设，推进大气污染物协同减排。加强矿山、采石场、砂石厂、粉料堆放仓库等企业粉尘防控。开展城市燃煤锅炉、餐饮油烟整治。加强扬尘污染治理和道路保洁，实施建筑工地、渣土运输扬尘污染控制标准化管理，落实扬尘网格化管理。加大机动车排气污染防治，加快淘汰黄标车和老旧机动车，适时研究实施机动车增长控制政策，实施公交优先战略，推行绿色出行。加强秸秆和垃圾禁烧管理，推进农林废弃物综合利用产业体系建设。

（3）恢复湘江碧水

落实《水污染防治行动计划》，以截污治污、清障清淤、生态修复和景观提升为重点，全面推进湘江流域保护与治理湖南省人民政府一号工程。加强涉水行业污染监管和整治，实现工业企业废水全面达标排放，控制船舶油污和生活垃圾污染。推进长沙航电枢纽库区清污和湘江长株潭段以及区域内主要水体截污改造，实现城区污水全截污、全收集、全处理。加快滨江生态走廊建设，提高水生物多样性。推进湘江洲岛建设与保护性开发，建设百里滨水走廊。加强官庄、株树桥水库等饮用水源地保护，实施水质动态监测网工程，开展饮用水源规范化建设。

2. 推广资源节约的城市生活

（1）推进能源节约利用

全面推广节能建筑，发挥长沙国家住宅产业现代化综合试点城市的引领示范作用，加强住宅产业化基地建设和项目建设推广应用。适时节能环保产品惠民工程，全面推广新能源汽车、节能电器、高效照明等节能环保产品。实行公共交通优先，加快发展城市快速公交、轨道交通，完善公交专用道、公交场站等设施，支持自行车租赁，推动实现绿色交通全覆盖，引导居民绿色出行，创建低碳交通试点城市。

（2）推进土地集约利用

坚持最严格的耕地保护制度和集约节约用地制度，大力推进节约集约用地，提高单位土地投资强度和产出效益。严控新增建设用地规模，着力盘活建设用地存量，在城市地上地下空间立体开发和无缝衔接、旧城改造、园区开发、基础设施建设、农民集中居住等方面，积极探索新的节地经验和开发建设模式。

（3）推进海绵城市建设

落实最严格的水资源管理制度，严守用水总量、用水效率、水功能区限制纳污“三条红线”，制定实施水效标准提升计划，实施雨洪资源利用、再生水利用工程，大力应用和推广节水技术，发挥长沙、株洲国家水生态文明建设试点城市的示范引领作用，全面推进“海绵城市”和水生态文明城市建设。

（4）推进生活垃圾分类处理

推动建立覆盖城乡的生活垃圾分类体系，完善生活垃圾分类标准，加强源头分类投放，配套分类收运施舍，提高垃圾分类专业化水平，到2020年基本实现生活垃圾投放规范化、收集标准标准化、运输专业化、处理无害化。

3. 壮大自主创新型城市经济

（1）推进传统产业两型改造

坚持减量化、再利用、资源化的原则，引导企业围绕改善产品结构、提升产品质量、提高装备水平、优化工艺流程、提高信息化和安全生产水平，加大技术改造投入，研发推广市场需求大、技术含量高的新产品，走高端、精品、特色的产业发展道路。以株洲清水塘、湘潭竹埠港等老工业区企业搬迁改造为支撑，以转型升级、绿色搬迁为重点，坚决调整和退出不符合两型要求的企业，严格控制高能耗、高污染、高危险和低效益的落后产能发展。全面推进企业清洁生产和低碳生产，推动电力、钢铁、建材、化工等重点行业企业开展清洁技术改造和节能化改造。发挥互联网的创新促进作用，推进产业组织、商业模式、供应链创新，推动传统产业转型升级和提质增效。

（2）培育壮大绿色新兴产业

抢抓国家战略性新兴产业区域集聚发展试点契机，以培育创新型经济新业态为目标，建立面向国际国内的创新网络体系，推动新一代信息技术、生物、绿色低碳、高端装备、新型材料、数字创意等新兴领域研究开发和应用示范。全面加强创新平台、基地、人才、项目建设，加大对国家级企业技术中心、工程技术中心、重点实验室、产业技术联盟的支持力度，致力提升原始创新、集成创新和引进消化吸收再创新能力，在新一代信息技术、机器人及智能制造、节能环保产业、新能源制造装备、高端轨道交通装备等重点领域形成一批具有国际竞争力的大企业和引领产业升级的特色新兴产业集群，培育经济发展新动力。

（3）发展循环经济和再制造业

实施循环发展引领计划，推行企业循环式生产、产业循环式组合、园区循环式改造。发挥湘潭高新区国家资源综合利用双百工程示范基地的引领作用，以长沙高新区、长沙经开区、湘潭高新区、湘潭经开区等园区为主体，推进园区循环化改造。完善再制造旧件回收政策，构建再制造公共服务平台，以长沙（浏阳、宁乡）国家再制造基地为龙头，培育一批再制造示范企业，推动再制造产业规模化、产业化发展。

（三）坚持把“三极”差异化发展作为新的突破

依托岳阳通江达海的区位优势、郴州有色产业的资源优势、怀化武陵山美丽经济的生态优势，坚持建设与绿化同步、经济与生态并重、开发与保护共赢，全力打造辐射洞庭湖生态经济区、大湘南产业转型升级、大湘西美丽经济开发差异化发展的新的增长极。

1. 严厉保护岳阳大湖生态

（1）加强水生态保护

充分发挥岳阳临江畔湖、江湖交汇、山水相融的基础优势，突出长江流域和洞庭湖区生态特色，加强水域、湿地保护和生态修复，构建和谐人水新关系。依托长江水体、洲滩湿地及岸线，打造长江生态廊道。加强西部洞庭湖、湘江水体湿地生态涵养区水体污染治理和湿地生态修复。加强东部药姑山、大云山、幕阜山、福寿山、连云山等山地丘陵生态涵养区天然林和公益林保护，大力推进植树造林和封山育林，提高水源涵养能力。严格控制洞庭湖、南湖及其他重点湖泊水面开发以及洲滩湿地围垦，保护珍稀动植物及其生境，稳步推进退圩还湖、休耕蓄水工程，确保水面稳中有增、水体生态良好、水生物种上升。

（2）推进江湖治理

加快实施洞庭湖蓄滞洪区安全建设及分洪闸控制工程、蓄洪垸堤防加固未完续建工程、长江干流湖南段河势控制及河道治理工程和黄盖湖防洪治理工程，完善中小流域防洪体系，构建“蓄泄兼顾、江河安澜”的防洪治涝体系。积极开展汨罗江、新墙河、华容河等中小河流综合治理，实施重要水功能区入河排污口整治工程，强化石化、造纸、食品加工、纺织等重点行业以及工业园区、港口船舶的水污染治理，稳步降低水污染负荷，加强洞庭湖区畜禽水产养殖污染治理，加强崩岗、荒山、荒坡、沿河沙地等水土流失易发区治理，推进河湖生态修复、水利血防工程建设，构建“人水和谐、水清岸绿”的水生态体系。实施洞庭湖区土壤环境保护工程，加快土壤污染物源头治理，强化固废填埋场、废弃物堆场、重化工企业等监管，有效控制污染面蔓延。开展土壤重金属污染治理工程，按照污染程度，对土地进行生态修复、变性开发和移民安置。

（3）引领洞庭湖生态经济区建设

围绕建设更加秀美富饶的大湖经济区，加强与环湖区域三市一区合作。加快构建区域统一市场，推进交通、产业、管理服务等全面对接，加强能源开发、信息网络、生态保护等合作共建。联合开展洞庭湖水系尾闾和纯湖区洪道疏浚，恢复长江、四河、四水、内外湖的水力联系。加强沿湖旅游资源开发，构建环湖生态文化旅游圈。探索建立水环境综合整治、生态林业建设、湿地保护等区域环境保护一体化政策体系，实现环境管理制度的整体对接。联合开展环境污染调查，加大跨界污染问题协调处理力度，打击行政区边界环境污染违法行为。探索建立区域生态补偿制度、环境损害赔偿制度和水权交易制度。加强与国际组织在低碳发展、流域开发、湿地保护等领域的交流，共同打造国际生态经济合作共建的重要窗口。

2. 大力建设生态郴州

（1）推进产业发展绿色转型

划定郴州市资源开发利用底线和生态环境保护红线，并将其作为郴州产业布局、结构调整优化的基本依据。加快建设以郴州高新区稀贵金属深加工产业基地、永兴经开区国家循环经济示范园、桂阳有色金属产业园为代表的国内知名的有色金属产业基地，通过联大靠强、产学研融合做强做大有色金属产业。加快发展以先进技术为支撑的工业节能、尾砂尾矿综合回收利用、冶炼废渣综合利用、绿色再制造、建筑与生活节能等产业，着力发展环境装备与洁净产品制造业、环境基础设施与环境污染恢复治理产业。规范利用三废回收有色金属产业，严控这类企业的再污染。高度重视循环经济发展关联的环境污染和环境风险等问题，严格执行有害废弃物运输、处置有关规定。大力推进建材、化工、消费品等传统优势工业转型升级、技术改造和兼并重组，带动存量结构调整和绿色转型升级。整合提升福地文化、神农文化、寿文化、理学文化、湘昆文化、少数民族文化、矿冶文化、铸造文化等特色地域文化资源，依托东江湖、莽山、热水温泉、苏仙岭、桂东县城、国际矿博会等特色景观和重要平台，大力发展绿色生态文化旅游产业，打造景城一体、景村一体、宜居宜游的国内外知名的休闲度假文化旅游目的地。推进湘南承接产业转移示范区建设，在承接转移产业时，将生态环境保护放在首位，科学考虑环境承载能力与能源资源状况，合理选择可以承接的行业和企业，严把项目审批关，严禁新上“两高一资”项目，认真推行规划环评工作，执行环境影响评价和“三同时”制度，坚决拒绝高污染、高能耗企业的引进，严防环境污染的转移。

（2）推进重点生态功能区建设

国家级南岭山地森林及生物多样性生态功能区以保护和恢复植被、涵养水源、保护珍稀动植物为主要任务，以推进临武、宜章、汝城、桂东、嘉禾五县国家级重点生态功能区示范试点为重点，严格控制开发强度，支持重点生态功能区县突出生态安全保障，实施“点状开发、面上保护”，利用特色资源合理发展适应性产业和生态经济。罗霄山脉郴州片区着力加强生态建设和环境保护，提高植被覆盖率，逐步建立健全生态补偿机制，发展生态农业、生态旅游、林下经济等特色农业，形成生态建设与扶贫开发互相促进的良好态势。推进桂东、汝城、宜章、资兴四县市开展生态红线制度建设改革试点工作，探索划定生态红线，建立健全生态补偿机制，增强生态产品供给能力。

（3）加强东江湖生态圈保护

全面实施《湖南省东江湖水环境保护条例》《水质较好湖泊生态环境保护总体规划2013—2020》《东江湖流域水环境保护规划》《东江湖生态环境保护总体方案》，加大生态公益林保护力度，积极开展湖区湿地恢复与重建，加快推进库区移民搬迁，扎实开展水土流失治理，加强小东江等饮用水源地保护。开展环东江湖污染综合整治工程，依法取缔“十小”企业，专项整治采选、冶炼、造纸、化工等重点行业，集中治理工业集聚区污染，加强防治矿山采选污染、农业和农村面源污染、旅游污染。加快完善防洪灌溉交通体系，建设现代水利示范区，提高农业综合生产能力和城镇防洪能力。加强东江湖流域码头、渡口、航运设施和联陆公路、桥梁建设。加强生态修复与建设，提升东江湖流域水源涵养和湘江洪水调蓄功能，提高环东江湖流域水资源调控能力和水体自净能力，强化东江湖在湘江流域中的生态安全屏障作用，建设湖南首要战略水源地。

3. 深度开发怀化美丽经济

（1）发展美丽生态旅游经济

充分发挥怀化市西南地区区域性交通枢纽优势，抢抓张吉怀精品生态文化旅游经济带建设机遇，以多样化的民族文化和原生态的生态环境为核心，整合挖掘和平文化、民俗文化、商道文化、红色文化、三古文化等区域特色文化资源，以芷江和平文化城、洪江古商城开发、怀化大湘西文化村旅游产业园、怀化侗苗风情生态文化旅游开发等项目为重点，加快芷江中国人民抗战胜利纪念地、通道万佛山·侗寨、洪江区洪江古商城等旅游景区开发，大力发展山地度假、文化体验、研学旅游、骑行徒步、自驾车（房车）营地、主题民宿等新产品，培育黔城镇、芷江镇、三道坑镇、高椅乡等一批“醉美侗乡”，把怀化打造成为全国知名的生态文化旅游目的地。加强与张家界、桂林、黔渝等旅游圈的全面对接，着力促进生态、文化、旅游深度融合，着力提升景区的生态涵养、文化展示、观光休闲、配套服务、旅游交通等核心功能，全力建设湘黔、张桂旅游黄金走廊，把生态文化旅游业培育成怀化增长极的战略性支柱产业。

（2）加强生态安全屏障建设

强化武陵山、雪峰山两大山脉的自然生态屏障功能，全面落实天然林资源管护任务，加强对森林资源的建设与保护、完善生物多样性保护体系、合理制定林区发展规划、努力提高植被健康管理技术、积极建设森林辅助支撑体系、防止森林退化。加强对沅江、资江二大水系的保护和监控，加大对三大流域及支流防护范围内防护林、天然林的保护力度，恢复其流域生态功能。全面加强借母溪国家级自然保护区（沅陵县）、鹰嘴界国家级自然保护区（会同县）、万佛山·侗寨国家自然文化遗产（通道县）、中坡国家森林公园（鹤城区）、雪峰山国家森林公园（洪江市）、嵩云山国家森林公园（洪江区）、沅陵五强溪湿地等自然保护区、森林公园、湿地的保护与建设，保护和生态建设。探索自然生态保护区生态移民，在自然保护区和缓冲区实施生态搬迁扶贫示范工程。加强野生动植物栖息地、原生地的重建、修复与保护，维护动植物栖息生境、地质遗迹和特色生态系统，防止各类经济活动对生物多样性和自然遗存地的影响与破坏。

（3）营建美丽宜居城乡环境

统筹推进城乡环境基础设施建设，将城镇环境基础设施向农村延伸，加大垃圾收运系统、雨污分流系统、公共绿地系统、环境卫生系统等基础设施建设力度，实现基本环境设施共建共享。引导农村住宅和居民点建设，合理安排村落分布、产业集聚、生态涵养等空间布局，实施生活污水治理、生活垃圾治理、禽畜水产养殖污染防治、饮用水水源保护工程，加强农村环境综合治理，切实改善农村人居环境“散、乱、差”状况。强化对矿山开采的生态监控，全面推进矿区废渣、废水、废气、采矿废石、尾砂等污染综合治理。重点实施沅陵、辰溪等地区重金属污染综合治理和尾矿库、矿渣库除险加固工程，加大矿区植被保护和生态修复、矿区废弃地污染综合治理和矿区回填复垦绿化工作，建设布局合理、集约高效、生态优良的绿色矿山。

（4）推进石漠化及水土流失综合治理

以自然恢复和水利水保工程为主，按照“统一规划、科学配置、综合防治”原则，开展石漠化及水土流失综合治理，重点加快林业植被恢复，实现石漠化由持续增加向净减少的重大转变。对资江、沅江两岸600米范围、五强溪水库等大中型水库的集雨区和水库大坝以下500米范围内的流域范围、库区沿江城区、城镇周边、公路两侧等重点区域进行水土流失动态监测和监管，实施水土流失综合治理。推进各级小流域综合治理项目，加大对滑坡、泥石流、崩岗等重大侵蚀点的治理力度，通过发展小型水利水保工程，减少水土流失面积。

（四）坚持把“四带”两型培育作为重要支撑

1. 加大京广经济带生态环境治理

从生态修复、环境提升、节能减排三方面，加强京广经济带生态环境治理。突出森林生态保护建设，加大封山育林、种树植草力度，加强生态公益林和湿地保护，开展京广高铁沿线裸露山体复绿工作，对铁路沿线设备场坪及段所场坪周边景观绿化补强设计，实现铁路沿线绿化全覆盖。对京广经济带沿线交汇的河流进行环境整治，推进湘江大源渡、株电库区衡山段、南河等水生态修复工程；加强永州石期河、舜水河等支流的污染治理，协调解决跨界流域污染。推进京广经济带重点工业企业减排工程，重点推动岳阳华能电厂、巴陵石化、长岭炼化等企业实施节能改造；强化水口山、松木、衡东经济开发区等重点区域防治，实现工业企业废气全面达标排放。

2. 加强环洞庭湖经济带水环境保护

根据《洞庭湖生态经济区规划》《洞庭湖生态经济区水环境综合治理五个专项行动方案》的有关要求，依照“省协调、市为主、谁主管、谁负责”的原则，加强湖区生态建设，保护洞庭湖区的生物多样性，加强环洞庭湖区居民生活用水和工业废水的处理专项工作。重点实施饮用水安全保障工程，新建、改造升级引水工程、自来水厂，推进城乡供水一体化。加快主要城市饮用水源工程建设，推进铁山水库等重要饮用水水源地达标建设、“引黄入常”等城市备用水源建设工程。加强重点河湖环境综合整治，针对区域内中小河流，以及主要城市城区内河等河渠进行环境综合治理。推动常德城区“一湖一江三河”连通工程（柳叶湖—沅江—穿紫河—渐河—新河）、沅澧垸河湖连通工程、松滋—虎渡—藕池三河连通等项目；加大对大通湖、西毛里湖、青水湖、柘溪水库、铁山水库、黄石水库、皂市水库等水质良好湖泊湖库开展生态环境保护建设。加大洞庭湖生物资源保护，建设洞庭湖湿地野生动物的繁殖、保护中心以及东洞庭麋鹿自然保护区；建设洞庭湖江豚自然保护区；对湘资沅澧四水及洞庭湖实施放鱼养水保护生态工程，加大水生生物增殖放流力度，增强水体自净能力。加强湿地保护，大力推进国家级湿地公园试点建设。加强环境监管能力建设，推进区域“数字环保”工程建设，水生生物资源与环境监测体系建设。

3. 加快沪昆经济带生态环境修复

强化沪昆经济带防护林体系建设、水土流失治理、耕地保护建设和矿山生态修复。推进宜林荒山的生态绿化造林；针对沪昆高铁两侧的石山、半石山进行绿化美化，打造铁路沿线景观防护林。实施耕地保护，推进娄邵盆地高标准农田建设工程。加大区域生态水利建设，重点推进衡邵干旱走廊综合治理工程。开展矿山生态环境治理修复，对怀化辰溪县大坪、孝坪、五一煤矿，沅陵县筲箕湾铅锌开采矿区、五强溪柳林汊黄金开采矿区，溆浦县椒板溪煤矿，会同县坪村煤矿等生态环境遭到严重破坏的煤矿和非煤矿山进行生态修复；推进冷水江市锡矿山转型发展建设传统矿区环境整治生态修复示范区建设。实施最严格的环境保护制度，推进大气、水、土壤三大污染治理，湘赣黔滇四省共同建立“联防联治”的环保合作机制，启动沿线重大污染综合治理工程，打造沪昆高铁绿色走廊。

4. 推进张吉怀经济带生态屏障建设

张吉怀沿线是国家重点生态功能区，要把保护和修复生态环境、增强生态产品生产能力作为首要任务，通过实施重大自然生态系统修复、天然林资源保护、动植物动态观测监测等工程，实现“山、水、绿、文”的有机结合。以世界自然遗产、国家自然文化遗产、国家级风景名胜区、国家级自然保护区及国家森林公园为核心，设立“国家生态安全保护示范区”，建立“张家界国家生态安全观测与研究基地”，切实保护资源环境。以张家界砂岩峰林、古丈红石林、古丈“金钉子”、花垣“金钉子”、吉首矮寨峡谷、龙山洛塔石林等地貌为核心，设立地貌多样性保护区。强化生物物种资源保护和利用管理，加强野生动植物就地保护和迁地保护，重点实施珍稀濒危野生动植物拯救保护工程，设立武陵山区濒危生物保护园、永顺县小溪、古丈县高望界、泸溪县天桥山、保靖县白云山等国家级野生动植物物种保护区。探索自然生态保护区生态移民，在自然保护区和缓冲区实施生物多样性保护和生态搬迁扶贫示范工程。

（五）坚持把产业园区绿色发展作为基本取向

1. 科学规划园区生态空间

坚持规划先行，着眼长远发展，注重区域可持续发展和生态环境保护的发展理念，完善产业园区规划体系。在规划设计时，要与全省主体功能区规划、省域城镇体系规划和城市群发展规划、产业园区所在地国民经济和社会发展规划、环境保护专项规划、城市建设总体规划（县市域总体规划）等充分衔接，使各类规划在发展目标、空间布局等方面均保持一致，充分保障产业园区建设与区域生态环境的可持续发展。加强产业园区规划实施全过程监管，依规划进行开发建设，对违反规划行为进行事前事中监管。实行规划实施责任追究制度，加大对政府部门、开发主体、居民个人违法违规行为的责任追究和处罚力度。

2. 建立园区产业负面清单

依据资源承载能力和环境容量确定园区发展规模和企业准入门槛，科学制定园区产业负面清单，实行“非禁皆准”，严控重点行业的环境准入，倒逼高污染企业、环保违规企业淘汰退出。制定并执行项目准入制度，从产业技术水平、资源能源利用效率、污染物排放、经济效益等方面设定准入指标，提高准入门槛；加大园区内重点企业清洁生产审核实施力度，提升企业清洁生产水平；开展产业链招商，重点引进产业关联度高、工艺技术先进、资源节约和环境友好、附加值高的生产性项目和以产业配套服务为主的高端服务业；建立基于园区产业效益、资源利用效率、技术水平和环境影响的综合优化调控机制，提高园区的运行稳定性、资源产出率和环境安全水平。

3. 推进园区低碳循环发展

按照循环经济要求规划、建设和改造各类产业园区，实现土地集约利用、废物交换利用、能量梯级利用、废水循环利用和污染物集中处理。鼓励和支持企业开展清洁生产和资源循环利用，紧密结合湘江保护和治理“一号重点工程”，以长株潭及湘江流域为重点区域，以冶金、有色、化工、建材等排放较大行业为重点对象，全面推行工业企业清洁生产审核。大力发展战略性新兴产业和现代服务业，改造提升有色、石化、钢铁等重点传统行业，加快淘汰落后产能。深入实施《湖南省循环经济发展战略及近期行动计划》，推进汨罗、永兴、清水塘等国家级和浏阳市、攸县、澧县等省级循环经济试点，建成15个具有特色的循环经济工业园区。

4. 发展现代生态环保产业

鼓励扶持水土气治理、重金属治理等环保领域技术创新和研发。加快发展大气治理、水处理、污染土壤修复、农业面源污染治理、环境监测等环保装备和产品制造。支持长株潭等有条件的地区整合产业链资源，打造集研发、设计、生产、运营于一体的环境治理装备制造、环境监测仪器制造和环境服务产业集聚区。大力创新环境污染第三方治理和研发、设计、制造、治理综合环境服务等服务模式，不断丰富环境工程咨询、清洁生产审核、排污权交易、水权交易等服务内容，突出发展环保服务业。积极推进大宗工业固体废弃物、危险废弃物、生活垃圾、建筑废弃物、农林废弃物等无害化处置和资源循环利用技术研发、装备和产品制造，推动建立废旧资源回收利用和再制造体系。

（六）坚持把体制机制创新作为驱动引擎

1. 健全自然资源资产产权和用途管制制度

整合全省不动产登记职责，建立不动产统一登记制度，加快推进不动产统一登记工作，建立全省不动产统一登记应用平台。率先在张吉怀经济带所在武陵山片区、湘江源头区域、环洞庭湖经济带等建立自然生态资产统一登记试点示范，对区域内水流、森林、山岭、荒地、湿地等自然生态空间进行统一调查摸底登记，到2018年底完成农村土地确权登记颁证，至2020年基本形成归属清晰、权责明确、监管有效的自然资产产权制度。加强自然资源资产的保护、利用和管理，建立覆盖全省国土空间的用途管制制度，对各类全民所有自然资源资产的数量、范围、用途实行统一监管，对“山水林田湖”进行统一规划、系统治理和全面生态修复。

2. 实行市场化资源使用和污染治理制度

建立健全森林、湿地、林木、水资源生态效益评估机制，加快资源税改革，逐步将资源税扩展到占用各种自然生态空间，实现生态资源有偿使用和高效利用。结合自然资源生态空间确权登记，明确自然资源及其产品的所有权和使用权的主体、范围与边界，并建立自然资源及其交易平台实行公开转让交易。加快自然资源及其产品价格改革，全面反映市场供求、资源稀缺程度、生态环境损害成本和修复效益。强化节水市场准入标准，建立水源地水资源费征收标准，适当提高水资源紧缺地区、优质水源地水资源费征收标准。建立有效调节工业用地和居住用地合理比价机制，提高工业用地价格，推进环境保护费改税。提高排污费征收标准，扩大征收范围。改革污水、垃圾处理费征收管理办法，推行差别化排污收费政策。

3. 划定并严守资源环境生态红线

树立底线思维，严守生态保护红线、资源消耗上限、环境质量底线，全面推行环境准入负面清单，实行“非准勿入”，将各类开发活动限制在资源环境承载能力之内。科学划定水源保护区、自然保护区、森林、湿地等领域生态红线，严格自然生态空间征（占）用管理，确保生态功能不降低、面积不减少、性质不改变。合理设定资源消耗“天花板”，加强能源、水、土地等战略性资源管控，推进环洞庭湖经济带水资源开发利用控制、用水效率控制、水功能区限制纳污三条红线管理。探索建立资源环境承载能力监测预警机制，对资源消耗和环境容量接近或超过承载能力的地区，及时采取区域限批等限制性措施。加强长株潭、“三极”周边城市和产业园区等重点开发地区各级政府的环保责任意识，严守环境质量底线，确保大气、水、土壤等环境质量“只能更好、不能变坏”。

4. 完善绿色GDP考核评价制度

不以GDP增长率论英雄，坚持把资源消耗、环境损害、生态效益纳入经济社会发展评价体系。建立完善经济社会发展绿色评价体系和领导干部任期环境质量改善目标考核制度，切实提高生态文明指标的考核权重，对领导干部任期内的环境“增值”和“负债”情况，做到有审计、有考量，并作为提拔任用的一个“硬杠杠”。张吉怀经济带所在武陵山片区生态脆弱的国家扶贫开发工作重点县（市），省市不再考核生产总值。湘江源头区域根据主体功能定位，实行差别化的经济指标考核。对长株潭、京广经济带、产业园区等重点开发地区，实行经济增长、吸纳人口、质量效益、产业结构、资源消耗、环境保护等综合评价。对禁止开发区，实行生态环保一票否决制。实行最严格的损害赔偿制度，开展创新环境保护综合执法体系试点，建立环境监测、污染控制、行政处罚一体，环保、检察、公安、监察等多部门联动，对造成生态环境损害的责任者严格实行赔偿制度，依法追究刑事责任。强化环境执法与刑事司法的有效衔接，完善惩治机制，加大处罚力度，严厉打击生态环境违法行为。

四、“一核三极四带”生态环保支撑的保障措施

（一）加强组织协调

按照“一核三极四带多点”新格局的要求，在省委、省政府的统一领导下，加强环境建设和生态治理中的组织领导和统筹协调。精准确定各个区域的发展定位和发展思路，坚持分类指导，开展协同合作，实现错位发展、有序发展。积极探索重大项目统筹布局机制、财政转移支付分类计算制度、生态区域补偿制度、错位发展跟踪监督机制、绩效考核评价机制等竞合路径，推进联合监测、联合执法、应急联动、信息共享，以区域生态环境功能的均衡协调发展提升全省绿色发展质效。

（二）强化规划引领

结合核极带各区域的发展定位和重点方向，制定实施相应的生态保护管理政策和本地区环境保护专项规划体系。树立生态环境区域共同体意识，推动生态文明建设跨域治理的规划整合，完善生态文明建设规划实施的跨域监管规程，强化协同联动的监管能效。各级政府、各有关部门把规划的目标、任务、措施和重点工程纳入本地国民经济和社会发展总体规划，严明履行责任，完善配套政策，切实发挥规划的约束与引领作用。

（三）完善支持政策

充分利用中央不断加大财政转移支付力度、增加生态建设和环境保护投入政策，争取国家专项资金更多支持，同时积极争取国家生态环保产业在核、

极、带区域布局，在充分利用好中央和地方已有相关资金支持政策的基础上，各级环境保护行政主管部门要积极协调有关部门加大政策与资金集聚支持力度，力争建立各专项污染防治引导资金，锐意创新，不断完善其他配套政策和激励措施。

（四）加强监测考核

完善政府绩效考核机制，将生态文明和两型社会建设专项考核纳入全省绩效考核体系，建立资源节约、环境友好优先的两型综合评价体系，将两型社会建设考核结果与党政领导选任、薪酬绩效直接挂钩，实化绿色发展的主体责任与目标任务。建立重点工作督查机制，对核基带重点规划执行情况、重大项目实施情况、重点工作开展情况实施动态监测和联合督查，协同开展跨域执法监督检查，严密重大环保危机事件处置过程监督，确保区域生态文明建设取得最大最好实效。

（五）推进社会共治

引导全社会树立生态文明意识，使生态文明成为社会主流价值观，形成人人、事事、时时崇尚生态文明的社会氛围。实施政府和企事业单位环境信息公开，以公开推动监督，以监督推动落实，明确政府、企事业单位、社会公众的责任和义务，形成环保、发改、工信、住建、农业、林业、交通等社会各职能部门相互配合、共同发力的环境保护统一战线，引导社会公众有序参与环境决策、环境治理和环境监督。积极创建生态文化、生态道德，提高公众节约意识、环保意识、生态意识，倡导绿色生活生产方式，全面培育现代生态文明新风尚。

厚植澧水流域绿色发展优势

——澧水流域生态经济带发展规划研究①

澧水流域指湖南省湘西北范围内的澧水干支流径流地域，共经过2市6县，全长388公里，流域面积1.84万平方公里，流域常住人口近500万，包括张家界市（永定区、武陵源区）、慈利县、桑植县和常德市的石门县、临澧县、澧县、津市市、安乡县，既是长江中游的重要径流区域、长江的重要生态屏障，也是湖南省的主要河流、农业主产区、民族贫困区、旅游资源丰富区和经济加速成长区，在长江经济带中具有较为明显的独特资源优势和十分优异的开发潜能。推进澧水流域生态经济带发展，对该地域经济社会科学发展具有重大而深远的战略意义。

一、澧水流域生态经济带发展的主要背景

长期以来，澧水流域上中游地域处于相对封闭状态，全流域各区县市的经济社会发展缺乏整体协同性与功能互补性。统筹编制流域发展战略规划，必须基于区域视角与战略思维，全面审视澧水流域基础现状，深刻把握本底特征与潜能优势，高远洞察未来有利机遇与发展挑战，精细分析全流域组合共生发展的战略走势与规模类聚效应，确保规划的针对性、准确性与适宜性。

（一）发展条件

1. 经济基础颇具规模

2014年，澧水流域9县（市、区）地区生产总值为1227.2亿元，财政总收入79.46亿元；完成固定资产投资817.88亿元，实现社会消费品零售总额456.66

① 慈利县决策咨询项目，为政府决策提供了重要参考。2015年8月完成。

亿元；城乡居民可支配收入逐年增加，城镇居民可支配收入、农村居民可支配收入分别达到186132元和8068.1元。三次产业结构较为合理，一、二、三产增加值分别为212.21亿元、416.45亿元、598.52亿元，三次产业结构比为17.3：34：48.7，其中第三产业占比较大，其次为第二产业。

表1 澧水流域九县（市、区）经济基本情况表

	永定	武陵源	慈利	桑植	石门	临澧	澧县	津市	安乡	合计
人口（万人）	47.6	5.59	71.51	47.42	67.01	45.45	91.95	25.02	55.12	456.67
GDP（亿元）	168.48	40.94	138	67.92	193.09	127.91	252.53	103.2	135.11	1227.2
一产	15.7	1.6	22.22	8.8	34.48	26.53	53.1	17.9	31.88	212.21
二产	37.3	0.7	48.85	15.65	81.76	49.33	97.44	52	33.42	416.45
三产	115.48	38.64	66.93	43.47	76.85	52.05	101.99	33.3	69.81	598.52
财政总收入（万元）	79190	49210	89500	50800	101669	60119	126900	54200	39480	651068
固定投资（亿元）	121.3	21.1	56.4	45.09	143.94	117.07	226.28	92	46.44	869.62
社会消费品零售总额（亿元）	68.2	9.9	37.9	22.45	83.87	46.01	91.34	47.04	50	456.71
城镇居民可支配收入（元）	20321	20826	17885	11687	18245	23336	21313	24158	28361	186132
三次产业结构	9.3：22.2：68.5	3.9：1.7：94.4	16.1：35.4：48.5	13：23：64	17.9：42.3：39.8	20.7：38.6：10.7	21：38.6：40.7	16.8：48.6：34.6	23.6：24.7：51.7	17.3：34：48.7
农村居民可支配收入（元）	6640	8899	6994	4719	4751	9726	7631	14022	10967	8068.1

资料来源：根据澧水流域相关县（市、区）统计资料整理。

2. 自然资源丰富优异

澧水流域自然资源丰美多样，一是水资源丰富。全流域多年平均水资源总量约为169.7亿立方米，在已评价的干支流1116.4千米长河段中，Ⅰ类水质河段占25.2%，Ⅱ类水质河段占60.9%，受亚热带气候和地形条件的影响，该流域经常产生气旋雨和锋面雨，降雨强度大且在时空上分布不均匀，其中桑植、慈利是湖南省三大暴雨区之一，降水量特多，流域多年平均降水量1524毫米，径流模数居湖南“四水”之冠。二是矿产资源丰富，流域内以磷、煤、铁、盐为主，铜、铅、锌、钨、硫磺、芒硝等矿产亦具有一定储量，其中石门、慈利已发现的矿种35种，有探明资源储量的矿种16种。三是生物资源丰富，全流域动植物资源种类多、分布广，有森林资源约61万公顷，蓄积量949万立方米，石门森林覆盖率达到70.6%，张家界全市森林覆盖率为69.62%，是部分珍稀孑遗物种的基因宝库。四是旅游资源丰富，流域内灰岩面积大，岩溶发育奇特，山水秀美，形态多姿，绝色天成，拥有世界独特的峰林地貌、张家界大峡谷、桑植九天洞、武陵源风景名胜区、天门山风景名胜区、黄龙洞风景区、武雷山风景区、江垭温泉以及八大公山、壶瓶山自然保护区等诸多优异旅游资源。

3. 绿色水道贡献巨大

澧水自张家界的桑植县向东流入常德石门，途经临澧、澧县、津市、安乡，从汉寿与西湖交界处的柳林嘴并入沅水，最后汇注洞庭湖，全流域水系径流面积广，对区域发展影响极其显著。一是航道水运能量大，全流域航道里程2885千米，其中Ⅳ级航道17千米、Ⅴ级航道260千米、Ⅵ级航道78千米、Ⅶ级30千米，等外级2500千米。二是梯级开发价值大，该流域已规划制定26项水资源利用工程、总库容达118.35亿立方米的梯级开发方案，其中澧水干流有凉水口、贺龙、八斗溪、鱼潭、花岩等16个梯级，溇水有4个梯级，渫水有5个梯级，中源1个梯级，流域规划有效灌溉面积超过77%，旱涝保收面积达64%以上，水资源利用率超过80%。三是绿色水能输量大，澧水流域的水能资源是我国十大水电基地之一，流域已建和在建的单站装机容量500千瓦以上的水电站29座，总装机容量83.66万千瓦，年发电量约28.62亿千瓦时。四是水利工程效益大，流域内有江垭水库、皂市水库两个国家重点防洪控制性水库，以及索溪和关门岩、青山、涔洲等多个节制性重点水利设施，为防洪抗旱、发电、灌溉、供水、航运、渔业、旅游以及农业抗旱丰产等经济发展与民生服务保障发挥了重大作用。

4. 历史文化底蕴深厚

澧水流域历史可溯源到20万年前的石器时代，从近年来发现的石器时代遗址看，澧水流域早在远古母系氏族社会就有人类繁衍生息。先秦时期，澧水流域已相继有濮人、巴人、庸人、楚人等祖先居住生活，悠久灿烂的文明成就，给这片土地留下了丰富厚重、特色鲜明的历史文化遗存。一是远古文化独树一帜。澧水稻作文明始于6000年以前，居世界领先地位；澧县城头山是至今考古发现全球最早的重要史前古城遗址，为中华之最。二是民族文化多姿多彩。澧水流域中心区和西线以及东线的慈利、石门等地，聚居着以土家族、白族、苗族等为主的少数民族，与汉族世世代代相互融合、共同生活，形成了既具民族个性、又富地域特色的多元本土文化，经典辈出，孟姜女哭长城、刘海砍樵、向大坤称王、覃垕王举事、李自成禅隐夹山等众多历史人物和神奇故事经久流传，深受中外旅游者与观赏者的青睐和好评。三是红色文化有口皆碑。该地区曾是湘鄂边革命根据地、湘鄂西革命根据地、湘鄂川黔革命根据地，也是红二、六军团长征出发地，涌现出了贺龙、林伯渠、帅孟奇等众多元勋英杰，在典型的革命老区内传颂着先辈们许多令人可歌可泣、可钦可敬的丰功伟绩。四是宗教文化源远流长。如石门夹山寺自唐至明700多年间为澧水流域佛教文化中心，是日本茶道文化之源；五雷仙山道教殿宇之多，被誉为湖南最大的道教文化群落；药山寺是唐贞元初年（705年）由一代禅师惟俨亲手创建的曹洞宗祖庭和著名佛教文化圣地；津市古大同寺是相传始建于860年的九祖道场和东方初祖达摩禅师驻歇处。

5. 生态功能地位显要

澧水是洞庭湖四大水系之一，是湖南省水资源非常丰富的一条河流。一是绿色屏障功能突出。澧水流域是国家重要的长江支流防护区与森林保护带，对长江与洞庭湖水域的泥沙淤具有重大控制作用，更是国家主体功能区规划的重要水源保护地和生态种类多样性保护地。二是生态调节功能突出。江垭水库、皂市水库分别拥有35.8平方公里、54平方公里的空阔水面，库区内大小岛屿密布，四周群山环抱，森林茂密，峡谷幽长，山水相映，环境优美，加之其他各个节制性水库及其库容水体，可有效改善区域气候、保持水土、维护生物多样性、防止水旱及其他自然灾害，提供巨量无污染可再生能源。三是地理科学功能突出，张家界地质公园、天门山国家森林公园、茅岩河—九天洞以及芙蓉恐龙化石保护区等四个核心景区蕴含了深厚的科学文化内涵，是世界各地专家学者与科考探险爱好者的重要探察目的地。

（二）重大机遇

1. 长江经济带建设机遇

长江经济带开发建设已上升为国家战略，该地区将成为我国今后经济增长潜力最大的后发优势区，有望成为继沿海经济带之后最有活力的经济增长"第四极"。澧水流域属于长江经济带的重要组成部分，拥有开放型经济区位条件，处于沿海经济发达地带和西部经济开发地带之间的中部过渡地带，且铁路、公路、航运、航空均较发达，在国家经济发展战略西移的大背景下，澧水流域各地区可充分利用"东靠西移""引东拓西"和"南北联合"的良好地利区位，有效聚集西部大开发、中部崛起和东部可持续发展政策优势与市场资源，构建区域互惠互利、共生共赢的体制机制，助推长江经济带区域协调均衡发展，形成沿海与中西部相互支撑、良性互动的新格局。

2. "一带一部"战略实施机遇

澧水流域作为"一带一部"的核心区域，随着国家区域经济战略布局和重心向中西部倾斜力度日益加大，"一带一部"的战略实施进程逐步展开，国家对中西部地区的支持政策效应将持续释放，一系列重大基础设施、基础产业与民生基础保障项目将规划落地，有利于澧水流域各区县市通过积极对接，争取国家更多、更大的支持，统筹对外、对内开放，以发展开放型经济为引领、以招商引资为重点，放大本地资源及交通枢纽优势，逐步融入成渝城市群、中三角、珠三角，从"三角联动"中提升整体效益，形成对内大循环、对外大开放的格局。

3. 生态文明建设示范机遇

党的十八大对生态文明建设作出了全面部署，明确要求把生态文明融入经济建设、政治建设、文化建设、社会建设各方面和全过程，加快建设资源节约型、环境友好型社会，努力建设美丽中国。澧水作为湖南四水之一和承托洞庭湖、长江生态功能的重要支流，在张家界和常德两市的重视和支持下，澧水生态环保规划、澧水生态农业规划、澧水防洪水利规划、生态补偿机制、流域联席会议机制建设正在积极筹谋，特别是张家界市、石门县主体功能区建设试点、武陵山生态文明先行示范区和洞庭湖生态经济区建设的推进，绿色发展将成为澧水流域新的区域竞争优势，生态文明建设将取得长足进步。

4. 旅游产业改革发展机遇

2014年，国务院发布了《关于促进旅游业改革发展的若干意见》，将旅游休闲、带薪度假作为经济社会发展转型升级的重大战略举措和现实路径，指出要“加强设施建设，完善服务功能，合理优化布局，营造居民休闲度假空间”，有针对性地突破休闲发展的瓶颈制约，扫清或破解阻碍休闲发展障碍，诸如实施进一步落实职工带薪休假制度、优化土地利用、享受专项资金支持、加强旅游基础设施建设、鼓励旅游休闲消费等政策。澧水流域旅游资源丰富，自然景观奇妙独特，历史文化积淀丰厚，民俗风情个性鲜明，将随着国民休闲时代和度假旅游的兴起，加速旅游产业茁壮成长。

5. 扶贫开发深入推进

当前，扶贫开发工作已由解决农村贫困人口温饱问题为主要任务的早期阶段，转到巩固温饱成果、加快脱贫致富、改善生态环境、提高自我发展能力、缩小发展差距的崭新阶段。国家出台了一系列加强产业扶贫、精准扶贫政策，加大了对民族贫困地区产业发展的支持力度，从技术创新上改进了产业扶贫的方式方法。澧水流域的张家界市、石门县属于少数民族聚居多、贫困人口分布广的武陵山连片特困地区，贫困程度深、贫困类型多，有望在产业扶持、精准脱贫等方面获得积极政策支持。

（三）主要挑战

1. 基础设施瓶颈制约突出

澧水是湖南省洪旱渍涝灾害最多、水土流失最为严重的河流，具有山溪性质突出、洪峰模数高等特点，暴雨加上陡峻的河床，使洪水集流迅速、猛涨陡落、峰型尖瘦，多年平均洪峰模数为675L/（s·km^2），洪水不论对上游的山丘区，还是对下游平原及尾闾地区，都是一个极大的威胁。长期以来流域所在地区基础设施建设严重不足，加之地理条件恶劣，自然灾害频发，基础设施的建设和维护成本高。作为环洞庭湖经济圈的重要组成部分，澧水流域交通状况与经济发展水平不相适应，缺乏便捷快速的对外交通干道，澧水航道淤塞较为严重，个别河道甚至影响通航。各县市之间的交通连通度不高，交通可达性较弱，加之农田水利设施普遍老化，严重制约了流域经济社会的发展。

2. 产业转型升级任务艰巨

澧水流域属边远地区，自然条件和经济基础较差，产业转型升级难度大。农业方面，流域多以种植业为主，农民专业合作化水平低，贫困群众科技文化素质低，接受农业实用新技术慢，农业现代化任务艰巨。工业方面，流域由于受地区、交通等因素的局限，加之一些优惠政策和优质服务没有到位，导致引进规模企业数量较少。服务业方面，流域金融机构种类少，特别是证券公司、投资基金管理公司等非银行机构很少，导致企业融资能力有限，加之区域内部分企业信用度较低，致使银行信贷积极性不高，而且由于市场融资发挥不够，民间资本引入不够，BOT、PPP等项目融资模式的使用率低，加之本区企业大多是中小微企业，难以实现直接融资的条件，无法为企业转型升级提供资金支持。

3. 生态环境保护形势严峻

澧水属典型的雨洪河流，降水丰沛，一日雨量最大达252.9毫米，汛期4~9月，多年平均降水量1165~1924毫米；流域内山丘区面积达80%以上，大部分山高坡陡，沟深壑密，且成扇形式漏斗形汇流；此外，森林资源屡遭人为破坏，加之人类开垦，形成大面积不利于水土保持的坡耕地。雨期表土流失严重，生态环境日益脆弱，是洞庭湖区“四水”中，水土流失最为严重的流域，长期的水土流失，导致生态和环境问题日益突出，严重制约了当地社会经济的发展。

4. 区域合作机制尚不健全

整个澧水流域还没有成立专司统筹区域协调发展的领导机构或综合职能部门，面对整个流域行政区划条块分割，缺乏省级层面推进澧水流域发展的组织领导，客观上导致政令难以统一，产业布局和生态保护难以落实和协调，深层次合作难以达成。虽然有政府的强力号召，但给各地的激励政策较少，且由于没有相关法律、法规保障，无法建立以合理的产业分工格局为基础的区域协调发展格局，导致流域缺乏健康持续发展的机制，有的地方对协调合作发展的主动性不高，缺乏合作的动力。

（四）战略意义

1. 有利于实施国家区域发展战略

澧水流域地处中三角、成渝、珠三角的几何中心，京广与长江两大产业带交汇处，是内陆通向两广和东部沿海及西南边陲的枢纽地带，在国家区域开发战略中发挥着承东启西、联南接北的重要枢纽作用。该地区的融合发展有利于树立城市与产业发展的“大区域观”，打破就区域论区域、就城市论城市、就产业论产业的发展观念，有利于将城市与产业的发展置于国家中部崛起、长江中游城市群、洞庭湖生态经济示范区等不同的区域发展战略之下，提升区域开发展整体效益，增强澧水流域的综合实力和群体效应。

2. 有利于提升内陆开放开发水平

通过澧水，可将沿线主要城市与长江大动脉连为一体，省外可通川渝，下可达长江及沿海各重要港口，辐射川鄂赣皖苏沪等多省市及海外多个国家。境内焦柳、洛湛、长渝、荆张铁路和二广高速等交通干线纵横交错，与澧水和洞庭湖形成水、陆运输的叠加优势，可成为湖南对外开放、链接世界的门户。作为湖南省融入长江经济带的重要切入点，澧水流域将在开辟新的产业增长空间和城市化发展空间，促进内生发展模式向内生、外生双向驱动模式转变，将显著增强湖南参与全球竞争实力。

3. 有利于保护大江大湖生态环境

国家生态文明建设指导意见和主体功能区规划要求把生态环境保护放在首要位置，把资源承载力、生态环境容量作为经济发展的重要依据。对生态工业、生态农业、航运物流、生态旅游、生态宜居等方面均有较高的要求。推进澧水流域经济带协同发展，有利于进一步加强流域污染源的综合治理，进一步加强水利基础设施建设与流域湿地保护，积极探索并落实“谁开发、谁保护，谁破坏、谁恢复，谁收益、谁补偿，谁污染、谁付费”的生态环境补偿机制，加快改造提升传统产业，有效保护大江大湖生态环境，促进全流域生态与经济协调发展，提高流域抵御自然灾害的能力。

4. 有利于推动经济转型升级增效

实施澧水流域生态经济带规划，通过完善全流域的交通、水利、能源、环保、通信等公共基础设施网络体系，有利于促进区域政府之间、行业之间和企业之间的合作联动，实现资源共享、设施共建、产业共兴、发展共推；通过创新区域协作联动机制，统筹优化流域产业分工布局，促进流域区域合作，推动行业协会、龙头企业、产业集群的科学组合发展；通过发展生态经济，在全流域形成结构优化、技术先进、清洁安全、附加值高、吸纳就业能力强的环境友好、资源结构型产业体系，提高区域生态文明水平，推动全流域经济整体发展提速增效。

5. 有利于探索流域合作发展模式

澧水流域各县市都是人口大县，大部分县市人口近百万，县市散布均匀（平均大约30—40公里），语音基本互通，人口交流活跃，经济发展具备很强的相向性。各县市通过澧水相串联，以澧水和沿线交通设施为轴，在促进澧水上游旅游城镇体系、中游资源城镇体系和下游商贸型城镇体系的交流和合作上有很大的潜力。澧水流域生态经济带规划的实施将极大地方便澧水流域人口、资源、技术、资本等要素的流动，促进流域文化的交流，提升流域商业的活力，从而积极带动澧水流域经济快速发展，为整个洞庭湖区域经济注入新鲜活力，为流域性县域经济合作提供样板示范。

二、澧水流域生态经济带发展的战略构想

（一）基本思路

以生态文明建设为主题，以流域经济为纽带，以全面深化改革为动力，以推进联动发展为目标，加快完善开放合作、互利共赢、共建共享的一体化发展机制，着力推进城乡、产业、基础设施、生态文明、公共服务协同发展，积极探索绿色发展、循环发展、创新发展、合作发展新路径和新模式，努力将澧水流域建设成为环洞庭湖区域发展的绿色经济走廊、湖南融入长江经济带的桥头

堡和国内具有较大影响的流域生态经济带。

1. 通道支撑、融合发展

以荆张高铁、黔张常高铁、常张高速、安慈高速、宜张高速、张桑高速和张家界荷花机场为支撑，以张家界为生态旅游产业龙头，以慈石、津澧新城为生态经济支点，充分发挥安乡、临澧、桑植生态农业资源优势，建立产业转移跨区域合作机制，加强区域协作，促进融合发展。

2. 江湖和谐、生态文明

加强澧水干支流、江垭水库、皂市水库、王家场水库、津市毛里湖、安乡珊泊湖等水环境生态保育，进一步强化水系水体生态功能，大力推进主体功能区建设与国土空间开发保护，控制开发强度，厉行开发管控，优化生态产品，把生态文明理念全面融入工业化、城镇化和农业现代化进程。

3. 重点推进、扎实起步

强化顶层设计与规划引领，积极务实协调行动，以重点领域、重要区间和重大产业为突破口，全面推进澧水流域城乡建设、基础设施、产业发展、生态文明和公共服务等方面的无缝对接与深度合作，夯实基础，分步展开，积极探索全流域协同共治、优宜永续的发展道路。

4. 政府引导、市场动作

注重充分发挥市场配置资源的决定作用，促进资源要素高效流动和功能优化，更好发挥政府引导协调作用，打破区域市场壁垒，放大优势，激活潜能，提升实力，优化空间结构形态，加快全流域全面小康社会建设与科学跨越发展。

5. 优势互补、良性互动

发挥各地资源要素禀赋比较优势，积极探索项目共创、平台共建和利益共享机制，促进特色化、差异化、协同化发展；拓展生产要素跨域自由流动的绿色通道，完善产业转移聚类合作机制，积极创新绿色生态经济同构共生模式，实现区域优势组合、互利共赢。

（二）战略定位

1. 沿江沿湖沿边全面推进的开放带

以澧水干流和重要交通通道为纽带，依托张家界世界著名独特生态旅游资源、慈石后发成长潜能与津澧新型产业基地，不断拓展并提升与长三角、成渝、长株潭等地区的合作层面，深度融入洞庭湖生态经济区和长江经济带，加快构建统一开放的市场体系和交流平台，创新跨域合作机制，实现多层级开放合作的互利共赢。

2. 具有竞争优势的特色产业集聚带

集中力量推进“工业集聚发展、企业集群发展、产业特色发展”，大力发展张家界市特色生态旅游业、津澧优势特色农业和农产品加工业，做大做强慈利“飞地经济”产业园，推进生态文明与特色优势产业的融合发展，把优质绿色发展平台转化为新的区域产业竞争优势，促进特色生态产业和绿色低碳经济繁荣兴盛。

3. 流域生态文明建设的先行示范带

以澧水干流为纽带，加强交通沿线和河流两岸绿化带建设，强化张家界武陵源、八大公山、石门壶瓶山、慈利五雷山、澧县太青山以及各水系水体等自然生物多样性保护，改善流域生态服务功能，提升生态产品价值，加快形成有利于生态保护的生产生活方式，走出一条生态优良、生产发展、生活富裕的生态文明之路。

4. 湖南省融入长江经济带的传导带

通过澧水流域“一带两路”战略规划的实施，加快同步推进张家界国家旅游综合改革试点城市规划、武陵山区集中连片扶贫攻坚规划行动，积极主动对接环洞庭湖生态经济区、长江经济带等国家重大发展战略，把澧水流域建设成为长江经济带辐射湖南省域经济社会发展的先锋引领带与能量输送带。

（三）战略布局

构建“一轴一核两极多点”的空间开发格局。

1. 一轴：即澧水干流发展轴

以澧水干流为纽带，以桑植、永定区、慈利、石门、澧县、临澧、津市、安乡等城区为主要节点，加快沿线交运、市政、环保、旅游等基础设施与关联产业融合发展，促进流域经济优势互补、共生成长，增强经济辐射能量，带动水系岸线经济转型升级，加快形成湘西北经济发展核心轴。

2. 一核：即张家界市

充分利用以武陵源核心为主导的世界级优异山水旅游资源与历史人文底蕴，通过实施“提质张家界、打造升级版”总战略，加快建设国家级旅游试验区，加快推进旅游产业大市向旅游经济强市跨越，打造世界旅游精品，把张家界建设成为国内外知名的旅游胜地。

3. 两极：即津澧新城发展极、慈利—石门发展极

（1）津澧发展极

以国家中小城市改革试点为契机，以津澧相向融城为目标，积极实施津市、澧县融合发展的空间拓展战略，加快推进津澧一体化发展。充分发挥津市新型工业和澧县特色农业优势，大力发展农产品加工业，逐步增强区域发展辐射功能，将津澧新城建设成为洞庭湖生态经济区重要增长极、湘鄂边际区域中心城市。到2020年，中心城区总人口达到60万人左右。到2030年，城区人口规模达80万人左右。

（2）慈石发展极

通过建立抱团合作发展机制，依托慈利、石门两地同属国家主体生态功能区建设试点示范县、武陵山片区区域发展与扶贫攻坚重点县、少数民族过半县、革命老区县和全省直管县综合改革试点县的有利政策机遇，充分发挥各自优势和特色，促进资源共享、优势互补、共赢发展，把慈利石门建成澧水流域新型工业中心、湘西北地区的中心城市、铁路交通枢纽和能源基地、具有山水特色的生态旅游城市。2020年，慈利、石门中心城区人口规模分别达到20万人以上。

4. 多点：其他区县

武陵源。以武陵源世界自然遗产为依托，深入实施“提质武陵源，再创新

辉煌”战略，大力推进生态武陵源、法治武陵源、诚信武陵源、快乐武陵源建设，坚持全面保护、永续保存优美自然遗产，着力把武陵源营建成国内外知名旅游胜地、世界自然遗产保护模范区、国际休闲养生乐园。

桑植。进一步壮大娃娃鱼、生猪、烟叶、油茶、高山蔬菜、有机茶等优质农产品种养基地规模，推进标准化生产，培育龙头企业，发展农产品精深加工，创建名优品牌，拓展外销市场，努力将桑植县打造成为国家生态有机农产品的生产加工与出口基地。

临澧。突出机械电子食品加工，着力发展农机装备制造业，加快推进现代农机装备产业园，着力打造湖南农机装备制造基地；突出化纤纺织，重点扶持美华尼及其关联企业，打造全国最大锦纶生产基地；突出新型建材，支持天伦先淘扩大生产规模、引进配套企业，打造湖南高档卫浴生产基地。

安乡。依托安乡国家商品粮、商品鱼、商品棉、商品油和禽蛋、珍珠生产基地的优势，加快实施“水润安乡、洞庭明珠”战略，加快潺陵经济协作区建设，推进安乡和湖北公安县的资源整合，着力加强工业产业配套协作、边界商贸协作、农业产业化协作，共同打造“天下洞庭，江南黄山”。

（四）发展目标

1. 近期目标

到2017年，流域生态经济协作的组织架构基本形成，交通、能源、信息等基础设施对接联网初步形成，流域各经济体的合作机制基本建立，将澧水流域经济带建设成为流域合作共同体、生态功能示范区的共识行动全面展开，流域基本公共服务体系一体化水平稳步提升，社会就业更加充分，人民生活水平不断提高。

2. 中期目标

到2020年，澧水流域生态经济带整体经济实力明显增强，区域协作联动发展机制体系基本形成；交通、能源、信息等基础设施全面对接联网，布局合理、特色鲜明、分工合作的产业发展格局初步形成；城镇体系更加完善，中心城市辐射带动能力大幅提升，城乡统筹发展和城乡一体化发展格局基本形成；流域生态环境保护取得积极成效，生态环境质量位居湖南前列。

3. 远期目标

到2030年，流域生态产业体系基本形成，绿色、低碳、循环和一体化发展的体制机制更加完善，流域开放开发水平进一步提升，城乡、区域发展格局更加优化，经济社会持续健康发展，城乡居民生活品质全面提高，成为湖南省域经济发展的重要引擎和具有强势竞争力的流域特色产业经济带和国家生态文明先行示范区。

三、澧水流域生态经济带发展的主要任务

澧水作为湖南四水之一和承托洞庭湖、长江中游生态功能重要的长江支流，建设流域生态经济带，推动形成区域流域经济合作发展的新格局，打造“流域合作共同体”“生态建设示范区”“改革创新试验区”和“湖南发展新板块”，重点应加快实施五大战略任务。

（一）做强流域三大支点，打造区域发展新增长极

在新的历史时期，澧水流域综合开发面临着前所未有的机遇。要立足澧水流域资源优势，加强沿河城市分工合作，做强张家界、慈石、津澧三大支点，推动流域整体的发展能力显著提高，将澧水流域打造成为富饶、畅通、绿色、和美发展的新的增长极。

1. 把张家界市打造成澧水上游增长极

张家界是澧水上游的“龙头”，集水陆空为一体，功能全、能力强的综合交通枢纽，是国内外知名的旅游胜地。建设澧水流域经济带，要依托张家界城市、交通和旅游优势，拓展开放平台功能，促进生态文化旅游业转型升级，积极发挥在澧水流域生态经济带开发开放中的战略引擎作用。一是强化综合交通运输体系建设，加强与长江经济带、丝绸之路经济带、武陵山片区经济带三大跨区域经济带的对接，依托澧水流域廊道推动建立水陆空一体的对外综合交通网络，打造大湘西地区重要交通枢纽。二是大力加强生态建设和环境保护。加强澧水源头涵养发展区的环境面源污染与沿岸入河排污口综合治理和公益林地保护，强化水源地生态建设与生态系统修复，保护和提高森林植被的水源涵养能力。三是大力实施区域发展差异化、资源利用最优化、整体功能最大化发

展，提升区域互动合作水平，着力完善区域合作协调机制，加强与澧水流域主要城市的深度融合发展。

2. 把慈石一体化打造成澧水中游增长极

在打造澧水流域中游经济带战略中，慈利和石门要合力构建跨域合作的一体化发展示范区。一是把慈利和石门的资源、区位、产业、生态等优势结合起来，以“慈石一体”的区域集合效应，为澧水流域经济带建设贡献力量。二是构建合作型经济新体制。着力打造慈利—石门经济走廊。做好慈利、石门的港口、产业和航道等提质升级，推进澧水中游生态经济走廊建设。突出两地特色，加强两地经济协作，促进产业互补与承接，争取尽快推进一体化发展，建立跨区域经济合作区。三是强化产业转型升级。依托生态功能区示范试点县和省级工业“飞地”试点县，以现有产业为基础，重点对电力、建材、化工、农产品深加工等产业进行整合与转型升级，打造转型升级产业示范园。

3. 把津澧新城打造成澧水下游增长极

津澧作为澧水流域的下游地区，是连接洞庭湖的桥头堡，是澧水流域连通长江经济带的重要战略支点，要以澧水经济带建设为契机，加强区域合作，推进融城发展。一是加快基础设施建设。按“区域协调、共建共享”要求，促进交通、通信、网络、供电、供水、供气等基础设施一体化发展。优先启动沅澧快速干线第二大道津市—澧县城区段工程建设，形成融城大通道。加快津澧港口建设，为流域更好地连通洞庭湖、融入长江经济带提供水运通道保障。二是加快产业转型升级。以工业集中区为依托，打造符合中心城市特点和要求的劳动密集、产业关联度强、技术含量高、消耗低、污染小的产业，切实加大对建材、能源化工、纺织造纸等产业结构升级，大力发展电子信息、新材料和生物医药等新兴产业，加速产业集聚发展。三是加快融城发展步伐。强化资源要素统筹配置与高效运作，优先推进津澧新城内部公交系统、医疗系统、教育系统、通信系统、能源供应系统、市场服务体系及公共管理的一体化，促进中心城区融合和城乡发展融合。

（二）强化互联互通功能，建设综合立体交通走廊

立足于澧水沿线城镇，依托澧水干流、高速公路、快速铁路、航空等交通

主线，强化互联互通，以畅通沿河综合交通通道、构建沿河综合交通枢纽为重点，加大交通基础设施建设力度，努力建设安全、便捷、高效的综合立体交通走廊。

1. 畅通澧水大通道

抓住国家大力发展内河航运的契机，以澧水为骨干，以支流为网络，以港口为节点，着力推进澧水航道建设，将航道整治与流量调节相结合，进一步提升澧水河航运标准化水平，提高澧水航运能力，提升溇水、渫水、道水和涔水等支流通航船舶吨位，实现河湖直达、河湖联运，建成畅通、高效、平安、绿色的现代化内河水运体系。加大港口资源整合力度，合理布局澧水沿线港口，对重要港口进行升级改造，提高港口吞吐能力和机械化、专业化、信息化水平，将津澧、安乡港口逐步发展成为装卸、仓储、配送一体化的地区物流中心。依托旅游业发展需要开发豪华游轮通航。

2. 完善公路大网络

加快高速公路建设，打造泛澧水高速通道，高速公路辐射澧水流域内所有的县级以上城市，构筑流域对外高速通道。到2020年，力争全面形成“一环两纵两横”为骨架的高速公路网。“一环”即常德市—张家界市—桑植县—慈利县—石门县—津澧—安乡形成的大外环；“两纵”即宜张、东常（澧县—津市—临澧—常德）高速公路；“两横”即张常、安慈高速公路。按照“完善网络、提高等级、增强能力”的要求，进一步推进各级公路建设，二级以上公路通达所有县（市、区）。加强现有国省道的改造，推进流域内国省干线公路升级和路网结构优化，实现澧水流域内各市、县之间都有快捷的道路相通。加强县乡道路的建设，提高流域内县域、县乡和乡镇之间公路通达水平，打通综合立体交通体系的微循环，提升综合立体交通体系的辐射深度与广度。

3. 构建铁路大动脉

全力推进铁路骨干网络建设，完善澧水生态经济带铁路网结构，加快形成“一横三纵”铁路网，实现流域与重庆、西安、武汉、长株潭等各大都市高速畅达。做好已开工的黔张常铁路沿线站点建设，积极推进荆张高铁、宜石常高铁、荆澧常高铁规划前期工作，解决好旅游业发展瓶颈问题。加快安石铁路建设，提升流域城际间运输能力。加快襄阳—荆门—常德城际铁路规划，构建流域城市间快速客运通道。加快石长铁路复线建设步伐，使动车尽快延伸至流域境内。

4. 拓展航空大运量

加快航空基础设施建设，优化空域资源配置，推进通用机场建设，积极构建国际航线、国内干线、区域支线三位一体、互为补充的综合航空运输网络。加快推进张家界荷花国际机场扩建工程，力争旅客吞吐能力达到500万人次/年，大力发展航空物流，提高机场货运吞吐能力，建设武陵山片区国际航空中心，力争进入全国50强国际机场。有序发展支线机场，研究规划建设流域通用机场，形成流域机场新格局，满足大湘西生态文化旅游圈发展和经济发展需要。

5. 优化流域联运体系

加强各层次交通枢纽建设，有机衔接各种运输方式，形成快速、安全、高效的流域客货集疏联运网络，促进交通、产业、城镇协调联动发展。客运方面，按照“零距离换乘”要求，统筹各类交通方式，构建换乘便捷、集散高效的综合性客运枢纽体系。货运方面，按照“无缝化衔接”要求，加强以港口、铁路和公路货运站、物流园区、大宗农产品储备基地等为主的综合货运枢纽建设，配套和完善各类物流服务，积极发展多式联运，形成高效快捷的集疏运输网络和配送系统。根据发展需要，在慈利、津澧、石门等园区规划建设公路、铁路货运专线。

（三）实施创新驱动战略，培育特色优势产业集群

按照澧水流域产业基础，遵循产业集群发展规律，制定具有地方特色产业发展规划，实施重点突破，实现优势互补，加快实施创新驱动战略，重点围绕现代农业、先进制造业和现代服务业，推进三次产业的协调发展，着力培育澧水流域现代新兴产业，培植壮大一批具有规模效应和市场竞争力的流域特色产业集群。

1. 协同发展生态农业产业集群

根据澧水流域农业资源条件，有效配置农业生产要素，加快建设一批规模

较大、集中连片、竞争力强的产业带和基地，逐步发展成为各具特色的“板块经济”。积极构建流域上游山区特色生态农业区、流域下游平原湿地现代生态农业区两大功能区，重点建设粮棉油产业带、生态茶叶产业带、特色优势产业带，优化农业生产力布局，推进农业与旅游融合发展，提升农业综合生产能力。

（1）大力发展粮棉油产业带

加大粮食主产县投入和利益补偿力度，稳步推进优质水稻产业带建设，建设区域化、规模化、集中连片的国家级商品粮生产基地。稳定棉花播种面积，加大新品种、新技术的试验示范工作，促进棉花生产向优势区域集中，提高棉花生产水平和综合效益。加快“双低”杂交油菜种子供应基地建设，重点推进油菜籽品质改进、综合加工与产品贸易，实现规模化、标准化、优质化生产。

（2）加快发展生态茶果产业带

依托良好的生态资源优势，加强生态茶叶基地建设，加快推进茶叶规模化种植，重点建设以桑植、慈利、石门等为中心的山地生态茶叶带，打造慈利杜仲茶、永定茅岩莓、石门云雾茶等知名品牌。积极发展生态优质水果，推行规模化种植和生态化管理，加大猕猴桃、柑橘、椪柑、葡萄、八月炸、核桃、板栗等特色鲜干果的培育和种植，推进标准化基地建设，建成一批生态优质水果种植基地。

（3）加快发展特色优势产业带

以市场为导向，提高生产要素集聚度，优化资源配置，加快发展蔬菜、水产、畜禽、中药材、麻类等优势高效特色产业，形成一批以农业技术集成化、生产经营信息化为特征的优质高效特色农产品生产基地。加快建设澧水下游水产产业带，慈利及永定区重点发展优质麻类基地。加快大山区中药材基地与珍稀花卉苗木繁殖基地建设。加快流域沿线特色蔬菜、加工菜和高山蔬菜种植区建设。

2. 共促先进制造业集群发展

按照新型工业化的要求，合理承接产业转移，澧水流域要把园区作为加速产业集群化发展的载体和平台，围绕特色优势工业，打造产业集群，发挥产业集群对区域经济的强大拉力，推动传统制造业转型升级，加快发展战略性新兴产业，增强自主创新能力，创造劳动就业机会，加快集聚发展，把澧水流域打造成优势产业集聚程度较高、整体实力较强的先进制造业带。

（1）打造传统优势产业集群

在现有资源与产业优势的基础上，促进传统产业与先进适用技术融合，推动传统制造业转型升级，调整产品结构，延伸产业链，提高附加值，加快产业集聚发展。

食品加工业。发挥流域农副产品资源优势和富硒特色，打造“绿色、生态、有机”农产品品牌，大力发展绿色食品工业，着力在精制米、食用油、茶叶、水产品、畜禽产品、水果等领域形成一批在全国同行业有竞争力的食品加工龙头企业、一批在全国有影响的知名品牌、一批销售收入过十亿元的食品加工业园区。

建材、能源产业。以技术改进为核心，积极推广环保技术，大力推进流域水泥、石膏、陶瓷、石材等集群化发展，积极扶持碳酸钙、镍钼、铁矿等产业做大做强。以发展电力产业集群为重点，利用澧水流域丰富的电力资源，在水电基础上，大力开发风能、太阳能、沼气、页岩气，适当发展生物质发电。统筹慈利煤炭开发与生态环境协调发展。

化工业。按照“沿河不临河”的原则，在距岸边1000米范围外布设，淘汰高污染化工企业，关停污染治理不达标企业，完善污染防治和风险防范措施，保障澧水水质安全。在环境承载能力允许的前提下，以优化结构、提升质量为重点，调整化工园区布局，整合慈利、石门、澧县、津市化工企业，推进盐化工、磷化工集群发展，调整产品结构，延伸产业链条。

轻纺产业。充分利用沿海产业转移、加快推进新型城镇化的有利时机，引进一批外向型轻工企业，提高产业实力，扩大产业总量，扶持发展壮大服装、鞋帽、饰品、玩具等产业。利用先进适用技术，改造提升棉纺，振兴慈利、临澧、澧县、津市纺织工业基地。依托张家界旅游品牌及劳动力资源和自然资源比较丰富的特点，大力发展旅游工艺品加工业。

（2）大力培育战略性新兴产业

充分利用澧水流域丰富的资源优势，重点培育发展电子信息、生物医药、高端装备制造、新材料和节能环保等产业，建设慈利和津澧两个战略性新兴产业中心。通过建立产业技术创新战略联盟，促进企业间的合作与协同发展，形成规模化发展态势，壮大集群规模，提升集群核心竞争力。

现代信息技术产业。加快半导体材料、集成电路设计与制造、新型显示器件的研发。尽快形成集基础材料、芯片、元器件、模块与组件、系统设备和终端产品于一体的电子信息产业链。加强技术研发和品牌创立，加强芯片及元器件制造，加强软件开发、应用与服务，形成产业发展的整体优势，提升核心竞争力。

生物医药产业。利用生态资源优势，进一步做大做强生物制药、现代中药与天然药物等产业，重点抓好化学医药制剂、饮片、新型医药器材等研制开发，建成大鲵保健品加工制造基地。加速生物农业技术的研发和应用，重点发展生物农药、生物肥料、兽药及动物饲料等绿色农用生物制品产业，积极推动动植物良种产业化。加快运用生物技术改造传统产业的生产工艺，减少工业生产能耗与污染物排放。

高端装备制造产业。利用先进技术，改造提升传统机电工业。加快汽车零部件、工程机械、专用设备制造等高端制造业发展。以津市开发区、慈利工业集中区、安乡开发区为重点，培育壮大一批汽车及零部件、工程机械、新型能源的骨干企业集团，逐步形成产业集聚。

新材料产业。利用当代新材料技术，推进传统基础材料转型升级，重点发展纳米级碳酸钙粉体材料，钼酸类石油催化剂、原油添加剂、抗磨剂等高档环保涂料、医药中间体，环保、节能型新型墙材、轻型复合墙板、多功能防水材料、密封材料，以水泥为基材的高档复合板、高档装饰、装修材料，无碳复写纸、IC卡、九层瓦楞纸箱、可降解膜。

（3）加强现代产业园区建设

构建流域园区体系。按照“主业集中、特色鲜明”的要求，加快建设包括工业集中区在内的流域产业园区体系。根据产业园区发展需要，兴办园中园，形成梯次发展的格局，促进发展要素、企业、产业向园区聚集。大力推进省级“飞地经济”试点园区——慈利工业集中区建设，促进区域经济协调发展，打造“飞地经济”示范园区，着力打造具有全国先进水平的产业基地。石门、临澧、澧县、津市、安乡等开发区要突出特色，积极推进循环化改造，实现绿色、低碳、循环发展。支持符合条件的产业园区申报创建国家级园区。

促进园区分工协作。引导澧水流域园区专业化发展，加强流域园区间紧密联系，提高流域融合度和关联度。发挥慈利“飞地经济”试点园区优势，探索与流域园区通过共建共享，加速土地、资金、环境等要素的充分利用，打造新的政策洼地，实现优势叠加、合作共赢，形成人与自然和谐的“飞地经济效应”。支持流域园区主动承接中三角、成渝和珠三角的产业转移。积极把慈利建成生物医药、绿色食品、建材、现代旅游商品园区；把石门、临澧、澧县建成新型建材、食品、新能源等园区；把津市、安乡建成化工、纺织、机械、特色水产加工等园区。

提升园区发展能效。推动园区“两型”发展，提高园区资源集约利用率。加快工业集中区建设，实行城区园区一盘棋的大园区模式。规范园区管理制度，根据需要在工业集中区规划设立省级园区，推进重点工业集中区规范发展和提质升格。按照产城融合要求，提高园区综合配套服务水平，支持道路、污水管网等重大基础设施建设，加快构建土地、投融资、人力资源、产业配套、生态环保、物流成本及政务环境等综合配套优势。

3. 合力培育现代服务业集群

按照现代服务业发展的内在要求，充分利用澧水流域自然文化旅游资源，推动文化旅游产业发展；结合内河航运港口和交通基础设施，促进现代物流业发展，积极构建完善的现代服务业体系。

（1）文化旅游业

重点围绕澧水流域旅游资源的文化特色和亲水特质，大力开发文化旅游资源，建设在国内外有较大影响力的文化旅游景区，重点开发具有浓郁地域特色的旅游产品和旅游线路，加强旅游产品的市场营销，对接长江三峡旅游圈、成渝—长株潭—武汉都市旅游圈、云贵民族文化旅游圈等，实现澧水流域文化旅游产业的跨越式发展。突出“山水文化、绿色家园”整体形象，进一步做大文化旅游品牌，大力开发湿地生态游、文化山水游、休闲度假游、科普科考游、乡风民俗游、健身养生游、宗教朝觐游等旅游产品。推进旅游资源整合，强化区域协作，开发旅游精品线路，加强武陵源、天门山、张家界大峡谷、八大公山、五雷山、壶瓶山、城头山、夹山寺等重点景区和张家界市区、慈利县、石门县、澧县等旅游服务中心建设，构建以张家界为中心的大旅游网络，打造国内外知名的旅游胜地。

（2）商贸物流业

以现代信息技术为支撑，结合澧水航运港口和交通枢纽的建设，以水运为基础，公路、铁路口岸物流为重点，建立全方位、多层次、立体式的口岸物流平台，形成铁路、航空、水运、公路多式联运的口岸物流商贸网络群。依托交通干线和重要枢纽，充分发挥澧水航运作用，加快永定区、慈利、津澧中心物流枢纽和石门、临澧、安乡、桑植等区域物流基地建设，打造澧水物流产业带，提高区域内物流的组织化、集约化程度，实现流通环节全过程管理。积极发展第三方物流，鼓励生产与流通企业改造业务流程，剥离、分立或外包物流业务。着力推进行业经营连锁化、物流配送化、管理网络化、企业规模化、业态新型化、服务系列化、设施现代化，提高商贸物流现代化水平，为澧水流域经济社会发展提供可靠的物流保障。

（3）现代服务业

以旅游为龙头，推动现代服务业发展。大力发展交通运输、邮电通讯、科技教育等基础性产业，改造提升餐饮服务、公共服务、社区服务等传统产业，加快发展信息咨询、健康养老、论坛会展等新兴产业。发展现代金融业，加强地方金融机构的建设，积极创造条件，吸引国内外金融机构到我县设置分支机构，发展项目融资、PPP、BOT、经营权转让等新型融资方式。启动4G网络商业运营与物联网服务，促进电子商务等新兴服务业态加快发展。

（四）提升城市承载能力，高质量推进新型城镇化

按照“统筹规划、合理布局、协同发展”的原则，遵循城镇化与工业化、生态化有机结合的主线，强化城市公共服务能力建设，不断提升城市承载能力，高质量推进新型城镇化建设，全面提高城镇发展质量，着力打造亲水宜居、富有活力、彰显文化的滨水特色城镇带。

1. 优化流域城镇发展布局

构建“一轴一核两极多点”的城镇化空间开发格局。以张家界市区、津澧融城为依托，以县城为基础、以中心镇为补充，形成大中小城市和小城镇协调发展的新型城镇化体系。优化城镇规模结构，加快城镇化发展步伐，推动人口

和产业集聚，形成以桑植县城、永定区城区为中心的西部城镇发展区域。加快慈石一体化建设发展，形成以慈利和石门县城为中心、各中心镇为次中心的城镇空间发展格局。以津澧融城主城区为中心构建津澧都市发展区，打造包括安乡、临澧的城镇发展圈。着力推进南北镇、太平镇、黄山头镇、官垱镇、复兴厂镇、火连坡镇、长潭坪乡等口子城镇、江垭镇、广福桥镇、洪家关白族乡、五道水镇、温塘镇、王家坪镇、天子山镇、夹山镇、壶瓶山镇、大坪乡等旅游特色镇、教字垭镇、沅古坪镇、岩泊渡镇、苗市镇、通津铺镇、金罗镇、新安镇、保河堤镇等交通节点镇建设。

2. 增强城镇综合承载能力

按照"以人为本、节地节能、生态环保、突出特色"的原则，科学编制城市规划，健全城镇建设标准，调整优化建设用地结构，合理确定城市增长边界，加强城市综合管理，科学确定建成区人口密度，不断增强城镇综合承载能力。

（1）强化城镇土地开发整理

根据国家主体功能区规划和省主体功能区规划、土地利用总体规划、城镇化与城镇发展战略规划，控制生产用地，保障生活用地，合理控制生态用地比例，促进城镇和谐发展。严格限定开发区内非生产性建设用地的比例，提升开发区用地效益。合理调整城镇用地供应结构，优先保障基础设施、公共服务设施、廉租住房、经济适用住房及普通住宅建设用地，增加中小套型住房用地，切实保障民生用地。加强对城镇闲置低效土地的挖潜利用，盘活存量建设用地。实行城镇用地增长边界控制，引导城镇空间有序发展。

（2）加强城镇基础设施建设

统筹流域城镇地上地下市政公用设施建设，全面提升交通、通信、供电、供气、给排水、污水垃圾处理等基础设施水平，增强消防、防洪、防涝等防灾能力。扩大城市绿化面积和公共活动空间，加快面向大众的城镇公共文化、体育设施建设。推进县城和中心集镇的扩容改造，注重文化传承与保护，改善城市人文环境。加快现代通信网络建设，按一体化规划、网络化敷设、数字化管理、最优化服务原则，扩大现代通信覆盖地域。加强城市公共基础设施建设，不断改善人居环境，建设生态型、精美型与人文化的宜居城市。

（3）提升城市综合管理水平

按照“管理精细化、执法人性化、服务标准化”的目标，推动澧水流域数字化城市建设，建立信息化、精细化的城市管理方式。通过数字化城市管理系统网络的延伸，将数字化城市管理与新闻媒体、电子政务及政府门户网站进行链接，与街道、社区及各类主体结合，提高城市管理的广度与深度，形成基层单位和群众参与、职能部门齐抓共管的“大城管”格局。加强和改进人口管理，把有稳定劳动关系并在城镇居住一定年限的农民工及其家属逐步转为城镇居民，大力推进农业转移人口市民化。

3. 建设滨水生态宜居城市

以澧水岸线为基础，完善城镇功能，推进生态建设，使滨水空间充分融入城镇生活，展现滨江城镇特色，带动城镇文化、商业、旅游等特色经济发展，在为市民提供休闲游憩场所的同时，实现良好的经济和社会效益。

（1）积极开发城市滨水空间

通过岸线合理开发利用和滨水区建设，形成以滨水宜居为特色的沿澧水干流城镇带。在严格遵循蓝线、绿线、黄线管制的基础上，对用地功能进行重组，重点开拓公共空间、混合功能空间以及居住空间，精心设计滨水景观，建设澧水沿岸城镇风光带。将海绵城市建设理论融入城市规划建设管理中，高度重视水资源战略规划，最大限度保护原有河流、湖泊、湿地等自然资源，构建城市亲水区。

（2）促进港城一体化发展

加强资源整合、优势互补、利益共享、协调发展，在澧水流域河道整治的基础上，大力推动港口建设与发展，形成“港产互动，港城一体，区域提升”的发展新格局，增强港城互动，实现港城互补。以港口作为城镇新区开发的支点，配套临港产业，带动新城发展，形成港城互动的发展格局。通过区域联动、沿河发展和集群布局，带动区域发展。合理布局港口物流中心，依托良好的交通区位条件，提高港口城镇的区域服务水平和主要港口城镇的区域辐射能力，通过产业关联辐射周边中小城镇，实现港口与腹地整体发展。结合生态保护要求和居住生活需要，合理布置生活岸线和生态旅游岸线，提升流域沿线整体发展质量。

（3）推进生态城镇建设

努力营造低碳宜居的城镇环境，提高城镇绿化率，改造城镇供水设施，建设重点城市应急备用水源工程，加强城镇环保基础设施建设和市容市貌综合整治。积极引导绿色消费，鼓励使用节能节水节材产品和可再生产品，形成健康文明、节约资源的生产和生活方式。加快流域内城镇污水和垃圾处理设施建设步伐，不断提高城镇生活污水、垃圾及固体废物处理能力。

4. 加快城乡统筹发展步伐

（1）推进乡村综合整治

编制流域乡村综合整治规划，有序引导生态移民与迁村并点，转移、迁并生态脆弱区及灾害频发区农村居民点，加强农村基础设施建设，改善农民生存条件。加大流域村庄综合整治力度，重视农田水利建设，提高农业生产水平，改善农村人居环境。强化乡村景观意象，营造"山—水—田—林—居"相嵌的村落格局，保护具有历史文化价值与地域特色的传统村庄；推行差别化的乡村综合整治。中上游重点生态功能区重点围绕生态移民与村庄拆并，逐步减少宅基地空间，重点围绕空心村整治与新农村社区建设，促进农村居民点集约化布局，改善农村居住环境质量，严格控制开发强度，腾出更多空间用于生态建设。中下游农产品主导区重点围绕农地综合整治与农田水利设施建设，同步推进农业规模化与居住集中化，以利益杠杆推进宅基地空间向农业生产功能置换。

（2）引导乡村经济转型

开展美丽乡村示范建设，鼓励先行先试，建设一批乡村旅游导向型、现代农业导向型示范村庄，积极推广典型模范村建设经验。大力推进以田园化、机械化、专业化、规模化为重点的农业现代化改造，逐步实现农业生产与作物种植基地化，提高优质农产品商品率，鼓励特色农产品发展，打造特色农业品牌。全面盘活农村集体资产，创新农村集体经济发展模式。

（3）构建新型城乡关系

建立具有流域特色、覆盖全域、多规协调的统筹城乡规划体系，编制镇（乡）域村镇布局规划，优化城乡空间布局。促进城乡产业互动发展、要素融合渗透。加强城乡基础设施网络建设，实施城乡交通对接工程，构建广覆盖、高对接的城乡统筹交通体系。促进公共资源在城乡之间均衡配置，加快建成城乡均衡、功能完善、布局合理、高效有序的公共服务体系。

（五）促进区域持续发展，建设沿水绿色生态廊道

正确处理好环境保护与经济发展的关系，在促进流域经济发展的同时保证“一江清水”、江河安澜。着力优化“一廊（澧水）、一源（武陵源）、五山（天门山、天泉山、八大公山、高架界、壶瓶山）、六湖（江垭湖、仙阳湖、黄石湖、王家厂湖、毛里湖、珊珀湖）”绿色生态空间，将澧水流域建设成为具有经济持续发展、生态调节、人居保障等多种功能的重要生态经济功能区。

1. 加强环境污染治理

澧水上游地区围绕维持水质稳定、保证水量、增强土壤保持功能的目标，加强集中式饮用水源地保护区的环境保护，建立流域水体水质全天候自动监测预警体系。澧水中下游地区围绕集约利用水资源、预防水质恶化、改善水生态环境的目标，有效控制农业面源污染，加强工业污染防治，推进流域城镇污水处理体系建设。

（1）加强饮用水源地环境保护

加快澧水上游地区植被恢复，增强森林的水源涵养与土壤保持能力。加强流域生态隔离带建设，减少流域周边人口生产生活对流域水质的影响。制定水源地保护的监管政策与标准，加强饮用水源保护监督管理。加强中下游地区饮用水源地保护区周边地区水土保持、污水治理、农业面源污染防治等工作，加快推进集中式饮用水源地排污口搬迁工作，严禁新增排污项目，保障澧水中下游地区居民饮用水安全。

（2）加强工业污染防治

按照水功能区限制排污总量，严格控制工业污染物排放总量，将氨氮、总磷、COD等污染物纳入总量控制体系。流域内所有新建、扩建和改建项目必须符合生态环保要求，做到增产不增污，争取实现增产减污。加快淘汰改建不能正常发挥功效的老旧环保设施，加大对违法排污企业的打击力度，实施污染源全面达标工程，鼓励推广工业园区集中式污水处理模式，加大污水处理设施建设力度。

（3）有效防控农业面源污染

加强监管体系建设，加大农业科技普及力度，提高农民环境保护意识。积极引导和鼓励农民使用测土配方施肥、病虫草害综合防治、生物防治和精准施药施肥等技术，采取灌排分离等措施控制农田氮磷流失。加强养殖业污染综合治理，大力发展养殖小区，推广清洁养殖技术，在流域沿线附近严禁办养殖场。加强农业面源污染监测与控制。

（4）推进城镇污水体系建设

按照“厂网并举、管网优先”的原则，重点加快城镇生活污水处理厂提标改造、污水处理设施配套管网及污泥处理处置设施建设，进一步强化污水处理运营监管体系建设，加快推进中小集镇污水处理体系建设，禁止生活污水直接排。积极开拓中水回用途径，合理利用城镇污水处理厂出水，提高水资源循环利用率。

（5）建立流域自动监测预警体系

在交界断面建立自动监测站，逐步建立流域水环境质量数据库与水环境突发事件预警体系。推动各县区，特别是化工、矿产等产业较为集中的地区，完善环境风险应急预案，建立完善的环境突发事件应急响应机制。提升饮用水源地周边风险预防等级，建立更加严格和完善的风险预防机制，制定更具针对性的应急预案，完善饮用水安全事故问责机制。强化危险废物与辐射监管，加强环境高风险行业、企业监管，降低环境风险。

2. 强化生态保护与修复

围绕削减入河污染、涵养水土、加强林业发展可持续性、维持生态系统完整性与多样性、修复生态环境等目标，构建沿澧水绿色屏障，加强生物多样性保护能力建设，强化全流域湿地保护建设，重点推进污染严重的支流生态修复工程，加大沿线地区生态建设的投入力度。

（1）构建沿澧水绿色屏障

建立以林业建设为核心的综合防护体系，增强沿澧水及其主要支流沿岸林地截污和削减污染物的功能，构建绿色屏障。以沿河干流绿色林带建设为中心内容，坚持林草结合，统筹建设陆地生态系统与湿地生态系统，构筑具备防洪、水土保持、水源涵养、生态截污、净化水质、碳汇等多种功能的沿江综合植被防护体系。增加植被种类，优化植被结构，增强生态系统的稳定性。积极构建澧水水土保持林带。进一步加强澧水流域水土流失严重地区的水土保持林建设。通过实施天然林保护、荒山造林、石漠化综合治理等重点项目，扩大林草覆盖面积，预防和减轻水土流失。禁止违法开采、无序开发、毁坏植被保护带。

（2）加强生物多样性保护

保护生态系统、物种和遗传基因多样性。强化生物多样性保护，合理开展迁地保护，促进生物资源可持续开发利用。提高应对生物多样性新威胁和新挑战的能力，开展基础调查和科学研究，建立生物多样性基础数据库，规范野生物种和转基因种源管理，建立外来入侵物种监测预警及风险管理机制，积极防治外来物种入侵。重点保护鱼类产卵场，划定鱼类产卵保护区。完善生物多样性保护相关政策、法规和制度。

（3）突出湿地保护建设

加快推进湿地生态系统保护工作，完善湿地保护管理体制，开展以退耕（养）还泽（滩）、恢复湿地植被、恢复动植物栖息地等为重点的湿地生态恢复和保护工作。以流域湿地自然保护区为重点，加快推进湿地自然保护区建设，维持湿地面积稳定。在沿澧水城区建立湿地公园，美化城市景观，宣传湿地保护知识。建立完善的湿地野生动植物支撑体系，保护湿地生物多样性。合理利用湿地生物资源，积极开展生物涵养工作。加强湖泊生态保护与修复，进一步降低氮磷入湖总量。

（4）强化支流生态修复

进一步推进澧水污染严重的主要支流生态修复工作，在源头截污的基础上，开展以清水入河、人工湿地建设、河道清淤、河岸清污为主的水污染生态修复工作，保证支流一河清水。加强沿河生态走廊建设，增强河流、陆生生态系统的完整性和连续性，构建物种迁移通道。

3. 推进低碳技术和循环经济发展

（1）推广低碳技术

积极开展低碳试点，大力推进澧水流域低碳技术应用与推广。在碳管理方式创新上先行先试，学习国内外先进企业的经验和做法，增强本地区企业的低碳意识。加大对流域低碳技术创新的投入，加强低碳技术推广平台建设与能力建设，加快推进低碳技术的产业化。研究制定碳排放核算与削减考核制度，促进重点耗能企业和单位节能降耗，减少碳排放，重点推动化工、建材等产业碳资源回收利用，鼓励发展低碳产业。

（2）发展循环经济

加快节水技术改造，扩大工业再生水使用范围，推进澧水流域节水型社会建设和城市节水建设。加快城市供水管网改造，推广市政设施中水回用系统，鼓励开发分水质供水系统，推进集雨利用工程。积极推进化工、建材、电力、轻纺等行业和农业、服务业清洁生产，鼓励有条件的企业开展环境管理体系认证，鼓励产业集聚度高、发展条件较好的工业园区创建生态工业示范园区。大力实施生态循环农业产业示范工程。加快澧水中上游有机农产品和生态保护型农业发展，加快澧水中下游地区节水型农业发展，提高农业的水资源利用率。推进循环农业发展。

四、澧水流域生态经济带发展的互动合作

澧水流域范围涉及长江经济带、环洞庭湖生态经济区和武陵山区域发展与扶贫攻坚等国家级发展战略板块。依托张家界旅游经济圈、津澧新城、慈利、石门、临澧和安乡县城的发展基础，加快澧水流域融入长江经济带建设，加强与洞庭湖生态经济区、武陵山片区在基础设施、产业发展、商贸物流、金融保险、科技与人才等各领域的密切合作。增强澧水流域开发开放的战略合作意识，加快澧水流域生态经济带与其他地区形成优势互补、有效衔接、互为支撑、良性互动的发展新格局。

（一）加快融入长江经济带建设

随着我国区域发展从沿海向内地纵深推进与深度融合，长江经济带战略地位日益重要。2014年9月，国务院下发《关于依托黄金水道推动长江经济带发展的指导意见》，明确长江经济带为“中国经济新支撑带”战略地位。澧水流域生态经济带作为湖南省融入长江经济带的重要门户地位，要着力推进对外通道、港口码头、基础设施对接提升，构筑南连长株潭、北接武汉城市圈、西通成渝城市群的对外交通大通道，推进与重庆、武汉、长沙、贵阳等长江经济

带中心城市的合作，推动长江三峡、荆州古城、洞庭湖旅游资源共享、区域联动，促进澧水流域与长江经济带的有效融合。加快推进张家界旅游经济圈建设，增强津澧新城城市功能，大力提升澧水流域城市发展水平。重点推进慈利、石门、津澧、安乡等城市与长江中游城市群互联互通和共建共享，不断提高改革开放水平，推动经济持续健康发展。

（二）加强与洞庭湖生态经济区规划对接

2014年4月国务院正式批复《洞庭湖生态经济区规划》，批复明确指出洞庭湖生态经济区建设的核心任务是要保障生态安全、水安全、国家粮食安全，澧水流域生态经济带建设无疑要结合这三项任务，重点围绕交通建设、水利安全、生态环境、津澧融城、民生改善5个方面加强与洞庭湖生态经济区规划对接。依托桑植、永定区、武陵源区、石门、慈利良好的生态资源优势，加强澧水中上游的生态安全建设；依托津澧所在的平坦辽阔的澧阳平原，巩固和增强津市、澧县国家粮食主产区地位；加强洞庭湖西岸安乡、津市、澧县的水利设施建设，确保洞庭湖水安全。以打造澧水流域中心城市为目标，加快津澧融城步伐，加大津澧新城建设力度，突出优势互补、产业集聚，加速经济一体化进程，推动交通、能源、信息、环保等全面对接洞庭湖生态经济区，提升城市辐射带动和综合竞争力，发展成为洞庭湖区城镇发展格局的中心城市。

（三）发挥对武陵山片区的引领作用

发挥澧水流域与武陵山片区一体化对接以及“山同脉、水同源、民同根”，山水资源和风土人情相似的优势，进一步深化澧水流域中上游地区与武陵山片区城市合作交流，积极对接湖北、重庆、贵州武陵山片区。依托张家界世界级旅游资源和张家界荷花国际机场，进一步加强张家界国家旅游综合改革试点城市建设，把张家界打造成武陵山片区旅游龙头和交通枢纽中心，带动和引领武陵山片区旅游产业发展；加强区域协作，打破区域壁垒，加强客源共享和线路组合，加快与周边地区旅游通道建设步伐。发挥张家界是澧水流域与武陵山片区中心城市作用，加强澧水流域与武陵山片区在生态旅游、能源开放、绿色产业、商贸物流、休闲服务等领域的交流合作，加快澧水流域对接武陵山片区开发、服务武陵山片区开发、引领武陵山片区开发的步伐。

（四）合力推进“一带一部”战略

澧水流域生态经济带作为湖南“一带一部”战略布局的重要体现，要坚持“引进来”和“走出去”两者有机结合，共同推进“一带一部”战略实施，大力提升澧水流域开放型经济发展水平。充分发挥张家界市的龙头作用，整合资源平台，推介澧水流域和环洞庭湖城市群的综合优势与区域价值、规划发展远景、产业基础与政策资源，提升区域吸引力，持续深化国内区域合作、省市共建合作、与央企对接合作和对外经贸技术合作，坚持引资、引技、引智结合，提升开放型经济质量和规模。依托张家界荷花国际机场以及澧水流域沿江重要港口，发挥临空和临港产业在澧水流域开放型经济发展中的战略支点作用，将临空、临港经济区打造成澧水流域重要的综合交通枢纽、现代产业集聚区和开放合作引领区。发挥武陵山片区生态资源优势，大力推进精准扶贫，发展绿色经济，打造国家生态文明建设先行示范区。

（五）加强互动保障设施的建设

在构建高效便捷的综合交通运输体系的基础上，加强互动合作平台建设。鼓励流域内工业园区与沿海地区政府、开发区、大企业、战略投资者广泛合作，发展“园中园”“飞地经济”，探索不同的管理模式和利益分享机制，大力推进慈利飞地园区建设，推进沿海产业组团式转移。加强园区科技创新服务平台、产品检测服务平台建设以及交易信息平台建设。支持建设加工贸易梯度转移承接基地，牢牢把握沿海地区加工贸易产业梯度转移的机遇，加快特色出口基地建设。整合流域内海关资源，推动同沿海沿边地区和长江经济带通关协作，实现口岸管理相关部门信息共享、监管互认、执法互助。全面融入和对接“一带一路”发展战略，支持张家界旅游落地签证。加强互联网、物联网、大数据、云计算、人工智能等新一代信息技术建设。

五、澧水流域生态经济带发展的保障措施

（一）深化体制改革

1. 深化流域管理体制改革

设立澧水流域水生态保护协调委员会，统筹协调监管澧水流域生态环境保护中的重大事项。县级以上人民政府发展和改革、财政、水利、规划、环境保护、交通运输、国土资源、林业、农业、旅游等有关部门按照各自职责，做好本行政区域内澧水保护的相关工作。建立严明科学考核制度，建立澧水保护目标责任年度考核制度和行政责任追究制度，将澧水生态环境保护纳入各级政府国民经济和社会发展规划。

2. 创新流域发展合作机制

强化流域内地方政府的环境责任，采取签订合作协议、举行联席会议、联合管理、信息共享、技术监控等方式，开展澧水保护事务的跨行政区域合作，形成流域综合决策机制、监督机制、污染事故通报机制、协同治污机制、纠纷仲裁制度等，促进防灾减灾、防污治污、水资源利用、产业发展等方面上中下游联动。

3. 深化财税与投融资改革

积极争取国家支持在流域内率先试点绿色税收制度，将资源税征收对象扩大到矿产资源和非矿产资源，调整税率和课税方式，同时试点开征水污染税、大气污染税、生态补偿税等专项新税种。实行绿色信贷制度，积极开展碳金融试点。积极探索新的融资模式，促进形成政府引导、市场推进、社会资金投入的多元化格局。

4. 建立健全生态补偿机制

建立健全上中下游水体行政区域交界断面水质交接责任和补偿机制。积极争取澧水流域纳入国家级生态补偿试点。探索市场化生态补偿，推行水权交易、绿色生态产品认证制度等。建立实施污染物排放总量初始权有偿分配、排污许可证、排污权交易等制度。

5. 引导公众参与共治

建立健全公众参与制度，引导、支持企业事业单位、社会组织、基层群众性自治组织、志愿者等社会力量参与澧水保护。澧水保护中的重大决策事项，以各种有效方式广泛听取社会公众意见。加大流域环境质量、重点污染源、饮用水水质、企业环境信息公开力度，扩大公民知情权、举报权。

（二）加强政策支持

1. 产业引导政策

采取贷款贴息、税费减免等措施，引导同类企业围绕产业龙头搞好产业延伸和协作配套，鼓励企业进行设备更新、技术升级和产品结构调整，支持流域内企业通过购买、兼并、联合等方式打造大企业集团和龙头企业，突出扶持低能耗、低污染的核心企业、战略性新兴企业。

2. 招商引资政策

从土地供应、税费减免、财政金融支持等方面出台更加优惠的政策，吸引发展前景好、技术含量高、生态环保好的产业转移至澧水流域。

3. 资金投入政策

采取政府引导投入、市场化运作、社会广泛参与的方式，通过地方财政拨款、注入土地等资产，吸收大型企业优质资产和社会投资资金，充分利用现有投融资平台，进一步整合资源、完善功能，支持汉澧水域综合开发，坚持“有所为、有所不为”，将资金重点投向现代水利、交通运输和生态环保等领域，推进流域现代农业、先进制造业和现代服务业的发展。优先支持具有收益来源的可持续经营性项目，形成平台公司自身稳定的经营收入和现金流量，增强平台公司的“造血”功能和持续稳健发展能力。

4. 用地支持政策

合理调整基本农田布局，着力解决基本农田对用地空间布局的制约，保障流域内工业化与城市化进程的用地需要。土地利用计划安排向重大基础设施项目、重点工业项目和开发区倾斜，优先支持优势产业、绿色产业、产业集群项目建设，严格控制高能耗、高污染和低水平重复建设项目的用地需求。

（三）扩大开放合作

建立健全澧水流域在产业、交通、环保、金融、信息、能源资源、社会管理等重要领域的合作协调机制，搭建多层次、多形式的开放合作平台。

1. 全面提升开放水平

坚定不移实施大开放主战略，全面推进与周边地区以及国际经济的对接和融合，积极参与全球经济分工合作。以工业园区为开放平台，进一步拓宽利用外资领域，扩大外商直接投资规模，切实提高利用外资质量和水平，着力引进投资规模大、技术含量高、带动能力强、节能环保的重大项目，逐步实现从引进资金为主向引进资金、先进技术和高素质人才并重转变，从制造业为主向制造业与服务业并重转变。坚持出口市场多元化和以质取胜战略，大力发展绿色贸易，加快形成一批具有国际影响和澧水流域特色的知名品牌和符合国际要求的绿色产品认证体系。着力提升政府服务水平，简化行政审批手续，为外资企业营造良好的发展环境。

2. 切实加强国内区域合作

推进与长江经济带地区和周边重点区域开展多层次、全方位的合作互动。积极推进基础设施对接，加快交通、天然气、信息网络等对接工程建设；着力建设一体化区域市场，深化劳动力市场、旅游市场、现代物流、绿色农产品通道和口岸通关等方面合作。依托生态环境、产业基础、农产品资源、矿产资源、劳动力资源等综合优势，参与成渝、中三角、珠三角、长株潭地区的产业分工，采取共建园区等方式承接产业转移。

3. 积极推进国际生态合作

加强与联合国所属机构、相关国际组织和国家的联系，在维护生态安全、应对全球气候变化、发展低碳技术和绿色经济等重大领域广泛开展交流。务实推进生态项目合作，积极争取国际资金技术支持，加快山河可持续发展示范区、山地资源综合开发、生态扶贫、清洁发展机制等方面的项目建设；加强与相关国际组织合作，共同开展澧水流域湿地、候鸟和珍稀濒危野生动植物资源保护研究，共同保护好世界自然遗产、世界文化遗产、世界地质公园。

（四）优化发展环境

1. 建立廉洁高效的政务环境

加快各级政府职能转变，按照“合法、合理、效能、责任、监督”原则，建设服务型政府，不断简化行政审批事项，减少审批层次，精简办事环节，提高行政效率，减少投资成本。提高流域内政府间工作的透明度，提高政府间决策的科学化、民主化水平。进一步强化发展意识、大局意识、责任意识，促进政府间加强合作交流，服务澧水流域的发展。

2. 营造诚实守信的人文环境

加大公民信用道德意识教育，建立健全包括政府、企业、中介组织和个人在内的社会信用体系，营造和谐、诚信、守法的人文环境，在全社会形成文明诚信的良好风尚。淡化地方利益，强化服务意识。从思想上为投资者着想，工作上为投资者服务，营造出诚实守信的人文化境，以诚信文化的感召力提升工业发展的软实力。

3. 创建规范严明的法制环境

建立健全执法责任体系，建立流域联合执法队伍，切实强化流域内各级部门的执法责任意识，按照权力与责任挂钩、权力与利益脱钩的要求，建立权责明确、行为规范、监督有效、保障有力的联合执法体制。严厉打击和惩处破坏流域生态环境的行为，形成依法办事、安全办事的社会风尚，以优质的法制服务为澧水流域经济可持续发展保驾护航。

4. 打造城乡优美的人居环境

要协调制定流域生态环境保护发展规划，划定功能区，明确各行政单元断面水质考核办法，签订水环境保护工作目标责任状、制定流域应急预案，协调解决流域生态安全的各类建设与开发矛盾，共同维护好流域的人居环境。

促进资源型城市转型新生

——湖南省资源型城市转型发展规划研究[①]

湖南省共有14个资源型城市，其中地级市4个，县级市7个，县3个。规划总面积为76497.4平方公里，2016年常住总人口2768.8万人。资源型城市转型是一项复杂的系统工程。长期以来，资源型城市作为全省基础能源和主要原材料的供应地，为湖南经济社会发展做出了积极贡献。但长期积累的产业结构单一、发展活力不足、民生问题等矛盾和问题尚未根本解决。促进湖南省资源型城市转型发展，对于维护湖南能源资源安全、加快新型工业化、新型城镇化与全面小康社会步伐、建设资源节约和环境友好型社会具有重大战略意义。

一、湖南资源型城市转型发展背景分析

（一）现实基础

党的十八大以来，在党中央、国务院、湖南省委、省政府的坚强领导下，全省14个资源型城市加快经济发展方式转变，着力摆脱资源型路径依赖，经济社会发展取得明显成效。

1. 经济综合实力增强

14个资源型城市2016年地区生产总值达10767.61亿元；财政收入达977.42亿元，全面小康总体实现程度达90%以上，衡阳市蒸湘区、娄底冷水江市、郴州资兴市、苏仙区、永兴县、桂阳县等县（市、区）获评全省首批全面小康达标县（市、区）。投资规模持续增长，对经济增长的贡献率保持在55%以上。郴州市、衡阳市国家级承接产业转移示范区建设发展取得重大进展，衡阳市建成并

① 湖南省决策咨询项目，为政府决策提供了重要参考。2017年9月完成。

运行全省首家综合保税区。招商引资成效显著，世界500强企业和多家央企纷纷前来投资兴业，一大批产业项目成为经济发展新的增长点。

2. 产业结构不断优化

2016年，14个资源型城市三次产业结构比为13.7：51.9：34.4。粮食、油茶、有机茶等特色农业产业持续壮大，农业产业化龙头企业成为壮大第一产业的生力军。工业发展持续向好，以国家级经济开发区和省级开发园区为主要载体，形成了先进装备制造、汽车及零部件、精品钢材及深加工、建材、农机、食品加工等一批主导产业；生物医药、电子信息、生态环保等新兴产业加速成长；物流、金融、旅游等现代服务业发展强劲。旅游经济脱颖而出，2012年以来接待国内外游客、旅游总收入年均分别增长12.6%、17.8%，新增3A级以上景区9个，成为资源型城市转型发展的充沛动能。

3. 城乡面貌显著变化

新型城镇化快速推进，产城融合、交通融城等新型城镇化战略扎实推进。城区扩容提质步伐全面加快，城镇综合承载力不断提升。各城市骨干路网全面建成，基础设施极大改善，城市容貌日新月异。京广高铁、沪昆高铁的开通，实现了邵阳、娄底、衡阳、郴州四市的便捷通勤；多条高速公路密切了城际往来。新农村建设成效突出，乡村公路通畅率达98%，行政村客班车通达率达97.8%；水、电、气基本进村到户，100多个村被评为省级“美丽乡村建设示范村”或“秀美村庄示范村”。

4. 生态文明大步推进

近年来，全省资源型城市坚持发展与保护并重、经济与环境双赢的原则，生态文明建设初见实效。衡阳市大力实施省政府“一号重点工程”，不懈推进湘江重金属污染治理，圆满完成湘江保护和治理的第一个“三年行动计划”，获批全国生态文明先行示范区。郴州市2015年列入全国生态文明示范工程试点市和全国水生态文明城市建设试点市，全市森林覆盖率2015年底达到67.7%，入选中国50大“氧吧”城市，成功创建国家森林城市。娄底市强力推进锡矿山地区环境整治与生态修复示范区建设，积极推进“绿色娄底四年行动计划”，纳入国家循环经济示范城市。邵阳市大力实施生态空间保护、石漠化治理、巩固退耕还林等工程，纳入武陵山片区国家生态文明先行示范区。

5. 人民生活日益改善

居民收入稳步提高，2016年，全省14个资源型城市城镇居民人均收入达27488万元，农民人均收入达14498元，分别为2011年的1.6和1.9倍。近五年来累计减少贫困人口165万人。公立医院综合改革有序推进，药品零差率销售实现公立医院全覆盖。教育“大班额”问题得到明显缓解。建成了一批重大公共文化设施项目，基本形成覆盖城乡的公共文化设施网络，体育进社区等全民健身活动蓬勃开展，文体事业更加繁荣。城乡居民社会养老保险制度实现全覆盖，城乡基本医疗保险参保率稳定在95%以上；城乡低保分别覆盖57.3万人和136.5万人，基本实现应保尽保。建设保障性住房和改造各类棚户区222.5万套，改造农村危房91.6万户，解决了400万居民的住房困难问题。民生支出累计占资源型城市财政总支出的70%以上。

（二）发展机遇

随着全面深化改革的强力推进，我国经济社会发展环境极大改善，为湖南资源型城市转型发展带来了难得的历史机遇。

1. 国家政策叠加带来转型发展集聚效应

国家相继出台了资源枯竭型城市转型、采煤沉陷区综合治理、独立工矿区搬迁改造、老工业基地改造、老工业城市和资源型城市产业转型示范区、产城融合示范区、国家全域旅游示范区，以及“一带一路”“长江经济带”“中部崛起”、长株潭“3+5”城市群等一系列重大建设扶持政策和发展规划。郴州、衡阳、娄底、邵阳四市分别作为“中国制造2025试点示范城市”、成熟型资源城市和老工业基地城市、湘南承接产业转移示范区、国家级综合保税区、全国生态文明先行示范区，正逢迎来国家级战略和政策交汇叠加的重大历史机遇，不断激发出政策、资源、项目集聚效应和经济增长内生动力，将加快资源型城市向全省重要经济增长极跃升。

2. 国家重大区域发展战略催生开放活力

近年来，我国大力实施“一带一路”、长江经济带、环洞庭湖生态经济圈、武陵山片区区域合作与扶贫攻坚、罗霄山片区区域合作与扶贫攻坚等重大区域发展战略，在交通基础设施、产业发展、生态环境、体制机制创新和对内对外开放等方面的系列重大政策举措，引导并支持区域横向合作，加快后发追进步伐，有利于湖南资源型城市充分利用边界优势和对外联系窗口，多层面对接外部资源，大力集聚各种有利要素，积极开发内生潜能，促进区域协调共生发展、跨越发展。

3. 东部沿海产业转移增强中西部发展能量

全球新一轮科技革命和产业变革正在兴起，国内经济结构不断优化，在国家实施“互联网＋”和《中国制造2025》等重大发展战略推动下，我国传统制造业转型升级步伐进一步加快，医药与健康、节能环保、高端装备、新一代信息技术、文化旅游等新兴增长点茁壮成长。随着土地、劳动力等要素成本日趋上涨，我国东部沿海地区部分劳动密集型产业和加工制造环节持续向中西部地区转移。湖南处于接纳东部沿海溢出产业的前沿地位，有利于资源型城市依托本土资源、人力与产业成长潜力，积极承接发达地区的产业转移，加快发展电子信息、绿色化工、新材料制造、生物医药、港口物流等先进产业，夯实发展基础。

4. 新型城镇化加速推进提升内陆城市能级

在国家新型城镇化战略指引下，湖南新型城镇化建设加速推进。《湖南省推进新型城镇化实施纲要（2014—2020年）》提出，到2020年，发展100万到500万的大城市8个，作为资源型城市的郴州、衡阳、邵阳位列其中。2015年，省政府在下发实施的《湖南省新型城镇化规划（2015—2020年）》中明确，湘南城市组团包括衡阳、郴州、永州3市，以湘南承接产业转移示范区和湘粤（港澳）合作开发试验区为重点，建设面向珠三角的承接产业转移基地、绿色农产品供应基地和物流中转基地，建成湖南向南开放高地；规划还提出以邵阳、娄底西部地区为主体，立足世界级山水文化资源和文化生态区域，构建绿色宜居、文化传承的新型城镇化特色发展带。随着纲要与规划的逐步实施，各地资源型城市的新型城镇发展有望步入集群化时代，城市发展能级竞争力与综合实力将加速提升。

（三）面临挑战

面对国内外经济社会发展新因素复杂多变、新动能更加多元的激烈竞争形势，全省资源型城市转型升级的风险挑战日益突出。

1. 经济发展转型压力增大

我国告别过去三十多年经济高速增长之后，步入了发展转型、结构优化、升级增效的新常态。湖南作为资源型城市众多的大省，经济结构不优，部分传统工业产能过剩，企业效益下降，主导产业规模不大，关联度和集聚度不高，科技研发投入不足，创新能力较弱，科技成果转化度低等深层问题逐步浮出，长期高投入、高消耗、偏重数量扩张的粗放型发展方式已难以为继，实现从中高速增长和迈向中高端水平的经济发展“双目标”，资源型城市面临的转型任务十分繁重。

2. 区域竞争马太效应凸显

经济社会发展程度越高，发达地区与欠发达地区之间呈现发展差异的“马太效应”越明显，对后发弱势地区的资金、技术、人才等方面产生更加直接地滞缓影响。随着长株潭城市群发展进程的不断推进，三市创新能力越来越强，竞争优势更加明显。处于长株潭外围地区的衡阳、郴州、娄底、邵阳等资源型城市，因相对劣势地位而面临不进则退、慢进亦退的巨大挑战。

3. 承接产业转移竞争加剧

从国际上看，我国与发展中国家在传统劳动力密集型领域中的竞争更加激烈，相比东南亚地区，湖南资源型城市的土地、劳动力资源等生产要素的比较优势逐步降低，承接产业转移压力凸显。从国内来看，随着国家引导地区发展战略、规划和政策不断推出，各地产业竞争越来越激烈。东部地区由外向竞争为主转为外向竞争和内向竞争并举，中西部地区之间从单一产品竞争转向产业竞争，同一区内不同城市之间的竞争，对湖南资源型城市构成了外围压力，尤其是皖江城市带、广西桂东、湖北荆州、重庆沿江、江西赣南等国家承接产业转移示范区建设对湖南资源型城市在人才、技术、资金等方面势必形成直接或间接挑战。

4. 生产要素瓶颈制约趋紧

经济社会发展越好，进一步发展所受到的生产要素制约越来越多。一是成本制约，当前市场环境下，企业财务成本、人力成本的加大以及原材料等价格上涨因素，致使企业盈利水平下降；二是人力制约，近年来，人口老龄化问题日趋严峻，人口红利日趋减少，部分企业面临用工短缺的危机；三是结构制约，湖南部分资源型城市的生产经营规模小、能耗高、效率低，产品档次不高，整体竞争力不强，加之配套设施不完善、高新技术少，实现“科技含量高、经济效益好”的转型愿景仍需克难奋进。

二、湖南资源型城市转型发展总体要求

（一）基本思路

坚持统筹推进“五位一体”总布局和协调推进“四个全面”战略布局，以五大发展理念为引领，以加快转变经济发展方式为主线，坚持统筹协调，依托资源禀赋，注重分类指导，进一步深化改革开放，创新体制机制，着力构建现代产业体系，着力培育创业创新动能，着力强化生态文明建设，着力夯实转型发展基础，着力增进社会民生福祉，引导资源型城市更好更快地适应经济社会发展新常态，走出一条以创新引领、经济转型升级、城市品质优宜、湖湘特色鲜明的可持续发展新路。

1. 转型升级，创新发展

以产业转型为核心，推动产业结构、产品结构转型升级，改变过度依靠资源开发利用带动经济增长的传统模式，构建资源型城市新经济体系。充分发挥创新在资源型城市经济转型升级中的引领作用，在开放合作中提升创新要素质量，形成能够支撑新产业链的创新链，推动价值链转向中高端。

2. 有序开发，集约高效

坚持生态文明导向，在湖南省主体生态功能区规划的指导下，加强资源环境管理，厉行生态保护，严格准入条件，大力淘汰落后产能，统一规划，有序开采，集约发展，全面促进资源高效利用、综合利用、循环利用，建设资源节约型社会。

3. 统筹协调，分类指导

根据资源保障能力和经济社会可持续发展能力，结合资源开发种类和产业发展实际，明确资源型城市转型发展方向和重点任务，引导各类城市因市因地探索各具特色的发展模式，避免同质转型。

4. 以人为本，改善民生

以解决人民群众最关心、最直接、最现实的问题为突破口，推动创新创业，积极化解结构性失业问题与历史遗留的社会保障问题，加快健全基本公共服务体系，大力改善居民居住条件与人居环境，让广大人民群众共享改革发展成果，促进社会和谐稳定。

5. 政府引导，市场主导

高远谋划转型方略，制定促进产业转型政策，加快体制机制改革，完善社会保障机制，为转型发展营造良好的投资营商环境。充分发挥市场在城市转型过程中资源重置作用，调动社会多方面积极性，培育适应城市转型发展的新型市场主体和现代企业。

（二）发展目标

到2020年，资源型城市发展转型任务基本完成，历史遗留问题基本解决，生态环境与社会民生明显改善，可持续发展的长效机制稳健运行，形成资源开发与经济社会发展、生态环境保护协调有序的新格局，城市可持续发展能力显著增强。

1. 资源利用更加高效

资源集约节约利用水平显著提高，资源产出率提高25个百分点，形成一批重要矿产资源接续基地，循环经济发展能力明显提升，重点国有林区森林面积和蓄积量稳步增长，因矿山开采新损毁的土地得以全面复垦利用，市场配置资源方式进一步加强。

2. 经济活力明显增强

当地资源精深加工产业加速成长，产品附加值大幅提升，接续替代产业比重超过传统支柱产业，服务业发展水平明显提高，多元化产业体系全面建立，产业竞争力显著增强。非公有制经济和中小企业全面发展，多种所有制经济平等竞争、共同创业展业动能强劲显现。

3. 生态环境日臻优美

生态环境明显改观，矿山地质环境得到全面治理，新建生产企业与开采矿区不欠环保新账。主要污染物排放总量大幅减少，重金属污染得到有效控制。重点地区生态功能总体恢复。城镇化质量显著提升，涌现出个性鲜明的绿色城市、智慧城市和人文旅游城市。

4. 民生福祉大幅提升

就业规模持续扩大，基本公共服务体系逐步完善，养老、医疗、工伤、失业等社会保障水平不断提高，住房条件明显改善。城乡居民收入增幅高于全省平均水平，同步在全省实现精准脱贫。文化事业繁荣发展，矿区、林区宝贵的精神文化财富得到有效保护和积极传承。

（三）发展路径

1. 走集约循环之路

按照“减量化、再利用、资源化”原则，以提升城市集聚度、产业集中度、要素集合度为重点，探索并形成集产业转型升级、资源循环利用、城镇科学发展、社区（村镇）人文建设于一体的循环经济模式，实现各种资源的最优配置和最大化利用。

2. 走创新开放之路

实施创新驱动战略，充分发挥科技创新的第一推动力作用，大力培育创新型经济，建设创新型城市。不断拓展开放视野，构建多元开放格局，在开放中寻找机遇、创造优势，加快转型升级步伐，并把湖南资源型城市建成改革开放的重要窗口。

3. 走生态文明之路

科学有序开发资源，高效循环利用资源，加强生态环境保护和危害治理，发展生态经济，改善城乡人居环境，构建体现生态文明理念的资源利用体制机制，实现从矿业资源富集地向现代生态优宜区转变，全面提高居民生态文化素养，逐步建成资源节约与环境友好的山水园林城市和现代生态文明模范城市。

4. 走协调共享之路

按照城乡统筹原则，围绕实现生产安全、经济安全、社会安全和生态安全，坚持以产业化提升农业、以工业化富裕农民、以城镇化增值农村，加快城乡一体化进程。积极促进社会公平正义，构建和谐的社会关系，着力解决民生问题，促进转型发展成果惠及全体居民。

5. 走集群融合之路

充分发挥资源型城市特质，把握区域经济一体化发展大势，主动融入湖南省域城市群、长江中游城市群、珠三角城市群，实现资源型城市与周边地区的协同融合发展。推动建立资源型城市战略联盟，共享城市转型技术与成功经验，建成开放包容、奋进图强的学习型城市。

6. 走文化引领之路

深度挖掘本土历史底蕴与文化资源，加快发展地方特色鲜明的文化产业，繁荣文化事业，不断提升城市文化影响力，催生文化新业态，促进文化产业与传统产业融合发展，为建设资源型城市、促进转型发展提供强大思想保证、舆论支持、精神动力和文化张力。

三、湖南资源型城市转型发展的基本任务

（一）引导各类城市特色发展

根据资源保障能力和可持续发展能力差异，按照成熟型、衰退型、再生型等三大类型，明确湖南资源型城市的发展方向和重点任务。

1. 推动成熟型资源城市跨越发展

成熟型资源城市在促进经济稳步增长的基础上，提前谋划战略性新兴产业，加快跨越衰退阶段，缩短转型期，同步实现经济增长和城市转型。大力培育精深加工企业，延伸产业链条。规范矿产资源开发秩序，提高准入门槛，合理确定开发强度，建成一批省、市级重要矿产资源供给基地。积极发展服务业和高新技术产业，构建支柱强大、多元支撑的现代新型产业体系。

2. 支持衰退型资源城市转型发展

加强常宁市、耒阳市、资兴市、冷水江市、涟源市等地老矿山探寻接替资源，有序开发、高效利用各种共伴生矿产资源，建立健全衰退产业援助机制。加大财政转移支付力度，解决资源开采过程中产生并遗留的环境问题与民生问题。积极应对资源衰竭危机，着眼于城市可持续发展，选择并确立一批战略性新兴产业，逐步成长为支柱产业。

3. 引导再生型资源城市创新发展

充分利用衡阳市、郴州市、娄底市等成熟型城市转型发展经验与机遇，加快常宁市、耒阳市、资兴市、冷水江市、涟源市等衰退型资源城市的转型步伐，引导配置战略性新兴产业，着力发展现代服务业，进一步优化经济结构，强化科技创新，改造提升传统产业，扩大对外开放合作，积极承接产业转移，重新焕发蓬勃活力。形成一批区域中心城市、生态宜居城市、人文旅游城市。

（二）促进资源合理开发利用

坚持按照有序开发、高效利用、科学调控、优化布局的发展思路，采取有效措施，切实提高资源保障能力，促进资源开发利用与城市经济社会协调发展。

1. 形成集聚高效的资源开发格局

优化矿业发展空间格局，严格落实分区管理制度，新建资源开发项目必须符合矿产资源规划和土地利用总体规划，并与城市总体规划、国民经济社会发展、国土资源规划、主体功能区划、环境保护等规划相衔接。实施更为严格的资源开发理念，全省统筹管理，建设全省资源供给战略保障基地体系，强化矿业权投放规划预审制度，着力健全和完善矿产资源开发监管长效机制。在矿产资源相对集中、开发利用条件好、环境容量较大的娄底、衡阳、郴州等资源城市，形成重要的开采区。创新资源开发模式，积极引导和支持各类生产要素集聚，着力促进大中型矿产地整装开发，实现资源的规模开发和集约利用。提高涉矿产业集中度，推动全省资源型中小型矿山企业整合兼并重组，进一步推进大集团、大基地、产业集群和产业园区建设。支持资源枯竭城市矿山企业开发利用区外、境外资源，为本地资源深加工产业寻找原料后备基地。依托现有资源城市产业园区作为后勤保障和资源加工基地，避免形成新的孤立居民点和工矿区。落实主体功能区规划要求，严格限制重点生态功能区和生态脆弱地区矿产资源开发，引导已有资源开发项目逐步有序退出城区，及时实施地质环境修复和绿化。逐步减少矿山数量，禁止新建可能对生态环境产生不可恢复破坏性影响的矿产资源开采项目。

2. 统筹推进资源开发与保护

持续开展全省矿业整顿整合工作，加大矿业秩序治理整顿力度，改善矿产资源开发秩序，由过度性开发向保护性开发转变，由利用城市内部资源为主向城市内外两种资源结合转变，杜绝非法开采现象。合理确定矿区周边安全距离，在城市规划区、交通干线沿线以及基本农田保护区范围内，禁止露天开采矿产资源，严格控制地下开采。严格按照矿产资源总体规划和矿业权设置方案设置矿业权，一个矿体（矿床）或成矿区只设置一个采矿权。加强全省重要优势资源勘探、储备与保护，探索建立不同类别矿种矿权重叠资源开发协调机制，合理调控钨、锑、铋、石墨等优势矿种开采总量，加快建设特殊煤种和稀缺煤种、铜、锰、钨、稀土等重点矿种矿产地储备体系，推进对煤炭和有色金属等主要矿区的资源整合，形成一批重要矿产资源战略接续基地。严格落实矿产资源开采区、限采区、禁采区分区管理制度，严格执行新建和改扩建矿山最低开采规模要求，对于区域内的优势矿种及国家限制性开采的矿种等实施更加严格的监管，增加资源优势、加工能力优势的矿石供给，限制小规模开采，对有条件的矿山实行规模化生产，资源不足、开采技术条件差或安全隐患突出的矿山，实行关停并转。加大对耒阳、资兴、冷水江等14个资源枯竭型城市内的重点矿区及企业支持力度，对具有开发利用价值的共生矿、伴生矿统一规划，综合勘探、评价、开采和利用，鼓励矿山企业在采、选、冶、环境保护与治理恢复等方面创新，利用先进技术工艺，有效推进行业技术进步，推进矿产资源综合开发和保护。

3. 促进资源集约节约利用

加强矿产资源保护性开发和高效利用，严格实施矿产资源采选回收率准入管理，严格执行国家制定的开采回采率、采矿贫化率和选矿回收率等新建矿山准入标准，定期对生产矿山进行监督检查。严格执行《矿产资源节约与综合利用鼓励、限制和淘汰技术目录》，引导资源开采企业使用先进适用工艺技术和设备，切实提高矿产资源采选回收水平。推广先进技术工艺，促进矿山企业对共伴生资源和尾矿、废石中的重要有益元素进行回收再利用，减少废弃物排放。充分利用共伴生矿产资源，重点以锡矿山、大脑坡、柿竹园、黄沙坪、杨林坳等湖南省大中型矿区内矿山为重点，强化对铅、铅锌、钨、锡、铋、钼等有色金属矿产、贵金属、稀有稀土等共伴生矿产资源的综合评价与开发利用，实现有用组分梯级回收。加大“三废”利用研究、先进技术引进和推广，推广先进适用的尾矿、粉煤灰和冶炼废渣等综合利用的工艺技术，建设综合利用工程项目，逐步消纳遗留矿山废弃物。健全矿产资源储量评审标准体系，加强共伴生资源综合评价，将回采率、选矿回收率和综合利用率纳入开采准入条件，建立三率指标为主的资源节约与综合利用调查评价制度，严格实施资源采选回收率准入管理，将资源综合利用作为矿产资源规划和矿业权设置方案的重要内容。支持娄底、衡阳、邵阳、宁乡等城市建立资源型城市建设资源综合利用示范工程（基地），鼓励矿业企业联合高校和科研院所，建设大宗工业固废综合利用协同创新平台。实行矿山企业高效和综合利用信息公示制度。

4. 大力推进绿色矿业发展

坚持开采方式科学化、资源利用高效化、企业管理规范化、生产工艺环保化、矿山环境生态化的基本要求，促进资源合理利用、节能减排、生态环境保护和矿地和谐，实现资源开发的经济效益、生态效益和社会效益协调统一。科学编制和严格实施矿产资源规划，努力构建“两类四级”矿产资源规划体系，统筹安排矿业活动，从源头控制和推进绿色矿业发展。逐步完善分地域、分行业的绿色矿山生产建设标准，制定科学的绿色矿山企业发展规划和生产计划，构建政府企业、行业、社会共同参与矿山绿色管理体系。建立健全国家标准、行业标准、地方标准、团体标准，构建各标准相互配合，主要行业全覆盖、有特色的绿色勘查开发标准体系。大力实施“三深一土”科技创新战略，积极推进绿色矿业发展新空间，发展精细勘查、综合开采、节约集约、循环利用等新技术、新工艺新装备，加快建设数字化、智能化、自动化矿山，发展

“互联网+”矿业，构建矿山绿色技术支撑体系。建立健全“红名单”和“黑名单”相配合的激励惩戒体系和社会监督、政府抽查的监管体系。在充分考虑矿山生态功能保障基线和环境质量安全底线前提下，合理确定矿山矿产资源勘查开发的环境保护准入门槛，选择资源节约型、环境友好型开发利用方式，最大限度减少对矿山资源环境的扰动和破坏。以娄底、衡阳、郴州等重要城市矿产资源规划确定的资源产业基地、国家规划矿区等区域为重点，鼓励推广应用洁净开采与利用技术、矿山地质环境恢复治理、“三废”综合利用技术、山体复绿技术，重点在湖南省大中型独立工矿区，以及主要矿山沉陷区进行矿山地质环境治理和土地复垦绿化，打造全国绿色矿山示范工程。

（三）提升可持续发展新动能

深化供给侧结构性改革，拓展新产业、新业态、新模式，培育壮大新动能，以新动能促进资源型城市转型和产业结构升级。

1. 深化供给侧结构性改革

综合运用市场机制、经济手段和法治手段，因地制宜、分类施策，积极稳妥化解钢铁、煤炭等行业的过剩产能，依法依规全面淘汰落后产能。引导有实力的资源型企业参与“长江经济带”“一带一路”建设产能合作，支持资源开采、深加工优势产能“走出去”。对国家产业结构调整指导目录中的淘汰类产业进行全面清查，建立“僵尸企业”分类数据库，支持资源型城市综合运用兼并重组、债务重组和破产清算等方式，分类处置“僵尸企业”，实现市场出清。重点对资产负债率超过85%且连续亏损3年以上，停产或半停产1年以上的规模以上工业企业，对达不到环保、能耗、质量、安全、技术等标准要求的企业（设备或生产线），依法依规强制关停退出。综合运用市场、政策和法律手段，落实奖补支持政策，鼓励优势企业引领行业发展，通过兼并重组，整合、压缩、淘汰过剩产能，鼓励落后产能企业通过主动压减、兼并重组、转型转产、搬迁改造等退出部分产能。全省全面实施资源税从价计征改革，推进电价市场化改革。结合水资源税改革试点进展情况，逐步扩大试点范围。加快推进全省各国有资源型企业分离办社会职能，减轻企业负担。鼓励全省14个资源型城市的民营企业参与中央和省属国有资源型企业混合所有制改革，探索混合所有制企业员工持股。

2. 优化发展资源精深加工业

加强资源就地转化能力建设，支持资源优势向经济优势转化，鼓励有条件的地方，推进“探矿、采矿、选矿、冶炼、加工”五位一体化发展，有序推进资源产业链条纵深发展。以提质优化有色、石化、建材和冶金为重点，加快淘汰落后产能和强化在建项目监管，支持先进企业实施技术改造和调整产品结构，鼓励优强企业开展兼并重组，强化产业链上下游供需合作，积极推进高品质、高附加值精深加工产品的研发、生产和应用，注重发展循环经济，引导龙头企业在国外布局资源开采、冶炼和精深加工基地。推进有色金属深加工，以巩固提升铅、锌、锡、钨、锑、铋等产业为基础，以加快发展铜、铝、钛、硬质合金、稀土金属等深加工和新材料产业为重点，以做强做优有色循环经济示范园区为支撑，着力抓好重大项目建设与投资，推动行业科技进步和产业提升。以大型矿企集团为龙头，以工业园区为载体，资源城市培育重点矿山、企业和产品，建设一批重点循环经济园区，着力提升工艺技术装备水平和优化产品结构，提高钢铁、有色金属深加工水平，有序发展现代煤化工、绿色节能、高附加值的新型建材等。统筹考虑资源、环境、市场等条件，大力推进各城市有色工业产品精深加工，提升绿色发展水平。支持有条件的资源型城市打造若干产业链完整、特色鲜明、主业突出的资源深加工产业基地。促进传统动能改造提升，提高资源型产业技术和综合集成水平，提升产品档次和质量，做大做强资源深加工。

3. 催生壮大接续替代产业

结合本地资源优势，适应市场需求变化和科技进步趋势，充分发挥比较优势，积极发展传统优势产业和战略性新兴产业，努力培育新的支柱产业。科学选择产业转型方向，确定接续替代产业发展目标，抓紧培育有发展潜力、竞争力强的接续替代产业，积极改造提升传统优势产业，不断增强可持续发展能力。加大传统优势产业技术改造力度，运用先进适用技术、信息技术和低碳技术，实施“+互联网”行动，大力提升传统装备制造业、原材料工业和消费品工业，做大做强矿山、冶金等大型成套装备和工程机械等传统优势产业，培育发展化工装备、环保及综合利用装备制造产业，加快模具、关键零部件等配套产业发展，促进产品向差异化、高端化、智能化、品牌化、绿色化方向升级。加快发展新一代信息技术、高端装备、新能源汽车、生物医药、节能环保等战略性新兴产业，大力发展纳米材料、高性能稀土材料等新材料产业，鼓励发展可再生能源和清洁能源，在有条件的城市发展风电、光伏发电、生物质能等新能源产业。支持发展生物产业和节能环保产业，着力突破核心关键技术，完善产业链重要节点，促进产业跨界融合、创新发展，促使新兴产业成为资源型城市工业经济发展的新增长点。在资源枯竭型城市实施接续替代产业培育行动计划，扶持劳动密集型企业和中小微企业发展。优先发展现代物流等与当地资源型产业相关的生产性服务业，打造若干特色优势明显、技术水平先进、具有较强竞争力的传统和接续产业集群，鼓励资源型城市优先发展现代农业、旅游业、物流业，支持符合条件的城市创建接续替代产业示范市。

4. 促进关联产业集聚发展

以资源型城市中的国家级产业园区为重点，配套完善园区基础设施和公共服务，建设一批规模较大、集中度高、竞争力强的特色工业园区，推动资源型城市优势产业集聚集约发展。制定严格的行业、产业分类用地标准，提高土地利用水平。省直有关部门在规划重大产业项目布局时，优先考虑资源型城市，支持资源型城市产业园区基础设施建设，并有计划地安排适当的产业扶持资金，帮助资源型城市加快培育新的经济增长点。鼓励资源型城市融入“两型社会”建设，优先将资源型城市纳入循环经济试点示范城市，支持资源型城市建立多元化产业体系。加强规划统筹，优化产业布局，促进产业协调，引导产业向重点园区和集聚区集中，形成集约化、特色化的一二三产业融合发展格局。依托原有基础，改造和建设一批特色鲜明的专业化产业园区和集聚区，加强交通、供水、供电等配套基础设施建设，搭建产业集聚发展的重要载体和平台。以科技含量、环保水平、投资强度、吸纳就业能力为标准，积极培育和引进一批龙头骨干企业。完善产业链条，提升产业配套能力，促进关联产业协同发展，打造各具特色的产业集群。

（四）强化生态环保与修复

按照“五位一体”发展要求，加快转变经济发展方式，大力推进绿色循环低碳发展，着力切实解决生态环境问题，实现资源型城市可持续发展。

1. 强力推进节能降耗

抑制高耗能产业过快增长，严格固定资产投资项目节能评估审查，把好能耗增量关口。健全完善约束性指标体系，提高节能、节水、节地、节材、节矿标准，把资源利用双控目标同环境改善目标、经济发展目标、社会和谐目标有机结合起来，强化约束性指标管理，实行能源和水资源消耗、建设用地等总量和强度双控行动。开展钢铁、化工、有色、建材等重点行业能效提升行动，加大落后工艺、装备和产品淘汰力度，完善落后产能退出机制。推动重大节能技术产品规模化生产和应用，继续实施工业炉窑改造、余热余压利用、热电冷联产等节能技术改造项目。大力推进建筑节能，政府投资的公益建筑，城市新建的保障性住房，大型机场、车站、宾馆、饭店、商场、写字楼、城市综合体等全面执行节能强制性标准。以资兴经济开发区、浏阳经济技术开发区、宝庆工业集中区、娄星工业集中区、常宁市水口山经济开发区、衡东经济开发区、宁乡经济技术开发区、郴州高新技术产业园等循环经济试点示范园区建设为重点，全面推进各类产业园区循环化改造，配套完善污水处理、废弃治理、危险废物处置以及环境监控等基础设施，推进企业间废物交换利用、能量梯级利用、废水循环利用。

2. 强化重点污染物防治

严格执行重点行业环境准入和排放标准，把主要污染物排放总量控制指标作为新建和改扩建项目审批的前置条件。强化火电、冶金、化工、建材等高耗能、高污染企业脱硫脱硝除尘，加强挥发性有机污染物、有毒废气控制和废水深度治理。防范地下勘探、采矿活动污染地下水体，取缔水源保护区内违法建设项目和排污口，加快现有污水处理厂升级改造。到2020年，实现工业废水排放完全达标。加强煤矸石、粉煤灰、冶炼和化工废渣等大宗工业固体废物的污染防治和综合治理，矿区和产业集聚区实行污染物统一收集和处置，规范危险废物管理，加快城镇生活垃圾处理设施建设。到2020年，工业固体废弃物（不包括尾矿）综合利用率达到85%以上。积极开展重金属污染综合治理，以采矿、冶炼、化学原料及其制品等行业为重点，严格控制汞、铬、镉、铅和类金属砷等重金属排放总量。加大资金技术投入，选择部分问题突出城市开展矸石山、尾矿库综合治理和重金属污染防治试点工程。对超标或超总量排污企业、使用和排放有毒物质企业全面实施强制性清洁生产审核。以矿山采选、冶炼、化工等重污染行业企业为重点，推进伴生资源和尾矿、废弃物综合利用，大力推广清洁生产技术。对有色金属矿（含伴生矿）采选业、冶炼业、铅蓄电池业、水泥等重点行业，实行强制性清洁生产审核。对新建、扩建项目实施总量指标等量或减量置换，倒逼新扩建项目提高清洁生产与低碳水平。

3. 加强矿山地质环境恢复治理

按照“谁开发谁保护、谁破坏谁恢复”的原则，加强对矿山、采石场等资源开采区、废弃矿区及周边区域实施人工造林恢复植被、封山育林，有效遏制生态破坏，促进自然资源可持续利用，实现矿区生态系统良性循环。深入开展采矿沉陷区、露天矿坑等重大矿山地质环境问题治理，对属于历史遗留或责任人已灭失的地质结构复杂、危害严重、治理难度大的深部采空区等突出地质环境问题治理给予重点支持。切实强化尾矿库闭库后期管理，加大对地下水、卤水等液体矿产资源开采造成的水位沉降漏斗、土地盐碱化等问题的治理力度。防范地下勘探、采矿活动破坏地下水系，选择部分地下水体破坏严重城市率先开展地下水修复试点。大力推进废弃土地复垦和生态恢复，支持开展历史遗留工矿废弃地复垦利用试点，积极引导社会力量参与矿山环境治理。加强新建矿区的矿产资源开发规划和建设项目的环境影响评价，严防环境污染和生态破坏。严格执行矿山环境治理和生态恢复保证金制度，督促矿山企业依法履行矿山环境治理和生态恢复义务。

4. 推进重点地区生态建设和保护

根据主体功能区规划要求，以生态红线为底线控制资源开发强度，提高环境准入标准，尽可能减少对自然生态系统的干扰。保护和改善农田生态系统，通过实施合理耕作、测土配方施肥、秸秆还田等农业技术措施，以及生态沟渠、植被过滤带等管理措施，防范种植业污染。加强生态安全屏障与林地保育区建设，以湘资沅澧流域森林生态系统建设为核心，建设山地森林生态系统；实施天然林保护工程，严格保护现有公益林，积极营造水源涵养和水土保持林，辅助矿区生态修复，遏制土地石漠化和水土流失。强化森林管理与保护，逐步调减采伐量，加快森林资源培育，切实巩固退耕还林成果。加强省市生态修补。利用景观生态学原理，合理规划市区的生态系统格局，合理配置各个板块，大力实施植树造林、封山育林护林、天然林保护、退耕还林、石漠化治理等工程，构建城区园林化、郊区森林化、道路林荫化、庭院花园化的多样化的城市景观格局，促进自然环境与人工景观的和谐交融，为市民创造良好的生活、居住、工作、学习和休闲环境，提高城市宜居性和方便舒适程度，最大程度改善城市生态环境。

（五）着力增进社会民生福祉

坚持民生优先，着力解决就业、住房、社会保障等重点民生问题，加快棚户区提质改造，改善生产生活环境，稳步提升城镇化质量和水平，保证广大人民群众共享资源开发和经济发展成果。

1. 促进就业和再就业

把就业再就业工作放在资源型城市经济社会发展的优先位置，充分发挥政府投资和重大项目建设对就业的带动作用，确定重大建设项目时，实行就业评估制度。在城市基础设施建设、环境保护性改造项目中采取“以工代赈”形式安置就业困难人员。大力扶持发展就业带动能力强、技术含量适度的生产性服务业、旅游业、中小科技企业和小微企业，通过延伸矿产资源加工产业链、发展接续产业、发展服务业，增加资源型城市对下岗失业职工的吸纳能力。加大机关企事业单位后勤保障和社区公共管理的就业岗位以及清洁、绿化、城管、环卫、社区保安、公共设施养护等公益性岗位开发力度，优先支持失业矿工、林区失业工人、工伤残疾人员、棚户区改造回迁居民以及失地农民等困难群体再就业。积极组织开展资源型城市劳务输出。进一步改善创业环境，完善支持自主创业、自谋职业政策体系，支持大学生创业园区建设，在技术、资金和收费等方面制定优惠政策，支持有技术懂专业的技术人员和技工自主创业，促进创业带动就业。完善和落实小额担保贷款、财政贴息、场地安排等鼓励自主创业政策，健全创业服务体系，促进各类群体创业带动就业。支持大中型资源开采企业通过主辅分离、辅业改制等渠道，妥善分流安置职工。鼓励资源已经或濒临枯竭的企业整体或部分搬迁到其他地区开发新资源，带动本企业职工异地就业，促进下岗失业矿工集体转移和异地就业。

2. 加快棚户区提质改造

把棚户区改造作为最重要民生工程，加快城市棚户区和国有工矿、煤矿区棚户区改造。统筹考虑城乡发展规划、城市建设规划和土地利用规划，与旧城改造、市政基础设施建设、环境整治、社区建设相结合，按照就地安置与异地安置相结合、货币安置与实物安置相结合的原则，大力推进城区棚户区改造，力争到2020年基本完成城市范围内棚户区改造，做好改造地和搬迁地的供排水、供暖、供气、供电、道路、垃圾收运处理等基础设施以及学校、医院等服务设施的建设。对住房及配套条件特别差的棚户区及基础设施进行应急检修，实现居民的安全居住。按照国家发改委关于独立工矿区改造搬迁工作的具体要求，结合各地区实际，坚持以环境治理与修复、基础设施建设、避险安置、承接产业转型、民生福祉五大任务为突破口，加快推进以衡阳水口山、娄底锡矿山、临武西山国有林场等为代表的独立工矿区、国有林场搬迁改造。因地制宜探索切实有效的改造搬迁模式，对受矿山地质灾害和自然灾害等重大安全隐患严重威胁的独立工矿区居民，参照易地扶贫搬迁的做法，实施搬迁安置。对重点塌陷区、煤矿采空区采取搬迁避让的改造方式，进行异地规划征地，整体搬迁。对国有林场探索进行生态修复和旅游开发，对符合条件的独立工矿区进行工业遗址保护。着力改造提升独立工矿区基础设施，完善公共服务设施，建设接续替代产业平台，避险搬迁安置居民，逐步增强可持续发展的内生动力。到2020年，独立工矿区搬迁改造基本完成，基础设施和公共服务设施明显改善，综合承载力显著提高，接续替代产业基本形成，区内经济活力显著增强，为矿区转型发展打下坚实基础。

3. 提升社会保障水平

进一步完善基本养老、基本医疗、工伤、失业等社会保障制度，扩大社会保障覆盖面，提高社会保障待遇、扩充资金来源，逐步建立起覆盖城乡、资金充足、制度规范、服务优良、人人享有基本生活保障的社会保障体系。按照“覆盖广泛、水平适当、结构合理、基金平衡”的原则，稳步扩大保险覆盖面，逐步建立覆盖全部矿工、农村居民、非公有制企业、城镇个体工商户和灵活就业人员、农民工、城镇职工等群体的基本养老保险制度。鼓励有条件的企业建立企业年金，初步形成基本养老保险、企业年金、个人储蓄养老保险和家庭养老相结合的多层次养老保险体系，确保企业离退休人员基本养老金按时足额发放。落实基本医疗保障政策，加快医疗救助体系建设，构建以基本医疗保障为主体，以保障大病和职业病风险为重点，兼顾多层次需求的医疗保障体系，逐步扩大基本医疗保障覆盖范围。重点解决伤病残工矿职工、破产改制企业退休人员的大病和职业病保障问题，做好采矿等行业职业病防治和救助。以控制和预防失业、促进就业为目标，以确保失业人员的基本生活和再就业为出发点，实现失业职工基本生活保障向失业保险并轨平衡过渡。切实加强矿区林区工人、伤病残矿工家属、合同式农民工、失地农民等弱势群体的失业保险。构建社会救助体系，对健全矿区地质灾害应急管理体系，确保矿区灾民得到及时有效救助。

四、强化资源型城市转型发展基础支撑

完善城市功能，发挥人才作用，强化文化引领，增强发展动力和活力，营造良好的发展氛围，为资源型城市转型发展提供强有力的保障。

（一）提升城镇发展功能

加强城市总体规划与专项规划的有机衔接，以城市战略规划引领城市空间布局和经济地理方向，科学规划城市区域功能定位和产业布局，健全生产、生活、居住、休闲功能区，构建与城市资源禀赋和环境特征相匹配的城镇空间结构，实现人口、城市、产业相互融合。进一步强化各功能区域的整体支撑作用，加快形成先进制造业中心、科技创新中心、金融中心、文化创意中心、商业中心、消费中心、物流中心、公共服务中心等各具特色、功能互补的区域性多中心发展格局。有序开展新城区建设，统筹规划新城区生产、生活和公共服务区间，强化生产生活配套能力建设，形成方便生产、适宜生活、生态和谐的

现代化城市功能组团。严防摊大饼式城镇建设，促进“城市轴”紧凑拓展，建设环境友好型城市、紧凑精致型城市。加强公共设施建设，加大对以工矿区为依托的小城镇市政基础设施建设投入力度，完善基本服务功能，改善生产生活环境，增强资源型城市基本公共服务支撑能力。推进城乡基础设施建设和社会事业协调发展，逐步建立城乡统一的公共服务体系。推进城乡产业协调发展，积极发展县域经济，支持劳动密集型和地方特色产业发展。把促进农业转移人口市民化作为重要任务，有序把农民工及其家属纳入城市公共服务体系覆盖范围，积极稳妥地推进户籍制度改革，把有稳定劳动关系并在城镇居住一定年限的农民工及其家属逐步转为城镇居民。

（二）增强人才吸聚引力

统筹推进各类人才队伍建设，提升整体素质和创新能力，满足资源型城市对人才的多元化需求。实施人才引进工程。结合经济社会发展的需要，努力与国内外知名大学和科研机构开展长期合作，支持大中型企业与高校、科研院所联合定向培养硕士、博士生，建立博士后流动站，定向引入急需的专业人才。采取技术入股、股权期权与分红权激励等政策措施，鼓励资源型城市引进重点行业和关键技术领域急需的高层次人才，加强创新团队的培养与引进。对落户人才在科研经费、住房补助、家属就业安排等方面给予优惠政策。完善用人单位养老、医疗、失业保障等制度，建立优秀人才住房津贴制度、补充养老金制度和医疗保障制度。构建柔性引进人才机制，鼓励外地科技人才来资源型城市进行有偿技术服务、兼职、讲课，或者是通过技术入股、合作等形式参与企业新产品、新技术开发。创新人才培养机制。落实《湖南省中长期人才发展规划》，全面提升人才队伍整体素质，营造有利于人才培养和成长的环境，引导各类人才向资源型城市流动。综合运用企业平台和政府资助，培养一批掌握先进生产技术、企业紧缺的高、中级技术工人，提高生产一线人员科学素质和劳动技能。鼓励大学生、优秀人才赴农村就业，培养一支用得上、留得住的农村人才队伍。省内各类人才引进和交流项目要向资源型城市倾斜，帮助引进国内外优秀人才，选派人员到国内外发达地区交流。

（三）积极弘扬优秀文化

文化是资源型城市转型的精神动力和产业要素。努力凝炼特色文化，培育城市精神，提升文化软实力与城市竞争力，以文化转型促推经济社会文明进步。实施精神文化遗产和工业遗产挖掘、抢救和保护工程，注重保护具有地域特色的工业遗产、历史建筑和传统街区风貌。做好工业遗产普查工作，确定需要重点保护的工业遗产名录，将具有重要价值的工业遗产列为相应级别的文物保护单位。在加强保护的同时，合理开发利用工业遗产资源，建设爱国主义教育示范基地、博物馆、遗址公园、影视拍摄基地、创意产业园等。保护和利用好反映资源型城市发展历程和先进人物事迹的博物馆、纪念馆和教育示范基地。不断挖掘城市历史文化的丰富内涵和多重价值，并将其融入城市转型发展和改造建设中，以保持城市特有的历史文化氛围和风格特色。支持创作以资源型城市艰苦奋斗和开拓创新为主题的文化艺术作品，缔造一批百姓口碑优秀、国内外消费者喜闻乐见的文化作品。精心规划设计城市景观形态和空间布局，将城市文化的主题、内涵和外延生动形象地表现于各类具象形态之中，多层面熔铸新的具有鲜明时代特色的城市精神文化、建筑文化、自然文化、公共文化、科技文化，增强城市文化亲和力、吸引力。充分挖掘和利用历史文化、民间文化、旅游文化、地域文化等资源优势，注重文化内涵，打造文化品牌，推出具有独具特色的文化产品，将丰富的文化资源、传统工艺、特色产品转化为文化产业竞争优势。加速文化产业与旅游、体育、科技、信息、服务等产业之间链接和融合，开发文化新产品和新服务，延伸产业链条，发展衍生产品，培育新的经济增长点。

（四）全面深化改革开放

1. 创新体制机制

理顺资源产权关系，健全资源产权交易机制，规范探矿权、采矿权交易市场，促进资源产权有序流转和公开、公平、公正交易。强化资源开采企业的社会责任，建立和谐共赢的矿地关系。深化国有企业改革，建立现代企业制度，推动优势企业跨地区、跨所有制兼并重组。全面落实促进非公有制经济发展的政策措施，鼓励民营资本进入能源资源开发、接续替代产业发展等领域。加快推进厂办大集体改革，稳步推进国有林场、国有林区管理体制改革。支持资源型城市加快融入区域经济一体化进程，促进生产要素合理流动。鼓励发达地区城市对口帮扶资源枯竭城市转型发展，支持资源型城市积极承接产业转移。提高利用外资水平，积极引导外资更多地投向节能环保、新能源和新材料、现代服务业等领域，鼓励外资参与矿山生态环境恢复。鼓励有实力的企业走出去，投资境外能源资源开发及深加工项目。

2. 加大对外开放

实施全方位、宽领域、纵深化对外开放，使资源型城市经济转型在开放中求生存、谋发展，在竞争中增实力、上水平。积极融入国家“一带一路”“长江经济带”“自由贸易试验区”等一系列新战略，对接湖南省5大行动方案（“湘品出境”“万商入湘”“湘企出海”“拓口兴岸”和“园区开放崛起”行动方案）、5大重点项目，大力实施招商引资、引智，提高利用外资水平，把对外贸易作为推动资源城市开放型经济追赶式跨越发展的突破口。放宽域外投资领域，降低准入标准，强化投资软环境建设。积极组织开展多形式对外招商活动，超前培育接续产业发展。研究制定吸引人才、资金、科技以及重大项目的优惠政策，支持和加强会计、法律、咨询、评估等中介服务体系建设，建设良好的投资区域，形成各种生产要素竞相流入的“洼地”。

附　录

童中贤主持完成的区域经济社会发展决策咨询项目

1. 国家发展和改革委员会决策咨询项目："中部崛起重大战略与政策研究"专题研究"中部地区城市群发展政策研究"，2008年4月。

2. 湖南省决策咨询项目：湘南地区开发开放规划，湖南省人民政府批复实施（湘政函［2010］160号）。2010年3月。

3. 湖南省决策咨询项目：长株潭现代化都市圈发展研究，2019年8月。

4. 湖南省决策咨询项目：把吉首打造成武陵山地区核心增长极研究，转化为湖南省发展和改革委员会文件（［2011］152号），湖南省委文件（湘发［2012］4号）采纳。2011年6月。

5. 湖南省决策咨询项目：长沙市省市公共文化体育设施共建共享研究，2012年7月。

6. 湖南省决策咨询项目：湖南"十三五"新型城镇化发展研究，2014年5月。

7. 湖南省决策咨询项目：湖南"十三五"生态文明建设及制度研究，成果转化成为中共湖南省委、湖南省政府《关于加快推进生态文明建设的实施意见》（湘发［2015］18号）。2014年7月。

8. 湖南省决策咨询项目：湖南省长江经济带新型城镇化研究，2015年6月。

9. 湖南省决策咨询项目：湖南省"十三五"人口发展规划研究，2016年4月。

10. 湖南省决策咨询项目：湖南省生态移民政策研究，2016年9月。

11. 湖南省决策咨询项目：湖南省新型城镇体系构建对策研究，2018年3月。

12. 长沙市决策咨询项目：长沙市"十二五"推进宜居城市重大问题研究，2010年11月。

13. 长沙市决策咨询项目：长沙城市发展定位研究，2015年12月。

14. 长沙市决策咨询项目：长沙市融入"一带一路"战略实施方案，2015

年12月。

15. 长沙市决策咨询项目：长沙市融入长江经济带战略实施方案，2015年12月。

16. 长沙市决策咨询项目：长沙都市圈发展战略研究，2019年12月。

17. 长沙市决策咨询项目：长沙市“十四五”人口发展规划，2021年2月。

18. 株洲市决策咨询项目：株洲市两型社会建设发展战略研究，2009年7月。

19. 常德市决策咨询项目：常德市住房保障体系建设研究，2007年8月。

20. 常德市决策咨询项目：常德市澧水流域工业带发展规划，2009年9月。

21. 常德市决策咨询项目：常德市太阳山森林公园开发建设项目可行性研究，2011年4月。

22. 常德市决策咨询项目：常德市城区公寓楼后期管理研究，2013年5月。

23. 常德市决策咨询项目：常德市“十三五”加快推进新型城镇化重点问题研究，2015年5月。

24. 常德市决策咨询项目：加快推进柳叶湖现代服务业园区建设实施方案，2015年9月。

25. 常德市决策咨询项目：常德市建设现代化区域中心城市研究，2021年3月。

26. 张家界市决策咨询项目：张家界市科学发展重大支撑体系研究，2012年10月。

27. 张家界市决策咨询项目：张家界市“十三五”发展规划，2016年1月。

28. 张家界市决策咨询项目：张家界市生态文明示范工程试点实施规划，国家发改委、国家林业局批复（发改西部［2014］2406号）。2014年1月。

29. 张家界市决策咨询项目：张家界市“十三五”服务业发展规划，2017年5月。

30. 张家界市决策咨询项目：张家界市现代物流业发展规划（2020—2030），2019年11月。

31. 张家界市决策咨询项目：张家界市“十四五”发展规划，2021年1月。

32. 张家界市决策咨询项目：张家界市未来产业发展研究，2022年11月。

33. 吉首市决策咨询项目：吉首市武陵山片区区域发展与扶贫攻坚实施规划，湖南省人民政府批复实施（湘政函［2013］25号）。2012年12月。

34. 中方县决策咨询项目：中方县武陵山片区区域发展与扶贫攻坚实施规划，湖南省人民政府批复实施（湘政函［2013］25号）。2012年12月。

35. 洪江市决策咨询项目：洪江市武陵山片区区域发展与扶贫攻坚实施规划，湖南省人民政府批复实施（湘政函［2013］25号）。2012年12月。

36. 涟源市决策咨询项目：涟源市武陵山片区区域发展与扶贫攻坚实施规划，湖南省人民政府批复实施（湘政函［2013］25号）。2012年12月。

37. 洞口县决策咨询项目：洞口县武陵山片区区域发展与扶贫攻坚实施规划，湖南省人民政府批复实施（湘政函［2013］25号）。2012年12月。

38. 隆回县决策咨询项目：隆回县武陵山片区区域发展与扶贫攻坚实施规划，湖南省人民政府批复实施（湘政函［2013］25号）。2012年12月。

39. 桃源县决策咨询项目：桃源县武陵山片区区域发展与扶贫攻坚实施规划，湖南省人民政府批复实施（湘政函［2013］25号）。2012年12月。

40. 汝城县决策咨询项目：汝城县罗霄山片区区域发展与扶贫攻坚实施规划，湖南省人民政府批复实施（湘政函［2013］113号）。2013年3月。

41. 宜章县决策咨询项目：宜章县罗霄山片区区域发展与扶贫攻坚实施规划，湖南省人民政府批复实施（湘政函［2013］113号）。2013年3月。

42. 桂东县决策咨询项目：桂东县罗霄山片区区域发展与扶贫攻坚实施规划，湖南省人民政府批复实施（湘政函［2013］113号）。2013年3月。

43. 涟源市决策咨询项目：涟源市“十二五”发展规划，2010年11月。

44. 石门县决策咨询项目：石门县“十二五”发展规划，2010年12月。

45. 慈利县决策咨询项目：慈利县“十二五”发展规划，2010年11月。

46. 益阳市大通湖区决策咨询项目：益阳市大通湖区“十二五”发展规划，2011年1月。

47. 桃江县决策咨询项目：桃江县“十二五”经济社会发展总体战略研究（执行主持），2010年11月。

48. 张家界市永定区决策咨询项目：永定区“十三五”发展规划，2015年12月。

49. 张家界市武陵源区决策咨询项目：武陵源区“十三五”发展规划，2016年1月。

50. 吉首市决策咨询项目：吉首市“十三五”发展规划，2015年11月。

51. 龙山县决策咨询项目：龙山县“十三五”发展规划，2015年12月。

52. 常德市鼎城区决策咨询项目：鼎城区“十三五”发展规划，2015年12月。

53. 石门县决策咨询项目：石门县“十三五”发展规划，2015年12月。

54. 桃源县决策咨询项目：桃源县“十三五”发展规划，2015年12月。

55. 桂东县决策咨询项目：桂东县“十三五”发展规划，2015年11月。

56. 常德市桃花源区决策咨询项目：桃花源区“十三五”发展规划，2015年11月。

57. 吉首市决策咨询项目：吉首市“十四五”发展规划，2021年6月。

58. 张家界市永定区决策咨询项目：永定区“十四五”发展规划，2020年12月。

59. 益阳高新区决策咨询项目：益阳高新区“十二五”发展战略研究（执行主持），2010年10月。

60. 湖南石门经济开发区决策咨询项目：湖南石门经济开发区“十二五”发展规划，2010年10月。

61. 攸州工业园决策咨询项目：攸州工业园“十二五”发展规划（执行主持），2011年3月。

62. 吉首市决策咨询项目：加快打造吉首武陵山区域发展中心城市研究，2015年7月。

63. 吉首市决策咨询项目：吉首市产业发展规划，2016年12月。

64. 古丈县决策咨询项目：古丈县新型城镇化发展战略研究，2013年10月。

65. 汉寿县决策咨询项目：汉寿县新型城镇化发展规划（2015—2025），2014年8月。

66. 吉首市决策咨询项目：吉首市城区城镇化实施方案研究（2022—2025），2022年11月。

67. 桂东县沙田镇决策咨询项目：桂东县沙田镇申报国家“建制镇示范试点”方案，2015年5月。

后 记

促进区域协调发展乃“国之大者”。如何促进区域协调发展？党的二十大报告提出，深入实施区域协调发展战略、区域重大战略、主体功能区战略、新型城镇化战略，优化重大生产力布局，构建优势互补、高质量发展的区域经济布局和国土空间体系。这些年来，我国推进以粤港澳、长三角和京津冀为代表的世界级城市群建设，打造了中国经济高质量发展的新引擎，同样作为重大区域战略又推出了长江经济带发展，以及黄河流域生态保护和高质量发展，体现了在新时代推动区域协调发展对于生态优先、绿色发展理念的坚守。随着这些区域发展战略的实施，我国各区域经济总量不断攀升，经济结构持续优化，区域协调发展呈现新格局。

我国幅员辽阔、人口众多，各地区基础条件差别大，下好区域协调发展“一盘棋”从来都是一个重大问题。国家是这样，省域也是这样。湖南国土空间经过较长时间的演变，到“十四五”形成了“一核两副三带四区”（一核即长株潭核心增长极，两副即建设岳阳、衡阳两大省域副中心城市，三带即京广、沪昆、渝长厦三条高铁经济带，四区即推动长株潭地区、洞庭湖区、湘南地区、湘西地区四大板块协调发展）区域发展格局。在现代发展条件下，区域经济空间结构不论如何演变，区域发展却始终离不开三大基本导则，即区域合作、区域赋能和区域永续。这也是本书编排的逻辑理路。

古有“一言兴邦”之说，并形成了一种“进策建言”的人文生态。《湖南策要：区域协调发展战略建构》是我主持完成的政府决策咨询项目成果的汇集，也可以说是一种“进策建言”，故名“湖南策要”。至于“区域协调发展战略建构”，是因为“协调”和“建构”，乃区域发展的双重使命，促进区域发展“协调”，离不开建设性力量，并保持可持续性，这就需要“建构”，而“协调”，则有助于“建构”，使之具有稳定性持续性。只有使这两者统一起来，才能真正下好区域协调发展这盘大棋。

“进策建言”自然要讲效果，希望所进之策、所建之言被采纳。所幸的是，本书中收录的成果，基本上都达到了这样的目的，其成果或进入了决策，或为决策提供了重要参考和依据，或直接成为决策的重要内容，有的变成了领导的思想，有的变成了党委、政府的文件，有的变成了实际工作者的做法，等等。如“武陵山经济协作区发展规划建议”，其前期成果上报国家发展和改革委员会，后形成《武陵山经济协作区湖南片区规划》上报国务院扶贫开发办公室和国家发改委，并得到国家《武陵山片区区域发展与扶贫攻坚实施规划》采纳，最终成果转化为《湖南省武陵山片区区域发展与扶贫攻坚实施规划（2011—2020年）》被省政府批复实施。

本书收录课题均由我提出研究方向、研究思路和研究提纲，再由课题组成员分工完成，初稿形成之后，由我统稿修改定稿。这次结集出版，也由我整理、修订、定稿。参与各课题研究与写作的人员如下：

长江中游城市群（湖南）高质量发展研究：童中贤、陈律、刘晓、范东君、黄永忠、熊柏隆；

武陵山经济协作区发展规划建议：童中贤、杨盛海、熊柏隆、黄永忠、李晖、韩未名、马骏；

罗霄山片区（湖南）区域发展与扶贫攻坚研究：童中贤、黄永忠、杨盛海、陆福兴、马骏、李海兵；

湖南对接粤港澳大湾区实施方案研究：童中贤、黄吉、李绍清、刘晓、范东君、李海兵、陈律、郭丹、熊柏隆；

湘粤开放合作试验区发展规划研究：童中贤、李海兵、刘艳文、范东君、肖文黎；

湘赣开放合作试验区发展规划研究：童中贤、肖金成、麻智辉、高玫、刘晓、余永华、李海兵、黄永忠等；

湘黔中西部合作示范区发展规划研究：童中贤、杨盛海、范东君、李海兵、刘艳文、周永根、陈君武、熊柏隆；

长株潭都市圈发展规划研究：童中贤、刘晓、周海燕、黄永忠、李敏芳、刘艳文；

湘南承接产业转移示范区规划研究：童中贤、杨盛海、熊柏隆、黄永忠、马骏、胡守勇、邓子纲；

湘西地区开发规划研究：童中贤、杨盛海、熊柏隆、黄永忠、韩未名；

长沙县功能分区体制机制创新实施规划研究：童中贤、肖卫、刘晓、马骏、曾俊森；

武陵山片区国家生态文明先行示范区建设研究：童中贤、刘晓、黄永忠、杨盛海、李敏芳；

澧水流域生态经济带发展规划研究：童中贤、杨盛海、刘晓、范东君、李海兵、熊柏隆；

“一核三极四带”发展的生态环保支撑研究：童中贤、李海兵、刘艳文、李敏芳、郭丹、熊柏隆；

湖南省资源型城市转型发展规划研究：童中贤、周海燕、刘晓、李海兵、李敏芳。

另外，还需要说明的是，书中课题已过去式了，为反映历史原貌，除将“规划”“方案”等中的目标表、专栏删去外，基本上是以原稿原貌收入的，并做到每个课题独立成篇，以“立此存照”，展示“真”的过去。《武陵山经济协作区发展规划建议》已收录在《武陵山区域发展研究》一书，《长株潭都市圈发展规划研究》也被《长株潭城市群蓝皮书》收录，考虑内容的逻辑关系，本书一并将其收入。而《中部地区城市群发展政策研究》《长沙市融入长江经济带战略实施方案》《常德市建设现代化区域中心城市研究》《张家界市生态文明示范工程试点实施规划》等，由于篇幅，本书只辑目而未收入全文。

本书所列课题在研究写作过程中参考、借鉴了有关部门及学者的资料与观点，没有列出来，对此，表示衷心感谢和深深歉意！对朱有志先生拨冗在凌晨两点为本书作序，表示衷心感谢和深深敬意！对本书各课题组成员的辛勤劳动，表示衷心感谢和深深敬意！

由于编者水平有限，书中缺点疏漏在所难免，敬请读者批评指正。

童中贤

2022年11月22日初稿

2023年1月28日修订

于长沙罗洋山